众星何历历

沈仲章和他的朋友们

〔美〕**沈亚明** 著

中 华 书 局

图书在版编目(CIP)数据

众星何历历:沈仲章和他的朋友们/(美)沈亚明著. —北京:
中华书局,2022.10
ISBN 978-7-101-15834-2

Ⅰ.众… Ⅱ.沈… Ⅲ.文化-名人-列传-中国 Ⅳ.K825.4

中国版本图书馆 CIP 数据核字(2022)第 147608 号

书　　名	众星何历历:沈仲章和他的朋友们
著　　者	〔美〕沈亚明
责任编辑	林玉萍
责任印制	管　斌
出版发行	中华书局
	(北京市丰台区太平桥西里 38 号　100073)
	http://www.zhbc.com.cn
	E-mail:zhbc@zhbc.com.cn
印　　刷	河北新华第一印刷有限责任公司
版　　次	2022 年 10 月第 1 版
	2022 年 10 月第 1 次印刷
规　　格	开本/920×1250 毫米　1/32
	印张 14½　插页 6　字数 350 千字
印　　数	1-4000 册
国际书号	ISBN 978-7-101-15834-2
定　　价	78.00 元

但愿人们之所历不随日久而消失

……所作不因无闻而湮没……

——希罗多德（c. 484 BC – c. 425 BC）

按：希罗多德著作通行译名《历史》，学界有异议。

上摘参照数种英译后自译，并承多位学者讲解古希腊原文。

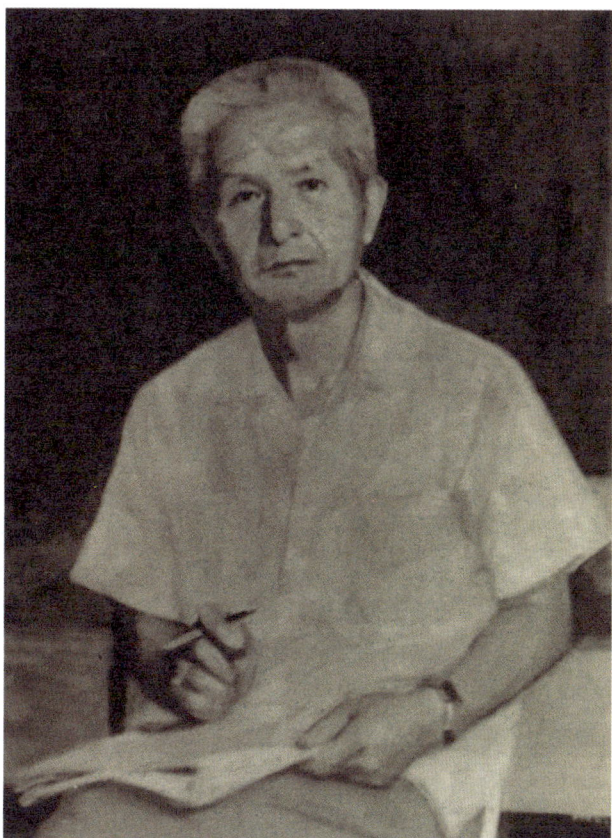

沈仲章像，摄于上海武康大楼沈宅，约 1975 年

沈仲章（左）与记者，内蒙百灵庙脑包旁，1934年
（自拍，李蟾桂惠赠存照）

沈仲章拍摄的陈寅恪全家合影，香港九龙山林道寓所，1939年暑假
左起：陈美延、陈寅恪、陈流求、唐筼、陈小彭

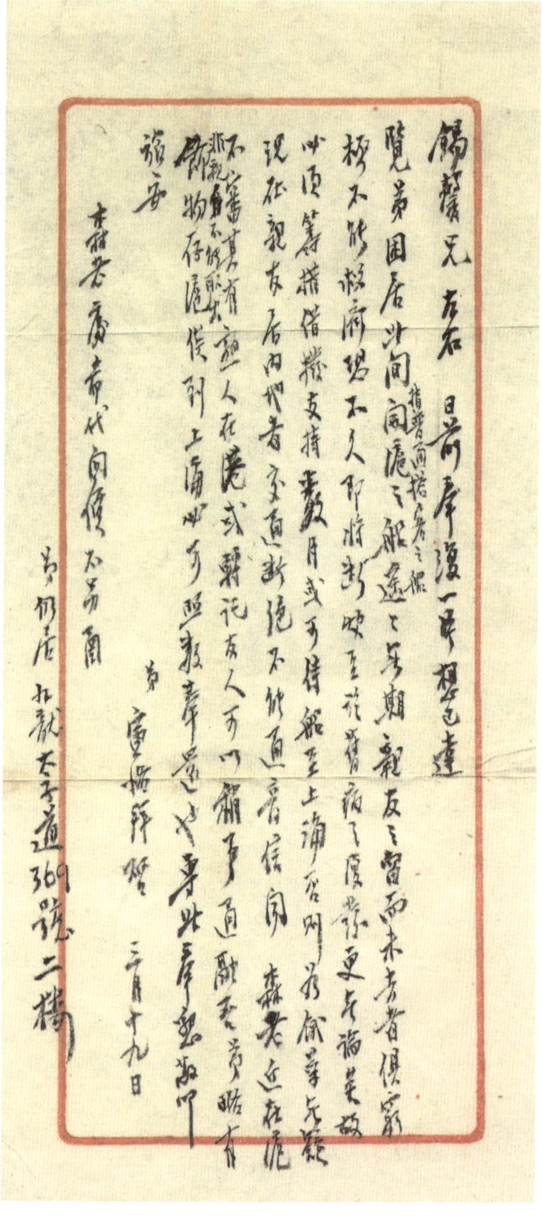

錫鬯兄左右　日前奉復一畢想邑達

覽勞困居此間兩處之旅途之苦期龍友之留滬而未來者論甚�

弟不能救商務不人所將新映至花簪前之頃勞更

此頃等排皆裝支持數月或可待寄至上海各期弟餘事兵雞

現在親友居內州者至直新滬不能過居信向　森表近在滬

不能籌其有意人在送我鮮花友人可以籀事過融天資略有

所物存滬貨到上海如方照敢牽鬼遂や事此舉聖慰矣

　　頌安

　　　弟陳寅恪啓　三月十九日

　寄交苓廣壽代向便不易周

　　寄柳店北號太子道369號二樓

1942 年 7 月 23 日陳寅恪致沈仲章函

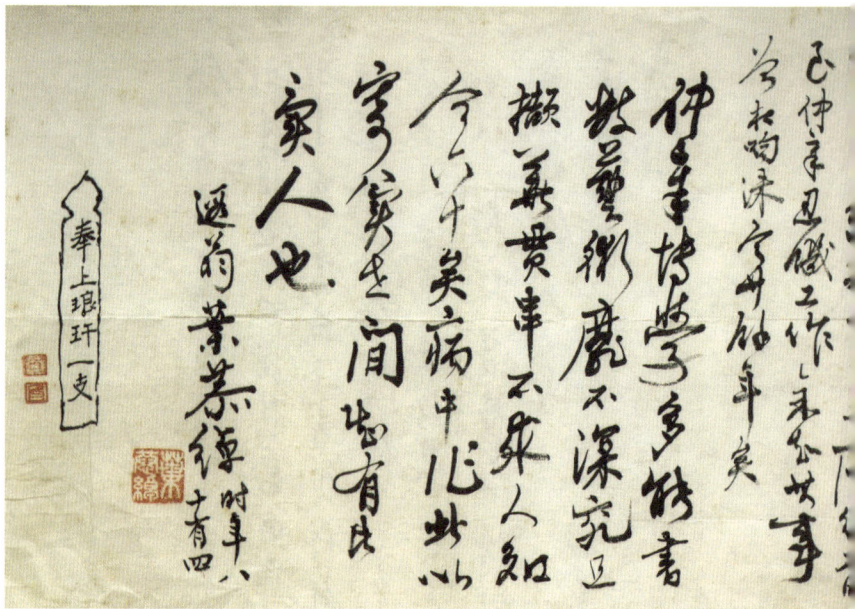

1965年叶恭绰书赠沈仲章诗二首并跋二则。承徐文堪、夏剑钦等近十人相助识读，在此一并致谢

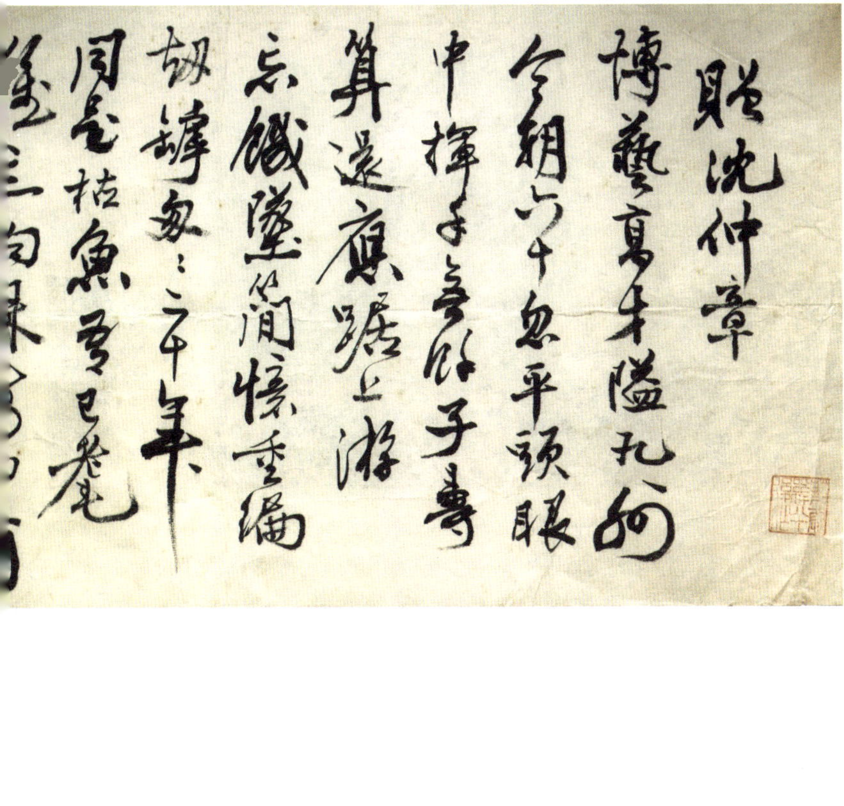

贈沈仲章

博藝高年隆九阿
今朝六十魚平頭眼
中揮子弟任子壽
算迷瘄瑙上游
忘饑墜簡慬垂編
劬諱家三千年下
同毫枯魚号巳毫
銘三句未之乎

沈仲章录音棚，1954或1955年
左起：沈仲章、吴景略、刘少椿、邓宝森、严隽培、王吉儒

目　录

"不算"（代前言）

　　每当被要求"标签"父亲沈仲章，我便犯难。依父亲性情，对任何头衔，他都会摇头说"不算"。

　　父亲沈仲章的一生，充满"不算"。

　　先说学业。父亲去过私塾"不算"受业，读过小学"不算"毕业。没有上过一天中学，却进过几所大学，然因不屑领证书，皆无凭据可以说"算"。《与金克木（丙）》中有小段概述，不妨参阅。

　　再说职业。父亲多次放弃可以"算"的职称，甘居"不算"的"职务"。《与刘天华》一文叙及，恩师刘天华意外归天，北平大学艺术学院聘请他接替教职，父亲婉辞。理由是他已报考该校，又"算"学生又"算"老师，会给校方带来不便。（其实，父亲入学前已协助该校教授出考卷。）

　　有时父亲还把可"算"的名与位，视作某种"侮辱"。抗战结束，政府任命他为粤港区接收文物图书的正职负责人，父亲坚辞，还漏嘴蔑视别人"看重的名分地位"。《与徐森玉》一文稍提此事，并述父亲宁愿留江南当一个项目的副手。该项目收获大量书籍，国家级图书馆和多家省市级图书馆皆受益，可史册欠缺记载，猜想也"不算"吧。

"不算"的或者"算"在他人名下之事，父亲一向乐意尽心尽力。而父亲对不少独力之举，也往往执意"不算"，或者主动"算"作别人功劳。诸如此类习以为常，例证举不胜举。本文集仅触及少许，均未细述。

"不算"这类词语，也是父亲口头禅之一。《与金克木（甲）》一文叙及，父亲根据《御制五体清文鉴》，主持选辑了一本维汉对照词典。傅斯年说"算"是沈仲章编的，但父亲却不"算"自己编的。《与斯文·赫定》提到，青年沈仲章显露才干，受到中外双方赞赏，父亲却认为那都"不算"什么。

自幼受这样的熏陶，使我曾有这样的心态：父亲对我讲的，虽然很有意思，我愿珍藏于记忆，但从治史角度，都是"不算"的，不适合公布刊发。而且我也迟疑，举贤是否仍当避亲？甚至担忧，子女写文，会不会有损父亲"不求人知"（叶恭绰诗跋）的一贯风格？

年复一年，我时时思索，慢慢有所领悟。父亲回避名气地位，原因之一是为了"做事"。父亲一再言及，有了名气地位就麻烦了，人事方面就复杂了，"我就不能真做事了"！父亲生前始终低调，确实做了不少事。他晚年意识到，记录独特的经历也是一件大事。父亲不曾张扬，只是悄悄试着做，可惜事未竟而身先死。虽然父亲去了另一个世界，但他传给我的忆旧资料，是他留给这个世界的又一份贡献。因此我觉得，我应该替父亲接着做这件事。

然而，工作、家庭……忙忙碌碌无数杂事，一直很难得空。再说，我不喜抛头露面，也不太留意报刊与新近出版物，有怵生生之感。种种心绪如钟摆，眨眼又是多年流逝。

我终于提笔，推动力来自儿子。他认真请求，为"阿公"（沈仲章别号Argon的孙辈专译）留份传记。我用对孩子谈祖辈的形式，一口气写到第十三章，进入主人公的北京大学时期。父亲涉足领域越来越广，关联人物越来越多，旁枝大而不掉，有独立成株、相聚成林之趋向，需要考证解析的任务也越来越重，传记体裁似乎载不动了。我思虑该沿哪条线深入，一时踌躇不前。

我积攒了一阵子勇气，请数友预览一二章节，得到点拨改写成专题单篇，干脆先探究父亲沈仲章与朋友们的交往，又经再三敦促，方始零星发表。

写着写着，我渐渐产生一些想法，但不少仍在思索之中。顺着"算"与"不算"之议，下择三点，略抒愚见。

其一，父亲沈仲章的任职都"不算"重要。

数次被要求写个百来字的沈仲章简介，按格式须罗列职务，挑"重要"的写。我本有满肚子父亲的独特经历想讲出来，却一下子卡住了。父亲很少对我说职称，印象中凡可算重要的职位，大多被他辞谢。

提交本文集出版方案前，我向有经验者讨教，闻惯例应附简历。于是，我从别人所撰纪念沈仲章的文中，照抄了一串任职，当时扫过一眼，职务都不算重要。但我觉得，履历表不能代表父亲这个"人"。

几十年来，曾有不少父辈友人、同代世交、知情者和读史有心者，分别对我表达别种看法。快速检索书面及语音留言，择录几条对父亲的评价："是做实事的"（2015年），"专做别人不做或做不了的事"（1987年，1995年），"生前作为令人敬佩"（2002年），"天下第一好人"（2017年），"并非无足轻重"（1990年），"特殊的经历，多姿多彩的生活，值得传留"（1985年）……"真要学习传承中华道德文化，沈仲章是楷模"（2014年）。

围绕"史"与沈仲章，多位评议者阐发感想，浓缩归纳大意如此：有他没他，历史上某些事件，走向会不一样；有他没他，学术上某些进展，成效会不一样；如果缺了他的第一手资料，某些部分恐怕不算完整。

持这一观点者各自针对专题举证，激励我把父亲的生平公之于世。在本文集内，取三例附议（以下三段后部自"倘若"至"完整"，言"史"处综有他人评论。比如"史"的分类名称，不少经了解相关领域者提示）。

北京大学附设音乐传习所关闭后，不久便成立了沿袭其风的北大音乐学会，持续十来年，历史作用值得研究。至少，刘天华因此而留在北大直到去世，音乐教育也因此而得以在综合性大学，尤其在极富影响力之北大，保存了一席之地。父亲是组建音乐学会的两个领头人之一，并几乎自始至终全面主管该会。倘若缺了他所忆环节，中国现代音乐史、艺术教育史、北大校史、刘天华对乐界以外的影响……恐怕都不算完整（参见《与刘天华》）。

刘半农识人有方，招募沈仲章，开展多项民俗田野调查，让沈仲章一人顶一个团队，跑腿动手用耳用心。有评价曰：刘氏人生末段为其采风成果"最辉煌的时期"，正合沈仲章为刘氏得力助手之时段。尤其是1934年塞北行，某些事件沈仲章乃独一当事人。倘若缺了沈仲章所记事例，中国民间文艺史、田野调查方法史、北大文科研究所史、历史语言研究所"民间文艺组"的发展……恐怕都不算完整（参见《与刘半农》两篇）。

父亲受聘于中瑞合组的西北科学考查团（后正式改为"西北科学考察团"）理事会，任唯一干事，承担沟通职责，操办一应事务。他在1935年采集品放行瑞典一案中，起了关键作用，如起草文书、检查标本、制作清单等。倘若缺了沈仲章所知内幕，该团团史、中外学术合作史，以及那批采集品放行之始末……恐怕都不算完整（参见《与斯文·赫定》）。

其二，父亲沈仲章肯定"不算"有名。

父亲不求出名，但求隐名。有意思的是，在知道沈仲章为人的各类圈子里，他的这一特性，倒可说小有名气。父亲的老友对我说，你爸爸是"十大名士之一"（20世纪70年代，所指范围大概是北大或北平学界），"无名有实"（1987年）。

父亲一生结交知名人士不少，也得到了他们的尊重。父亲对外不提他与名人之友谊，但在家常常对我讲述有趣的人物、逸事和神情。父亲晚年反复说，他本人并没什么，但有些人有些事，恰巧他比较了解，他愿意讲出来，也嘱咐我有机会写出来。我听父亲回忆往事，认为他视角特殊，可以提供启示，引发思考，为一些历史人物的传记年谱补遗，使之更为全面详细。

比如陈寅恪：皆知寅恪先生曾于北大授课两学期，也许因同学们"没有一个学过梵文"（据劳榦语），对课堂实况大都语焉不详，犹似远观；而学过梵文的沈仲章所述，则为近察。至于视力衰弱的寅恪先生面对空无一人的听众席滔滔不绝，亦只有第一个步入者即沈仲章目睹。再者，备受尊敬的陈寅恪困居日占香港，曾引发内地民众责怪当局不尽力援救。虽然陈家最终脱险，但对长达四个多月的全过程，记录尚有缺漏，尤其忽略了受援方的意愿与努力。本书所收1942年3月陈寅恪致沈仲章函，呼救情急，切切可感。此外，父亲与世交所言陈家琐事及其待人接物，都使我脑中的寅恪先生更加有情有趣，是一个与家人友人融融相处的"活"的形象。

有关刘天华：细察父亲沈仲章与其恩师刘天华如何互相欣赏及授受进阶，以及刘天华为何对沈仲章另眼相看，可助理解刘氏对民族音乐教学改革的思考与试验，有其特定价值。其中轶事小如《何适》曾为《病中吟》候选曲名，大如刘天华在幕后为沈仲章出谋划策延续传习所，也幸亏父亲记述内情。

有关刘半农：父亲沈仲章回忆亲身经历，贡献了随刘半农两次外出考查的生动细节。特别是刘半农与沈仲章私下商讨的采风、摄影以及为抨击时弊而进行社会调查等计划，意义不小。八十多年来对刘半农"盖棺定论"的"斗志消沉"，我认为应据此而重新衡量。

接下来几篇是沈仲章与学友知交的"快照""合影"：有不让须眉的"穿裙男孩"陈珪如和她丈夫胡曲园，夫妻俩相争"阿刚"（沈仲章别号Argon音译之一）算是谁的同系同学；有笔趣盎然、情深义厚的周祖谟，周伯伯对我说"你爸爸是我老师"，可父亲却说"不算"；还有学语、观星、助译……人缘天缘共有的金克木，以及朋友们"难忘的影子"。拙笔所书父亲与前辈之言之行之意趣，或未见于已刊文献，或有补于已刊文献，当有益于重梳学人们之联谊网络，再现北大、复旦教授们之风采意趣。而重温他们年青时代所历所闻，或许还可略窥过往习俗心理。比如，沈仲章报名去西北考察，教授竟擅自替他做主除名；而陈珪如考得再好也不会作数，则因女性"不宜"从事考古。

转回父亲的师长辈。有关徐森玉：父亲为了协助徐森玉的工作，几次改变自己的人生轨迹。徐沈两人合作数十年，关系融洽不计你我。我写先辈旧事，不时请教徐家公子。而父亲则是最了解徐森玉者之一，故沈氏所知当也有助于详究徐氏行迹。本书虽仅收短短一篇相关文章，但其人其事见于多篇，可为日后专述张本。

众所周知，Baron Alexander von Staël-Holstein（钢和泰）在中国讲授梵语并倡导翻译佛经，然而少有实例在录，父亲沈仲章的回忆则能添一实例。而查询父亲参与的具体项目，又引出鲜受关注的 Erwin Rousselle（鲁雅文）译经实践，并追踪久被湮没的 Richard Wilhelm（卫礼贤）佛缘步履。

有关 Vincenz Hundhausen（洪涛生）：或许因所存实录无几，人们对这位洋学者所知甚少。其世外桃源般地度日，传闻如处仙岛。洪氏确实在北平绕宅掘河造"岛"，父亲沈仲章曾被邀上岛小住。父亲还为洪氏欧洲巡演筹建乐队，亲见亲闻难得。至于洪沈之间那"一出戏"尤其是终场，出人意料，耐人寻味。

末篇有关 Sven Hedin（斯文·赫定）：从父亲本人和好友的语气中体味，赫定曾是父亲沈仲章的榜样。赫定在华最后数月，父亲为他暗中陈情，各方张罗，并直接经手清点待运品，担任现场指挥。赫定返欧不久，国际战势趋烈，中国政局频变，相关记录不全。故而，赫定基金会和我都认为，对照串联沈仲章与赫定的相关回忆，非常有必要。

除了标题"主角"，各篇字里行间和补记中，还可见诸多前辈之影，包括外籍人士。其间有些明星比如胡适，向为镜头所聚焦，然而父亲独到之忆并不重复众言，且显示一般人难以见到之侧面。另有些人物史载笔墨欠浓，还有些较淡，甚至有些余痕极少，比如唐钺、杨仲子、陈德义、邓高镜、张友鹤、周殿福、何容、张砚田、孙晓村、李述礼、崔明奇、谢大祺、Folke Bergman（贝格曼）、Erik Norin（那林）、Georg Soderbom（苏德邦）、Walter Liebenthal（李华德）、Hellmut Wilhelm（卫德明）、Rosa Jung（雍竹君）等，本书或详或略，勾轮廓、添色泽、增音响、显动态……或多或少为众先辈之所历所作，留下星星点点痕迹。

其三，父亲沈仲章当"算"哪一类？

不断有读者问我，"你爸爸"当属哪类？也不断有学者与我讨论，如何为"令先君"归类？众问俱合理，各论皆不无道理。

可能是巧合，多人用了"算"这个词。然而我稍稍细想，觉得倘若仅据一二特征来说父亲算哪类，实在难以概括他的"one of a kind"（自成一类）。很巧也很有意思，"自成一类"或近似词语，正是好几位与我探讨给父亲沈仲章划类各持己见者，对此均无异议的暂定类别。

回顾最初起念写"阿公"传，首先是为自家后代留记录，其次亦思为史界存资料。后来，岔离"传"这条线，转而关注父亲与师友之交，逐渐倾向"史"这一面。于是，自然免不了思量，究竟何以算史？

"史"的基本义项包括但不限于：过去，记录过去，研究过去的记录，记录和研究过去的学科……依我一管之见，不管有否记录、如何研究、怎么划分学科，"过去"都是曾经存在、曾经发生的。若取宽松之义，定"史"为有关"过去"，当不忤众史家？续查多派立论，狭义谓人类社会之递进，更窄些称有文字记载前为"史前"；广义则指一切事物的演变，亦涵括宇宙起源，包罗延伸，非我目力能及。

学术大题非我主攻，而议史学编史书乃史学界专业，但我逐渐意识到，什么算史什么不算，其实并不关父亲本人愿不愿公布。父亲沈仲章与众不同的经历，是很有意思的"过去"。能否填入史典框格是一回事，留存记录则是另一回事，二者相干，但未必相扰。

再者，像父亲沈仲章这样"不算"的人，远远不止一个，回想我曾接触过、算不上什么但难以忘却之相识，不乏言具个性、行呈异趣者。我不由地想，无论算不算有"历史"地位，但历史上存在过这些人，发生过涉及这些人的事，倘若不记录他们的言行举止，不探寻他们的情怀格调，对整个"人类"来说，治史是否可算完整？

此等议题，对我显然超负荷。想则想到矣，却不敢往深处大处多想；即便往"小"的方向，也未曾多想。原因很简单，我对领悟父亲这一个人的境界，尚在探索求解之中。

纠结算与不算历史，既逆父亲沈仲章志趣，也违我本人意趣，不如转向，陈述实际情况：我确实觉得有个"calling（感召）"，使我自认接续先辈为命，自励护痕传史有责，亦叹余生余力难测，自促先于小处着力，保存线索，分享猜测，盼获教诲。

> 但愿人们之所历不随日久而消失……所作不因无闻而湮没……

是以陆续写文，迄今发表三十多篇，然任重道尚远。

本书辑录十六篇已刊拙文修改稿，取材为父亲与北平学界师友之谊。仅此主题，人未齐事亦未详。父亲踏入领域广，待理资料多，一方面乞容细细梳慢慢道，另一方面走一步是一步，先抛碎砖片瓦，冀引珠玉完璧。

我于史学文学皆是外行，勉力客串而已，书内十六篇均为试笔，担心很难算某一学科，或算某一文体。我曾对一位世交学者坦言，我现在做的写的，也是"不算"的。正因"不算"而少有人做，我愿试试。

依循这条思路，本书大概可算工作笔记，在结构、考证、议论等诸方面，不一定循规蹈矩。况且，摸索也隐寓作者多向勘测之意图，我虽借鉴一些理论，但不想过早拘于一格一体。沿途遇到问题，无论算与不算，若篇幅允许，则顺手标志以备再思。于尝试中，我对方法论兴趣渐长，求索渐增，亦随记思绪以便续探。方法论题大，想未透，理也乱，有待另议。

最后解释一下书名。"众星何历历"典出无名氏《古诗十九首》，取义彰仰众先贤，兼喻天体万物互有引力，相互作用……我肉眼恨视短，凡胎愧悟浅，唯捕捉光波末梢，叙我见抒我思。

我亦回首少年时，与父亲沈仲章相伴，白天听他回忆故人，倾诉世间往事历历；晚上陪他仰望夜空，指点天间星辰历历……

草于戊戌初一至初三（2018年10月据英译略改）

第 一 篇

与陈寅恪（甲）：缘分散记

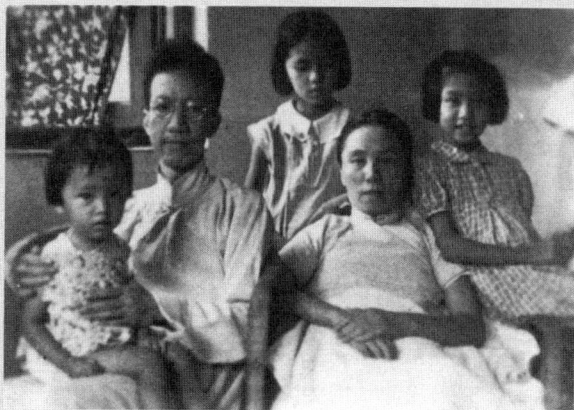

陈寅恪全家合影，香港九龙山林道寓所，1939年暑假，沈仲章摄；
陈氏女儿提供。

本篇基于《沈仲章与陈寅恪之缘》，原载《传记文
学》总633期，2015年第2期，第56—65页。

陈寅恪先生送给我父亲沈仲章一把剃须刀。我小时候，常常看着父亲用那把老式剃须刀刮胡子。有时父亲脸上还带着肥皂沫，胡子也没有刮干净，就对我说开了寅恪先生的故事 [1]。有些细节父亲说得生动，我至今印象很深。

一、钢和泰家照面

1926年，父亲沈仲章因为学潮风波，离开读了三年的交通部唐山大学 [2]。他和好朋友谢大祺，双双考入北京大学物理系。那年代的唐山大学理工科在国内领先，聘请富有经验的外籍教授，教学效仿美国一流大学，以训练严格扎实而著称。谢大祺和沈仲章在唐山读书已是游刃有余，进了北大后，觉得北大的数理化课程，对他俩来说过于轻松；北大校长蔡元培提倡兼容并包的自由学风，恰恰又为两人的"用情不专"提供了极好的环境，于是，这两位理科新生，特别是沈仲章，如鱼得水，四处遨游。他对本专业的必修课，只是考试前翻几页书，应付了事，却经常不务正业，花大量时间跨系旁听，尤其喜欢去听冷门偏题，或者众人都叫难的课程。

谢大祺出身于书香门第，其二哥谢无量学问极好。北大有位教授邓高镜，是谢家的世交或者亲戚，谢大祺到邓家去串门，大都带上挚友沈仲章。邓高镜专攻墨学和佛学，曾在北大教梵文[3]。父亲沈仲章顺便言及，在邓高镜之前，许季上也教过梵文[4]；后来邓高镜不教了，才是比邓更出名的汤用彤来教[5]。但他没对我说过，他与许季上或汤用彤有无交往。父亲言及许季上时加注说，许是鲁迅先生的朋友。检索鲁迅日记，1928年7月2日[6]有这么一句："沈仲章来访未见，留许季上函而去。"

沈仲章进北大第一年，邓高镜开了一门课，研讨佛学唯识论。那门课是个大冷门，选修的人极少，谢大祺就把沈仲章拉去捧场。于是他对佛学产生了兴趣，又去修了熊十力的因明学，听得挺来劲儿，对熊十力非常钦佩[7]。父亲特意说明，他原是从哲学思考的角度选修佛学课，起初并没有觉得需要学习梵文。

因为常去邓家，沈仲章与邓高镜以及他弟弟邓心镜都相熟。沈仲章和谢大祺倒没有想到要跟邓高镜学梵文，却在邓心镜的鼓动下，直接拜Baron Alexander von Staël-Holstein（钢和泰男爵）为师，向梵文进军。

这位男爵学者的中文名字来自其姓氏Staël-Holstein，"钢"是Staël的意译，"和泰"是Holstein的音译。钢和泰有德国血统，但爵位封号来自爱沙尼亚。爱沙尼亚曾属沙皇俄国，1918年独立，第二次世界大战初又被苏联吞并。因此，以前常有人说钢和泰是俄国贵族。钢和泰在北大任教多年，也去哈佛大学当过教授。钢和泰精通梵文和东方学，中国不少知名学者如胡适等都向他请教过。

当时钢和泰在北大开了一门课，讲授古印度宗教史。为了引用参考历史文献，他得先讲解梵文[8]。邓心镜在修钢和泰的那门课，学得非常费力。因为梵文教程很繁复，学生少得可怜，邓心镜就拉沈仲章和谢大祺去"陪读"。沈、谢两个初生牛犊，正想探探天高地厚，听说钢和泰的梵文课特别难学，败下阵来的人很多，反倒激起了兴趣，便跟着邓心镜去"助阵"。

钢和泰的课果真挑战性很大，几堂课下来，好些文科出身的博学之士都叫头疼，而沈仲章和谢大祺两人却饶有兴致。每逢钢和泰提问，别人都低头回避老师目光，只有沈、谢二生挺身端坐，斗胆答题。钢和泰很高兴，就把两个小伙子请到家里，专门开小灶，每次上课还拿点心招待他们。

不久，谢大祺因奔父丧离开北平，从此不再返校。沈仲章继续向钢和泰学习梵文，师生之外成了朋友。钢和泰又把沈仲章推荐给一位德国汉学家[9]，协助翻译禅宗《六祖坛经》。

胡适身着博士服像（油画）；"中央研究院"近代史研究所胡适纪念馆提供。

按：据胡适纪念馆信息，胡适于1927年正式获得哲学博士文凭。倘若此画体现胡适1927年左右形象，时段正合沈仲章向钢和泰学习梵文，并与寅恪先生和胡适先生产生缘分初始。（推测父亲与胡适先生最初相遇当在课堂或沙龙，另文再议。）

再说寅恪先生，他也常去钢和泰家讨教梵文，不过他的水平要比沈仲章高得多。陈、沈两人相遇时，应该"攀谈"过，但父亲没怎么对我细说，就算仅仅"照面"而已吧。

二、北大两门课程

寅恪先生不是北京大学的教授，而是清华学校研究院的国学导师，清华后来改制为大学。北大请寅恪先生去教过两个学期，先后开设两门课。寅恪先生的课，也是以难著称。父亲生性"闻难则喜"[10]，机会难得，自然不肯放过，两门课都去听了。

第一门课的名称，父亲说是"佛典翻译研究"。该课程讲了一个学期，主要介绍鸠摩罗什和玄奘等佛经翻译者，解释一部经乃至一个词在各种中文译本里的异同，还比较中文与其他亚洲语言的佛经文本，诸如此类。随着内容的展开，上课涉及的语言文字种类很多，梵文、英文、德文、法文就不用说了，还有藏文、西夏文、巴利文等一大串。

寅恪先生高度近视，到北大授课时，他视力已经很差，不过还没差到必须配备助手。其时他看近的东西还行，能自己在黑板上写字。寅恪先生的板书乍看起来，没什么系统规律，东一块西一片，又是各种文字交替使用，以致不少学生连笔记也抄不下来[11]。

就佛学经典而言，父亲说他当时没有什么根底，不少是为了修课而现学的，绝对谈不上"博闻"。就语言来说，他的英文固然没问题，可德文和法文才学了不到两年，虽然懂一点梵文，但藏文、西夏文、巴利文从来没碰过[12]。好在父亲年轻，拼命"强记"，能把寅恪先生口中讲的和黑板上写的，都笔录下来。每次上课两小时，父亲每次都要记厚厚的一本笔记。父亲特意追加一句解释，他做笔记用的是铅笔 [13]。

寅恪先生肚子里的学问实在多，讲课时天南海北、古今中外，扯得很广，思维跳跃。他看不太清台下学生的反应，常常自顾自站在台上滔滔不绝。寅恪先生名气大，刚开学时很多人慕名去听课，班上有二三十个学生；渐渐地学生越来越少，最后屈指可数，只剩五六个人了。父亲并不打算专门研究佛典，可对奇人怪课总有兴趣和耐心。听寅恪先生的课，每一堂课能汲取这么多知识，他觉得非常过瘾。因此，父亲从不缺席，每堂课都从头听到尾。

寅恪先生上课一般准时不误，每次照例带着一个黄布包袱，包着一大堆书。劳榦《忆陈寅恪先生》[14] 中也有类似细节，包袱布是橙黄色，没说明为什么。父亲提及一个解释，寅恪师之所以用黄布，是因为包袱里面以佛家典籍居多。这只是父亲的理解，他并没有说明这个解释是否源自寅恪先生本人。不过，我曾看到西南联大学生的回忆，如果不是佛家典籍，寅恪先生会用其他颜色的包袱布 [15]。

有一次上课最有意思，令父亲念念不忘，对我讲了又讲。

那天早晨下雨，父亲稍微迟到了一会儿。巧了，寅恪先生也晚到了一点儿。父亲走到教学楼走廊一头，远远望见另一头走廊上寅恪先生刚刚走到，提着他的黄布包袱，开门进了教室。

待父亲来到教室，门是关着的。父亲隔着门，就已经听见寅恪先生讲课的声音。父亲怕干扰别的同学，轻手轻脚地推开门，径直走向常坐的座位 [16]。父亲看见讲桌上黄布包袱已经解开，桌面上摊满书本，寅恪先生正在认真地讲课。

父亲坐定之后，悄悄环顾四周，不敢相信自己的眼睛：偌大个教室里，除了讲台上的老师，听众席上只有他一个学生！也就是说，在他进去之前，陈寅恪先生竟是对着空无一人的教室大讲特讲!

又过了一会儿，另外四五个学生才陆陆续续地走进教室。过后父亲曾把这事向人描述，大家都大为感慨。

据蒋天枢《陈寅恪先生编年事辑》[17] 和卞僧慧《陈寅恪先生年谱长编》[18] 记载，寅恪先生1928年春天到北大讲授"佛经翻译文学"，同年秋季开设"《蒙古源流》研究"[19]。

父亲没有提到陈寅恪先生在北大开课的具体年份和学期，只说在他进北大的头几年，但提到两条参照信息：一是寅恪先生回国到清华任教不算太久，二是他就来北大开过这么两个学期的课[20]。综合上一节言及父亲初入北大所修相关课程，推算时段与蒋、卞二书所载基本吻合。第一门"佛经翻译文学"，就是父亲说的"佛典翻译研究"。我认为课名不同很有意思，根据父亲列举的具体课程内容，冠以"佛典翻译研究"，似乎更为合适[21]。

父亲没有描述另一门课，连课程名字也没说。很可能正如劳榦《忆陈寅恪先生》所言，第二门课相对容易一些。我猜父亲对那门课的印象，也因之而相对淡一些。

有趣的是，劳榦还说："同学们中没有一个学过梵文的。"其实不然，只可惜当时劳榦与沈仲章还不相熟。选修那么高深的课，别的学生，大概就是劳榦说的"同学们"，大都是钻研国学多年的文科高年级学生或者研究生。"同学们"可能根本没想到，这个物理系的、毫不起眼的沈仲章，进北大还不到两年，居然学过梵文，而且，若想吹嘘的话，还可以说是他们老师的老师钢和泰的"入室弟子"呢。不过，父亲向来低调。

父亲后来与劳榦相熟，从晚年通信来看，他俩不生分。但是，两人都没有以佛典翻译为专业，不一定想到谈论寅恪先生的课。把沈仲章和劳榦的命运紧紧连在一起的，是被称为"二十世纪东方文明的四大发现之一"的居延汉简[22]。劳榦编辑的《居延汉简版图之册》，其中图像都是沈仲章所摄。此为题外活，表过另议（参见篇末补记）。

回到寅恪先生北大开课之事。父亲记得，他上寅恪先生那两门课的时候，坐在较靠前的座位[23]，笔录勤奋。他能明白感到，寅恪先生肯定注意到了他这个学生，但课堂里没怎么交谈。

上文已述，寅恪先生不是北大教授，而是清华的。父亲后来没有机会再上寅恪先生的课，可是终生称他为"寅恪师"[24]，对他敬重有加。

三、香港陈家常客

父亲沈仲章与寅恪先生的缘分，当起于抗战之前的北平[25]。

沈仲章在香港，1938 年，金克木摄；金木婴提供。

及至抗战时期，用父亲自己的话说，他跟寅恪先生是"大熟特熟"。20世纪30年代末期到40年代初期，两人同在香港，沈仲章是陈家常客。

父亲1937年夏离开北平，几个月后到香港，住了近四年。他是遵照徐森玉和傅斯年的指示，作为"中央研究院"的特派员，用红外线给居延汉简拍照，编辑图册出版。上一节提到劳榦《居延汉简版图之册》图像，指的就是这批照片。

寅恪先生在1938年初抵达香港。据1938年2月3日陈君葆日记[26]："向庚款会请款发展中文学系的详细计划书，今晨到图书馆打好送给许先生签字送到副校长处后，到中文学院来上课，许先生和陈寅恪、徐森玉等已在我的办公室等了好久了，我真有点不好意思。陈寅恪藏有光绪年间'福建台湾巡抚关防'银印一方及唐景崧回上海后手上李高阳书一通，均富有文献价值，因怕人家觊觎或横生枝节，遂拟寄存图书馆内。"

父亲也于1938年初抵港，具体日期应与寅恪先生差不多[27]，不会晚于2月初。据1938年2月8日蔡元培日记[28]："徐森玉、沈仲章来，沈君为北大毕业生，西北科学考察团所得之木简，赖其保存。"

寅恪先生携家抵港后，自己曾单身往返于香港和内地，1940年才留港岛[29]。1940年秋季到1941年春季，他在香港大学任客座哲学教授，为期一学年。1941年8月许地山去世，经陈君葆等人活动，寅恪先生接替许先生，受聘为中文系的中国史教授[30]。父亲与许地山也是很谈得来的朋友，还一块儿攀登过大帽山[31]。

不知为什么，过去我有个印象，父亲沈仲章可能与寅恪先生过从更密[32]。据说，寅恪先生在香港那阵子，大事小事都要问沈仲章。于是我想起，父亲在20世纪50年代中期，结识了一位新朋友唐子仁。唐子仁在抗战时期还是个孩子，她告诉我父亲，早就听说过"沈仲章",因为寅恪先生的孩子们嘴边常挂着这个名字。

父亲叙述亲身经历时,记忆都相当清楚。偶尔我会发现他说的和"定论"有些出入,但经过分析各类佐证,往往还是他提供的第一手资料更合逻辑。可是,父亲转述唐子仁的话语时,我就有点弄不明白时间顺序了。我突然起念,唐子仁就在美国,何不给她本人打个电话?结果,这个电话不仅解决了我的疑问,还听到了唐子仁的一些回忆,都是有关寅恪先生的亲闻亲见。通话时作了零星笔记,趁记忆新鲜,综述如下。

唐子仁的父亲是心理学界老前辈唐钺[33],学界大都用他的字擘黄称呼他。

唐子仁说,她父亲和寅恪先生从青年时代起就是好朋友,各

唐钺与夫人在黄山,1936年,赵元任摄;赵新那惠赠唐子仁,唐子仁提供。

自成婚生儿育女后，两个家庭也常来常往。她听到陈家孩子常说起沈仲章的那个时期，两家都住广西桂林良丰。1942年，寅恪先生一家离开香港，到了桂林，留在广西大学任教一年。擘黄先生带着全家，也在那儿。

唐子仁脑中的寅恪先生，外面套着传统长衫，里面穿着中式衬衫。这种衬衫有四个口袋，两大两小。寅恪先生的衬衣，下面两个口袋特别大，杂七杂八的东西都放在里面，甚至还有火柴。有一次寅恪先生的衣服，就因此而着了火[34]。在孩子们的眼里，倒是怪有趣的。从唐子仁的口气里我听出，虽然大人们常夸寅恪先生如何了得，懂梵文等十几种语言，可作为一个小孩子，当时的她觉得奇怪，这个令大人崇拜的陈寅恪，怎么会这么"呆"？

陈、唐两家的寓所步行可及，寅恪先生走出自家的门，顺着一条道望去，左面是科学馆，右面就是唐家。唐子仁觉得，再简单明了不过了。可是寅恪先生偏偏不认路，明明可以看到唐家的房子，还怕走错，非要二女儿小彭陪着去[35]。儿时的唐子仁想不太通，为什么这位公认聪明的大学者，却连小孩子都走不丢的路也认不得？

我挂了电话后曾自作聪明地想，"不认路"大概是因为寅恪先生视力不济的缘故。我上一次去拜访唐子仁时，她已年过八十，叹息老了，眼睛不行了。回想在我出生或记事以前，唐子仁就成了父亲的朋友，我认识她也有好几十年了。记得在过去，唐子仁一向灵敏过人。想来她年少时，很难体会寅恪先生受眼疾折磨之苦。我把以上的揣测，作为"分析"写入了原文初稿。唐子仁预览后，驳回了我的"自说自话"（唐子仁所言见附图）。

寅恪先生和擘黄先生两人相聚，总爱吟诗唱和，你送一阕我答一首。除了两位老学究往来，两家的孩子也常走动，随意串门

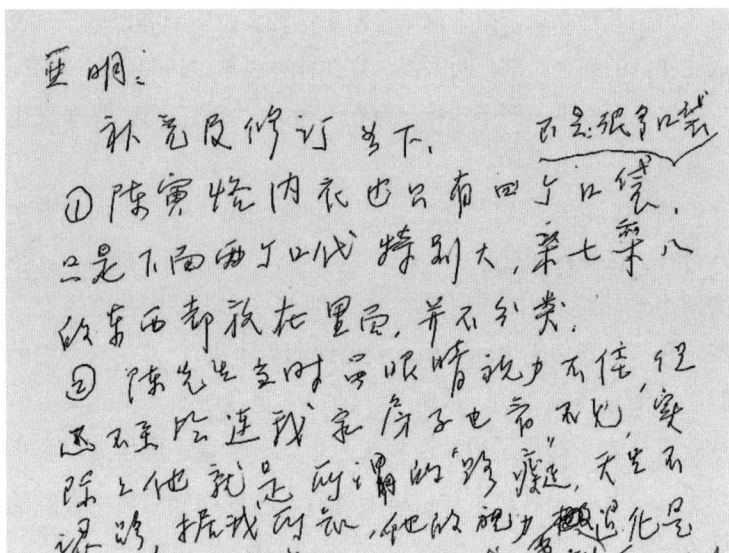

时，就能见到听到些家庭琐事。唐子仁去陈家玩，有时听到寅恪先生抱怨日子太苦，没肉吃，夫人唐筼指着菜盘子里洒落着的星星点点肉丝说，那不是肉吗？寅恪先生说，那不算，我说的是没有大块肉。每逢父母为这类事"拌嘴"时，陈家的孩子就会插嘴，说在香港时，沈仲章怎么怎么的。听起来像是寅恪先生一家在港之际，也时有贫寒之虞，我父亲沈仲章常常会带些好吃的东西去他们家，于是老老少少皆大欢喜。具体什么话，唐子仁也记不清了。

2014年2月20日，台湾史语所的邢义田在电邮中告诉我："那是一个兵荒马乱的年代，生活条件极其艰苦，令尊曾一度为生活所困……"1965年，叶恭绰赠诗为我父亲沈仲章祝寿，跋中有言："抗战时居延汉简归香港商务印书馆承印，仲章任重加编校，凡数万事。主者廪给不时，至仲章忍饥工作。"

父亲曾轻描淡写地提过几次,在香港为居延汉简工作,远程的上司拖欠薪水,补发时法币已经贬值,而且等到钱终于抵港,父亲即离港,一分也没用到 [36]。多亏父亲的好朋友戴望舒主编报纸副刊,约他写专栏,换得几个稿费度日。父亲在港时间长了,广结人缘,后来大概日子好过些了,而且以前胡适叫他翻译的一部天文学读物,商务印书馆也已排上出版日程。简言之,父亲在港时手头不会太宽裕,然而他的脾性,一贯是厚人薄己、克己助人。

四、我处三封陈函

我有三封寅恪先生在20世纪40年代写给我父亲的信札,读函时感觉两人关系相当亲密随便,寅恪先生很信赖沈仲章,反之亦然 [37]。

第一封陈函无实寄信封,外套一个白信封,上有父亲手书"寅恪师函"四字。函末落款日期是3月19日。函内寅恪先生写明,他仍住在香港九龙的老地方。由此可知,此函写作年份应是1942年。因为父亲在1941年秋离开香港,为了木简制版试印样张之事,到上海找鲁迅的弟弟周建人帮忙。不料1941年12月,太平洋战争爆发,父亲去不了香港,寅恪先生也出不了香港。寅恪先生在信中诉说他困于港岛,并对父亲沈仲章直言经济上的窘境,"恐不久将断炊",不遮不掩 [38]。

第二封陈函寄自桂林良丰,就是前文唐子仁说的那个地方。对照信封上的几个邮戳,可辨认出是1942年。从桂林寄出的邮戳是7月,到上海的邮戳已是9月。真没想到,抗战期间通信竟如此不易。寅恪先生在信中告知,他已于5月初离开香港返乡,7月初抵达桂林,写信通知沈仲章,以免挂念。写信时,寅恪先生说

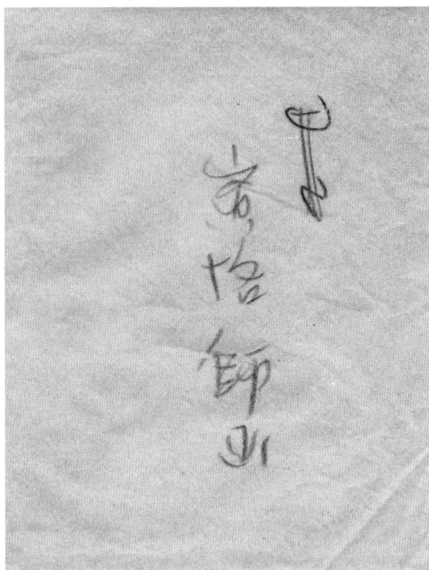

信封，沈仲章手书"寅恪师函"。

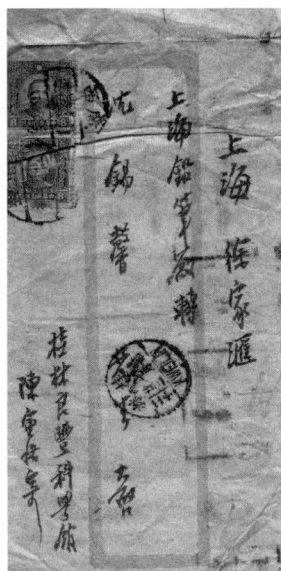

陈寅恪由良丰寄沈仲章函信封
正面。

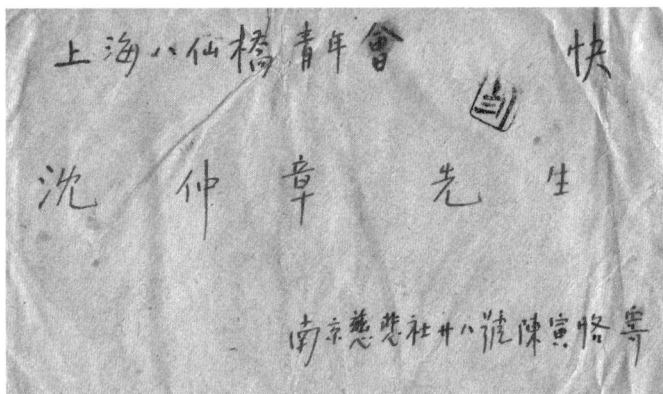

陈寅恪由南京寄沈仲章函信封正面。

下一步"行止如何，尚未决定"[39]。

第三封陈函寄自南京，信封上的邮戳是民国三十五年，即1946年。寅恪先生在信中对沈仲章说，如果去香港的话，请替他办一些事，而取回的书籍和衣物，就"暂存兄处"。参照周祖谟写给沈仲章的一封信，里面提到，据袁守和说："内地也正在找你，将任你驻港要员。"想是寅恪先生也听到同样的消息，以为沈仲章不久将去香港。其实，战后父亲被徐森玉拉去清点汉奸陈群的藏书，留在沪苏一带；又被何容与魏建功邀去台湾推广国语，并没有去香港就职[40]。

父亲自己也有很多东西留在香港，后来找不到了。私物中包括他随刘半农考查时拍的照片、徐志摩给他的诗集等。公物中包括他编撰的居延汉简图册书稿、他带去的西北科学考察团的资料物品等。直到生命最后几年，才听说香港大学重新发现了寄存的考察团资料，但始终没有见到实物[41]。我不知寅恪先生留港的东西，是否得以保存。

关于寅恪先生的几封信，暂时得放一放。因为我刚做初步识读，还要请朋友校勘。而对信内提到的人和事，也需略做考证。此外，我为老家部分信件资料被人未经同意拍卖之事，正在头疼心疼。将心比心，如果有人公布父亲和我家人的书信手稿，我当然希望事先跟我打个招呼。虽然我相信，寅恪先生的后人不会反对发表这几封陈函。但最好还是先刊登此文，希望他们读到后，通过编辑与我联系[42]。

五、希克剃须刀

回到本文开头提到的、寅恪先生送我父亲的那把剃须刀，因为父亲反复夸奖它，给我留下的印象很深。父亲说那把剃须刀又快又精巧又安全，是他一生用过的剃须刀中质量最好的。不知为何，父亲的话使我联想到傅斯年的评语，寅恪先生的学问，是三百年来最好的。

根据厂家说明，那把剃须刀保用期为十五年，可是父亲用了约四十年，到1985年左右还在用[43]。那种老式的剃须刀得换刀片，刀片还非得是原配的。寅恪先生想得非常周到，馈赠剃须刀的同时，附送了好多盒配套的刀片[44]。本来应该是每用一次，就该换新刀片。可是父亲太喜欢那把剃须刀了，又因在中国配不到刀片，他就省着用，用几次才换一片。

我小时候觉得换刀片挺好玩的，喜欢在父亲身边观看。刀片盒子上有个机关，对准了一推，盒子里原装的新刀片，就会被自动插进槽口，顶出旧刀片，换下来的旧刀片，就再也装不回去了。

父亲曾对我说，给剃须刀换刀片好像步枪换子弹。我除了儿时见过哥哥的气枪，完全不熟悉枪支弹药。气枪装子弹很简单，子弹是小小铅粒，好像只要打开枪筒，塞进去就是。我因太小不让碰枪，旁观也没引起多大兴趣。因此，脑中虽然存着父亲"装子弹"之说，却没怎么上心去想。

1985年父亲口述时，请人做了笔录。关于剃须刀，留稿上写"Shick公司的产品"。我怀疑Shick的拼法，可能是笔录时漏了一个字母"c"，猜测当是美国专产剃须刀的Schick（希克）公司。最近查希克公司的历史介绍，其中有个小节标题，就是"What Rifles and Razors have in Common"（"来复枪和剃须刀有何共同之处"）。说的正是在20世纪20年代，美国的一位军官受枪支换子弹原理的启发，发明了一种新式剃须刀，获得畅销[45]。

从我四五岁起，父亲每隔一阵子，会把那个刀片盒子拿出来，让我陪他数，算算还剩下多少刀片。父亲渐渐趋老，数得越来越勤。看着逐次减少的刀片，父亲打趣说，等寅恪先生送的刀片都用完，他也就活到头了。数"寿命"时，父亲总会念叨寅恪先生。回想起来，可能这便使年少的我，隐隐感受到有种"命定"的缘分。

后来亲友从海外带来一把电动剃须刀，还算好使，父亲就把寅恪先生送的老式剃须刀藏进盒子，锁进他放印章证件等重要物品的抽屉里去了。父亲去世后，我有次回国，见那把剃须刀连同余下刀片还在原来那个抽屉里，我颇有感触，便向母亲要来当纪念品。我记得自己把剃须刀带来美国了，可想不起放哪儿了，突然担心，莫非当时我把剃须刀落在老家了？那么，现在就不复存在了。

每当我想起那把剃须刀，便会联想到不少儿时趣景和天伦亲情。如前所述，正是因为那把剃须刀，常常勾起父亲对寅恪先生的思念，引出他对寅恪先生的回忆。我相信，剃须刀多半还是带出国了，只是藏在什么特别安全的地方，说不定哪天这个宝贝就会"显灵"出现。

【补记】学长劳榦

劳榦比沈仲章早进北大，大概高三个年级。说来也有意思，劳、沈两人未见面之前，早就"有缘"了。怎么回事？那时北大学生宿舍僧多粥少，学校管理制度又不齐全，学生得通过关系才能得到宿舍的房间。这个"关系"倒不是去疏通掌权者的门路，而是同学之间寻找私下转让"户籍"的渠道。往往是这样的情形：毕业生临走前，擅自让朋友或者朋友的朋友"顶替"进来，再去某个部门办个"过户"手续。等到校方想来收房子，见已经有北大学生"合法"迁入，只好承认既成事实。学生们就如此自选"接班人"，宿舍房间在熟人之间"代代相传"。

父亲进北大第一年没有学长级熟人，挤不进宿舍，住在校外公寓，第二年经人搭桥牵线，搬进了北大西斋天字第一号，顶的就是劳榦的"户籍"。父亲那时不认识这个寝室"前任"，连劳榦的名字怎么写也不甚了，可对 Lao Gan 这两个音节却记得清清楚楚，因为在北京土话里，"老 Gan"是带点儿贬义的称呼。父亲那时二十刚出头，觉得怪好笑的，怎么会有人叫这个名字？

我查《北京土语辞典》，收词有个"老赶"，释义为"嘲讽外行"（徐世荣编，北京出版社，1990年，第236页），想来就是父亲说的"老 Gan"吧？再一想，父亲北大第二年还是理科生，而劳榦是文科生，可说是互为"外行"。

到了20世纪30年代，父亲已经转入文学院，跟文史哲那个圈子渐渐都熟了。从赫赫有名的胡适，到比父亲晚进北大的周祖谟等，都很尊重他。后来，父亲被刘半农招入北大文科研究院和西北科学考察团工作，那时跟劳榦就差不多算"同行"了。

学界早知劳榦对居延汉简研究的贡献，而沈仲章在抗战期间秘密救护汉简之事也渐渐被外界知晓。劳榦在《居延汉简版图之册》序言里说得明明白白，书中的图像都是1940年在香港照的反片，是沈仲章拍摄后，交给傅斯年的（见《"中央研究院"历史语言研究所专刊之廿一》，台北"中央研究院"历史语言研究所，1957年，第1—11页）。

如果没有父亲此举，劳榦的几本关于居延汉简的巨著就无从谈起；而反过来，在大家都无法见到汉简的那二三十年里，劳榦能根据照片进行研究，把成果公诸于世，沈仲章的辛苦也算没有白费。

最近有幸找到1984年4月11日劳榦致沈仲章函，摘录相应部分供参照：

仲章学兄：

自从通［按：同？］去整理居延汉简时在北大相聚以后，

现在已经五十多年了。日子过得也真是想象以外的快。在这五十年中遇到了许多悲欢离合，真是数也数不清的。这许多年，我也一直想得到您的消息，可是一直不知道。

关于汉简的行踪是这样的。从香港经过您抢救以后，即由胡适之先生设法运到美京华盛顿存储在国会图书馆仓库里，并加上铁条封好……这一批国宝在敌人及炮火威胁之下，能够抢救出来，已经十分不容易……在当时香港的局面已经十分危险，在人手不足情形之下，把工作匆匆中结束，真是好不容易有此成绩。如其不然，汉简也会像北京人的遗骨一样，不知道遗失到什么地方去了……至于我所经手印出的，还是您从香港寄来的反面照片再转成正面……不过现在原简还在台北南港"中央研究院"历史语言研究所的考古馆好好的保管着，这是可以奉告的，并祈释念为盼。

……

弟　劳榦

1984.4.11

〔按：1940年夏，居延汉简由沈仲章奉命在香港装箱，送上海轮运往美国。1965年底，由"中央研究院"历史语言研究所派人取回台湾。〕

说起劳榦和沈仲章，尤其是自从他俩"整理居延汉简时在北大相聚以后"，半个多世纪的"许多悲欢离合，真是数也数不清的"。

【注释】

[1] 父亲用沪语或国语说寅恪先生的名字，"恪"音皆同"确"。据闻，近年来对怎么读"陈寅恪"之"恪"争议纷纷，读"克"似成定论。我认为

从语言学角度，此题仍可商榷。

[2] 关于父亲就读交通部唐山大学（又称唐山交通大学，简称"唐山大学"）的故事，可参见拙文《沈仲章唐山三部曲之一：混进大学》《沈仲章唐山三部曲之二：熬过预科》和《沈仲章唐山三部曲之三：卷入学潮》，连载于《传记文学》总第657—659期，传记文学出版社，2017年2—4月，页码略。

[3] 对邓高镜教梵文一事，除了沈仲章，当年的北大德国教授鲁雅文（Erwin Rousselle）也有相应说法，见本书《与钢和泰、卫礼贤和鲁雅文》一文。梵文可以出现于课程正式名称，也可包含于课程实际内容，这在老北大不以为奇（如钢和泰在"古印度宗教史"课上教梵文）。

[4] 许季上教梵文当在沈入校之前。依父亲习惯，信息一般源自可获直接信息者，很可能来自邓高镜或许季上本人。

[5] 虽然父亲是向钢和泰学的梵文（见下），但他在北大为生为师共十一年，邓高镜与汤用彤的交替发生于沈在校期间。父亲与邓相熟，毕业于汤任教的哲学系，留校供职于文科研究所，可有直接信息。

[6] 见《鲁迅全集》第十四卷，人民文学出版社，1981年第一版，1989年第四次印刷，第718页。更正：原文根据维基文库《鲁迅日记·十七》电子版所录"民国十九年"，误作1930年，承读者耦园指正，并提供纸质本信息，现改正为1928年。

[7] 据说邓高镜晚年生活窘迫，熊十力和汤用彤等集资接济。由此联想到两点：一是父亲言及的几位北大佛学梵文学者，皆为朋友，可互获相对直接的信息，比如任职、授教和外间知者不多之事，沈仲章也可能通过其中之一，了解他人情况（参见上文注释）；二是与父亲同学梵文的谢大祺后半生经济拮据，父亲也一直接济他家。

[8] 可参见本书《与钢和泰、卫礼贤和鲁雅文》一文。本篇原文刊登在前，以人物故事为主，亦着墨教学气氛。《与钢和泰、卫礼贤和鲁雅文》一文后发，略偏学术，并举例补充本篇未含的讲课内容。

[9] 原文此处写"卫礼贤"（Richard Wilhelm），现更正。讨论见本书《与

钢和泰、卫礼贤和鲁雅文》）。

[10]"闻难则喜"为父亲常说之语，用以解释为何选择和接受挑战性大的课程和任务，如寅恪先生的课。在此也顺便解释一下课程时序问题。若插班旁听，无须先修完某门课，再修另一门，即有先有后也不排除重叠。不过，寅恪先生的两门课，父亲是从开始听到结束。

[11]父亲对寅恪先生板书的描述，与季羡林所忆不一样。初步分析：(1)对比听课时段，沈早季晚。寅恪先生1926年夏到清华，1928年春去北大开课（见下文）。季羡林1930年（假定秋季）入清华大学，自语"旁听"寅恪先生讲课，没说是第一个学期，估计距1928年春至少三年。(2)对比教学资料，沈多季少。沈述多种佛经，季述"参考书用的是《六祖坛经》，我曾到城里一个大庙里买过此书"（《真话能走多远》，新星出版社，2008年；网络转载）。课程覆盖面不同，涉及语种不同，板书也会不同。如此看来，沈仲章之忆可填补阶段性史料空缺。而寅恪先生授课内容和风格等因时因校而异，对比探讨也很有意思。

[12]多年后，父亲又"碰"过这些文字，包括八思巴文。但估计是借助参考资料阅读，限于翻译专业著述所需。不知寅恪先生的课，是否起了"播种"作用。

[13]父亲追补信息，意在给我较实在的概念，以防止理解过程中"夸大"。我这么理解：用铅笔书写，笔尖极易变粗，比起用钢笔书写，所占纸面空间大些，故而一堂课可记"厚厚的一本笔记本"。

[14]尚无机会阅读劳榦全文，据友人引述。向首发刊物查询，该文载《传记文学》第17卷第3期，传记文学出版社，1970年9月，第31-44页。交稿前听了朗读录音版，不易逐字逐句核对，但引述部分内容相符。

[15]我认为比较史料当尽力留意语境，时序为参数之一。劳榦与沈仲章听课时段较早，两人的回忆互补互证。寅恪先生在西南联大教课，已是许多年之后，思想和习惯可相继沿袭，亦可发展转变。后来人的观察，并不一定能替代并解释沈仲章更早的观察。但就此例而言，西南联大学生的说法很

有道理。

[16] 父亲在校时，北大学生若正式注册修课，有固定座位。教师只管讲课，由校方派职员到教室按座位点名考勤。

[17] 蒋天枢《陈寅恪先生编年事辑》，上海古籍出版社，1997年，第69页。

[18] 卞僧慧《陈寅恪先生年谱长编》，中华书局，2010年，第115页。

[19] 北大图书馆陈体仁代为查阅。

[20] 寅恪先生与沈仲章差不多，也是1926年夏到北平，1937年下半年离开，共十一年。1926年夏到1928年春仅一年半，相对算来不久。

[21] 本篇原文对课名两说略有评议，扩展后觉得篇幅太长，暂移出容另行讨论。

[22] 多处见"居延汉简为20世纪……四大发现之一"的说法，用词小有差异，如"中国档案界""中国考古""东方考古""近代古文献"等。引号内短语取自《20世纪中国学术大典：考古学、博物馆学》，该书第454页写道："居延汉简……这一考古成果被称为20世纪东方文明的四大发现之一。"（李学勤主编，吕文郁副主编，福建教育出版社，2007年；谷歌图书搜索。）

[23] 我印象中，父亲虽跨系选修寅恪先生的两门课，但是否经过正式注册手续，尚待核证。

[24] 父亲从来没对我说过他是寅恪先生的学生，但我猜测，父亲给寅恪先生写信时，也许落款会写"学生"，那是依据旧时学人称"师"称"生"传统。后文略有议及。

[25] 更正：原文猜测沈陈私交始于1938年。其实，父亲与寅恪先生在课堂外的个人接触，当始于20世纪20年代末期。1937年下半年陈氏全家经天津逃离日战区，沈仲章也曾出力相助。但我估计，发展成随意走动不见外的近友，大概是在香港时期。

[26] 谢荣滚主编《陈君葆日记全集》（上），香港商务印书馆，1999年，第348页。引文内"许先生"即许地山先生。关于徐森玉先生，见《与徐森玉》和《与金克木（一）》等多篇文章。

[27] 写作本篇原文时，根据我能找到的第一手资料《陈君葆日记全集》，推算寅恪先生抵港的大致日期。后与陈氏女儿续联，确证陈家于1938年1月31日抵港。父亲回忆居延汉简历险过程，曾说他1938年1月底已到香港，但旋即关照，还需仔细再思，并对比其他资料。

[28] 中国蔡元培研究会《蔡元培全集》第十七卷，浙江教育出版社，1998年，第160页（电子版PDF）。

[29] 张少鹏《抗战前后的陈寅恪与傅斯年》，载《社会科学论坛》2012年第10期，第154—174页。

[30] 谢荣滚主编《陈君葆日记全集》(上、下)，香港商务印书馆，1999年，第510—511页（1940年8月15日）和第551—553页（1941年8月14—16日）。

[31] 参见拙文《许地山跟沈仲章征服香港之巅》，载《传记文学》，总630期，2014年11月，传记文学出版社，第49—54页。

[32] 这是我在与陈、许两家后代续联之前的猜测，不见得准确。据寅恪先生长女陈流求分析，许地山应是在香港将她父亲和我父亲重新连接在一起之人。许地山之子周苓仲也曾写信对我说："我们的父亲是好朋友。"可能因为许先生离开北平早而且去世也早，父亲与寅恪先生交往年数长些，对我谈得较多，以致我有如此印象。

[33] 20世纪80年代中期某个暑假我上北京，为了去北大周祖谟教授那儿上课方便，曾短期住在唐钺先生二女儿家，每天去唐钺家吃午饭，印象中姥姥（随唐家外孙女叫法）烙饼香喷喷，可惜未与唐先生多谈。

[34] 那个年代的火柴，不是我们现在的安全火柴，很容易点燃。

[35] 最近陈小彭对我说，两家房子没有那么近，不是一出门便可看到。估计各自参照点不同，远近概念有些差异。

[36] 某机构一度（非全程）补贴生活费，但请教了多位国际学者，都认为生活费不是工资。在某种意义上，可以说沈仲章是义务工作。

[37] 原文提示依据，因下篇《与陈寅恪（乙）》有类似内容，此处略去。

[38] 据研究者言，与此函时间接近的陈函不见或少见留存，内容也很有意义，下篇将分享该函。

[39] 详见本书《与陈寅恪（丁）》。

[40] 参见本书《与周祖谟》和《与徐森玉》。据研究者言，未见与此函时间接近的陈函。我已草成两篇相关稿件待发。

[41] 原文此处略具体，现删减，参见本书末篇《与斯文·赫定》。

[42] 原文刊发后不久，由中山大学皮鸿鸣相助，联系上了寅恪先生的女儿。

[43] 更正：原文写"四十多年"，不一定确切。解释：我本来以为，剃须刀是寅恪先生在香港时赠送的。父亲1938-1941年在香港，那么到1985年，算来有"四十多年"。最近想到另一种可能，寅恪先生在1945年春至1946年秋去欧美医治眼疾，剃须刀可能是他那次带回国的礼物。假定父亲在1946年得到那把剃须刀，那么到1985年，算来"约四十年"。

[44] 原文有"每小盒有十二片"，也可能每盒内装十二的倍数，存疑待考。

[45] 那家专产剃刀的公司，1946年才更名为Schick（希克）。如此看来，剃须刀大概是寅恪先生战后购买。这也可支持"约四十年"的说法。

第二篇

与陈寅恪（乙）：困境呼救

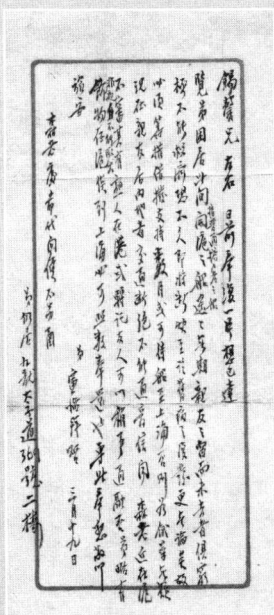

1942年3月19日陈寅恪致
沈仲章函。

本篇基于《读陈寅恪致沈仲章1942年3月19日函》，原载《新文学史料》2016年第3期，人民文学出版社，第141—149页。

整理父亲沈仲章遗留资料，目前见到三封陈寅恪信函。征得寅恪先生的女儿陈流求、陈小彭和陈美延同意，将陆续发表。本篇分享1942年3月19日陈寅恪致沈仲章函，简称"3.19陈致沈函"，希望能为陈寅恪研究补缺。

錫馨兄左右：日前奉復一片，想已達

覽。弟困居此間，開滬之船（指普通搭客之船）遥遥無期。親友之留而未去者俱窮極，不能救濟，恐不久即將斷炊。至於舊病之復發，更無論矣。故必須籌措借撥，支持數月，或可待船至上海。否則為餓莩無疑。現在親友居内地者，交通斷絕，不能通音信。聞

森老近在滬，不審其有熟人在港或轉託友人可以稍事通融否？弟略有飾物存滬（非親自不能取出），俟到上海必可照數奉還也。

專此奉懇，敬叩

旅安

弟寅恪拜啟　三月十九日

森老處希代問候，不另函。

弟仍居　九龍太子道369號二樓

以上识读 [1] 曾请精于文献校勘的夏剑钦审核，寅恪先生的三位女儿又过目订正 [2]。陈氏三女还依照旧时书信惯例，对谦称和尊称等，作了小字、空格、顶格等处理 [3]，并郑重嘱咐，根据当年实情及本人意愿，寅恪先生的书信及诗文等宜用繁体字刊发。

本篇原文刊发后，辗转传来史界学者嘱咐，这封陈致沈函能填补特殊时段的史料空白，应交《陈寅恪集·书信集》补收。此议陈氏女儿早已想到，我也已提供了扫描件。

一、背景浅释

解读这封信函之前，略释收信人与信作者的关系以及时代环境等相关情况，也许有助于理解函中内容、词语、口气等。上篇《与陈寅恪（甲）》已述父亲与寅恪先生的友情 [4]，本节顺着这条线，对"3.19陈致沈函"中的地点时间、人名称谓、交往关联等几个小题，稍加评注。

我找到该陈函时，外面套的不是实寄信封，而是一个白信封，上面有父亲用蓝色铅笔写的"寅恪师函"（图见本书第14页）。这类接近正方形的白信封很眼熟，是我家常备品，父亲多用以装照片、底片、卡片和小零件等物。因同时发现的另两封陈函的信封上，都贴着邮票、盖着邮戳，唯独这封没有，我有个猜测，"3.19陈致沈函"的递达，也许是通过邮局之外的渠道，比如托人捎带、夹附于致他人函中……

接下来谈谈标示双方关系的三个称谓，即封套上收信人自书之"师"，以及函内写信人所用之"兄"和"弟"。

父亲只在1928年上过寅恪先生的两门课，从不向外声称是陈寅恪的学生，但始终对寅恪先生执弟子之礼。浏览父亲书信，对比他年长的学者，他常尊称为"师"，落款署名前有时也加"学生"二字。而年长学者致函沈仲章时，则多以"兄"相称，并自谦为"弟"。这种称谓习惯，符合早年文化界通则。若非业师门生，前辈可为"师"者常以"弟"自居，却尊后学为"兄"。反过来，年轻人自谓"学生"，敬称年长者为"师"，也并非意在高攀师承关系。

再说说该函的发出地点和时间。虽然没有实寄信封上的寄信地址和邮戳，但从函内文字，不难得知这两项信息。

该函最后一行写明具体地址。"仍居九龙"表明寅恪先生还在香港，"太子道369号二楼"正是陈家在香港的第七个、也是最后一个居住处，"仍"字显露该处是收信人沈仲章已知的陈寓所在。

陈氏三女在《也同欢乐也同愁——忆父亲陈寅恪母亲唐筼》[5]（简称"《也同》"）第155页写道："新家位于九龙太子道369号三楼后座……这是我们第六次搬家，一直住到日本占领香港。"我请教了陈家三位阿姨[6]，为什么寅恪先生信中写"二楼"，她们书中却写"三楼"？小彭姨回答[7]，她家在"太子道369号确实住过三楼和二楼。三楼住的时间最长，非笔误"。小彭姨还证实："在香港曾住过七个地方。"[8]

寅恪先生特意在函内注明地址，这一点也许可以支持我关于该函托人传递的猜测。因为，如果从邮局寄发，信封上有寄信地址，依中文书信习惯，一般函内无须重复。当然，信内和信封都写地址也不是不可能，我的猜测还是猜测。

写信日期"三月十九日"一目了然，年份则无疑是1942年。

陈寅恪全家合影，香港九龙太子道369号楼梯，1940年，沈仲章摄；陈氏女儿提供。
左起：陈寅恪、唐篔、陈美延、陈流求、陈小彭。

理由有三条：一看父亲沈仲章行止，他1941年秋天离港到沪，由函内行文可知收信人在上海。二看寅恪先生行止，陈家1942年3月在香港[9]，5月初才离开（篇尾将叙及）；7月抵达相对安居处所后，寅恪先生又发一函给沈仲章[10]。三看这封信函内容，从"困居此间"起，正文通篇皆述香港沦为日占区之情形，当在1941年12月后。

　　时间地点明白了，下一步讨论函首抬头。

　　称"兄"惯例上文已释，而"锡馨"则是父亲沈仲章本名。按照我家这脉沈氏排行，父亲属"锡"字辈，他上小学用的学名便是沈锡馨。父亲是我祖父母的第二个男孩，"仲章"是他的字。父亲实足十一岁[11]离家到上海当学徒，从此以字行。父亲在唐山大学、北京大学以及后来在香港，虽然有些朋友会用外号或笔名称呼他，但大都以为他的本名就是"仲章"。有意思的是，近几年来，与年龄长我一大截的平辈亲戚交谈，记得"锡xin"这个名字的，只有一位年过九十的表姐，她还不能肯定"xin"字该怎么写[12]。

1941年秋，父亲去上海，求助解决居延汉简图册制版的难题[13]。不料12月初太平洋战事爆发，回不了香港。更早些，在1937年末到1938年初，日本人发现居延汉简被运出北大，便追查沈仲章的下落。因为这个缘故，父亲在日占区便改用"沈锡馨"之名。父亲的学界师友来函中写"锡馨"的很少[14]。我由此推想，父亲与寅恪先生相当亲近，互通信息较勤，所以寅恪先生了解内情。从名字的选择，我也体会到，被称为"书呆子"的寅恪先生很为他人安全着想，处世行事也不乏细心周到之处。

"左右"为示敬提称语[15]，常见于旧时书信。

读抬头之下正文首句，寥寥十字："日前奉复一片，想已达览。"

"日前"是近日或者几天前，"奉复一片"意为回复了一封信

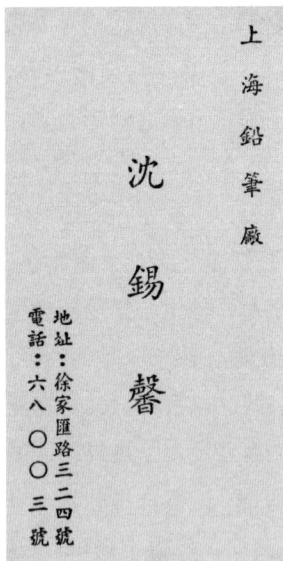

沈锡馨名片。

或者一张明信片[16]。这么看来，在1942年3月19日之前不久，父亲与寅恪先生有书信往来。这或许也可支持上文"互通信息较勤"之猜，解释为何寅恪先生会用"锡馨"之名。

"想已达览"即想必（"片"）已经抵达，（您）已阅览。"览"字之前，省略了主语即读信人（按该函行文风格当为"兄"），但寅恪先生用顶格表示尊重（故释读暂代以第二人称敬称"您"）。

我读首句有个猜测：也许因为情况紧迫，寅恪先生等不及沈仲章回信，连着发了两份邮件。可惜，眼下还没有找到他俩在1941年晚秋到1942年早春之间的交流记录。我进一步猜测，如果那"日前奉复一片"，已含呼救信号，也许早被父亲转交他人。这个猜测基于相关想法：即可能"3.19陈致沈函"有"烽火"报急之意，讨论详后。

这封陈函主要叙家事私务而非谈学术专题，字面意思都不难理解。拟于下两节细读余部，对照补充情况。本节仅言背景，故略过大段，直接跳到倒数第二行附言，解释下一个尊称"森老"。

"森老"指徐森玉[17]，除了用"老"表示敬意，"森"字前的空格也是尊称的格式。徐先生原名鸿宝，森玉本来是他的号，渐与本名并用，后取而代之[18]。自20世纪30年代中期起，父亲常伴森玉先生左右，随意出入徐家[19]。森玉先生的朋友，父亲也都认识，往往互认为友。

过去我曾猜测，父亲与寅恪先生最初的私交，森玉先生或许起过桥梁作用；随着梳理资料，并请教有关知情人，现已清楚，父亲认识寅恪先生在前，认识森玉先生在后。在北平与在上海，父亲与徐家相熟无拘；但在香港阶段，父亲与陈家相当亲近。寅恪先生知道沈仲章与徐森玉的交情，写信大多会附笔致意，比如这封陈函附言嘱咐："森老处希代问候，不另函。"

下文还将议及，可能寅恪先生有意让沈仲章将该函内容转告森玉先生，希望沈、徐连环代他向后方求援，故而先略费笔墨，介绍陈、沈、徐三人关系。

二、窘况叙实

从该函正文第二句起，至倒数第二句止，我逐句向陈氏三女提问求解；小彭姨咨询姐妹，归总作答。下面依不同聚焦点，分两节介绍。

读第二句："弟困居此间，开沪之船（指普通搭客之船）遥遥无期。"我问陈氏三女："前几年在网上看到，政府曾派飞机去香港接寅恪先生等一批著名学者转移，不料孔祥熙的二女儿依仗武力抢占飞机，遂使寅恪先生留困于沦陷区。您三位印象中有没有这样的事？比如，是否记得曾经到了机场又折回，或者听父母议论过任何沾边的事？"

小彭姨回复："从未听父母提及过孔小姐抢飞机一事。"

至于后半句"开沪之船（指普通搭客之船）遥遥无期"，在此提个建议：有兴趣者可查阅1941年12月到1942年3月的香港轮船客运记录[20]。

我曾与小彭姨闲聊，可惜我父亲被困在上海，要是他当时在香港，一定会想办法，也大概会有办法帮他们一家逃离[21]。小彭姨后来补充，她父母确实最希望直接坐船从香港到上海，但没有成功，于是只好先到湛江，辗转到了桂林。

读到第三句："亲友之留而未去者俱穷极，不能救济，恐不久即将断炊。"我问陈氏三女，是否记得"亲友之留而未去者"的名字，哪怕一位两位，以及他们的穷状。

小彭姨答记不太清了，"只知许地山伯父辞世后遗下的妻儿等，几时离港亦不太清楚"。算起来，当时陈家老二小彭才十一二岁，老大流求也不过十三岁[22]，美延就更小了。令她们印象深的父辈友人，如许地山与沈仲章，也能从一个角度显示相熟程度。

于是又想起，父亲与许地山是好友，与许夫人周俟松也相熟，这两位如今都已作古[23]……种种联想，令我感怀。此外，我从1946年[24]寅恪先生给我父亲的信中，看到几位留港朋友的姓名住处，容日后再议。

读到第四句："至于旧病之复发，更无论矣。"我问陈氏三女："记得您父母当时（香港沦陷后）的身体状况吗？"

小彭姨回答："当时香港日军政府分配粮食每人每日六两四钱（以十六两一斤计），大量港人涌回广东，饿莩遍地。父母当时身体很差，父亲不时卧床，母亲也是强打精神。"

上述答复印证了寅恪先生信中的第五第六句所言，即"故必须筹措借拨，支持数月，或可待船至上海。否则为饿莩无疑"。对照《也同》第161页到164页，陈氏三女叙述她家受困挨饿实例，使我戚然。而她们父母虽面临"恐不久即将断炊"之虞，全家成"饿莩"之危，也不食非正道之粟[25]，骨气感人。

许地山和夫人周俟松在香港；周苓仲提供。

原文定稿之后，小彭姨意犹未尽，曾特地通过语音留言，追补描述当时气氛，大意为：香港沦陷为日占区后，关卡重重，日本人手持刺刀站岗，盘问过路人，答得不对，就有被捅刺刀的危险。为避关卡，港地居民出门常须绕道，朋友间很少走动。她们都有一种做了亡国奴的感觉，非常不好受[26]。

三、告急求转

继续往下读"3.19陈致沈函"，第七句写道："现在亲友居内地者，交通断绝，不能通音信。"我问陈氏三女："为什么令尊能与在上海的我父亲通信呢?"我也说了我的猜测，即该函的递达，也许不是通过邮局投寄，而是经人捎带。

小彭姨的回答是："当时上海和香港均为日占区，日军政府为粉饰太平，恢复赛马等公众活动，我认为邮局亦运作，可以和内地日占区通邮。"这么看来，"3.19陈致沈函"托人传递之猜测，尽管仍不完全排除可能，但已失去必要条件。不过，小彭姨后又追加："传递也有可能，可以存疑。"

我稍加思索，悟出大概是这么个情形。1942年初的香港，虽然"可以和内地日占区通邮"(陈小彭语)，但与非日占区的内地"不能通音信"(陈寅恪语)。了解这一情况后，我对该陈函的递送方式，又有些新猜测，容日后再议。

我脑中有一个更重要之题，即"3.19陈致沈函"的目的与作用。我猜测，因为不能与"亲友居内地者"直接"通音信"，寅恪先生在设法"曲线"呼救。他"闻森老近在沪"，盼望通过乐于助人的沈仲章，从徐森玉这条线，将报急信息转送出去。

这里点一下相关背景：父亲当时在香港的身份是"中央研究院"(简称"中研院")特派员，负责居延汉简图版的拍摄、编辑和出版。傅斯年一度是"中研院"总干事，长期担任该院历史语言研究所（简称"史语所"）所长[27]。傅斯年非常关心居延汉简种种事宜，直接过问策划安排。寅恪先生战前在史语所任职，因战乱机构分散各地，行政簿册归属也许含糊，但我相信，傅斯年等人仍把寅恪先生看作"中研院"的人，傅先生与寅恪先生关系非同一般，会尽力照顾保护他。与此同时，徐森玉穿梭于西南后方、日占华北江南和沦陷前的香港，与傅斯年等人联络密切。傅斯年对沈仲章下达的不少"旨意"，都是由徐森玉转达。

我的大胆假定如下：寅恪先生也许这么考虑，请沈仲章问徐森玉"有熟人在港或转托友人可以稍事通融否"，便可把陈家"不久即将断炊"，若不及时援救，则将"为饿莩无疑"的告急信号，传送至"不能通音信"的傅斯年或者其他关键人物那里。

我还认为，函末"专此奉恳"四字也可为这一假定之佐证，即"3.19陈致沈函"主要为呼救。再读该函通篇文字，这个想法不无道理。

上述想法是否具有合理性，还可以从在后方的"中研院"领导那头来考察。已公布的文献表明，"中研院"代理院长朱家骅和总干事傅斯年，当时也在为寅恪先生的安危着急，想方设法打听实情。夏蓉《香港沦陷后朱家骅组织救助陈寅恪的经过》（简称"夏文"）有介绍[28]。

我注意到"夏文"引录一份史料，1942年3月31日高廷梓致朱家骅函，其中有"中央研究院及中基会留港人员"名单，陈寅恪列在第一。这种排列法，估计非高廷梓自创，而是来自"中研院"。这条信息也从另一角度，证实了我在上文言及的"想当然"，即傅斯年等一直把寅恪先生当作"中研院"的人[29]。

我认为还可注意，陈致沈函是1942年3月19日，高致朱函是3月31日。不知是否有人上溯高廷梓消息之来源？高本人是否与寅恪先生相熟？信赖程度又如何？我并不是说，高的消息来源于沈，而且猜想不是。我是猜想，寅恪先生迫于窘况，大概曾试图多方求救。诸如此类详情，读史有心者可深思细究。

至于1942年3月31日之后，政界与学界合作，援救寅恪先生逃离香港的过程，"夏文"已引证档案，沿着有组织的一条线循迹，做了介绍，本篇不赘述。仅在此摘录陈氏三姐妹作为当事人，关于陈家脱离困境的叙述 [30]。《也同》第164页写道 [31]："4月底忽得朱家骅营救之秘密电报，借到数百港元，又因欠债颇多，再以衣物、皮鞋抵债方能上路。"该书还写道，5月5日，陈家随着逃难人群，登船离开日占港岛。《陈寅恪集·诗集》（简称"《陈诗集》"）中有首途中感怀，作于1942年5月5日，亦录此事。

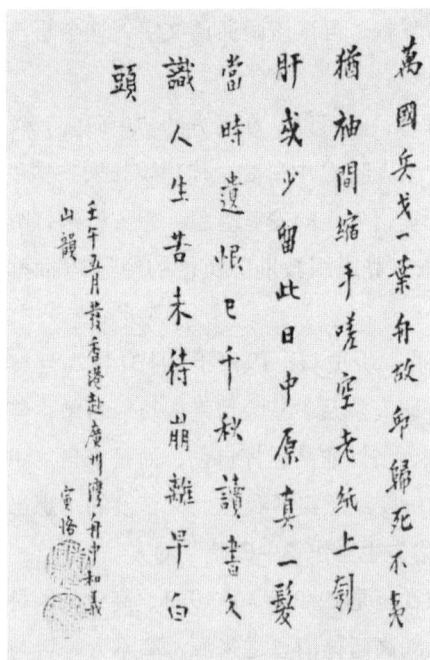

陈寅恪手书诗稿，引自《陈寅恪集·诗集》；征得陈氏女儿同意引用。

四、函尾二题

先说题一：陈函正文末句"弟略有饰物存沪（非亲自不能取出），俟到上海必可照数奉还"。

我估计当时陈氏三女皆年少，对"饰物"等不会太清楚，因此对末句未提任何问题。果然，三位阿姨预览了初稿，附议道：当时年纪小，确实不知道"饰物"之类的事。而据《也同》第164页，陈家虽未以留沪饰物作保借款，离港前却"因欠债颇多，再以衣物、皮鞋抵债方能上路"。

至此，"3.19陈致沈函"正文释读初步完成。

再说题二：落款前的"敬叩旅安"。全函唯余这个"旅安"之祈，尚未议及。

"旅"字提示，寅恪先生认为沈仲章离港不过是个短期差旅。确实，父亲一再说，1941年晚秋去上海是出差，打算任务完成便回香港，为居延汉简图册印制做最后扫尾。自然，父亲返港一定会去九龙陈家，聊天拍照……

可惜战况时势，不随人愿。

这个"旅"字，还引我回顾父亲在那个特定时节的个人意向、相关人物、交叉事件……感慨良多，一言难尽[32]。

而"旅"与"安"二字，也使我回头再思父亲与寅恪先生的缘分。

很巧，陈与沈两人都在1926年中段到北京，1937年下段离开平津，1938年年初抵达香港。父亲1941年晚秋离港，及至1942年春，与寅恪先生分别并没多久。相对两人在北平和香港同时"定居"的岁月，可谓暂作"小别"，故而使寅恪先生觉得，沈仲章仅在"旅"中，去上海只是临时逗留。也许两人都曾以为，气息相投之友，终将重聚于安全之地，常伴左右，往来如故……

可叹政局命运，"天意"难料。

【注释】

[1] "指普通搭客之船"与"非亲自不能取出"二处，手书原函插补于行间，识读以加括方式标示。

[2] 若有差误，责任在我。

[3] 比如，"弟"用小字，"览"字前用顶格。又，依陈氏三女所言，"森老"前用顶格（原函用空格），"专此奉恳"换行并空格（原函不换行）。

[4] 原文此处有些文字概述陈沈之交，移出另议。

[5] 陈流求、陈小彭、陈美延《也同欢乐也同愁——忆父亲陈寅恪母亲唐篔》，生活·读书·新知三联书店，2010年第1版。

[6] 陈氏三女认为是平辈，"顶多是姐姐"，虽容我称"姨"，但说还需再议。关于辈分，我一是承父亲（他尊寅恪先生为师为长），二是遵我长辈唐子仁（她与陈氏三女儿是平辈）之嘱。最近又曾与陈流求议及此题，另文待发。本文集所辑皆基于已刊之文，暂维持原状。

[7] 本篇所录陈沈后代交流，答言皆由小彭姨传递于我，主要通过书面形式（估计陈氏三女合作），辅以语音留言（小彭姨告诉我，信息大都已向姐妹核证）。

[8] 陈家在香港的第一个居住处当是环球旅店，参见《也同》第138页："到香港刚入住环球旅店……"该书从第140页到155描述在港迁居六次，恕不一一摘引。《也同》第257页有个搬家次数概述，比较简单，其中言及："香港六次，罗便臣道、福佬村道、峡道、太子道（母亲在病中住院）、山林道（母亲在病中卧床）、太子道369号，最后一处在香港住得最长。"

[9] 参见《也同》第164页有关1942年2月中旬到4月的经历。

[10] 参见本书第四篇《与陈寅恪（丁）》。

[11] 林友仁、刘立新《沈仲章生平纪略》（附于本书末）中写"十三岁"，

用的是虚岁算法。除了该文，另有不少资料写沈仲章生于1904年，特在此说明：据户口簿及父亲对家人一贯言，应是1905年。

[12] 这位表姐见过旧契约写"沈锡鑫"。又，父亲的堂兄弟不少仍保留"锡"字排行名，但他的嫡亲兄弟都以字行。我曾向一位长我二十岁的堂姐问她父亲（我叔父）的名字，她想不起"锡"字本名。我只知伯父叫沈维钧和沈勤庐，还没查出他的"锡"字本名，问了年长于我而且一辈子住在苏州的亲戚，分清了"维钧"是名（我估计是字），"勤庐"为号。

[13] 具体日期待考，范围已经缩小，不会早于10月初。待查线索：父亲这次到沪，必见之人是周建人。如果周建人留有记录，当有帮助。另，本篇原文注"11月的可能性较大"，需再思。读一封由华盛顿发往上海、托人转交的王重民致沈仲章函，可推知美国方面（应是胡适）预知沈仲章计划1941年10月后去上海。

[14] 更正：原文写"父亲在学术界的师友，称父亲'锡馨'的，我目前只在寅恪先生的信中见到"。那是我当时的认知，后来又见到其他学者在抗战期间致沈仲章函，有些也用"锡馨"，但总的来说，写"锡馨"的相当少。

[15] 传统书信称谓之后常有此项，亦称"知照语"。我生已晚，从未用过"左右"，也无福受此尊重。大致理解如下：写信人假设收信人有地位，自谦只配跟对方"左右"相随的下属说话。不扯开解释旧时习俗心理，用现代人较易相通的说法，有那么点不直接"冲"着人说话的意思。

[16] 小彭姨预览原文初稿后告诉我，寅恪先生喜欢用明信片，随后又说，"片"也可信。在此补充一条信息供参考：寅恪先生同年7月致沈仲章函，所用信笺为"片叶庐"。

[17] 我尊徐森玉为"徐公公"，称徐家幼公子文堪为叔，儿时呼其小名，后缀"叔叔"，现在书面写"文堪叔"。有意思的是，文堪叔却坚持称我"亚明贤妹"，不曾问他，是否为旧时师长尊晚学为"兄"之遗风。此处既议称谓，顺便一提。与陈氏三女"争论"辈分称谓时，我也援引此例。

[18] 我见到的20世纪三四十年代文件书信，"鸿宝"和"森玉"并用，

再往后只见"森玉"。为此请教了文堪叔，他回复在20世纪50年代以后，他父亲只用"森玉"。外间大都言"森玉"是"以字行"，文堪叔亦可接受，一般不作更正。拙文意在寻迹保真，本节议名字，记一笔留痕。

[19] 父亲与徐森玉相识应更早。原文介绍徐的文字略多，本篇从简。父亲与徐森玉关系非常密切，近年拙文凡有机会便提，以至多有重叠。现拟得空陆续另写，本书中《与徐森玉》为一例。

[20] 若愿致力于此项任务，我还提议扩大范围，上溯至1937年底1938年初，这也许有助于弄清居延汉简的抵港日期。我有些查询线索，但一时无力追踪。

[21] 父亲有位英国朋友拥有私人汽艇和小舢板，另一位当地朋友是渔民，熟悉附近海域。他们三个都爱探险，曾驾舟几乎游遍香港周围岛屿，包括鲜有人迹的荒礁。那位英国朋友还教沈仲章驾驶卡车，曾计划绕中国外围驱车迂回去昆明。据闻那位英国朋友在香港保卫战中阵亡，正在查询。父亲平日随意出入他家，仆人都不见外，动用车辆船只问题不该太大。小彭姨认为日方控制严，恐怕行不通。我想，抗战期间父亲办成了不少别人认为不可能的事，比如抢运居延汉简、帮助平津学人转移、独自步行穿越拉锯战区……如果父亲在香港，一定会设法援助寅恪先生一家。

[22] 参见《也同》第140页："旧历新年（1938年1月31日）当天是小彭生日，她满七岁。"如此，则1942年初，正是小彭姨从十一岁到十二岁递进之时。又，《也同》第165页提到1942年5月陈家撤离香港时，流求姨才十三岁。以上为起草原文时的推算，最近又根据陈氏姐妹生日，重新核证，原推算没错。

[23] 父亲一直牵挂许地山遗属留港情形及何时离开，常对我言及。又，20世纪80年代，吴公望长女交通大学教授吴克敏担任信使，在许夫人周俟松与沈仲章之间传递信息。参见本书《与徐森玉》所附吴克敏遗作和"1986年2月18日周俟松致吴克敏函"。

[24] 更正：原文笔误为"1945年"。无论对中国抗战史或寅恪先生个人

经历，这一个数字之差（1945年还是1946年）都事关紧要，特在此指出。

[25] 参见《也同》第164页，叙及寅恪先生夫妇不愿接受来路不明的整袋面粉，以及数次拒绝日伪诱招聘职等事。

[26] 这段是原文"补记"（因当时已定稿）。

[27] 曾向史语所邢义田核证，得初步答复如下："抗战时期傅斯年应是所长无疑，是否兼总干事，印象中总干事另有其人，我得再查。"亦可参见下注。

[28] 载《中山大学学报》2006年第1期，第50—53页。傅斯年曾任"中研院"总干事，见"夏文"和多份资料。此非本篇讨论重点，容暂接受众说，不自行岔途复查。

[29] 这是我写原文时的"想当然"。最近请教邢义田，答曰："陈寅恪是正式有聘书的研究员，但未真正到职。不但给他薪水，傅斯年还多方设法补助他的营养费，照顾他的家庭。傅斯年档案中有不少这样的书信和文件。这些都是听所里同事说，我没自己查过。"因尚待确证，我仍保留原文措辞。摘录邢义田语于此，表明我的思路可取。邢先生建议我去史语所查资料，可惜我暂无暇顾及。估计已有或将有专攻者梳理这方面资料，盼博学者赐教。

[30] 本文偏重于引用当事人或有直接关系的亲属和朋友提供之信息，希望可与专攻者的文献考证互补。

[31] 见引文中"以衣物、皮鞋抵债"之语，联想到寅恪先生战后发函沈仲章，托沈到港办事，包括取回衣物等。由此猜测：有无另一可能陈家是以衣物、皮鞋作押借款？亦可能寄存保管、以物抵债、作押借款等几种情况兼有。尚未及多思，仅录此备忘，待日后另议。

[32] 对比其他资料如王重民致沈仲章函，引我思索多个引申之题：居延汉简在港内情、父亲本人的前途、亲人的需要和企盼、海外的胡适王重民等策划沈仲章赴美深造、国内的傅斯年徐森玉等倚仗沈仲章留港义务工作（参见上篇《与陈寅恪（甲）》注释）……各题皆牵涉诸多层次，限于篇幅，在此略提，以备另议。

第 三 篇

与陈寅恪（丙）：小彭叙旧

陈小彭（左）和陈流求（右），香港"天星小轮"，约1938年，
沈仲章摄；陈小彭提供。

本篇基于《七十三年后：与陈小彭谈我的父亲沈仲
章》，原载《东方早报》2016年8月28日《上海书评》。

　　沈仲章先生曾师从中国现代民族音乐一代宗师刘天华学习音乐，又协助刘半农、罗常培等学者研究语言及民俗。抗战时历经艰险，将国宝居延汉简运往香港。上世纪40年代又辅佐徐森玉保护整理珍贵文物图籍。后半生他主要从事工商业与慈善业，并致力于民间文化与民族音乐救护工作，尤其是古琴资料。其女沈亚明藏有一封陈寅恪于1942年3月19日写给沈仲章的信，决定将此信发表之际，她又找到了陈寅恪的二女儿陈小彭与她的一次谈话录音，主要围绕着对沈仲章的回忆展开，时间恰为2015年3月19日，沈亚明"非常感慨整整七十三年后的同月同日，两位故交的女儿得以长聊父辈往事"，于是选取部分谈话，整理成文。

　　[作者按：本篇原文《东方早报》电子版链接已不见，这段"编者按"转引自腾讯文化。据该网站显示，来源是《东方早报》2016年9月8日微博。《东方早报》刊发原文时，附有1942年3月19日陈寅恪致沈仲章函、识读和数条简注。本篇皆略，可参见本书《与陈寅恪（乙）》。]

沈仲章与古琴界友人合影，上海樊伯炎寓所，估计摄于1984年6月22日。
左起：沈仲章、张子谦、赵如兰（赵元任长女）、许光毅、樊伯炎。

小引

很巧，当我接《新文学史料》通知，即将刊发陈寅恪致沈仲章1942年3月19日函之时，找到了寅恪先生之女陈小彭与我的一次电话录音，一看日期，恰恰是2015年3月19日。小彭姨与我的那次电话交流，主要围绕着她对我父亲沈仲章的印象。在整整七十三年后的同月同日，两位故交的女儿得以长聊父辈往事，令我感慨。

以下选取谈话中一个自然截段的笔录稿，经小彭姨审阅并同意发表。

为便于阅读，我对自然语流中的重复、停顿、犹豫等，稍加清理；对追加、倒装、插入、更正等，也小有梳理。交谈中小彭姨暂停思索时，我常发出"嗯""哼"等应诺之声，表示我在认真听，也可让她缓口气，整理稿删减若干具"过门"功能的语气词，并以换段形式代替。总之，这份书面节录力求保留自然口语原貌，仅作最低限度的简化调整，没有任何添增，需要时随文略释背景，皆标以方括号。

长途通话跨越太平洋。对话一方"陈"是陈小彭，寅恪先生的二女儿，现居香港；另一方"沈"是我，现居美国。

对话节录

陈：[电话刚接通时，小彭姨先简单介绍了她自己的生活，以及陈氏三姐妹已经出版的两本纪念父母的书。一因涉及私人家事，二因不涉主题"沈仲章印象"，略去。]听得清楚吗？

沈：听得清楚，听得很清楚。

陈：可能你要讲大声、讲慢点，你有什么要问我，就问吧。

沈：噢，我也不知道，所以我起先就想，怎么说呢？其实我想，我就请您随便聊聊。嗯，你们在香港的时候，您大概是几岁到几岁？

陈：什么？

沈：在香港的时候，您几岁？大概多少岁？小学，是不是？

陈：我这一次在香港是三十几年。[按：先前交谈中，小彭姨提到她定居香港已经三十多年了。]以前，好像就是我小学二年级吧。嗯，现在我的记性差，那个时候，就是抗战的时候，我们离开的时候，小学一年级，六岁。离开北京以后辗转，在桂林住了一年左右吧，就到香港。这个时候小学二年级，七岁吧。[按：据查，寅恪先生一家1937年11月离开北平，1938年1月底到香港。1月31日旧历新年那天，小彭姨满七岁。]

沈：嗯。我知道您还记得我父亲，我不知道您还记得不记得……大概的印象啊，或者有没有什么事……

陈：[急切插入]记得，记得，非常记得！

沈：他只说常常到你们家去的，但是去干什么他也没有说。

陈：……[此时小彭姨插入，我们俩同时说话，录音听不清。]

沈：说吧，您说吧，就说您小时候的记忆。

陈：我回忆一些事情，把它记录下来吧，我想是这样：嗯，那时我小学二年级，大概是七岁左右。我们在香港大约是住了四年的时间，在这四年里头呢，最早是住在靠近香港大学，因为我们跟许地山比较熟嘛，有种种关系，你知道吧？

沈：我知道，我知道。我也写过一篇我父亲……［按：我没来得及说出下半句"与许地山的文章"。此文刊载于《传记文学》2014年11月号。］

陈：这两张相片就是在他们家旁边罗便臣道，那个房子里照的，那个阳台上照的，就是最后给你那两张相片。［按：通话之前，小彭姨曾用电子邮件或微信等其他途径告知，她家在香港期间，除了偶尔去照相馆，家庭生活照都是我父亲沈仲章拍摄的。

陈流求（左）与陈小彭（右）在香港罗便臣道寓所阳台，1938年，沈仲章摄；陈小彭提供。

小彭姨还陆续给我传来一批"令尊的作品",其中有两张是她和她姐姐陈流求的儿时合影,寄来时小彭姨特地注明从未发表过。]

后来发给你的都已经发表在《也同》里了。《也同欢乐也同愁》是我们三个人记录的一本书。我寄了本给唐三姐,你以后可以问她借了看嘛。[按:唐三姐是心理学家唐钺的三女儿唐子仁,现居美国。寅恪先生与唐钺先生从年轻时就一直是好朋友。陈、唐两家在广西曾为邻居,那时两家孩子正当学龄,经常一起玩耍。唐子仁排行第三,又长于陈小彭,因此后者称其"三姐"。唐子仁夫妇都是我父亲的好朋友,与我们全家都很熟。我是唐子仁看着长大的,我和她相当亲近。]

沈:行,行,我可以。[按:后来小彭姨寄赠我一本《也同》。]

陈:啊,就是他来罗便臣道那儿。因为我现在记性也不是很好,那个时候我对他的印象还不是很深。[按:"他"指沈仲章。]

后来我们搬到一个住得很久的房子里,就在九龙,太子道

唐子仁夫妇与沈仲章在苏州,20世纪80年代;朱成章摄影、提供。

369号，那个房子就叫作"洽庐"，Happy House。房东盖了一个房子，我们租的，住在三楼。那个时候他来的时候，就有相当的印象。我们叫他沈——先——生——。

他来的时候，我只知道，感觉到他是我父亲的一位年轻的朋友。因为，我父亲的朋友多数都是年纪相当的啦，他比我父亲年轻。我也不知道他是跟我父亲什么关系，这我就不知道了。什么学生也好，什么也好，我都不知道。我只知道有一位沈先生，他很年轻，来了我们家。我们小孩都非常喜欢他，他跟我们玩么。

他经常穿着一套中等灰色，偏深的，就是银灰色的但是很深的一种灰色的西装。我记得他多数时候喜欢穿着黑皮鞋，可能是吧？嗯，西装是一套一套的。

还就是中等偏瘦，高矮中等，人偏瘦，就跟相片上一样。[按：通话之前，我曾给小彭姨寄去几张我家人的相片，其中一张是1940年我父亲在香港，正是他为陈家常客之时。该照片见本书《与金克木（甲）》。]

我就记得有这么个沈先生，常来看我们，来了也跟我们到花园里去照相。

因为，我母亲身体也非常不好，她有心脏病。

沈：嗯嗯，听说了。

陈：啊，就是在我这儿只能知道有七张，一共发给你的七张相片。对吧？

沈：嗯，大概是，我倒也没数。可能有，反正挺多的。

陈：因为有五张是发表了的。那两张后来我给你的，没有注明谁谁谁，就是在我家里没有发表的。但是在流求啊、美延那还有没有呢，我就记不起来了。

他照的相片质量非常好，到目前为止还能够保持质量，很不错，而且我觉得也有一定的风格。

陈寅恪全家合影，香港九龙太子
道369号楼下，1940年，沈仲章
摄；陈氏女儿提供。
左起：陈小彭、唐筼、陈美延、
陈流求、陈寅恪。

专业人士一定可能看出来他所用的技术，他喜欢用什么样的规格来照相。因为他好像有些专业水平吧，我就这样感觉。

沈：谢谢。

陈：因为我父亲当时多数是不在香港的，就是在香港的时间比较短。就仅仅四年中，我只能记起这四年中的情况吧，就一共是七张相片。

他常常来看我们，就是有时候我父亲不在香港，因为他在昆明，就是西南联大嘛。那个时候他也身体很不好，在那个高原，而且那个时候，知识分子也相当的清苦，那个钱呢，老是贬值，也汇不过来，汇过来有时又耽误一个多月，有时不止啊，就是拿不着钱，我们在香港也是相当的困难。

我母亲有一次生病啊，我父亲也不在香港，他也来看望我们。这个是他来的情况啰。

沈：您说得非常像我父亲，虽然我那时还没……

陈：我不太听得清楚。

沈：您说的非常非常像我的父亲。虽然我父亲五十多岁，五十过了才生我，以前的事情我不知道，但是他一直跟我讲故事啊，所以我对他的了解，反而比我哥哥姐姐多一点儿。说的非常像我父亲。

陈：像你父亲？

沈：嗯，我父亲是很喜欢跟孩子玩的，所以我想他……

陈：哎，哎，我们印象很深的。"沈先生来了！"我们就好高兴。他有的时候好像还变些什么小小的魔术啊什么的，那种逗着小孩玩的。

沈：对，一定是他！他会，他会干这些事，他很喜欢。

陈：他是学这个的？

沈：没有，他就是喜欢。这些不知他哪儿学的。

陈：头断掉啦……

沈：嗯？噢，手指头藏掉，断掉呀！他会，他会！他也逗过我！

陈：手指头断掉了呀，大手指头断掉了，那种呀，你记得吗？

沈：我记得，他也逗过我，他会！他特别喜欢跟孩子玩。他有的时候，还会在鼻子上顶东西呀，肩膀上顶东西呀，我不知道他有没有跟你们玩过这些？

陈：但是为什么那回我们在尖沙咀那个渡轮，叫作 Star Ferry，好像是叫作什么"天星小轮"吧。上次我写了个注的"天星小轮"，就是渡轮。但是到哪去我就记不清楚了。也许是上山顶去坐缆车啊，是不是？我就不敢那个了。[按："那个"是指代猜测的意思。]带我们上山去坐缆车啊，上山有一个电缆的车。但是我们上哪儿去呢？他就是跟我们一起坐渡轮。我很欣赏那张相片，所以还一直保留，"文化大革命"时也没丢掉啊。

沈：[按：找出相片，即篇首图]嗯，很活，您的那双眼睛很活很活。

陈：但是我没有门牙，那个时候可能换牙吧。

沈：那才可爱呢。我知道小时候肯定不想露嘴巴，现在大了来看，一定觉得那时很可爱，太可爱了。

陈：小孩子好玩，任何小孩都好玩，只要不是太怪，就都是好玩。

沈：对对对，天真嘛，纯朴，就自然才好嘛。我猜想我父亲喜欢跟孩子玩。我正想问你们去哪儿呢。一般我父亲带你们出去，您妈妈也不一定去？

陈：大人也在的。那时候，不是说他一个人带我们两个人，我估计大概全家也去玩。上哪去玩我实在想不出来。我们过海多数是去港岛那边，或者是上那个爬山——到山顶去的缆车，但是有没有其他的，我就记不清楚。这是说那张相片吧。

沈：嗯，那张相片。[按：截段至此，余下待整理。]

【补记】

后来我与寅恪先生的长女陈流求也曾长途通话。流求姨对我父亲沈仲章的印象与小彭姨相合，各有细节，可以互补。据流求姨分析，她俩在"天星小轮"依栏合影（即篇首图），当摄于她们刚到香港不久，很可能是沈仲章为陈家拍摄的最早的照片之一。

第四篇

与陈寅恪（丁）：书慰眼愁

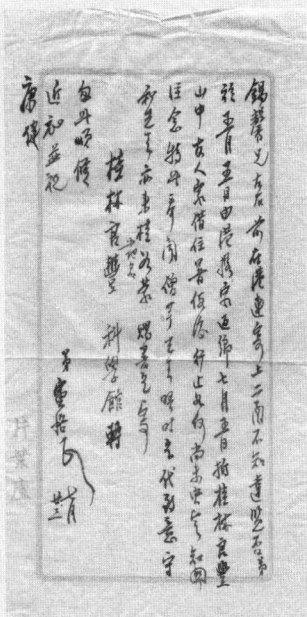

1942年7月23日陈寅恪致
沈仲章函。

本篇基于《千里书来慰眼愁：1942年7月23日陈
寅恪致沈仲章函》，原载《澎湃新闻》2017年12月30日
《上海书评》。

父亲沈仲章与陈寅恪先生私交友谊几十年，我处尚存若干陈函。征得寅恪先生三位女公子流求、小彭、美延的同意，可以由我发表。2015年我告诉她们，计划随函附文，"以读信说往事的形式展开，综述陈氏三姐妹与亚明的多次交谈。事无巨细，有空多聊聊，积累资料。……共同怀念老一辈，尽可能为后人留下些史料掌故"。

本篇探讨1942年7月23日陈寅恪致沈仲章函[1]。

　　錫馨兄左右：前在港連寄上二函，不知達覽否？弟于五月五日由港攜家返鄉，七月五日抵桂林良豐山中友人家借住。暑假後行止如何，尚未決定。知關注念，特此奉聞。

　　僧芋先生晤時乞代致意。守和先生亦來桂。如蒙賜書，乞寄

　　桂林良豐（小地名）科學館轉

匆此，順候

近祉，並祝

康健

以下为我逐句读函笔记，其间得到陈氏女儿很大帮助。同时也参考其他资料，并请教友人包括史学界内行。不过成稿较匆促，仍盼指正。

"锡馨兄左右："

父亲上私塾和小学时，用排行名"锡馨"。十一岁半后，以字"仲章"行世。抗战期间父亲因救护居延汉简，曾遭日方追捕。流落日占区时改用锡馨，但1941年底前在香港仍用仲章之名。战后即改回，陈寅恪致函亦写"仲章兄左右"。知道沈仲章又名锡馨的人不多，寅恪先生乃内圈相熟之友。

"前在港连寄上二函，不知达览否？"

我处寻得1942年3月19日陈寅恪致沈仲章函，内中言"日前奉复一片"。暂且先假定，3月19日陈函及函中提及的"一片"，就是7月23日陈函所云"连寄上二函"。至于"不知达览否"，到底是父亲没回复，还是复函没收到？我不清楚。

我仍在思索两个问题：一是寅恪先生何时得知父亲改用锡馨及其原委？二是寅恪先生脱离香港险境前，一共给沈仲章写过几封信？二事有关联。

父亲大概于1941年11月离港[2]，原计划是短期出差，不见得与寅恪先生相约通信，似乎无必要告知另有锡馨一名。12月7日后，父亲无法返港才改名。寅恪先生在1942年3月已改称仲章为锡馨。我很想知道得更清楚，陈、沈两人在这三个月中如何沟通。

"弟于五月五日由港携家返乡，七月五日抵桂林良丰山中友人家借住。"

读此长句，读出多层信息。

首先旅程如何？据该函，旅程自 1942 年 5 月 5 日到 7 月 5 日，恰好两个月。计算年龄，其时寅恪先生五十二岁，夫人唐筼也不老，但两位都体弱多病。三个孩子皆年少，长女流求十三岁，次女小彭十一岁，幼女美延才五岁。战乱路长，一家五口之艰辛，不难想象。

关于旅途细节，荐读陈流求、陈小彭和陈美延合著的《也同欢乐也同愁》[3]。约两年前我读过此书，但写本文时手边无书，小彭姨给我寄的新版还在路上。这也有好处，我不会复述《也同》，可从我自己的视角，相对独立地思考，搜寻对比其他文献，以冀互证补证[4]。

1942 年 5 月陈家出发时，寅恪先生作诗为记[5]：

> 壬午五月發香港至廣州灣舟中作用義山〈無題〉韻
> 萬國兵戈一葉舟，故邱歸死不夷猶。袖間縮手嗟空老，
> 紙上刳肝或少留。此日中原真一髮，當時遺恨已千秋。讀書
> 久識人生苦，未待崩離早白頭。

据陈流求笔记[6]：陈家"带了简单行李乘海轮去广州湾。遇到狂风巨浪，多数乘客晕船卧倒，我也靠在椅上，父亲把我拉起，说他像我同样年龄（十三岁）已乘海轮东渡留学，最初也是晕船，以后逐步锻炼，能在恶劣的天气和水手同时进餐"。

其次"返乡"何谓？小彭姨答曰，广西桂林是她母亲唐筼的家乡。流求姨读了拙文初稿特意补充，她母亲家乡原在灌阳，后长住桂林。据此小彭姨更正，"返乡"泛指广西。

不久前，陈氏三女结伴返乡，重访桂林，也去了灌阳故居。正因最近她们传来广西行的照片和报道，我才起兴重续解读这封

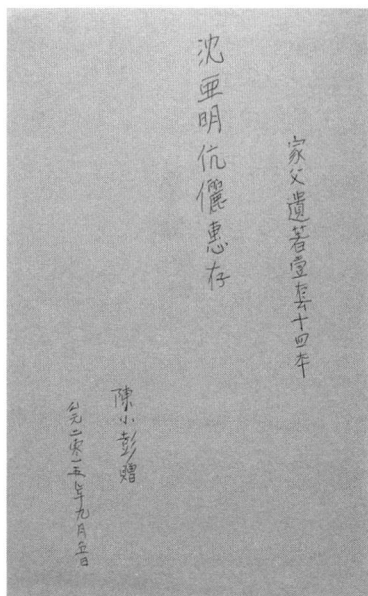

沈亚明伉俪惠存

家父遗著壹套十四年

陈小彭赠

公元二五年九月五日

《陈寅恪集·诗集》陈小彭题赠页。

陈函的任务。

再者"借住"谁家？小彭姨认为，"友人"指物理学家丁西林。她说："丁西林是物理所所长。"丁西林这个名字，听父亲提过多次。丁西林当过北京大学物理系系主任，而父亲1926年考入北大，读的正是物理系。丁西林也是著名剧作家，父亲在北大十一年，从第一年开始，便热衷于戏剧，是一些学生剧团的骨干。抗战时，丁西林随"中央研究院"属下的物理研究所，迁至桂林良丰。

小彭姨回忆："到了良丰山上，丁西林分了一半房子给我们住。山上我们就住在那儿。记不清以前还有什么地方住。"对抵达良丰前的居住情况，小彭姨留有余地。

下引1942年7月陈诗，未标具体何日。读标题可知，陈家初抵桂林曾暂寓旅舍。

予挈家由香港抵桂林已逾兩月尚困居旅舍感而賦此

不生不死欲如何，二月昏昏醉夢過。殘臘山河行旅倦，
亂離骨肉病愁多。江東舊義饑難救，浯上新文石待磨。萬里
乾坤空莽蕩，百年身世任蹉跎。

《陈诗集》编者注："此诗作者壬午寄赠吴宓时题目书作'壬午五月五日发香港七月五日至桂林良丰雁山作'"。寅恪先生这封7月23日致沈函也云："五月五日由港携家返乡，七月五日抵桂林良丰山中"。又据《事辑》，寅恪先生"六月末抵桂林"。我见日期和地点都小有差异，便请小彭姨核查三姐妹的记录，回复是"6月18日抵达桂林"。应该说，《事辑》所记"六月末"，相差还不算太远。

大概可以这么想：陈家6月18日到桂林（大地区），"尚困居旅舍"。少年陈小彭仍有颠簸感，故而记不清具体信息[7]。及至7月5日，迁至良丰（小地方），孩子们有了临时的"家"，印象很深[8]。在山中小住一阵后，寅恪先生确定了暑假定居处和代收信地址，7月23日向沈仲章报平安。

至于"良丰"何山？小彭姨说是"雁山"，并追加解释说，从山下一处望去，山头好似大雁之头，山坡走势犹如大雁之身，两边则像翅膀，所以取名叫雁山。

小彭姨的记忆中，良丰是个小镇，只有一条街，两边有些铺子。小镇一边傍山，即雁山。往上大约走一里多路，就到了坐落于半山腰的物理所。陈家借住之屋，就在那里。

小彭姨描述少年时从良丰到家常走之路："山间小道略有起伏，山坡上满是杜鹃花，春天开花时节非常漂亮。小路两旁还有人种的油茶树……"

"那个山不高，每天来往都很方便。我们去买菜、趁圩（墟）

都很方便。那时还有'圩日'呢，每个礼拜有三个圩日。我们去趁圩，随便走去。就是爹爹去上课，也是那么走下来。我们买点菜也要走下来，走到镇上来，有些铺子有些杂货什么的卖。"

复旦大学历史地理研究所的朋友助我查得，按现在行政区域划分，广西桂林市有雁山区，下设雁山镇，辖良丰村。但询问研究民国政区者，暂无法确定其时良丰是镇、是村或是区。浏览几份提及抗战时"良丰"的文献，也未见标明行政等级之语词。

友人传来参考信息：置雁山管辖良丰，应为后来之事。20世纪80年代中期，美籍华人靳羽西来广西寻找出生地，其父告知地名"良丰圩"。那一带曾流传"四圩"歌谣："六塘的竹子，大埠的谷子，良丰的拐子，马面的槌子。"此外，繁荣时期（不明年份）良丰圩有四条街，分别为西景街、关帝庙街、水洞街和下水洞街，街边店铺林立，货物多样。

有篇1940年的文章，支持小彭姨对1942–1943年"良丰只有一条街"的记忆。沙夫在《广西大学在良丰》中写道："良丰是一个属于桂林的乡镇，有一条很可怜的街道……"[9]

至于村或镇，我认为小彭姨言之有理，良丰有街道、有铺子、有定期集市，实际上具有一个微型小镇的功能。流求姨预览拙文初稿后也说："良丰是一个镇，所以才有圩，应该不是乡。"我还认为，一方面专家可继续调查，良丰在1942年左右，有无官方定级定称，与雁山有无政区隶属；另一方面当年在当地生活者的常识共识，对有机治史具有很高的价值。陈流求和陈小彭对良丰的印象正属此范围，理应受到重视。

陈氏三位女儿预览本文修改稿后，又增补回忆："跟妈妈去'趁圩'，并不是科学馆与广西大学之间那条路上的圩市，而是后山的古老圩市。前面那条路上也有定期买卖，很多人聚集，但跟旧的良丰圩市不一样。我们经常走通往西大的那条路，不需要特别去趁圩。"这段补充有其意义，若细探雁山地区民俗与经济变迁，可参考。欧美治史有一传统，考证关注对象的行止，细致入微。我愿保存这类信息，以备陈氏研究继续深化。

我还注意到，陈氏三位女儿挺在意细节以及用词之准确，情感自然随之流露。小彭姨追加说明："前后方向只是依我们的习惯而已，我们叫科学馆前的那面'前山'，另一面'后山'。"已知科学馆在半山腰，依我想象，人若背向山坡，那么下山去平地一条街的方向，就是"前山"，而"古老圩市"在另一面，是"后山"。陈家平日不走那一带，逢圩日妈妈才带孩子去，也是母女"同欢乐"，其情其趣难忘。

"暑假后行止如何，尚未决定。"

该函写于1942年7月23日，正值暑假。同年8月，寅恪先生有诗如下：

> 壬午桂林雁山七夕（桂林良豐山居時作）
> 香江乞巧上高樓，瓜果紛陳伴粵謳。羿彀舊遊餘斷夢，雁山佳節又清秋。已涼天氣沈沈睡，欲曙星河淡淡收。不是世間兒女意，國門生入有新愁。

暑假后行止如何？据卞僧慧纂、卞学洛整理的《陈寅恪先生年谱长编》[10]，1942年"八月十一日，先生为已接受广西大学聘书事致函傅斯年"。依此推测，在7月23日（陈致沈函）与8月11日（陈致傅函）之间，寅恪先生作了决定，留下不走了。

留在桂林多长时间？据《事辑》："在桂林留一年余，任教于广西大学。"并摘寅恪先生"第七次交代底稿"为据。交代材料非自愿自由写作，可能杂入诸多因素，一般我主张慎用[11]。不过在《事辑》编写年代，可涉文献不多，而且这条信息也比较简单。

但是，《广西大学校史》[12]记载不同："1942年春……陈寅恪到校任教……在学校任教至1944年秋。"上摘末句很容易被解读为：1944年秋季那个学期，寅恪先生仍"在校任教"。如此算来，寅恪先生在广西大学（常简称为"西大"）任教三年，即1942年、1943年和1944年，每年春与秋，共跨六个学期[13]。

关于长度，陈夫人唐筼《忆故乡二首》序首句写道："寅恪任教广西大学一年。"与《事辑》相符，但不合校史。一年与三年，三倍之差不算小。既见两说，当指出并略抒我见。

按理，广西大学是雇主，寅恪先生是雇员，唐筼是雇员家属，蒋天枢是雇员学生。雇主方记录固然不容忽视，但我目前倾向于雇员方。理由之一是寅恪先生1942年5月离开香港，夏天抵桂林，似无可能春季已"到校任教"。还有《长编》所据1942年8月11日寅恪先生致傅斯年函，亦为佐证。又据陈氏女儿回忆，她们全家1943年8月离开桂林。估计检索其他书信笔记，能找到更多支持雇员方的依据，但恐怕皆出自个人作者。而在天平的另一头，《广西大学校史》类官方"正"史，分量不轻，该出版物署名作者为"广西大学校史编写组"，应是一个正规的集体项目。

对解答这个疑问，建议一条途径：复核校史所依原始档案，比如有无1942年春季到1944年秋季的工资单和课程表等。此外仍需参考其他资料，辨析"账面"与实情。另有个特殊情况，寅恪先生后来是教育部部聘教授，还可关注高层机构文件。不过，寅恪先生成为部聘教授当在1942年秋天之后，若该年春季西大已聘任，仍属学校这级。而直至1944年秋季的"在校任教"记录，校方也当有迹可查。我仅在此提些初步想法，研究得由专攻者深入。（父亲留有"教育部部聘教授陈寅恪"名片，从附注推测为战后所赠，无助本文讨论。）

良丰山居多久？唐筼诗序接着写："前半岁居良丰山中，后半岁迁入校内宿舍，即半山小筑也。"读《忆故乡二首》，其一可助了解陈函上句，其二可补此句，皆录于下：

憶良豐山居

屋對青葱半嶺松，雲峯遙望幾千重。鷓鴣聲緩隨風遠，躑躅花開滿谷紅。日暖桂香穿澗樹，夜深楓影上簾櫳。山居樂事今成夢，欲再還山只夢中。

憶半山小築

半山有屋兩三椽，鄰近桃源傍水邊。洞口干雲紅豆樹，湖心倒影彩燈船。羣雞啄食竹籬下，稚女讀書木榻前。此是雁山幽勝景，名園回首已風煙。

读此二诗，先顺便回顾上文关于"返乡"的讨论，诗题内"故乡"二字，亦可提示唐筼心目中的家乡范围。

再说二诗原注，也含当年信息，且述景抒情有文采。选摘与我闻陈氏女儿忆旧相应处："躑躅花即野杜鹃，俗名映山红。春日花开，满山皆红。""山涧下老桂树一株，野生路旁。花放时远望如一黄伞，清香四溢，虽隔丛林可闻其香。""（红豆）树旁有屋数椽名'红豆院'，为教职员宿舍，家各一室。"

参照小彭姨之语："雁山脚下有块较平的地，建了一些平房，木头的，分布在松林里。"（根据小彭姨叙述时的语境，陈家不住在那里。）"平地有一棵桂花树，走到山边有很多杂树，我们都记得很清楚。山上有杜鹃花，三四月开花时，漂亮到了极点。西大校长李运华的夫人，我们叫她李伯母，给我们做了一些食物，我记得还有炸的土豆丸子。我们跟她女儿李小燕一起，坐在杜鹃花丛中野餐。李小燕跟我差不多同岁，后来跟我在南京碰过头。《也同》中写道，后山也有一棵桂花树。"

暂且小结陈氏母女言及学人聚居点，雁山附近至少有三处：良丰山居（近物理所，参见上文）、半山小筑（诗作者自注亦称"红豆院"，另有人写"丰山小筑"）和山脚松林木屋（近科学馆，参见下文）。第一处该属丁西林任所长的物理所，后两处当为西大教职员宿舍。

小彭姨接着回忆：良丰小镇一边是雁山，另一边是平地，通向广西大学。往大学走，还有一段小小的路，经过一些水田。"我们这回就是去广西大学，以前我们住过的地方。"

"知关注念，特此奉闻。"

从寅恪先生在四年后即1946年6月致沈仲章函的行文推测，两人一直保持联系。我相信，寅恪先生和我父亲都看重友情，"知关注念"，会互通信息。父亲"懒笔头"小有名气，估计寅恪先生写信略勤些。可惜，我还没找到1942年8月到1946年5月间的陈函，这里补充他人回忆。

寅恪先生的老朋友、心理学家唐钺先生，当时也在桂林。陈唐两家相邻，两位先生时常相聚，吟诗唱和。唐家三女儿唐子仁，与陈家长女流求年龄相仿。流求上中学住校，唐子仁因身体不好留在家里，与小彭是玩伴，小彭称她"唐三姐"。

唐子仁与她丈夫朱文光，20世纪50年代与我父亲成了好朋友。她家与我家都住上海，常来常往，我叫唐子仁"朱家姆妈"，叫朱文光"朱家伯伯"。朱家姆妈对我说了些寅恪先生的趣事，不少我已写进2015年刊发的《沈仲章与陈寅恪之缘》[14]。朱家姆妈预览该文最初稿后，给我写过一张条子，征得同意，下面摘录与桂林相关部分文字。

亚明：

　　补充及修订如下：

　　（1）陈寅恪内衣也只有四个口袋，不是很多口袋。只是下面两个口袋特别大，杂七杂八的东西都放在里面，并不分类。

　　（2）陈先生当时虽然眼睛视力不佳，但还不至于连我家房子也看不见。实际上他就是所谓的"路痴"，天生不认路。据我所知，他的视力急剧退化是在一九四六年前后。

　　拙文讲了一件使少年唐子仁大为惊讶之事：有次寅恪先生身上居然起火，原来他把火柴放在口袋里。我在那篇初稿中写，寅恪先生内衣有很多口袋，朱家姆妈纠正我，即上述（1）。该文还提到，寅恪先生每次去唐家，必叫小彭领路。一开始我为寅恪先生辩解，归结于眼力不济，朱家姆妈不同意，故有上述（2）。

　　"僧芋先生晤时乞代致意。"

　　"僧芋"是徐森玉的化名。徐森玉先生正在救护转移珍贵文物善本书籍，父亲也暗中协助他。就像父亲不用众所周知的"仲章"而用"锡馨"，徐森玉先生也避用真名，以音近的"僧芋"代之。这事已得到徐公子文堪核实。

　　"守和先生亦来桂。"

　　袁守和（同礼）先生在当年，似乎知晓各方动态，联接各方学人。见多封父亲友人函中，提及由"守和先生"处传来之消息云云。希望已有人系统研究，此处表过不提。

　　"如蒙赐书，乞寄桂林良丰（小地名）科学馆转。"

　　我很好奇，良丰一个小地方，怎么会有科学馆？

　　张九辰在《抗日战争前后地质学知识的普及》[15]中写道："1938年7月广西省政府与中央研究院在良丰合办了桂林科学实验馆，由李四光担任馆长。"追踪信息转引途径，最初源自1938

年《广西省政府公报》。

查询过程中获悉，民国期间桂林有两个科学馆，一个是上述李四光任馆长的"桂林科学实验馆"，另一个是"广西省立科学馆"（无"实验"二字）。那么，能替寅恪先生收信的"科学馆"，到底是哪一个呢？

继续查阅资料，根据馆址与建馆年份，可以排除省立科学馆之可能。也就是说，寅恪先生嘱沈仲章寄信的"桂林良丰科学馆"，应是李四光主持的"科学实验馆"。

起草第一稿时，我没想到良丰这个小地方，有大学，有科学馆，还有三个国家级的研究所，即地质所、物理所和心理所，都直属"中央研究院"。我曾错把雁山上的物理所当作"科学馆"。小彭姨预览后纠正："科学馆不在山上，而在山脚下平地，李四光是头头。我去过他家，他女儿李小玲，名字我记不太准，是西大的学生。"听小彭姨的口气，李四光家也住在平地松林木屋区。

略过函末问候及落款，稍议信笺与信封。

信笺"片叶庐"：

这封陈函所用信笺，印有"片叶庐"三字。无独有偶，方豪在《陈寅恪先生给我的两封信》[16]中写道："寅恪先生所用信笺，为土产竹纸，极薄，略带黄色，署'片叶庐'三字。"方豪存有寅恪先生的两封信，第一封写于1942年11月10日，落款处附言"赐示乞径寄桂林良丰广西大学"。

寅恪先生在7月23日寄信给沈仲章，代收信地址是桂林良丰"科学馆"。而到了11月，收信地址改为"广西大学"。我觉得这个地址变化亦可间接提示，寅恪先生确定到西大任职，当在7月23日之后。寅恪先生书信已汇集出版，集外书信也见陆续刊发。研究陈寅恪者众多，如有研究相关此题者，包括关注名人用笺等专题者，已作梳理小结，我有兴趣闻教。

信封地址和邮戳：

这封陈函信封上的收信人是"沈锡馨"，地址是"上海铅笔厂"。父亲在1941年底离港前，沉浸于居延汉简图册编辑，未参与工商界活动；待至太平洋战争爆发，铅笔进口阻断，父亲滞留江南，无望返港，于是他助友振兴民族制笔工业，其时香港沦陷已久。呼应本篇前部信函首句（"前在港连寄上二函……"）的讨论，我仍在思索，寅恪先生是通过什么途径，如此了解父亲沈仲章离港后的情况？

信封上的邮戳日期很有意思，值得注意。该函"民国三十一年七月廿三"发自桂林，抵达上海已是九月，邮戳分别有"11.9.42，Shanghai""三十一年九月十二，上海""三十一年九月

陈函信封正面（局部）桂林邮戳。

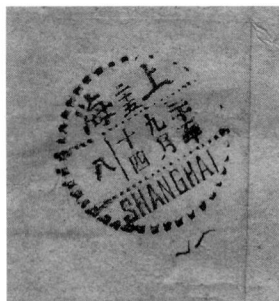
陈函信封反面（局部）上海邮戳
"九月十四"。

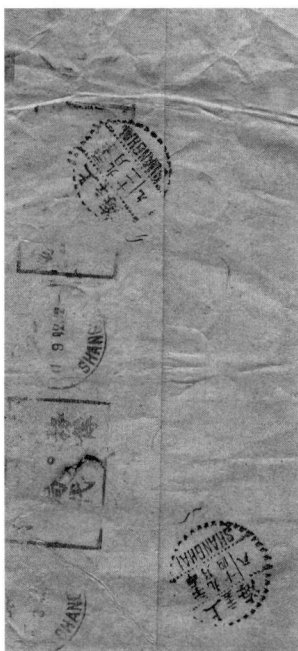
陈函信封反面，上海邮戳。

十四，上海"等字样。

寅恪先生一家五口，从香港转移到桂林良丰，历时整整两月，已令我嗟叹。而一封报平安信，7月23日从桂林发出，9月14日才递及收信处，费时也近两月。细算陈家从5月5日离港到6月18日抵桂林，其实只有四十四天；再算7月和8月均有31天，这封陈致沈函竟走了五十三天。于是，难免又叹息战乱之违人情，阻通谊。继而感慨，其实各种不可思议之乱，并非都起于战，止于战……

雁山区域有条良丰河，亦名"相思江"。这封寄自良丰的报平安函，寥寥数语，引发我对先辈的绵绵相思。谨借寅恪先生1912年诗作，以结束本文：

自瑞士歸國後旅居上海得胡梓方朝樑自北京寄書並詩賦此答之（壬子春）

千里書來慰眼愁，如君真解殉幽憂。優游京洛為何世，轉徙江湖接勝流。螢嘒乾坤矜小照，蚕心文字感長秋。西山亦有興亡恨，寫入新篇更見投。

【补记一：陈小彭补充说明】

2017年原文刊发前，陈小彭有段补充未及插入正文："科学馆只是在我们叫山前的一片平坦的空地上，树林的旁边。正门是对着山的，但屋子与山崖间仍有一片空旷平地。"再次请小彭姨过目时，她又有补充："我的记忆基本没错。科学馆离物理所约一里路。2017年再去西大故地重游，那里已归植物所，没有去。"谨录此，供有志实地考察者参考。

在2018年春夏的一次随便交谈中，小彭姨对寅恪先生在广西大学任期长度提过一个猜测：也许曾经商谈三年，但实际上陈家只在西大住了一年，1943年全家一起离开。我觉得，这个想法有助解释为何西大校史与实际情况有差异，但需考证。

【补记二：陈流求辨正二事】

2018年初，陈流求与我电话交流四十多分钟，专讲"沈先生"。

一接通电话，流求姨先打招呼："我有些事要说"，但她坚持先谈我父亲。快挂电话时，流求姨说了两件事，皆针对本篇原文即2017年12月刊发稿。以下摘自尚未发表的通话概述。

一是陈家在桂林待了多久。

流求姨指出："广西大学校史记载不严谨。我们在桂林只住了一年，这是不争的事实。"还说有许多信件文件都可证明。[按：已查阅《陈寅恪集·书信集》，确实如此。]

我向流求姨解释，我看重第一手资料，相信当事人（即陈家）回忆是可靠的，但依常识校史为"官方"记录，猜测尚存原始档案，我是希望校方能复核实据。我继而解释：裁决对错非我主旨，但指出矛盾可促深究，或许能发现更多资料，亦为治史为学一法。

二是丁西林照片。

本篇初稿刊载于《上海书评》时，所附丁西林肖像有误。发现问题后，我即征得多张候选照片，请陈氏女儿和其他世交辨认。有意思的是，被问者都回复说，只在20世纪40年代见过丁西林，丁先生晚年脸相变了，不敢确定。流求姨替我勉强选了一张，在我俩电话交流前，我已交给报社，要求更换。流求姨还有点不放心，追加说明道："丁西林伯父，我只在1942年见过他。我有一点记忆，他圆圆脸，中等身材。只有一个线索，头发白得比我父亲早。"

关于初刊稿所附丁西林像之误，凡我可留言处，皆已更正道歉。

我无法留言的版面，也已拜托编辑，并提交了更正图片。可如今是网络时代，担心转载仍存误，特在此再次申明并致歉！

【补记三：唐子仁回忆丁西林】

为辨认丁西林照片，我也请唐钺先生之女唐子仁相助。她不敢确认，却勾起了对丁西林的回忆。唐子仁提到，丁西林曾住桂林城里。她能肯定这一点，是因为有件亲历的事。

唐钺先生随"中央研究院"心理所内迁，携家住在广西桂林良丰。唐子仁要到桂林市去上中学，按规定一律住读。校方要求每个学生找两个保人，保人必须是桂林城内的居民。她父亲带她分别拜访徐宽甫和丁西林，请他俩作保。在桂林的丁西林寓所，丁伯伯关照唐子仁：我为你作保，你可不许在学校调皮捣蛋啊！

我请朱家姆妈（唐子仁）回想，那是在寅恪先生抵桂之前还是之后？朱家姆妈根据她上学年份推算，认为是1940年。她记忆中，丁西林先生好像独自住在桂林，大概其时丁夫人与丁家公子都被汪精卫之妻陈璧君关在日占区监狱。

口述史有个常见现象，亲历亲见可靠，但具体时间可能游移。这类情况是可以理解的，亲历亲见仍是可贵的，研究者应当核查时序。我一般会与回忆者反复探讨，对比参照事件，搜索旁证等等。不巧临时增补本篇，朱家姆妈身体欠佳，不忍劳其神。初步分析，唐子仁对年份的推算有参照依据，是否恰合丁夫人被扣之时待考。若有差异，责任在我。

略查综述性资料，1940年春蔡元培逝世，丁西林从后方赴香港治丧。太平洋战争爆发后，丁西林与家属被汪精卫政权软禁于广州。丁先生只身逃脱到桂林，但夫人与儿子们被作为人质投入监狱。目前所见资料没有说明原始信息来源，且对"后方"具体地点、各转折时间点等皆语焉不详。我尚未及追踪，先录此供参考，并愿闻教。

【注释】

[1] 原函扫描图见篇首。识读得夏剑钦与沈钟伟等相助，并经陈氏女儿校勘更正。

[2] 父亲也可能在1942年10月离港，待考证。

[3] 简称"《也同》"，生活·读书·新知三联书店，2010年初版。据陈小彭说，重印有改动。

[4] 该书寄到后核对几处关键信息，无大出入。

[5] 本篇内陈诗及唐筼诗均引自《陈寅恪集·诗集》，简称"《陈诗集》"，生活·读书·新知三联书店，2015年第3版，陈小彭惠赠。

[6] 转引自蒋天枢《陈寅恪先生编年事辑》，简称"《事辑》"，上海古籍出版社，1997年；起草本篇初稿时承李晓杰代查。顺便解释：初稿时不少资料请人代查，初刊版式无尾注脚注，括注求简洁，未录页码。承编辑厚爱，付梓前增添本篇。因写初稿时通讯频繁，多种渠道并用，较难回溯哪次往返有关哪条信息，也不宜再次麻烦友人核查页码等，故本修改稿注释较粗略，摘引皆免页码。在此一并抱歉，下不另注。

[7] 好像记得，蒋天枢所言日期是依陈小彭回忆，故此处这么说。限于篇幅初稿删减不慎，信息衔接有空隙。这次修改更匆促，未及改进。另一方面，修改本篇时未及与前三篇对比，可能会有小处交叠。原因与致歉见上注。

[8] 有关丁西林接纳陈家，友人摘录并传来陈流求另处发表文字，可与陈小彭的叙述互证。2018年陈流求与我通电话，又再次回忆此事。

[9] 载《四友月刊》第6卷，1940年；李晓杰见示电子版。

[10] 简称"《长编》"，中华书局，2010年；李晓杰代查。

[11] 此外，原则上凡交代材料，都应交还本人或家属处理，不可不得

同意而发表。我相信蒋天枢先生征得了同意，而且这条信息很简单，也不似会涉自家或他人隐私。

[12] 广西大学校史编写组，刘长汉主编，广西大学学报编辑部出版，1988年。

[13] 考虑1942年春或1944年秋，可能不足整学期，故取"跨"字，以容伸缩。

[14] 简称"沈2015b"，载《传记文学》2015年第2期。修改稿为本书《与陈寅恪（甲）》。

[15] 载《自然科学史研究》第35卷第2期，2016年。

[16] 载《传记文学》1970年10月。

第 五 篇

与刘天华：师恩组曲

1935年刘天华纪念音乐会合影，北平；耦园协助取得电子版。
前排左起：1.刘育和、2.刘小蕙、5.曹安和、7.刘育京、8.殷尚真、9.朱慧、15.刘育敦。
后排左起：1.嘉祉、2.蒋风之、4.沈仲章、10.刘育毅、11.刘北茂、12.刘育伦。

本篇基于《沈仲章与恩师刘天华》，原载《中国音乐》2015年第1期。

父亲沈仲章是刘天华先生的得意门生之一。北京大学附属音乐传习所（简称"传习所"）关闭之后，父亲沈仲章参与组建并长期主持"音乐学会"[1]，恩师刘天华因而续留北大，指导沈仲章和其他学生。

　　父亲沈仲章拜师先攻二胡，再习提琴，后受恩师刘天华影响，涉足诸多领域。刘天华新谱二胡曲，大都嘱沈仲章先试。刘天华英年早逝，壮志未酬，留下若干乐曲尚未定稿，由弟子凭记忆整理。二胡《悲歌》传世弓法两脉，其一承自沈仲章。

　　刘天华作古不久，北平大学艺术学院聘请沈仲章接替刘天华教二胡，可父亲怕触琴生悲而婉拒。父亲虽为编辑《刘天华先生纪念册》[2]出了大力，并乐于助人研究，却未曾单独撰文缅怀恩师。父亲早年不喜"攀附"名人，也不爱"说自己的事"[3]；暮年感叹，有些史实他最清楚，愿意贡献亲历回忆。

　　父亲晚婚，与我年龄相差如祖孙，因而相伴机会较多。老父常为幼女拉琴说曲，追念先师、故友、往事……这篇小文试着替父亲了结心愿，旨在补遗，缅怀刘天华先生和本文内提及的各位

已逝前辈 [4]。

一、前奏

本节简介父亲何时开始接触音乐，为何与刘天华"相识"，以及他俩的初次相见。

开蒙无师

父亲生于苏州一个贫寒家庭，没听亲友们说起祖上出过什么音乐家。我祖父从店员做起，兢兢业业多年，借资集股盘下了一家丝线小店。有意思的是，制作古琴和二胡等民族乐器的弦线，正是沈氏作坊的一项主要业务。父亲回忆孩提时代，勉强能与"音乐"联得上的，就是熏制丝弦的工艺 [5]。父亲言及一个难忘的印象：每当他夜里醒来，总看见在微弱的灯火 [6] 下，我祖母不停地脚踩手摇一架木头机器，加工弦线。我的想象是，父亲童年涉缘音乐，始于灯光摇影，木机奏律，丝连弦长⋯⋯

父亲虚岁十三岁，实足才十一岁半的时候 [7]，到上海洋行当学徒，一干就是六七年。他所在的祥泰木行，职工们尽管贫苦，却不忘苦中作乐，工余聚在一起，拉二胡、弹三弦、唱京戏。少年沈仲章迷上了二胡 [8]，用学徒工资，买了把便宜琴。父亲那时也许都不太清楚，天底下还有乐谱这种"书" [9]，也不太懂指法什么的。他就靠耳朵听，心里哼，眼睛观察，手上模仿，自己瞎摸瞎试，偶尔求人点拨一两下，慢慢地竟拉出曲调了 [10]。就这样，父亲懵里懵懂地开了蒙，从此二胡成了他消遣抒情的"知音"伴侣。

长话短说，1923 年，学历只有小学五年级的沈仲章，斗胆报考出名难进的交通部唐山大学，侥幸过了分数线，居然被录取。

唐山大学预科第一学期，"混"进去的沈仲章光顾"恶补"中学课程，挣扎着不被开除，无暇旁顾。他苦读几个月，后来居上，学业上成了佼佼者，于是有闲兴来丰富课余生活。因为他会一点儿二胡，就加入了江南丝竹社，在江南丝竹社增加了对民乐的了解，也学会了读工尺谱。父亲又参加合唱团，该团指导老师[11]教学生识五线谱，并简介西乐原理，由此，父亲接触到一些乐理知识，"认得几个音符，会看看谱子"[12]。

在唐山大学第三年，父亲卷入学生运动，惹了麻烦。1926年，父亲随几个好友改换门庭，投考北京大学[13]。考上北大第二年，父亲迁入学生宿舍西斋[14]。沈仲章有缘与刘天华相知，得从西斋说起。

读谱"认"师

父亲到了北大西斋这个新环境，起初朋友不多。很不凑巧，有几个相熟的，特别是从唐山一起来的挚友谢大祺，那一阵子又偏偏离开了北平。父亲素来重情谊[15]，心中颇感失落，茫茫然无所适从，就常常独自在寝室天字第一号里，拉二胡解闷抒怀。

以前父亲学曲子，基本是用耳朵听，记住旋律，一遍一遍试拉，直到拉出那个曲调。一首曲子学成以后，又每天随着心态，注入自己的气息情感。所以，一曲《三六》[16]，他会拉出跟别人不同的味道，而且今天拉的跟昨天拉的也不一样。那时父亲拉二胡是业余水平，自娱自乐而已。

没想到，父亲的琴声由屋内传出，招来了门外两位听众。一位是何容，原来叫何兆熊，因写个专栏总标题"谈何容易"颇受好评，便改用笔名何容。何容还有个笔名叫老谈，这位老谈尚未年老，便与老舍（舒舍予）和老向（王向宸），以"文坛三老"而著称。另一位叫萧从方，后以萧伯青之名行世，可给沈仲章写

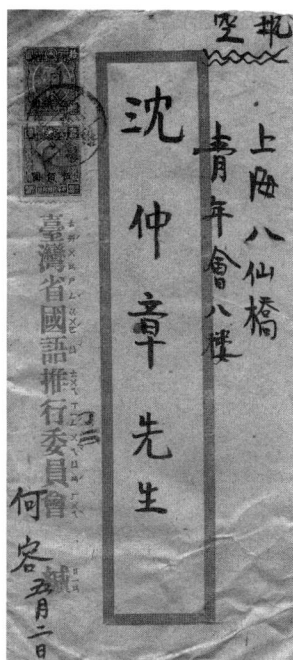

何容致沈仲章函信封。 萧从方（代人民出版社）致沈仲章函。

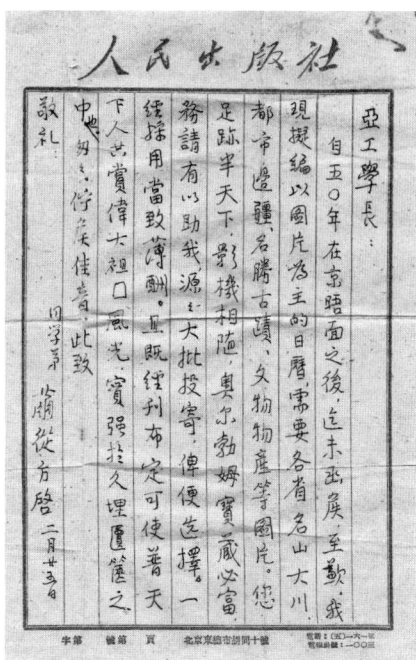

信时大都署名萧从方[17]。

何容与萧从方都是北大学生，从预科读起，比沈仲章进校早得多，高几个年级[18]；而且，他俩都曾在传习所选修音乐，师从刘天华。这么说来，其实两个门外听众，出自"名门乐府"传习所；而闭户独奏的沈仲章，倒是个未入师门的"门外汉"。

有一天，何容与萧从方经过西斋[19]天字第一号，里面飘出的琴声，抑扬如诉，便驻足倾听。何容与萧从方后来告诉沈仲章，他俩觉得像江南丝竹，但有点儿怪，说不上到底哪一派，可又拉得别有风味，而且变化捉摸不定，引得两人更好奇，一连"偷"听了数日，终于有一天，两位走廊听众，叩门求见[20]。

何、萧二位进门自荐，说要升级当"观众"，观摩现场演奏。

"演出"结束之后，来访者发问，你知不知道刘天华？沈仲章摇头[21]。来访者又问，你有没有听过刘天华的曲子，比如《月夜》和《病中吟》？沈又摇头。何、萧两人没多解释，告辞离开。

过了几天，何、萧二人又来了。他俩带来了刘天华的二胡曲谱，是印在刊物上的，其中有《月夜》等曲子，用的是工尺谱。可是刘天华的谱子，看起来比一般的工尺谱要复杂。父亲觉得挺新鲜，就留下了几份。

何、萧二人走后，父亲开始琢磨乐谱。谱子上面有文字说明[22]，父亲便照谱试拉。一拉，父亲感到一下子打开了领会音乐的一重大门，心里豁然开朗，进入了另一个境界。父亲本来只是模模糊糊地感受，随心所欲地拉琴。这下，才知道一首完整的曲子不那么简单，有一定的层次，一定的构架，一定的意境，还配以一定的技巧。

父亲来劲了，就这样对着乐谱，独自钻研了一两个星期。何、萧二人有时来听，却并不多言语，三人在琴声中交流心声，成了知音好友。而父亲也通过解读曲谱，"认识"了不久将去拜会、影响其终生的恩师刘天华。

首次见师

一天，只有萧从方一个人过来，父亲正在拉琴，以为他又来听，但萧进门就说，别拉琴了，快跟我去传习所，刘天华要见你！

父亲跟着萧从方去拜会刘天华时，传习所已经没有什么生机了，屋里空落落的，只有寥寥数人还在拉琴。

父亲见过刘天华，就坐下演奏他按谱自学的《月夜》，奏完之后，看得出刘天华脸上藏不住喜色。父亲特意对我解释，刘天华的弟子个个有才，那次会见最使老师兴奋的，倒不是又发现了一个可造之才，而是老师多年的理想和试验终于成功了。

刘天华的工尺谱，复杂周密，当时一般人望而生畏，有的努力读了谱，还是拉不出来，或者拉出来仍不得要领。中国音乐向来是靠言传身教，对是否有人真能照着谱子，体会作曲家的良苦用心，把曲子拉到预期的效果，早年谁也没有把握。这下好了，萧从方引来了个沈仲章。这个年轻人有点儿悟性，又肯潜心琢磨，能根据乐谱，解析作曲意图，居然把《月夜》拉出来了！刘天华自然十分得意。

当然，对眼前这位青年的音乐天分，刘天华也是赏识的。他对沈仲章说，如果你想进一步学习音乐，我愿意教。刘天华随即对指法做了些指导。父亲拉二胡本来用的是"肉音"，手指与弦线接触面较大，据说那是江南丝竹的一种特色，好听但比较含糊。刘天华也承认肉音好听，但建议沈仲章改用指尖。用指尖的拉法像拉小提琴，刘天华认为指尖音比肉音要准得多[23]。

父亲第一次拜见刘天华时，并没有当场拜师。记得父亲说过，拜师后刘天华给他每上一次课，学校都会按教授规格付费。依教育界现行通例推测，可能父亲作为北大在校生，到传习所觅师学艺，好比选修一对一的辅导课，还得办些手续，登记在案，校方才可拨出预算，支付导师报酬[24]。

二、重奏

父亲与刘天华第一次见面后，大约又过了两个星期，才正式确定师徒名分。从此，父亲跟随刘天华研习音乐，直到恩师离世，差不多研习了五年。在此期间，两人情谊不断加深，相知相敬，亦师亦友。父亲一生有好几位关系亲近的师长加朋友，比如钢和泰、陈寅恪、刘半农、徐森玉、胡适、许地山、郑振铎、查阜西等，刘天华是唯一正式与沈仲章确定师徒关系的。

第二节下分三部分，主线是沈仲章师从刘天华专攻二胡。

病中何适

父亲拜师之初，主修二胡，第一课就是《病中吟》。师徒俩把曲子分成几大段，每次上课分析一段。按说，新学生应该从练习曲入门，循序渐进。刘天华编写的二胡练习曲，由萧从方记录保存而传世的达四十七课之多，是一套相当完整的教程[25]。但是，刘天华因人施教，让沈仲章完全跳过练习曲阶段，直接学拉程度较高的二胡独奏曲[26]。

大约在20世纪60年代后期，父亲多次为我讲解刘天华的《病中吟》。

父亲说《病中吟》是恩师刘天华的处女作，也是恩师最喜爱的一首二胡曲。刘天华当时困居江阴老家，在病中谱写了这首曲子，抒发郁郁不得志的心情。曲子大意是：眼见内忧外患，既对社会不满，又无可奈何，不知中国会向何处去，知识分子又该向何处去。父亲对该曲背景与内涵的解释，与我长大后所读资料，基本相符。

父亲还说，这首曲子又叫《何适》，就是向何处去的意思。这点与我听闻的通行说法不相符合，一般只说该曲曾名《胡适》和《安适》。近年来询问乐界，《何适》似乎是父亲沈仲章独家之言。我思考后认为，无论是体会寓意还是斟酌语词，若选择《何适》为该曲曲名，都相当合适。我猜测，刘沈师徒二人当年都欣赏《何适》之名，因此刻在父亲脑中。篇后另附补记继续讨论此题。

既然议论《病中吟》曲名，补一句联想：宋代邵雍写过一首五言诗《病中吟》。想到刘天华为最后一首二胡曲题名《烛影摇红》（详下），他为第一首二胡曲定名《病中吟》，有否可能受古代诗词启发？我又想到，刘天华另有一首二胡曲《空山鸟语》，标题源自王维诗句，或许亦可支持这一猜测？父亲常跟我提"匠"与"家"之别，我相信像刘天华这样有抱负的音乐家，在学问上自有底蕴。

不过在我记忆中，父亲言及这首二胡曲，大多采用通行定名《病中吟》。在我记忆中，父亲拉得最多的，可能也数这首《病中吟》。

回想小时候如果生病，父亲常会为我拉《病中吟》。我虽年幼不真懂曲内深意，却也每每似有共鸣。病中疼痛不适，那泉流弦咏令我情有所寄；病中烦躁不安，那幽咽琴诉使我凝神静气。有时，父亲拉着拉着，我能明显感到他自己动了情。随着二胡的起伏高低、有声无声，我的心似乎被"拉"着向父亲的思绪移近。一曲终了，我和他还会无言相对好一会儿。这么多年过去，我只记得我颇受感动，到底意态由来如何，语言说不清，大概，这就是音乐之妙？

现在推测，《病中吟》是刘天华亲自传授给沈仲章的第一个曲子，曾分几课逐段仔细讲解，因此，该曲在师徒相互寻求灵犀沟通之初，起过重要作用。两人的心气性情本已相近，这首《病中吟》极可能触发同感，激起回声。恩师故去之后，父亲每次重拉《病中吟》，怀念故人旧事，难免牵动心弦，百感交集，种种意味尽在不言之中。

烛影鸟语

刘天华的十首二胡曲，父亲都曾为我讲解评议。可惜父亲的"品二胡"，我记不全了。从至今不时冒出的记忆中，尤其是儿时听琴感受中，我捡出两首，略道零星往事。

先说刘天华生前创作的最后一首二胡曲《烛影摇红》。父亲说他挺喜欢《烛影摇红》，但是他拉得却不那么多。

在老乐曲、古诗词都算"四旧"的那场运动中，我家藏书被一卡车一卡车地运走。父亲和我苦于无书可读，也常无事可做，只有相伴聊天。钢琴也被缴公，好在二胡幸免。记得就在那个时段，父亲为我拉过《烛影摇红》。父亲低语解释，这个曲名原是宋代词牌，源于《忆故人》。

父亲去世很多年后，我才起念稍做核证。从龙榆生《唐宋词格律》追溯至宋人吴曾《能改斋漫录》第十七卷，内有相关记录。大意是宋代王诜作了一首《忆故人》，文人皇帝宋徽宗欣赏其意境，却嫌文字"不丰容宛转"，填词高手周邦彦奉旨修改，将原来的小令扩充为上下两阕，所得新词取王诜原词首句"烛影摇红"为题。看来，记忆中父亲之言，能找到根据 [27]。

有意思的是，多年前我做过一个小范围语感调查。问及《烛影摇红》，莫说乐界人士，连非乐界人士，半数以上首先想到的是刘天华二胡曲 [28]。我认为，这也从某种意义上，显示刘天华对中国文化的影响超出了音乐界。

父亲解说《烛影摇红》是个舞曲，三拍子的旋律，带有广东音乐风味，充满浓郁的东方情趣。他拉那首曲子的时候，会感到坐在一个东方式的厅堂里，在温柔的烛光之下，与亲近的人欢聚一堂。

起草本文时，查到有种流传较广的解释，着重于该曲结尾描写舞会散后，人去场空，孤独惆怅。可我想不起来，父亲是否对我强调过这一点。当然，也可能我当时没听明白或者没记清楚某些暗示，或许父亲嫌我年幼，略去尾声不谈。父亲给我拉《烛影摇红》时，正处动乱年代，别说他没有那份雅兴，年龄尚小的我恐怕也无法体味那种气氛、那丝缠绵乃至可能有的那一息隐约凄楚。

《空山鸟语》也令我难忘。

对这首曲子的记忆，可以上溯到我刚记事的年龄。父亲自编科幻探险故事，每天给我讲述一段。因为那个"奇遇记"的场景设在深山丛林，父亲时常取出二胡，用《空山鸟语》作为"过门"。如今才悟出，父亲大概是手中拉着二胡曲，脑中现编"连续剧"。

父亲演奏这首乐曲时，会特意使用一些装饰性技巧，激活我的想象力。让还未认字读谱的幼童我，无须任何解释，就能以眼跟随运弓颤抖指尖滑弦，用耳辨别大鸟小鸟叽叽喳喳、此呼彼应、嬉闹唱和……

我不敢确定那是父亲的即兴发挥，还是师承于刘天华。回想父亲教我弹钢琴的情景 [29]，估计他自创的可能性大一点儿。至少是白头老父"变本加厉"，"哗"女儿小听众以"取宠"。既然也许只是沈家父女天伦之趣，暂且打住 [30]。

悲歌传弓

父亲对刘天华具体怎么教他二胡，没有一课一课、一曲一曲细说。父亲概述道，有的二胡曲，刘天华一遍一遍地教，一段一段地讲解示范，一首曲子要教四五次；有的呢，刘天华认为他自己琢磨乐谱，已理解个中涵义，只需略加指点便行。至于父亲看谱试学、初次参拜时拉的那首《月夜》，则始终没教过他，刘天华说不用教了，你已经照谱子拉出我的意思了。

父亲从师长友人处得知，刘天华认为教他很省力，因为这个徒弟能够解读作曲家的原意，自己按谱拉个差不离。父亲记得，往往他觉得有些曲子还应多练几遍，有些细微之处还需点拨提高，刘天华却说不必了，已经够好了。如此教与学的情形当时不多见，一般来说，学生难免自鸣得意，老师总爱吹毛求疵，刘天华与沈仲章之间却正好相反。父亲年老时还数次发"怨言"，"嫌"恩师刘天华对他的标准偏于宽松。据我对父亲性格的了解，多半还该怨他对自己要求过高，永无止境。

父亲主攻二胡的那个时段，刘天华自己创作的二胡曲只有六首，有的还是初稿。六个曲子教完，刘天华对他说，你二胡学好了，跟我学小提琴吧。父亲吃了一惊，因为有几位先于他拜师的同学还在学二胡呢。他起初以为，像过去行内常有之事，老师要留一手，不肯再教了。可是刘天华在教他小提琴的同时，每写出一首新的二胡曲，就让他试一个。父亲往往是第一个拿到老师新谱子的[31]。

父亲特意解释，他如此理解恩师意图：刘天华对北大学生另眼相看，也相信沈仲章的前途志向远远超出演奏二胡。刘天华是拿这个西乐理论基础不错的年轻人做实验，试试能否有人仅凭曲谱及说明，直接领悟作曲家的心思。如果沈仲章的经验能加以总结，普及推广，刘天华革新国乐教学的理想就可能实现[32]。

刘天华曾与沈仲章等弟子谈论创作计划，打算谱写十二首二胡曲，然后结集出版[33]。可惜离这一"宏愿"还差两首时，刘天华突然弃世。父亲崇敬恩师的很重要的一点是，刘天华是个很认真的人，在乎他的作品是否能"存得住"[34]。有些曲子初成之后，刘天华并不急于发表，而是让学生试拉，不断修改，精益求精[35]。比如篇首引言提到的《悲歌》，刘天华生前并未定稿。传世的两种《悲歌》弓法，"是其弟子沈仲章和陈振铎根据回忆和自己的理解记录下来的乐谱"[36]。

三、变奏

刘天华对音乐的兴趣和造诣，遍及诸多方面。沈仲章求知欲强学东西快，遇到这样的师傅，一拍即合，不亦乐乎。第三节略述父亲追随恩师脚步，在音乐天地里广为涉猎，到处探索之情形。

改弦提琴

父亲遵从师嘱，开始学拉小提琴。父亲个子小，手也比较小，用成人尺寸的小提琴有困难，便改用四分之三大小的少年琴。小提琴曲目多，研习无止境。刘天华教他小提琴的时间，反而要比教二胡长得多。但无论在当年还是后来，一般公认沈仲章是刘天华的二胡高徒，几乎没人提及他也是刘的小提琴学生。

父亲说，刘天华年轻时学小提琴跟过名师，拉得很出色。据刘半农《书亡弟天华遗影后》[37]，刘天华1922年到北京后，拜俄国名师Toroff（托诺夫）学习小提琴，算来刘天华那时不到三十岁。又据刘育和《〈刘天华全集〉前言》[38]，刘天华更年轻时，已在上海学过小提琴。

父亲追加解释，老师让二胡弟子练小提琴，并不是要他们放弃二胡，而是鼓励他们融会贯通。父亲还举例佐证，另一位二胡大徒蒋风之，刘天华也叫他学小提琴。蒋风之是北平大学艺术学院的学生，拜刘天华为师稍晚，当算我父亲的学弟。蒋风之以二

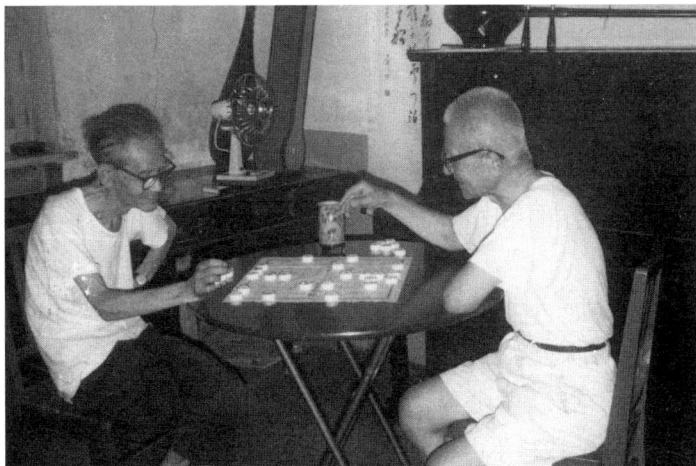

蒋风之（左）和沈仲章（右）下棋，北京蒋寓，20世纪80年代。

胡为终生专业，在演奏和教学界都是权威。说起蒋风之，他非常敬重我父亲沈仲章，一直以"师"相称。

同门中也有主攻小提琴的，父亲认为与他同时学提琴的几人中，张砚田拉得最棒，崔明奇也很优秀[39]。张砚田在《记刘天华先生》[40]中提及他演奏小提琴，并说到我父亲沈仲章，以及沈仲章与刘天华兄长刘半农的关系。顺便提一下，父亲去当刘半农助手，助其研究语言、音乐考古和采集民歌，就是刘天华的主意。父亲一再说，他跟随刘半农，必须从刘天华说起[41]。

"传习""学会"

父亲在乐界涉足甚广，本篇无法涵盖。光就父亲在北大当学生的时期来说，凡原传习所的乐器，他几乎都"碰"过。我听父亲多位老友评议，沈仲章呀，什么东西到他手里，"碰碰就会"。

上文叙及，我祖父母家境不富裕，家里长子即我伯父沈维钧偏好国学，依传统观念是块读书料子，祖父母攒钱供老大读到研究院；父亲为次子，初小时不经心便能解答高年级数学题[42]，被视为当精于"算账"。祖父母内定老二继承家业，结果他却自己考上了大学。父亲读北大完全经济自立，主要靠代课、做家教、当研究助手等，特别是协助外国学者，比如助理钢和泰那个圈子翻译佛经，报酬较丰厚。但所有这些都属于打零工，不是固定职业。如果要自费学那么多乐器，对父亲这个无家庭资助的学生来说，绝对办不到。父亲进北大音乐传习所时，传习所已经奄奄一息，不久彻底关闭。那么。父亲又怎么能接触那么多乐器呢？这就得归功于北大成立了个音乐学会，传习所得以局部"再生"。

但凡写刘天华，必提他在北大音乐传习所授艺。记载大都言，传习所于1922年由蔡元培和萧友梅创办，因军阀政府目光短浅，轻视音乐教育，至1927年被责令解散。因此一般定论是，

1927年夏天传习所便"寿终正寝"。其实不尽然。

父亲大概算是传习所最后一个学员，或者最后一批留下不走的一个。仔细分析他的经历，可窥见在1927年秋季甚至更后，传习所虽向外关门，但在内一息尚存。很可能在传习所"弥留之际"，只有刘天华和沈仲章这对师生，是仅存的"遗老遗少"，经校方允许拉琴"残喘"[43]。但只要有人坚守，保住传习所屋舍，原来的其他教员学员，便常来旧地，团聚不散。于是传习所不仅"死而不僵"，而且又以音乐学会的名义"死灰复燃"。

北大传习所办了仅五年，音乐学会却持续了十来年[44]。父亲明言，音乐学会实际上是一个小规模的传习所[45]，但有两点不同：第一，学会不是由教授学者倡导的机构，而是由学生自发自主组建的团体[46]；第二，学会是北大学生社团，原则上不能招收校外学员，只有本校注册学生才具入会资格（其实仍对外"开放"）[47]。

创办音乐学会的领头者，就是原传习所培育的幼苗。父亲总说，发起人是萧从方，他仅是协助和继任。萧从方则说[48]："我与他〔按：沈仲章〕共同办理北大音乐学会，我离校后即由他主持。"

他们的目的，就是要为北大保住刘天华和杨仲子等优秀导师，使更多青年受益。因此也可以说，刘天华和杨仲子等愿意继续教导这批学生，也是让萧从方和沈仲章尽力的一股动力。父亲有时干脆说："就是为刘天华。"我推测这个过程中当含师徒群策群力，但按常识和惯例，出面向校方交涉，必须是沈仲章等北大在校生[49]。刘天华肯定起了作用，但是主导还是参谋，尚待考证。

父亲沈仲章是音乐学会筹办委员会委员，对组建和维持该团体起了骨干作用，包括制定章程、讨论经费预算、提名招聘教师等。过程中父亲常向恩师刘天华请教，努力沿袭原传习所的方针大策[50]。父亲非常清楚而且一再强调,他和恩师的主旨是以音乐学会的形式,虽缩小规模、但直接而且全面地在北大延续传习所。师徒携手协力,聚集更多热爱音乐的学生,自下而上重振北大音乐教育。

北大学生一般四年毕业,不可能在音乐学会待得太久。父亲到处跨系旁听,转院延长学籍,又留校任教,在北大整整待了十一年。从筹建音乐学会开始,直到抗战时北大内迁、学会散伙为止,父亲自始至终没有离开过这个团体,是在会时间最长的一位[51]。会员时有更换,但父亲沈仲章受大家信任,一直负责学会事宜。因此,父亲可以说是对音乐学会最知情者。可惜他不喜欢说自己的事,连累到音乐学会在北大与乐界之功,也随之埋没[52]。

就说刘天华,有了这个音乐学会,他在北大继续立足。刘天华为北大效力约十年,前一半时间协助蔡元培和萧友梅,是传习所的教员之一;后一半时间与爱徒一起,是音乐学会的台柱子。刘天华逝世后,沈仲章又勉力办会五年,在很大程度上是传承恩师遗志[53]。

我觉得,刘天华通过北大音乐学会对年轻后代的影响,超出他在传习所的那五年。可惜北大学生大多不以音乐为业,相关史料并不多。刘天华北大任教全程,以及比传习所寿翻一倍的音乐学会历史,尚未有人系统梳理,可谓憾事[54]。

多域求索

北大音乐学会须另题探讨。下面仅循本节主线,蜻蜓点水般地举例,略谈刘天华对我父亲多方面的影响。行文之间,也会提到音乐学会的点点滴滴。

先说在传统民族器乐方面,刘天华对二胡的贡献最为显著,在琵琶领域的建树也广受称道。父亲没跟恩师学琵琶,原因是弹琵琶需要留指甲，会给父亲拉二胡和小提琴带来不便。当时刘天华和沈仲章都还年轻，觉得以后再学不迟，没想竟成未了之愿。

父亲的终生好友曹安和跟刘天华主修琵琶，公认得了刘天华真传。20世纪50年代曹安和常与父亲沈仲章交流，商讨保护民间琵琶艺人的各种事宜。比如资助琵琶老艺人吴梦飞，录制抢救他的曲目。我处残存的父亲20世纪50年代录音目录中，琵琶曲目很多。

刘天华也曾研习古琴，父亲对古琴也极为推崇。北大有位古汉语教师张友鹤，是山东诸城派的传人王露（心葵）的学生。音乐学会聘请了张友鹤，父亲向他学过古琴。后来父亲又结识了另一学者琴人郑颖孙，也拜访过琴学家杨百时。可惜，也因指甲问题，父亲学生时代未能多多操习古琴，一直引以为憾。

刘天华本人并没教我父亲沈仲章古琴，但我依稀记得父亲提过，他习琴与恩师刘天华有关，师生俩还曾交流过一些看法。父亲后半生对古琴之倾力，直接鼓动来自查阜西。但若为父亲爱琴之"芽"寻根，可溯及刘天华所播之"种"。近年来接到不少敦促，要我梳理父亲对维护古琴艺术所做的努力和贡献，可惜我个人力量实在有限[55]。

略言其他方面。

刘天华也通西方音乐，在器乐方面，除了小提琴，还会钢琴。不过，父亲的钢琴好像不是跟刘天华学的，而是受业于其他导师。当时在音乐学会，杨仲子和赵丽莲都能指导钢琴。

至于西方音乐理论，音乐学会最早请杨仲子指导，稍后又来了个在意大利获得音乐学博士学位的陈德义加强阵容。父亲因有数学和物理的功底，又能直接阅读外文书籍，无形中成了同学们（甚至一些老师）的乐理"靠山"。另一位乐理出色的是数学系的崔明奇，但他主要是跟着好友沈仲章参与助兴。

1953 年 10 月 21 日曹安和致沈仲章函（两页局部）。

1954 年 2 月 1 日曹安和致沈
仲章函（末页）。

沈仲章为吴梦飞琵琶录音记录，1955 年 4 月 7 日。
"以上五曲，本年 6 月间亦曾代本市文史馆录音（该馆
作为馆员艺术作品资料保存），又曾代民族音乐研究所
录音。"（沈仲章笔记原注）

查阜西致沈仲章函（局部），议及为北京古琴学会购屋；张叶购得流散原件惠赠。

查阜西致沈仲章函附页——拟购屋产平面图；张叶购得流散原件惠赠。

刘天华曾为京剧记谱，编写了第一本中国京剧谱《梅兰芳歌曲谱》。刘天华为梅兰芳记谱后，五线谱部分由曹安和等几位女生校勘。她们每完成一部分，都会请我父亲沈仲章核审把关[56]。1932年，与梅兰芳同为京剧"四大名旦"之一的程砚秋，也来找陈德义记谱。陈德义是喝洋墨水的，弄不太懂京戏那一套，赶紧把刘天华的弟子沈仲章拉去帮忙。父亲记的剧目，就是程砚秋新创京剧《荒山泪》。

刘天华重视保存宗教音乐和民间音乐，有两本未完成著作《佛曲谱》和《安次县吵子会乐谱》。父亲也关注宗教音乐，曾多处采集并录音。

沈仲章录音目录选页"目1", 20世纪50年代。

按：本书作者仅为"古琴""琴曲"加圈（另有二胡、琵琶、民族歌曲以及多种戏剧）。第三个加圈处内"灌片"一词指自灌唱片，即父亲出品，可能借用他处设备。据20世纪60年代中期记录，我家有千张以上自灌唱片。依父亲性格推测，未留记录和早已交给别人的，可能更多。

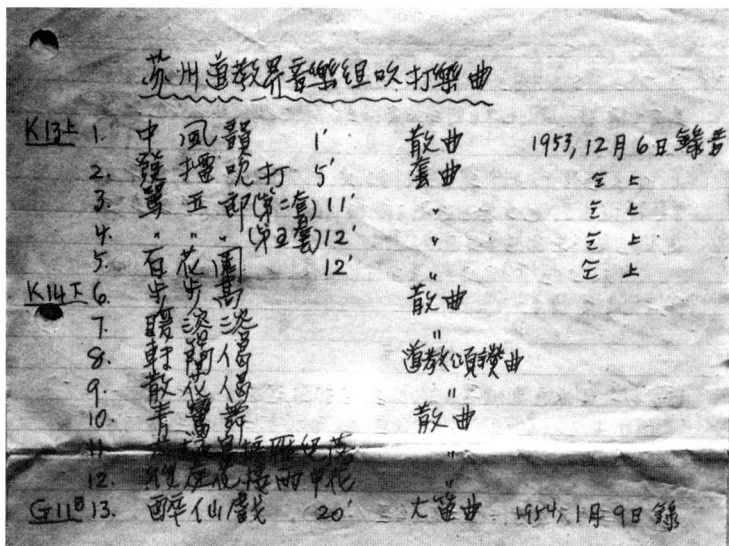

沈仲章录音目录选页"苏州道教界音乐组吹打乐曲",1953年12月6日录音。
按：前附曹安和致沈仲章函，也提及访问四川宗教音乐。父亲对我说过此事，另文叙述。

　　刘天华热衷于收集民间音乐，为此不幸染疾而逝。父亲也一直喜欢采风，父亲对民俗的关注，早在他进北大之前，但对民乐的采集，可能始于北大期间。刘天华去世后两年，父亲又随其兄刘半农去西北，负责记录民歌和曲艺[57]。令人唏嘘的是，刘半农旅途染病离世，兄弟两人都可以说是"以身殉职"。

　　20世纪50年代，父亲沈仲章曾两次去西南采风。他先自行（吴景略相陪半程）采集古琴曲目和宗教音乐；后又跟随以查阜西、沈从文为首的考察小队，为当地民族表演艺术拍电影和录音等[58]。有次在现场，录音机出了故障，幸亏沈仲章有音乐和语言学的功底，能当场记谱记音，这令查阜西大为赞赏。不久，专业研究机构来信要沈仲章带徒弟，记录抢救少数民族音乐。

　　刘天华胜人一筹的，是开了中外音乐结合之先河。他借助西方理论结构，研究和改进中国音乐，因而享有"现代国乐之父"

等称号。刘天华创作的二胡曲、琵琶曲和民乐合奏曲，都可说是这类树立榜样的尝试。父亲民乐西乐兼通，默默地为中西乐界以及与其他领域的互相理解、欣赏、借鉴和促进，做了大量工作。

关于老北大的音乐学会，细节尚多。比如，父亲跟笛师学昆曲、跟赵丽莲排轻歌剧，未料张学良失信、又遇范长江干扰，还有商定导师报酬规格等，在此只能预告将另述。

有恩师刘天华为楷模，父亲在音乐艺术领域的涉足远不止这些。以上简述仅为索引，意在点出像刘天华这样的有远见有抱负的导师，对意气相投的沈仲章之影响，其广、其深、其久，都非拙笔可以概括。我感觉，父亲生前相当珍视这种潜移默化的感染。父亲对恩师刘天华情感很深，却不太细说器乐的技巧传授。可对上述若干例子，甚至另一些刘天华不为人知之事，父亲却会提及恩师之名。

不过，虽然父亲向刘天华学习小提琴的时间比二胡长，虽然他受刘天华引导在音乐天地里涉猎颇广，可是同行师生和行外朋友们，总说他是刘天华的二胡高足。20世纪50年代到80年代，父亲多次被邀请担任二胡竞赛评委。

四、续奏

1932年6月，刘天华在北平天桥记录民间艺人的锣鼓乐曲时，不幸染上猩红热，医治无效，乘鹤西去。音乐学会的师生都异常悲痛，导师之一陈德义还专门作了一曲哀乐悼念。父亲对刘天华的感情特别深，恩师兼知音的意外归天，对他的打击非常大，父亲都不忍再碰那些乐器了，伤心地说："二胡？拉倒了！提琴？甭提了！"

弃教报考

刘天华生前最后几年，除了在北大音乐学会当导师，还在多所大学任教。北平大学[59]艺术学院当为其主要任职单位，被授予教授职称。该学院原名北京（北平）艺术专科学校，老一辈习惯沿用旧简称"艺专"。1932年夏天刘天华突然去世，秋季快开学时，艺专院长杨仲子亲自出面，聘请沈仲章去接替刘天华教二胡。

父亲连忙说，不行不行，我自己才学了一点儿，怎么能教别人呢？而且，艺专学生中的蒋风之和陶筠等，是跟我一起向刘天华学二胡的，本来都是同学，我怎么能去教他们呢？没想到，第二天那几个同学居然一起来了，也请父亲沈仲章去教他们。

艺专发了聘书，再次恳请。父亲沈仲章却振振有词地说，我不能接受邀请去贵院当老师，因为我已经报考艺专进修，又当老师又当学生会给校方带来麻烦。杨仲子说，沈仲章你这人真怪，请你来教学你不来，反倒要来当学生。你随便报考什么，我们都会录取，不过你只能考一个专业。杨仲子又问，你想学什么？父亲答言想学声乐。这倒也是实话，父亲那时正对男高音感兴趣，艺专有位外国老太太，专教意大利美声唱法。

至于父亲的艺专考试过程，也是个奇怪的例子。比如，主考音乐理论的陈德义，来不及出考题，拉住考生沈仲章帮忙。沈仲章提醒不妥，陈德义说，还有什么能考你么？确实，入学考试原本不是针对沈仲章的，而是为大部分从未跨入高等学府门槛的报名者设计的，因此，每门考试对父亲来说都太"小儿科"。父亲很快便做完试题，然后就留在教室助考，考生们都以为他是校方人员。

父亲上了艺专后，还是选修了两个专业。待到艺专发毕业文凭或学位证书时，父亲又不领取。轶事多多，日后另议。

编册纪念

父亲回忆，刘天华去世后，第一件要紧事就是编辑《刘天华先生纪念册》。除了保存恩师遗作和其他珍贵资料，另一个目的是募集资金，用以补贴刘氏遗孀遗孤[60]。编辑由诸多师生友好义务合作，印刷由数个机构集资赞助。

父亲记得，纪念册一出版，很快就卖完了。该书虽然基本定价才五元一本，但在当时算贵的；而且限量印刷，编号排在前面的卖得贵。同时还出售刘天华生前所编《梅兰芳歌曲谱》收藏本，有的一本可卖五百到一千元。

纪念册由刘半农主编，并有十四位遗稿整理者。前三位杨仲子、罗炯之、陈德义的身份都是教授，第四位就是沈仲章，接下去的十位也都是刘天华的弟子，依次为：孙德宣、蒋风之、陈振铎、陶筠、王国信、邵晓琴、潘君方、曹安和、杨筱莲和周宜[61]。

纪念册编了约半年，父亲没怎么介绍编辑详情，只轻描淡写地说，别人先整理乐谱，然后找他审阅勘正。五线谱部分需要他订正解疑的比较多[62]，父亲说："大概在这方面，我比别的同学更熟悉一些。"

父亲去世几十年后，我才读到刘半农为纪念册写的序言，里面特别夸奖："以陈振铎、沈仲章二君尤为劳苦。"又见陈振铎有相应回忆[63]："公推笔者、沈仲章为主要负责人。笔者负责乐曲的全部校理工作，沈仲章同志负责文字的全部编译工作，整理好后由笔者送刘半农先生处编纂复印。"

我听父亲回忆早，读陈振铎回忆晚。对乐曲校理这处，曾疑虑两人所述有否相悖。继而分析，陈振铎说的是"公推"，沈仲章说的是私下相助，两人所言互补互证。回想父亲对我叙述编纪念册一事，措辞中没有"负责"二字，大多用的是"帮忙""协助"

等词。依父亲性格，他当时恐怕没在意名分上谁该"负责"什么，而一视同仁，分内分外都尽力做好。他既会"帮"整个项目梳理编译文字，也会"助"其他遗稿整理者复核乐谱。假如父亲只顾自己"负责"之项而不管他事，反倒不符合他一贯为人了。从另一角度看，别人私下请他相助，估计大多在交稿之前，陈振铎不一定清楚，他仅言其所知，也不难理解。

至于陈振铎说的由"沈仲章同志负责"的文字"全部编译工作"，父亲却对我一字未提，因此我对内容等都不甚了了。幸亏读到刘天华之弟刘北茂的一段评论 [64]："纪念册中除刊印了天华先生的大部分作品外，还收集了各界人士所撰写的祭词、感词、吊词、挽诗、哀词、追忆文、挽联等大量悼念性文字，人们从不同角度抒发了缕缕哀思，对天华先生的贡献给予了高度的评价，这些情真意切的篇章正是天华先生光辉一生的写照，因此是一批有参考价值的研究资料。"

余韵长继

父亲沈仲章在恩师刘天华去世后，很长一段时间不肯再碰乐器。可纪念恩师的音乐会，他愿意上台。而对演出之前的筹备事务，台下幕后的组织工作，出力更多；据萧从方 [65] 说："一九三五年六月，在刘先生逝世三周年纪念日，由刘先生的学生们在协和礼堂开了一个刘天华先生遗作演奏会。会的节目说明书还是由沈仲章同学去找金克木先生译成英文的。"萧还提到："蒋风之先生、沈仲章先生在那次会上都曾参加过演出。"据刘北茂回忆，那次纪念音乐会上，沈仲章拉的是二胡独奏《良宵》[66]。

我依稀记得父亲说过，在一场刘天华纪念音乐会上，他演奏的曲目是《病中吟》或者《悲歌》，故推测早年还有其他规模的纪念会。我欲寻找文献佐证，还望博览者留心并赐教。

此外，我在父亲上京探访名单记录纸片上，看到刘天华夫人殷尚真的地址。刘半农和刘天华之弟刘北茂，年轻时也曾与沈仲章为友。但我不清楚在刘北茂去世前，是否有机会与沈仲章重续联系。读刘半农和刘天华的子女来函，他们相当敬重"仲章先生"。摘抄刘天华之女刘育和致沈仲章函中部分内容为例[67]：

> 仲章先生、夫人：
>
> 这次来上海，感到最愉快的事是见到您，并且听到您生动的谈吐，同时又与您伉俪同游桂林公园。谢谢您们的盛情招待。拍的相片育敦已寄给我。能与您们一同游园与拍照，给我留下了难以忘怀的时刻。育敦的信上说，自那次您陪我们去公园后，回家就感到有些不适，我闻后心中非常不安与挂念，希望现已康复。天气渐冷，您千万要小心身体，勿使气喘病复发，最好多卧床休养少外出。

刘函落款为1986年11月2日，其时我已远在美国。想象刘育和拜访我家寓所时，父亲定会与她共忆往事。可惜我没能在场聆听父亲"生动的谈吐"，不免感到遗憾。刘函言及我父亲"拍的相片"，也待寻找征集。

四个半月后，父亲于1987年3月19日与世长辞。如今，刘育和去世也逾十载。愿父亲沈仲章与刘天华父女以及当年诸多师友，重聚天苑传习，再组虚籁学会，闲居讴吟度古调，改进变体演新令，月夜操弦拍曲谱，良宵歌舞向光明[68]。

【补记一】萧从方："沈仲章同学"

萧从方（伯青）在《忆刘天华先生补》（简称"萧伯青1984"）

中有一小段专说沈仲章，可佐证本篇言及数事。

> 从刘先生学二胡的人还有沈仲章同学，他是从唐山交通大学转学来的，与我同住北大西斋。我每从他窗前走过，常听到他在屋内拉二胡。他拉的《梅花三弄》一曲，抑扬顿挫，别具一番风味，我便想与他认识。一天与何容同学冒昧叩门去拜访他，我们成为好友。我介绍他去跟刘先生学二胡，我与他共同办理北大音乐学会，我离校后即由他主持。他会英法德意好几国语言。后来他在刘半农、罗莘田（常培）两先生主持的北大国学研究所语音研究室任助理研究员。抗战初期为北大运送汉简两大箱由平至港，安全无恙，为北大立了大功。解放后，他一直在搜集音乐的资料史料。去年（一九八三年）还代表上海古琴研究会来京参加全国古琴界打谱会议。在北大附设音乐传习所学二胡的人，与我通音问者，现只剩沈仲章一个人了。

记得见过另一封萧从方致沈仲章函（待寻，日期当是1984年4月10日），内附他原稿中关于沈的叙述，比上述刊发文字长。

【补记二】《何适》：《病中吟》"佚名"

这条补记不少内容是原文正文。本篇修改扩充，移出专议。

刘天华的第一首二胡曲《病中吟》，几经更名。对该曲曾经先后题为《胡适》与《安适》，知者甚众，而父亲沈仲章所忆别名《何适》，目前似为独家单传。

该曲最初题名《胡适》。"胡"字在古代汉语中可作疑问词，"胡适"就是到哪里去的意思。但因《胡适》易与文化名人胡适的名字相混，故一度改名《安适》。"安"字在古汉语中也可用作疑问词，所以《安适》还是到哪里去的意思。不巧，双音节组合"安适"还能用作并列结构，形容"安"逸舒"适"，倘若如此解读，便与作曲家原意（即因无所适从而深感不安不适）背道而驰，于是再度改名，因谱曲时刘天华病居老家，遂题《病中吟》。

以上曲名演变小史，几成定论。而未见经传的《何适》一名，却是我的偏爱，以下试着浅释理由。

体味寓意，《何适》直抒作曲家心怀。"病中"言处境，"吟"指行为，然"吟"虽述形式，却未及内容。而"何适"即何为出路，方道"吟"者由衷之叹。假如仅言这一要义，则"何适"与"胡适""安适"，可谓异曲同工。下面再从语言学的几个角度，稍加考察三者有何不同。

首先从语法入手。

在文言文中，"何"与"胡""安"二字类似，也具表疑问功能。同样可以出现在宾语先置或疑问词先置的结构中，比如"何去何从"。

若论句法限制，"何"的自由度大于"胡"与"安"。"何"作为疑问代词，可列于名词前为定语，比如"何人"，或者置于动词后当宾语，比如"为何"，人们一看便懂，就是现代汉语的"什么人"和"为什么"的意思。而"胡""安"二字作为疑问词，却多受掣肘，比如"胡人"，若无上下文，极易联想到北方民族古时通称，而"为安"则常见于"入土为安"。（严格说已越出窄义的"语法"。然本篇非语言学论文，容不细究，仅提示大意。下同。）

若辨"X"加"适"这一搭配结构，"胡"与"安"均含语法功能歧义。除了疑问词，"胡"与"安"还可以用作副词，这就引到了语义层次。

若用作副词来修饰动词"适"，"胡"又能解作胡乱凑合而"适"，

"安"也可意谓安然处之求"适"。虽然一般不至于咬文嚼字，但作为曲名，仍需慎思，避免此类歧义。标题可含歧义，也可妙用歧义。但上举数例较易致误，也许可说不太"合适"（"合"谐音"何"）？

继而从语义偏重角度，略作权衡。

"胡"与"安"在各自的多个义项中，疑问用法皆非首项（且不提语义上的其他限制）。相对来说，"何"字的首要义项就是表示疑问，歧义性要小得多。择要摘录《现代汉语词典》（中国社会科学院语言研究所词典编辑室，商务印书馆，1997年）的词条释义：

> 【何】（1）疑问代词；（2）表示反问；（3）姓。（第443页）
> 【胡】胡1（1）古代泛称北方和西方的各民族；（2）古代称来自北方和西方各民族的（东西）……（3）姓。胡2，副词，表示随意乱来。胡3〈书〉疑问词。（第465页）
> 【安】安1（1）安定；（2）使安定；（3）对生活、工作等感觉满足合适；（4）平安；安全……（9）姓。安2〈书〉疑问词。（第5页）

最后考察语音。

刘、沈师徒都是南方人，知道某些吴语次方言中"何""胡"读音相同，因而由"胡"联想到"何"，很自然。比如上海话，"何"与"胡"作为姓氏，同音。又据《江苏省志·方言志》（江苏省地方志编撰委员会，南京大学出版社，1998年，第112页），苏州话"河"同"湖"。该志吴语部分编者是翁寿元和石汝杰，经石汝杰核证，苏州话"何"与"胡"也同音，即韵母小类已经融合。

但是，即便在"何""胡"口语同音的一些方言中，在特定语境中，"何"与"胡"的读法仍可有区别。以读古诗文为例：我未上小学时，母亲教我用上海话诵读《木兰辞》。我至今记得"问女何所思，问女何所忆"的"何"字,音不同"胡"。

不久前,我邀请数十位生长于上海或苏州的人,参与一个简单的语言调查。为避免交叉影响,问答采取一对一方式。我请每位调查对象辨析在(a)称呼姓名(姓"何"与姓"胡"),(b)固定搭配("何去何从"),(c)特选诗句("问女何所思,问女何所忆")这三种语境中,"何"是否与"胡"读音一致?

调查结果是,苏州话"何"与"胡"一概同音,无例外。而上海人的反馈则如此:(a)绝大多数(非全部)的人口语中姓"何"与姓"胡"一样,需加注"人可何"或"古月胡"。有些人回答两姓不同音,但录音细听却无差别(这个现象对语言研究有多层意义,此处不赘言)。(b)至少五分之一的人,对含古汉语残留的固定搭配,能区别"何"与"胡"。(c)而对特选诗句,念"何"不同于"胡"音的更多。

作为《上海市区方言志》编者之一,我又回顾了20世纪80年代的田野调查。三十多年前,口语中"何""胡"也相混,读书面文字有人分有人不分。上海五方杂处,我虽能略辨发音人的上代方言背景,但认为不必追溯。因为,《何适》曲名并不基于或限于某个城市、某个地区。

其实,我的调查范围不止苏沪,兼及吴语其他次方言,可惜采样不够,不足以归纳。因为刘天华是江阴人,我又查《江苏省志·方言志》第112页上的列表,江阴方言的"河"与"湖"分别代表两个韵母系统。再说刘、沈师徒两人都在北平,自然明白如果用国语念"何适",不会与人名"胡适"相混。

于是又牵带到语用范畴……

以上仅仅是我对曲名的看法,之所以略花笔墨,也含历史背景思考。

我隐隐感觉,从刘天华一再想以"X适"为曲名,可窥其偏爱。

而他两次割爱曾用名《胡适》和《安适》，都含语言学因素。很可能，几位最内圈先辈提名《何适》待选时，也会从语言学角度进行类似推敲（虽然跟我的思路不见得一模一样）。至于可能参与讨论者，我估计当有作曲家本人刘天华、其兄长刘半农、亦徒亦友亦同情趣的沈仲章……父亲并没这么说，而是我依人物背景的想象。我觉得，类似的讨论是可以发生在父亲与我之间的，因此也有可能会发生在父亲与师友之间。

刘半农既是文学家又是语言学家，他常写打油诗，可见爱玩文字；而其得力助手沈仲章，也以分析语言方音见长，还得过个"小赵元任"的外号。父亲生前，对方言或外语发音引起的歧义误解，常信手取例，笑谈逗趣。我甚至想象，刘半农与沈仲章还可能利用"合""何"谐音，开这类玩笑："胡适安适皆不合适，唯有何适恰恰合适。"

我猜测，也许刘氏兄弟与沈仲章互相启示，认为《何适》挺合适。可是，父亲与他们讨论时，该曲曲名已一改再改，《病中吟》之名约定俗成，不宜立刻更换。《何适》这个别名，便不曾公开"扶正"，仅于小圈内"你知我知"。不意天华、半农二师早逝，幸亏《何适》仍存于沈仲章记忆之中。

小结一下，我有理由认为，父亲与刘天华等曾考虑讨论《何适》，但该候选曲名未传外间。而上述评议，则大多出自我个人解读。因《何适》史载无迹，特记下备考，并略议其合理性。

【补记三】刘北茂：二兄刘天华

本篇修改稿和上述补记都完成之后，终于得到千里之外书友相助，辗转借得《刘天华音乐生涯：胞弟的回忆》（刘北茂口述，育辉执笔，人民音乐出版社，2004年；简称"刘、刘2004"）。远程难以

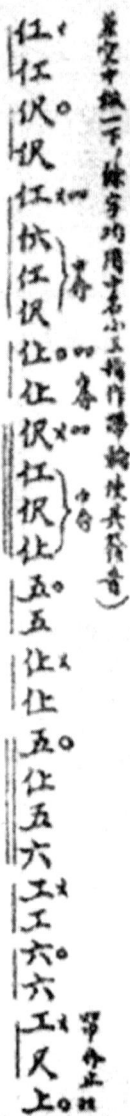

刘天华曲谱标记，引自"刘、刘2004"。

通读全书，仅据目录嘱友代查相关内容。对照若干重合时段和事件，父亲沈仲章的回忆可以补充佐证该书所言。而书中一些叙述，也为我的疑问猜测提供了解答支持。下陈数例：

1. 北大任教十年

第213页注释言："1922年刘天华应北京大学邀请，前往任教达十年之久。"

诸多著述（包括该书）皆云，刘天华曾受聘于北大音乐传习所及其前身（音乐研究会），传习所1927年关闭。如此算来，从1922年到1927年，刘天华任教北大五年。

从1927年到1932年刘天华去世，也是五年。不知对那后五年刘天华在北大任教情况，是否已有研究？再缩小聚焦时段，自1927年夏（公论传习所解散之时）到北大音乐学会正式成立（一说1929年，待考），其间空隙不短。不知对该阶段刘天华在北大任教情况，是否已有研究？

父亲沈仲章的特殊亲历，可供探查分析。

2. 曲谱特殊标记

书中有数页附图背景，淡淡地印有一些曲谱局部。工尺谱标记似较复杂，可惜不易看清。我很好奇，会不会选自父亲沈仲章最初试读的那批曲谱？我欲辨析截自何曲、原载何处以及首刊何时，特请相助者检索书内信息，答复未见注明。谨取例附此，求教博识者。

3. 《病中吟》曲名史

该书第63页上写道："因此他［按：刘天华]

很自然地发出了'人生何适'的感慨，于是就用音乐来表达自己内心的这些感受，这就是《病中吟》一曲的由来。"

原文内"人生何适"四字有引号，我认为可以支持父亲沈仲章关于候选曲名《何适》之忆。但是，第64页叙及曾用名《胡适》与《安适》，但没有提到《何适》。

我有两点猜测：一是对《何适》之考虑讨论，可能仅限于刘半农、刘天华和沈仲章等数人。二是讨论发生于沈与刘半农相熟之后，可能其时刚公布该曲定名《病中吟》，不宜立刻更改。（参见该书第66页："1930年初正式发表。"）

另摘该书第63—64页上一段文字，可佐证我的另一个联想，即该曲标题与宋代邵雍五言诗《病中吟》也许相关（参见正文）。

> 由于作者［按：刘天华］自幼酷爱古典诗词，所以《病中吟》的"吟"就是取自古诗歌行体的一种名称，这里的"吟"绝非"呻吟"的意思，不可望文生义。比如唐代诗人孟郊脍炙人口的《游子吟》和白居易不朽的《秦中吟》就是这种诗体的典型例子。但天华的这首作品的命名，正如以上所述，意思是在病中吟咏而成的一首乐曲。而我国历代诗人就有病中吟诗的习惯。例如白居易有六十余首作品是在病中作的，其标题也都是《病中作》《病中诗》《病中书事》之类，可见《病中吟》的命名是受了这类中国古诗标题的影响。

有意思的是，我成年后不常听刘天华的乐曲，对音乐曲调的印象已模糊。而我对刘天华的理解，主要源自儿时听父亲说往事。看来我的感觉，即曲名《病中吟》受古代诗词标题启发，与作曲家胞弟的解说，思路相通。

4.《烛影摇红》情调

该书第180-181页也说《烛影摇红》曲名来自词牌名，并对该曲涵义情调多有描述，摘录部分如下：

> 这首作品绝不是什么"发思古之幽情"，而是反映了他〔按：刘天华〕虽经历了种种困难与挫折，但对社会的前途与人生未来并没有丧失信心。因此他才能在这首异常深刻、优美、激越而略带惆怅的乐曲中塑造出一种宛如"五云深处，万烛光中，揭天丝管"的那种火红热烈、色彩鲜明的舞蹈场面。在聆听这首动人心弦的抒情诗一般的舞曲时，我们似乎可以想象出那彩云深处摇曳的支支烛影，忽隐忽现，在那仙境似的背景中闪动着翩跹的舞姿，这是何等美妙的境界，天上人间竟连成一片！

读来与我记忆中父亲沈仲章的理解，有同有异。乐观优美的基调相近，看来不出作曲家本意范围？而演奏者或聆听者的想象、侧重、程度和色彩等，各自发挥可以不一样。

5. 若干其他小题

该书第96页和第97页之间有组插图，其中有一幅"刘天华邀请民间艺人到家中"的照片。看到此图，想起父亲沈仲章也常做这样的事。20世纪30年代中期，父亲见一位盲人在街上表演，好像是拉二胡，便把他请到寓所，切磋琴艺并为其记谱。20世纪50年代，父亲在家专设录音棚，采录范围相当广，含民族音乐、地方戏曲、宗教音乐、古诗文吟诵……

书中第169页提到，刘天华抽空读古典文学作品，"他有时还绘声绘色地给孩子们讲述《水浒》和《三国》的故事"。这支持了我关于刘天华"学问上自有底蕴"的猜想，也回答了我对刘天华如何逗孩子的一部分好奇，但是我还希望了解，刘天华是否会用音乐来"逗"孩子。

书中介绍1935年的"遗作演奏会"（第206页），"李光涛、沈仲章和高仁尚分别演奏的《空山鸟语》《良宵》和《月夜》则又是一番情趣"。20世纪30年代是否还曾举行其他纪念演奏活动，仍然存疑。

书中也提到刘天华计划完成十二首二胡曲之后，结集出版。诸如此类互证多多。

书中多次出现的"肖从芳"，当为萧从方，参见正文附图萧函署名。

书中附有一张合影，上有数位父亲经常提及的友人，除了刘天华，还有另一位音乐学会主要导师杨仲子、古琴启蒙老师张友鹤、亦师亦友的郑颖孙、同学好友萧从方（伯青）和曹安和。估计照片上的其他人，也与父亲沈仲章相识。

第212页写道："在天华先生墓地的松柏树枝上，曾发现一位老者留下的纸片，上面写着两句情真意切的吊词：'空谷鸟语病中吟，扶杖觅径吊先生。'"我很想知道，何时发现这一纸片，也很想看看笔迹。许是出自人之常情，但凡见到遣词语气似有类同，我便会思念父亲沈仲章。我当然明白，怀着相近心意怀念刘天华的，不止父亲沈仲章。

【补记四】求辨认：刘天华的三位二胡弟子

据陈正生说，照片中间这位是陈振铎。如果刘天华的三位二胡高徒沈仲章、陈振铎和蒋风之在恩师去世五十年后，相聚北京合影，那是非常有意义的。希望得到陈振铎后代和学生的确证或纠正。

另有乐界人士请教了蒋风之女儿蒋青，说这张照片拍摄时间大约在1984年夏，地点在北京和平里蒋先生家中。我从同套其他相片

沈仲章、陈振铎（一说杨雨森）、蒋风之，北京蒋寓，20世纪80年代，沈仲章拍摄。

背景也已推知，当是父亲去北京蒋府拜访（参见正文配图蒋风之与沈仲章下棋）。

蒋青认为："中间这一位应该是杨雨森先生。1981年11月蒋先生和李凌院长为了筹建一个民族乐器展览大厦，曾去上海访问多位专家，由沈仲章先生拍摄一张蒋先生和肖白镛、杨雨森先生的合影。看来杨先生与沈先生关系很好（可参看《蒋风之二胡艺术研究文集》中的照片）。我想在后来这二位先生来北京，顺便到蒋先生家中回访，并留下此照片（父亲［按：蒋风之］从不在外出时穿这样一件圆领休闲衫）。"

但上海民乐界几位博识者认为，中间这位不是杨雨森。

我觉得，辨认老照片有不同看法很正常。我本人出过大错，而继续探讨也是学习治史的过程（参见拙文《湮没于史海的磨难：傅雷镜中的摄影师》和《傅雷相片里的"镜中摄影师"到底是谁?》）。

为求助辨认这张老照片，引发讨论，勾起蒋风之女儿对沈仲章女儿回忆先辈交谊，也是一件很有意义的事。李凌、肖白镛、杨雨森、蒋风之和陈振铎都是父亲乐界老友，在此纪念。

【注释】

[1] 父亲口头一直称该团体为"（北大）音乐学会"，推测全称可能是"北京大学音乐学会"，尚待核证校方档案。

[2] 简称"刘、刘、杨等1933"，由刘复（半农）主编，杨仲子等十四人参与编写，北平图书馆，1933年。沈仲章为主要编写人员，列第四位，教师之后学生之首，详见下文。

[3] 转引自林友仁、刘立新《沈仲章生平纪略》（《音乐艺术》1987年第2期，第58—62页）篇首题词："他一生好交朋友，却从来不说自己的事。——金克木。"顺便一提，据《沈仲章生平纪略》两位作者言，急就之文恐有差误，已征得其哲嗣同意，日后我将为该文加按。

[4] 本文主要依据父亲为我拉琴讲往事时的解说，对照1985年父亲口述笔录。父亲去世后，有关刘天华的著述越来越多，本文偏重补缺。过程中也参考些许其他资料，有时加以比较。

[5] 家庭小店的铺面、作坊、职工宿舍和店主居所都在一个院落里。我祖母又管家务，又帮店务。孩子在旁耳濡目染，对工艺程序不陌生。父亲年过八十还能记得若干细节。

[6] 记得父亲说，他家那时用煤油灯，我祖母非常节俭，总把灯火捻得暗暗的。

[7] 有些著述对沈仲章年龄以及某年发生某事的说法不太一致，猜测可能导因是父亲本人和亲友叙事或用虚岁或用实岁。拙文视情虚岁实岁并提，以减少读者参照其他文献时的疑惑。另，父亲回忆童年少年，时间参照多取岁数，因而涉及虚岁实岁问题。在进一步考证前，我暂依父亲习惯，不急于推断年份。父亲回忆他十八岁（他自己常依虚岁说十九岁），即1923年考入

大学后的事，时间参照常取公元纪年。

[8] 好像父亲也拨弄过三弦，也凑热闹哼过京戏，还碰过其他戏曲和乐器。

[9] 父亲说少年时不读乐谱，但他是否见过谱子，我不确定。

[10] 这种耳听心记的自我训练，对父亲后来收集民间音乐戏曲，很有帮助。见《与刘半农》等数篇。

[11] 父亲说过老师的姓氏或姓名，容寻找笔录。这位导师来交通部唐山大学合唱团教声乐之前或同时，是教会唱诗班骨干。据说后来成为（或者当年已是）专业歌唱家。

[12] 父亲天性不满足于仅知其然，会自发探索其所以然。他学生时代的强项是数学和物理，便自己钻研声学乐律等知识。父亲曾对我坦言，他在唐山已打下乐理基础。但父亲对外（包括时常对我）习惯低调，此处引号内语句父亲说过多次。我想父亲的意思大概是，唐山时代所习乐理与后来继续所学相比，仅为入门。

[13] 原文刊发早，此处略细，本篇删减。对父亲在唐山以及到北大的经历，参见拙文《沈仲章唐山三部曲》小系列（即"沈亚明2017b–d"，《传记文学》2017年第2–4期，传记文学出版社，页码略）。

[14] 参见本书《与陈寅恪（甲）》。

[15] 仅以谢大祺返家为例：那时交通不便，从北平到谢氏安徽老家需转车换船多次。父亲送谢上火车，聊天不忍分离，汽笛鸣响补票相伴。如此，从北平搭车到天津，再从天津换船到下一个码头，好像又相随一程。沈仲章因此而耽误了好几天课，考试前夜才赶回学校，把同学们急坏了，这事曾在北大传为笑谈。

[16] 又名《三落》，江南丝竹八大曲之一。由原始谱改编的曲名不一，如《梅花三弄》等。

[17] 萧从方20世纪50年代曾为人民出版社向沈仲章征集中国风景照片，其时署名"伯青"。何容是著名语言学家，抗战胜利后，他与魏建功领队去

台湾推广国语，邀请沈仲章担任国语推广委员会委员。父亲很快返回大陆，何容一直留在台湾，1949年后断了音讯。直到20世纪80年代，萧与沈两人通过老舍遗孀胡絜青，与何容重新取得联系。

[18] 在父亲记忆中，他刚刚结交何、萧二位时，何与萧（至少何容）已经或即将毕业。父亲的印象当基于何、萧二位自言。另据其他资料，何容1930年才从北大正式毕业，毕业前几年补修学分，没有说明那几年何容算是在校生，还是以其他身份补修学分。北大管理松散，计算年级及正式毕业年月，时有混乱、差误、追认等。讨论北大音乐组织相继时序，需要思考这些因素。

[19] 据萧从方（伯青）说，他也住北大西斋，因而路过沈仲章寝室。这条信息也许可说明，当时何、萧两人或其中之一是在校生。但混了多年的老学生住在北大宿舍，究竟学生身份如何仍有多种可能。比如，父亲从哲学系毕业后，仍在原寝室住了一阵子。

[20] 参见萧伯青《忆刘天华先生补》，简称"萧伯青1984"，载《音乐研究》1984年第4期，第111-113页（见篇后补记内摘录）。

[21] 父亲后来才知道，他兄长沈维钧（勤庐）在常州第五中学上学时，刘天华可能在那里教音乐。

[22] 我请人代查现在通行的刘天华二胡曲谱，包括刘育和所编《刘天华全集》，还未找到像父亲描述的特别说明，希望博览者见到早年版本，赐教为感。

[23] 曾读赵沛《刘天华生平年表》，内中言及采访沈仲章。提到刘与沈讨论指法，不知是否即"肉音"之议。赵文好像还记有（文不在手，仅凭印象）：沈于1928年考入北大，即拜刘为师，"初学"二胡。其实沈并非"初学"二胡，见上文。拜师后刘为沈专设的教程也越过初级阶段，详下节。我暂先假定是父亲"误导"，因父亲习惯对采访者压低自己。又，父亲反复对我说，他1926年进北大，他还让我替他填表格，这个年份该不会弄错。赵记1928年，想是不小心口误或笔误。不过，我更关心的是拜师年份，因为这对传习

所历史很重要。我做过不少田野工作，对分析语料语境有一定实践经验，在此邀请赵沛与我联系。

[24] 据父亲本人和萧从方（见篇后补记）所述，他是作为传习所学员，拜师刘天华学二胡的。参见下文关于传习所"弥留"之议。

[25] 萧从方回忆，他向刘天华学二胡时，依循这套教程（见"萧伯青1984"）。这套练习曲最初发表于"刘、刘、杨等1933"，1964年又收进梁在平编印的《刘天华先生南胡琵琶曲谱》。我查阅的是后者，其中材料基本来自1933年的纪念册。美国一些图书馆比如斯坦福大学，（一度）编目列《刘天华先生南胡琵琶曲谱》为《刘天华先生纪念册》。（至少我几年前的亲历如此，我查斯坦福大学收有《刘天华先生纪念册》，按目录号借出，实际版本却是《刘天华先生南胡琵琶曲谱》。）

[26] 这也说明刘天华没有把沈仲章看作"初学"二胡者。参见注释[23]。

[27] 龙榆生《唐宋词格律》，上海古籍出版社，1978年（电子版）。限于能力精力，确实只能"稍作核证"。目的是防止万一我记忆有误，传错父亲之言。

[28] 互联网时代联想可以迅速演变。这个多年前的调查是截面（阶段）取样，录此供参考。

[29] 父亲常会分派"角色"，赋予"个性"，加上"台词"，让乐句"对话"，把练习曲变"活"，使我自愿一遍遍重复"变奏"，指挥琴键"讲故事"。

[30] 真希望能知道刘天华如何逗孩子。

[31] 曾在Google Book（谷歌图书）见陈振铎言及，他常试拉刘天华新曲（大意，再查已难找到）。经思考，沈仲章所述与陈振铎所述不会造成大矛盾。也许两人针对不同时段不同曲子。即便时间曲目接近，父亲并没说每首新谱只给一人。同学友好，各忆其知，均为史料。我的任务是留痕，存两说或被更正，只要有理皆可。我又进一步思索，其实沈、陈不同亲历值得分析，参见注释[32]和[35]。

[32] 刘天华曾替这位爱徒筹划前程，另议。联想上注 [31] 有个猜测：刘天华对不同学生，期待各有侧重。他也许希望陈振铎二胡传艺，企盼沈仲章与其一同探究理论理想。这一假定若成立，恩师让二徒都试新曲，不仅说得通，而且很有意义。另请参见注释 [35] 中的补充假定。

[33] 我好奇，倘若假以天年，刘天华结集时，是否会考虑改《病中吟》为《何适》？

[34] "存得住"是父亲常说的语词，这是他对恩师的理解，也许含父亲本人偏重。

[35] 由此又得另一假定：沈仲章与陈振铎试拉的刘天华新曲谱，也许是不同版本，即初稿、再稿、三稿…… 每次改完，对第一个试拉该稿者来说，都是刚完成的新谱。参见注释 [31] 和 [32]。

[36] 我家原有一本20世纪50年代出版的《刘天华二胡曲集》，书中注明沈仲章为《悲歌》两种弓法传人之一。在海外一时找不到这份出版物，引号中的句子摘自潘方圣《处世艰难的〈悲歌〉》，《中小学音乐教育》2012年第4期，第45页；也见潘方圣《音海琴韵》，作家出版社，2009年，第16–18页。

[37] 原载"刘、刘、杨等1933"；收入《刘半农文集》第二卷，内蒙古少年儿童出版社，2001年，电子版PDF（简称"刘2001"），第707–709页。

[38] 载《中央音乐学院学报》2004年第3期，第20–22页。

[39] 核对他人回忆，提到刘天华的小提琴学生，张和崔不在内。我估计，那是因为师从时段不同。仅在此为父亲的同学留痕，供史家归总梳理。

[40] 简称"张砚田1963"；载《传记文学》，传记文学出版社，第6期第3卷，1963年，第11–14页。

[41] 参见本书《与刘半农（甲）》。父亲与刘氏兄弟的情谊，还有不少题目需继续探讨。

[42] 父亲小学二三年级时，他那个班与另一高年级班合用教室。高班老师提问时，父亲应声解答，校方因此让他跳级。

[43] 这个猜测性比喻有依据，但非数句可解释，而且具体情况及官方如何记录，仍待考证。尚未见史学界讨论传习所"弥留"之题，容细究另议。

[44] 官方承认的年数待考。但仍需思考多种情况，比如不成文协定、当时文件、事后记载等。

[45] 父亲曾列举理由，容专题另议。

[46] 原传习所的所长（蔡元培）、教务主任（萧友梅）等行政职务，均由教师担任。音乐学会的行政事务由学生分担，聘请导师传艺。

[47] 原传习所既允许本校学生选课，也接纳非北大学员。音乐学会的经费来自学生社团款项，按规定会员只能是本校学生，实际上该学会骨干如沈仲章等，始终欢迎刘天华的外校弟子如曹安和、陈振铎、蒋风之等一起参加活动。

[48] "萧伯青1984"，参见篇后补记。

[49] 刘天华原受聘于传习所，传习所关闭，皮之不存毛将焉附，如果刘天华本人和他的非北大弟子去要求，校方不一定受理，其时萧从方即将毕业，父亲带上生力军崔明奇和张砚田等助威。崔张两人与沈同属一个演剧团，以沈马首是瞻。几位主力召集更多同学，向官方请愿，其间多有周折，另议。父亲没有提到何容，这点也许可助思考何容的学生身份，即校方怎么看待"补修学分"（参见注释［18］）。

[50] 推测刘天华在音乐学会不只是器乐导师，也兼有学生俱乐部导师的作用，尽管可能并无校方正式任命，只是沈仲章等尊师之举。

[51] 套用流行说法，没有"之一"。

[52] 父亲晚年意识到这一点，已开始积极地与萧从方核对回忆，也明言希望我协助。

[53] 父亲多次表达有意继承刘天华未竟事业。

[54] 父亲一再说，他本人经历没什么可讲，但师友中有不少事值得讲，而且有些事只他知道。刘天华就是父亲常提的一位。我不专攻音乐史，跨行代父叙其亲历，因而时需请教史学界音乐界专家。听起来，有关传习所关

闭后刘天华是否仍在北大，为何可留北大，大概有多少北大本科生接受过刘天华直接指导，目前尚缺研究。

[55] 我多年来致力于编辑沈仲章拍摄的琴人琴事影集，先是专程回国，继以跨几大洲求助，费时费劲，尚未完工。2015年与古琴家龚一先生言及琴人影集，他反复说："丫头呀，你这工作很辛苦。"

[56] 查阅《梅兰芳歌曲谱》，鸣谢中有曹安和等，没有沈仲章。据前辈说，当年刘天华的弟子中，音乐理论包括五线谱等，数沈仲章强，请他核审五线谱是常例；而且，沈仲章不仅不求鸣谢，有时还"禁止"被助者提他的名字；再说，协助者再找人帮忙并不稀罕，大都由各人自谢。

[57] 父亲在20世纪20年代初期关注江南民俗，中期关注华北民俗，20世纪30年代关注北平周围和各地民俗，待梳理。关于父亲随刘半农采风，可参见本书《与刘半农》两篇，也可继续探究。

[58] 父亲先邀吴景略同行，主要抢救古琴曲目（父亲也采集宗教音乐与民俗）。吴半途有事折回，父亲独自继续前行，到昆明后被紧急召回，再陪查阜西、沈从文出行。

[59] 北平大学不是北京大学，不可混同。"北大"是北京大学的专用简称。父亲提醒，很多老北大人在乎这一点。

[60] 可参考刘半农在《书亡弟天华遗影后》中语："天华娶同邑殷可久先生女尚真，生三子二女，一子一女早殇，存者子育毅、育京，女育和，均尚幼，未成年。"（原载"刘、刘、杨等1933"。）

[61] 名单顺序依刘复（半农）为纪念册所写序言，原载"刘、刘、杨等1933"；收入"刘2001"（我依之本）第606—607页（下摘出处同）。曾见原纪念册内"从事校理遗稿者"列名专页照片，同样排列，即前三位是教授，第四位是沈仲章。

[62] 以下引号内是父亲原话。又，原文本段末写道："还有就是协助刘半农归拢梳理文字稿件。"仔细回想信息来源，梳理文字稿件不是父亲对我说的，而是他人所忆。其一为邵乃偲，听邵口气，她对此事有直接认知。邵

乃偲与沈仲章相识于1930年左右，属近友圈。小圈子以沈为中心，常聚沈寓，可以看到他摊在桌面上的东西，甚至可能相助。

[63] 陈振铎《刘天华的创作与贡献》，中国文联出版社，1997年，第95页和110页；据Google Book（谷歌图书），2014年浏览。

[64] 刘北茂、育辉《刘天华生命的最后时刻及其身后哀荣（续完）》，《音乐学习与研究》1996年第1期，第26—35页，简称"刘、刘1996"。

[65] "萧伯青1984"。下摘出处同。

[66] "刘、刘1996"。篇首图应摄于那次纪念音乐会。

[67] 函内提及的育敦，是刘半农的公子。

[68] 含"北京大学附属音乐传习所"和"音乐学会"，以及刘天华作品《虚籁》《闲居吟》《苦闷之讴》《瀛洲古调新谱》《改进操》《变体新水令》《月夜》《独弦操》《梅兰芳歌曲谱》《安次县吵子会乐谱》《佛曲谱》《良宵》《歌舞引》《光明行》等（《病中吟》《烛影摇红》《空山鸟语》和《悲歌》见前诸小标题），以纪念父亲沈仲章及其恩师刘天华等先辈。（父亲有时会"玩文字"，我在此效颦略抒心怀。）

第 六 篇

与刘半农（甲）：塞北考查

刘半农像，斯文·赫定（Sven Hedin）画；瑞典斯德哥尔摩斯文·赫定基金会授权发表（Published with the permission of the Sven Hedin Foundation, Stockholm）。

本篇基于《1934年沈仲章随刘半农去塞北"考查"》，原载《新文学史料》2014年第3期，人民文学出版社，第22-30页。

父亲沈仲章曾经两次跟随刘半农实地考查,"考查"是当年用词,含有调查考证之意。基于实际情况,父亲认为比后来通行的"考察"更为确切。

本文讲述第二次的部分情况。

1934年6月19日到7月10日,父亲沈仲章跟随刘半农去塞北从事田野调查。刘半农途中染疾,返回北平没几天便撒手人寰。文化界震惊悲悼,沈仲章也感伤至极。

八十多年来,关于刘半农殉职之旅的介绍,不胜枚举。本篇着重于父亲提供的第一手资料,叙事主线是父亲沈仲章亲身经历。我相信,文内提到的一些细节和轶事,倘若上苍假刘半农以天年,这位著名文学家当会为世人留下更多墨痕字迹。

一、相识在北大

父亲在北京大学读书时,业余爱好很多。进校第一年,他遍访北大学生社团,尤其喜欢演戏和摄影。因此我认为,父亲与刘半农的最初接触，也许可以追溯到很早 [1]。不过父亲一再强调，他跟随刘半农，得从刘半农的弟弟刘天华说起 [2]。

父亲进北大第二年便跟着刘天华研习音乐，师生感情很深。刘天华将其引荐给了兄长刘半农，相信这个爱徒正是刘半农理想中的学生和助手。刘天华夸了沈仲章一串长处，比如耳朵特别灵、物理基础好、通中西乐理、会不少乐器、懂多种外语、擅长模仿方言……

父亲拜师刘天华时，还是物理系的学生，但师从刘半农时，应已转入哲学系。刘半农是语言学教授，当属中文系。北大提倡自由学风，父亲向来喜欢去别系选课，这次说好直入刘师之门，不必再申请转系。

父亲先去修刘半农的实验语音学。上课时父亲每次记音分毫不差，以至于偶尔他记的音与刘教授想发的音不符，刘半农会说，沈仲章你没记错，是我自己没发准，实际发音偏向你记的那个音。

刘天华对沈仲章十分了解，这个学生果真对语言学发生了浓厚兴趣，继续选修刘半农的比较音韵学等课程，从此转了方向。

刘天华对他大哥也十分了解，刘半农果真对这位门生大为欣赏，相当倚重，多有提携。刘半农又写介绍信又打电话，让沈仲章去跟赵元任进修了一两个学期，以便跟上国际实验语音学的节拍。父亲在哲学系毕业后，又考入经济系，但只是挂个名，很少去上本专业的课，主要是协助刘半农做语言学研究。刘半农主管北大文科研究所的语音乐律实验室，干脆直接把沈仲章聘去当助教。

诚如刘天华所料，父亲与刘半农合作得非常好。1963年，张砚田在《记刘天华先生》[3] 一文中提到："半农先生在国学研究所的那套语音学仪器，以及用仪器研究语音的工作，都由我一位好友沈仲章帮忙。仲章是一位少有的奇才异能之士，他于物理系毕业后，转而从事语音学的研究，极有成就。"

刘半农兴趣广花样多，有个外号叫"包袱"，意思是包袱里五花八门，什么都有。他除了在北大当教授，还被推举为西北科学考察团的常务理事。刘半农见沈仲章兴趣广，多方面都很能干，又把他拖去兼职当干事，直接受命于理事会。由此，父亲与居延汉简结下了不解之缘[4]。

父亲与刘半农的相交相知，远非本篇可以囊括。下面摘引刘半农两段文字，祈望能展示一二。

1926年7月，刘半农在《译〈茶花女〉剧本序》[5]结尾处写道："还希望国中能有这么一个两个人，能够欣赏这一出戏的艺术，能够对于剧中人的情事，细细加以思索。国中能有这样的一个两个人没有？要是有，我把这一部书呈献给他。"

父亲和几位爱好表演的友人，不但欣赏《茶花女》的戏剧艺术，对人物情节加以思索，而且多次排演该剧。父亲在少年时已参与戏剧电影演出，一到北大，便与几位同好组成业余话剧团，第一个大戏，就是《茶花女》[6]。他们比较了原文、其他语种和中文译本之后，采用了刘半农的汉译本。据父亲的老友回忆，为了台词，有的学生演员曾与刘半农讨论争辩。可以说，父亲和他的朋友们，正是刘半农所希望的这样的一批人。

1927年11月，刘半农在《〈光社年鉴〉首集序》[7]中，抒发了一番议论："作诗是何等清高的事！若以一首七绝而受知于某方伯，奉送贶仪二百两，这还有什么意思？饮酒是何等快活的事！若因善于饮酒而为某中丞邀作幕宾，月送薪金五十两，这还有什么意思？但试问上下古今无量数诗酒风流名士，当其拈须把盏之时，其不作此种希求者，十人中能有几人？百千人中能有几个？"

刘半农与沈仲章相熟之后，当会很高兴地发现，沈仲章正是一个"不作此种希求者"。我认为，了解这些见地，将有助于理解父亲与刘半农的灵犀相通，包括在语音乐律实验室研究时，在西北科学考察团工作时，以及外出考察时的默契合作[8]。

二、组队赴塞北

北大文科研究所的语音乐律实验室里，还有一位白涤洲，与沈仲章同为助教。白涤洲比沈仲章年长五六岁，对学术研究起步早而且专一，在方言和音韵领域里颇有建树。相对来说，沈仲章兴趣广泛，又因乐于助人解难，头绪特别多。虽然沈仲章有专人单间办公室，但根本没什么坐班制之说。刘半农对沈仲章性情有所了解，一方面给他很多任务尤其是难题，另一方面也给他不少自由。父亲得空会出去转悠采风，常能带回有价值的资料和启示[9]。

1934年暑期前，父亲忙于别事，可能还曾短期外出[10]，有些日子没与刘半农交流。一天，白涤洲上门来找他。白涤洲一踏进门，父亲先开口：听说为了庆祝瑞典考古学家斯文·赫定（Sven Hedin）七十寿辰，计划出版一本国际性纪念册，中国学者也要贡献几篇论文。刘半农为此要去塞外考查，将在北大文科研究所和西北科学考察团里选人，我想参加。父亲话音一落，白涤洲就说，我今天就是受刘半农的委托，来问你愿不愿意一块儿去。

既然是刘、沈双方都有意同去，当下一言为定，白涤洲回去复命。

到了预定的出发日期6月19日，父亲拿着简单的行李，挎上一架德国产的伊卡（ICA）相机[11]，直奔集合地点西直门火车站。考查队共有五位成员：刘半农，领队总管，也亲自参与调查；白涤洲，专职记录方言；沈仲章，分担记音辨音，并主管采集民歌、调查民俗等事；周殿福，负责抄录和管理仪器；还有一位工友，料理杂务，并照顾刘半农生活起居[12]。

刘半农是知名人士，一路上老有新闻记者跟着，长随左右的有两位，一位叫陆诒，另一位叫杨令德。考查队每停一站，地方报纸都有报道，一些全国范围的大报画报也常刊登消息和照片[13]。

据父亲回忆，刘半农那次率队西行，有三重目的[14]。

广见于报刊记载的学术研究[15]，仅为目的之一。那倒并非巧立名目[16]，而确是全队的首要任务。差旅经费由两个学术机构即北大和西北科学考察团联合资助[17]。

大多关于刘半农的文章传记，只说这次出行是为了调查西北方言；也有一些提到采风，或提到收集民歌等。但采风是原定项目还是业余顺带，大都没说明白。有的同队成员，直到考查结束回到北平，仍以为关注民俗民歌等只不过是刘半农"工作之余"的趣味[18]。

确实，采风不在最初计划内，是有了沈仲章才增加的。原来，"学界二强"刘半农与傅斯年，虽互相敬重友善，却也暗中"较劲儿"，各自希望在填补学术空白方面更胜对方一筹[19]。刘半农的那次出行，有了沈仲章的参与，大大增添了特色，主要就是因为刘半农有沿途采风之"奢望"。

运用现代方式采风，比如采集民歌和调查民俗等[20]，不仅知难，行也不易，当时还非得用沈仲章不可。沈这个语言学和音乐兼通的青年，碰巧还有些莫名其妙的能力，不可思议地合于一身。想到了特殊的课题，又觅到了难得的人才，刘半农为此而自豪。

学术大题内各项缓下再议，这里先简介另两个目的。

目的之二是摄影[21]。刘半农告诉沈仲章，他回北平后，得向三个团体汇报，除了上述两个赞助单位，还有光社。光社是北平的一个业余摄影家协会，全称为"北京光社"。刘半农是中国早年为数不多的摄影家之一，还曾指导北大学生摄影研究会[22]。父亲与刘半农在摄影方面有共同话题，两人相约返回北平后，联合举办一个摄影作品展览会[23]，连地点都已定好，就在中央公园[24]来今雨轩的水榭。

当时在中国，摄影还不普及，少见研究者将摄影列为刘半农此行之任务大项。我也有个"奢望"，如果史学、摄影等界协力关注这一例证，可以窥探早期中国学者如何重视现代科技，如何尝试多媒体实录考查……父亲非常理解摄影对学术研究的重要性，这方面起步相当早。比如，他在1933年协助刘半农搜集古代音乐史料时，已经分担摄影任务。据常理推测，对1934年那次考查，记录方言声调，大概不需要摄影，但采风尤其民俗调查，拍摄照片当很有意义[25]。

目的之三呢，刘半农可不是个两耳不闻窗外事的书生，他最早出名是在五四时期提倡白话文，充当新文化运动的先锋；后来虽然转向做学问，成了大教授，仍然关心时政，因此，刘半农在做学术考查的同时，还考虑借机视察社会，了解民生民情。父亲与三教九流都可以交接，能与下层民众打成一片，这方面又是个好帮手。

刘半农文笔好，打算此行结束后，写几篇政论文章或文学作品，抨击地方弊政、军阀霸道、土豪劣绅为富不仁，还要议论土匪鸦片等社会问题[26]。以前的官员对大教授都怕三分，尤其像刘半农这样的大名人，担心这个笔杆子发文章骂他们，所以，对这个小小的学术考查队恭恭敬敬，对刘大教授更是竭力恭维"呵护"。如此一来，刘半农反倒行动不自由了。

举个例子来说，那时西北一带抽鸦片成风，上至官僚权贵，下至人力车夫，都抽鸦片。考查队外出时需乘坐人力车，常常有车夫拉到中途便停车不走了，客人得在车上等很久，起先他们以为是车夫拉车拉累了，休息片刻，后来父亲下车观察，才发现车夫在过鸦片瘾。那一带的人力车都有个长长方方的车篷，车夫停下车，躲在车篷下，泥地上一坐，拿出烟枪就抽，抽足来劲了，再继续拉车。

他们还了解到，当地部队的军费在很大程度上靠的就是种植鸦片和贩卖私烟。父亲跟刘半农曾经愤慨地议论，军队和官府挂着禁烟查烟的牌子，实际上成了专卖局，只准他们自己做买卖。诸如此类的问题，正是刘半农的笔伐对象。可是他是大名人，随便拍照的话，惹人注目；而沈仲章是小人物不起眼，可以东走西跑照相查访，搜集素材。可见，对这第三个目的，摄影也有新闻纪实之用。

令人扼腕的是，刘半农壮志未酬身先死，要不，他把那些文章加照片发出去，有些认为刘半农斗志消退的人（包括鲁迅），可能会对他重作评价。

三、生病留包头

考查队上了火车，出了北平，沿着平绥线向西北进发。

以前有个绥远省，省会是归绥，就是现在的呼和浩特市。旧时不少人直接称归绥为绥远，父亲口述也依此习惯。本篇根据语境，尽可能区分绥远省与归绥市。火车先到归绥，考查队没有住下，继续前往包头 [27]。

包头是第一个工作基地，全队在那儿待了好几天，沈仲章独自又多留了两夜。

那年头的中国，卫生观念普遍较差，包头一带尤其糟糕。时值夏令，苍蝇肆虐。父亲说那苍蝇之多，以他一生所见而论，可谓"空前绝后"（父亲原用词）。

他们有次饿了，走进一个小吃店，问有没有蒸熟的馒头，掌柜的说，有啊，随即用手在一堆黑乎乎的东西上挥了几挥，"轰"的一下，一股黑"烟"腾起，再定睛一看，好像变魔术似的，柜台上一下子露出了白白的馒头！正在诧异之际，只见满屋子黑压压一大片苍蝇飞舞盘旋。这才悟过来，那嗡嗡乱撞之群就是黑"烟"所变。惊为奇观之余，父亲扫视了周围，当地人毫无反应，一点儿也不嫌脏，看来是司空见惯，好像馒头上就是该有苍蝇似的。

刘半农去欧洲留过学，卫生意识在同行的人中间最强，吃东西非常小心。他从北平带了很多罐头[28]，当地买的馒头什么的都剥了皮才吃。其他人没出过洋，又年轻些，吃东西不怎么在乎。父亲有时还逞强，决意要和本地人打成一片，说他们吃得我也吃得。结果，在原定全队该从包头返回归绥的那天，父亲的肠胃出了毛病，大概是吃了不干净的食物。父亲没怎么声张[29]，只对大伙儿说，他想去黄河边走走，看看能否收集更多的民歌，看看有没有船夫曲和纤夫号子什么的，一两天便赶上大队。

考查队另四个人上午离开包头，父亲一个人留在小旅馆，打算歇个半天，下午去黄河边的码头南海子看看。父亲在人前强充好汉，别人一走就趴下了，上吐下泻，折腾得几近虚脱。午后，父亲还撑起来，走出屋门向店里人打听南海子什么的。店里人一见他的模样，便说才不到一天，你就明显地瘦下来了，你不丁了（当地方言，指状态不好），今天别独自外出！父亲困居旅店，顿觉孤苦伶仃，病歪歪地守着"床"儿，愁着"独自怎生得黑"。

天快黑了，忽然有人推门进了旅店，一口山西腔，嚷着要找沈仲章。那人一进屋，父亲一看，来人姓张，山西人氏，是北平大学的老同学，一起读艺术学院戏剧系，学导演。不清楚这位张同学是否念完，因为艺术学院后来停办了，学生一律算毕业，发证书。父亲也可以去领取北平大学音乐系和戏剧系的文凭，不过他根本不在乎。父亲早获得了北大哲学系的学位，而演戏唱歌都只不过是业余爱好，到艺术学院当学生前，该校先聘他去当教师，父亲都没接受。

张姓同学说，他在包头报纸上看到沈仲章的名字和暂住旅店[30]，就找来了。言谈间听到沈仲章想去南海子采风，张同学自告奋勇说，我带你去！原来，张同学离校后靠艺术表演糊不了口，就在盐税局谋了个职位。巧了，南海子有个小盐卡，正是盐税局下属部门。张同学拍拍胸脯说，他能介绍真正熟悉情况的本地人。这简直是求之不得！父亲一下子忘了病痛，催着立刻出发。张同学赞同说，这倒是个好主意，今晚在盐卡过一夜，明天可以赶个早，因为码头就数一大早最热闹了。

两位老同学说走就走，雇了辆大车上路。到了南海子，天已经全黑了。来到小盐卡，一开门就见里面烟雾弥漫，一进门烟枪就递上来了。那鸦片味道很好闻，可父亲自知不行，就找借口敷衍推托，正在担心这样会显见外，夜宵上桌了。父亲一来年轻体质好，二来搭上这条意外的内线很兴奋，吐泻都已停止，肚子也空了，就和大伙儿一块儿吃饭。席间与盐卡的人混熟了，说明此行目的，乞求指点，众人满口答应。

把老同学托付给同事后，张姓同学离开了盐卡。父亲病了一天，身体虚弱，饭后本想休息，第二天可以有精力工作，可是，盐卡的人拉住他打麻将。那是非打不可的，父亲有求于他们，不打就不够交情。那晚父亲手气特别好，可是他懂得打牌人的心理，输得太多会暴躁起来，好朋友也会吵架。所以，他连赢数局之后，见好就收，能和的牌也不和了，猜到别人在等什么牌，就把自己的好牌拆开来送上去。牌桌上讲面子，赢了送人会被认为是侮辱。输输赢赢基本保持平衡，稍稍多输一点，好让牌友高兴。

麻将打了大半夜，父亲合一合眼算是睡过了。第二天天一亮，他就跑到南海子上去。清晨的码头一派熙熙攘攘，应有尽有。父亲先盯上了个"二人抬"（现在通常写"二人台"），两个人抬着个担子，看见合适的地方就停下来搭个小小的舞台，两个演员在小台子上转来转去地说说唱唱。"二人台"在河套地区特别流行，原从山西传入内蒙古，大都使用晋方言，演唱的都是民间传统故事，以及下里巴人的喜怒哀乐。

父亲跟着那"二人台"转了好一会儿，学着哼他们的曲调。调子不怎么复杂，而且不断重复。父亲哼会了，先用简谱记下，准备回去再转换成五线谱。码头上忙碌嘈杂得很，歌词听不太清楚。不过，父亲已经打听到，那些唱词并非每个小剧组自创，而是你抄我学，辗转相授，在当地演艺圈子里，有油印或手抄本流传，日后可以叫人搜集。

接着，父亲又去黄河边，拍摄了一些羊皮筏或牛皮筏的照片，料想刘半农一定会喜欢。父亲与刘半农很多方面趣味相近，不用吩咐，自己会发现有意思的研究题目或拍摄目标，刘半农每每叫好。

四、跟船走黄河

父亲离开盐卡时，别人都还没醒。他在码头忙乎了一阵，算算差不多到了吃早点的时间，便走回盐卡去，听听有无好消息。果然有！盐卡的人说，你不是要找纤夫队吗？今天有个运盐的船队要往上游去，是逆流，全得靠人力拉上去。父亲一听大喜，问明哪儿可以找到那个船队，便急急赶去。

那盐船队只有两三条船，目的地是噔口，沿着河套逆水行舟，预计全程得三天左右。父亲跟随纤夫是节外生枝的临时计划，走得十分匆忙。考查队还有工作在等他，所以跟船只能跟一天。父亲心想，刘半农早些年已经收集了江南的江阴船歌，作为民谣辑录成册，如果这次能记下黄河的纤夫号子，刘半农定会欣喜过望。

黄河水浅，逆流行船更难，全靠拉纤队拖行。河面很宽，但河床淤泥堆积，纤夫们得下河拉纤。正值暑夏，纤夫们在烈日炎炎下一丝不挂，半个身子都陷在泥浆里，步步艰难[31]。

父亲只身挂着伊卡相机，徒步在岸上跟随，时而离得很近，时而隔得较远。他常打开相机，拍摄船队纤夫，以背影侧影为多。如有机会，父亲也会走到近前，抓拍正侧面特写镜头。纤夫们并没有阻止，但把头垂得低低的，显得有些不乐意。父亲事后猜测，大概他们光着身子，自嫌不雅观。

父亲追随船队，首要目的还是记录纤夫号子。可是出乎意料，整整一天，纤夫们一个字也没唱，偶尔有个别人发出苦恼吃力的哼哧之声，却不成音调。

父亲一路跟着船队，看着纤夫们赤身裸体，背着纤索费力拉船，连哼哼号子抒发消遣的兴致也没有，他的心情也很沉重，感触很深。父亲晚年对我描述亲见，仍然感叹不已。父亲叙述时我能感到，那些场景又浮现在他眼前。好几次我不由自主地随着父亲的视线，探头定睛，想"看看清楚"。

父亲在女儿面前神情放松，他对我复述往事，除了语言，还会用手势体态，加之屋内家具物品的高低大小形状间距……引导我"目击现场"。父亲也会离开座位，走到不同当事人的相对位置，模仿动作表情语气。而对他本人的即时感受，父亲也用语词并加多感官示意，"传染"他的"切身体会"[32]。

仅举本题为例：父亲说到河低岸高，紧靠黄河边无路时，他只能在较远的高岸上远远相随，俯视船队在河中淌泥而行……我便不由自主地探身往下看。父亲说到地势平坦，他可走近水边，船队也离岸较近时，他蹲下试图抓拍面部表情，纤夫低首阴影罩脸，于是他保持蹲势挪行，并移动位置，寻找更佳角度……我也随着屈身，跟着转来转去，并仰头"观察"，意欲指点父亲"抢镜头"。

可惜父亲一向笔怯，眼高手低不多写[33]，尤其不肯发表。我认为，父亲对其亲见亲历，印象与感触如此之深，几十年后还历历在目，活灵活现，当年他向刘半农汇报时，记忆犹新，估计更生动更细致。而刘半农是文学家，想象力丰富，情趣又与沈相通，若非意外病故，沈仲章的所见所思，当能通过刘半农的妙笔，公诸于世。

回头再说那时那地。父亲感叹之余，看着天色渐晚，估计那个黄河船队没有唱号子的传统，再跟一天两天也没用。回想同事们离开时自己许诺，滞后一两天便赶上。分手是一天以前，至此已经两天，算算回旅馆拿行李赶到火车站，当天班次也该都过了，次日出发便是第三天了。父亲前一日大病，这一天大累，此刻方觉筋疲力尽，于是便折回包头旅店。次日一早，动身去归绥与大队汇合。

不少纪念或介绍刘半农的文章中写道，刘半农派遣沈仲章尾随黄河船队三天，记录纤夫号子音乐，甚至演化成船夫们的悲壮歌声，先打动了刘半农，然后他才命沈仲章随船而行，以记录这"令人惊心动魄的民歌"[34]。

父亲晚年特地说明，他追踪船队并非刘半农派遣，而是抓住机会的即兴插曲，但事后立即告诉了刘半农。还有，他尾随黄河纤夫只有一天，不是"三天"。实际情况为：父亲第一天在包头与同事们分手，第二天沿着黄河跟随纤夫，第三天赶到归绥与大家重聚。连头带尾，沈仲章脱队独立行动三天，但不知怎么传来传去，被说成跟随船队三天。

我觉得父亲生前大概未曾读到"声嘶力竭""声声打动"和"惊心动魄的民歌"等言词[35]，因而没有特意更正。我记得很清楚，父亲每次叙述他在酷日下跟随船队的经历，都必定会大发感叹，黄河纤夫竟然不曾发出一声号子。

父亲先是刘天华的弟子，再到刘半农的门下，两位恩师对他都是倍加赏识，视为知音。相隔短短两年，二刘先后突然归天，众人唏嘘，而对沈仲章来说，悲痛更翻几番。父亲深深沉浸于哀思之中，可能并未留意别人写了什么，就是读了也绝不会有那份心思去计较更正。父亲一生与许多名人有交往，师友身后他会为纪念活动献力，比如参与编辑刘天华纪念册，但从不发表"我和某某"的文章。怀念之情深埋心里，不攀附名人以求"不朽"，这就是沈仲章[36]。

父亲坦言，他爱做额外之事，一则是自己真感兴趣，二来也为丰富刘半农的大课题。刘半农是那次西行的领导，沈仲章得以自由发挥才干，正是因为刘半农知其性情，放手用人。刘半农善用人，沈仲章报知遇。刘半农已足够出名，沈仲章不在乎名利。刘半农对沈仲章很放心，沈仲章对刘半农很忠心。刘沈合拍默契，不会在意算是派遣还是自发等名目，估计双方更得意的是所见略同、相知相重。可是我想，作为后人，力求保存史实，才是对前辈、对学术、对历史的真正尊重[37]。

五、从归绥到大同

父亲离开包头，直奔归绥。归绥是省会，机构聚集，有身份地位之人也相应多些。大名鼎鼎的刘半农来了，惊动各方。同事们先到的那两天，被各种应酬缠住。第三天沈仲章归队，杂务刚好结束。父亲向刘半农汇报了独立行事的经过，果然得到嘉许。

归绥是此行重要基地，父亲抵达后，全队开始全速工作，进展顺利。

逗留归绥期间，父亲印象深的是两次远足。一次长途三天行，显然是靠刘半农的面子，属于政界招待著名文人。掌权的派了大队荷枪实弹的士兵，护送区区五人考查小队[38]，驱车开赴名胜百灵庙观光。另一次短途一日游，由沈仲章的老同学安排，寥寥数人陪同，去郊外实地考查，有那么点儿私访的意味。父亲和刘半农，都把这两次出行，看作是了解民俗民生民情的好机会。

考查队先去百灵庙[39]，返回归绥后，一位北大校友来找沈仲章。那人名叫王晋，父亲记得是哲学系的同学。王晋从哲学系毕业即失业，回老家后，有一阵子找不到工作。当时在绥远掌权的是傅作义，王晋与傅作义的弟弟是好朋友，于是托关系，在绥远求得了一份差事。

王晋告诉老同学，他在当地混得不错，路路通，接着热情地说，你们想去什么地方，如果不便向官方开口，我愿尽力。父亲根据当地特色，提出了两个要求，王晋便去安排[40]。

前已言及，西北地区鸦片泛滥。父亲已了解鸦片消费概况，也略知交易渠道，还想调查生产这一头是怎么回事，因此，父亲对王晋提出的要求之一，便是观看鸦片种植地。

考查队跟着王晋和他推荐的导游到了城外，放眼望去，本来该种庄稼的田地，竟然满是艳丽的罂粟花。刘半农见状，大发感慨，很可能，一篇愤世嫉恶的作品已在构思之中，只叹苍天也被鸦片熏迷糊了，竟然早早地把刘半农招回去了。

归绥的两次远足，各花一天与三天，是这次塞北行的特例。一般来说，考查队工作之余只在附近走走，唯有沈仲章走的和看的地方，要比其他人多得多。父亲最年轻，好探索，爱走路，爱旅行，常在旅伴休息时，他独自出门考查。夏季日照长，天一亮甚至还没亮，父亲就出门了，天色大亮后回旅馆，同事们才刚起床，正好一起吃早餐。别人根本不知道，他已在外面兜了一圈。有的时候，父亲征得刘半农同意，拨出大段时间，徒步去较远处考查[41]。

下面概述考查队的基本工作规律。

考查队每到一个城市，首先得应付公关活动。刘半农是大名人，各处的官府、绅士或教育界领袖闻讯恭候，照例要来请他演讲。白涤洲已发表了些论著，有时也会被请去。因为是对非学术界演讲，大多谈些雅俗皆宜、吸引听众的题目，比如对国家大事和人生理想的看法等等[42]，演讲者可以自己挑讲题。

父亲散漫成性，对这类事避之不及。好在他虽在学者名人圈内算是位"名士"[43]，但是对外界来说却什么也不是，因此，父亲可以逍遥于捕捉名人踪迹的雷达之外，不参与应酬官场上层，到处随意行走，从事田野工作，留心关注民间下层。

一般要到第二第三天，全队才能开始调查方言。上文提及父亲独自留在包头，第三天到归绥与全队汇集，刚好开始工作，便是一例。

考查方言有预定选题，主要测试西北地区方言的声调。依据参数不外乎声调类别、升降曲线、辅音送气与清浊分布等。这是全体合作的大任务，按照既定方案，大家循规蹈矩。考查队抵达一个调查点，物色一所中学或小学为场所，根据校方提供的注册信息，挑选来自各县各乡的学生，让他们读一些书面材料[44]。

刘半农、白涤洲和沈仲章三人合作，是调查语言的主力，分工记音。记音时由周殿福设置仪器，同步录音[45]。他们用的是蜡筒录音机，音档和书面资料都由周保管，带回北平，以备做实验和仔细分析。那年头在中国学界，钢丝录音机还是新鲜玩意儿，父亲只在赵元任的课上摆弄过。

初步记音后，还有互相核证讨论等程序[46]。若是听录音复核，时间安排比较随意，天黑后也行。复听可一起辨析也可分头进行，但遇到分歧或难点，沈仲章责无旁贷[47]。及至大块任务基本完成，扫尾期间父亲可能会征得刘半农同意或由刘派遣，利用白天，另行公干。

接下来谈谈另一个大课题采风，此事没有既定程序可依循。这一任务以沈仲章为主，刘半农事先来不及策划，让沈自摸门道，他则尽力支持。从父亲指称用词推测，就连资料收集的对象与范围，也相当模糊且大可伸缩。父亲时而冠以"采风"总名，时而替换或分别使用"民俗"与"民歌"以及同类词语[48]。

考查民俗也含民歌，但这里暂把民歌类分出列专项，以"民俗"统称其余。听父亲口气，与采集民歌相比，调查民俗[49]是顺带的。估计其他队员对这些都不太清楚，只有刘、沈二人心照不宣，随时留心线索，即兴捕捉机会。

调查民俗略过不提，且说采集民歌。虽然有时可以把人请进来录音，但是往往还得走出去，寻访可遇而不可求的机缘。大家都明白，方言调查是个保险项目，是全队预定重点，不仅人人出力[50]，也占用了白天的大块时间；而采风没有现成格式，能否有理想结果，难以预测。因此父亲便利用业余时间，比如清晨和晚上、别人演讲应酬或者自由活动之际，独自出去转悠，悄悄摸索有效方式。

采集民歌时，挑战性较大的是民间说唱和地方戏曲。走江湖卖艺的忙着在街头茶馆卖唱，以取悦土生土长的市井俗民，没工夫理会北平来的彬彬雅士。演艺场所人声嘈杂，演员也不习惯对着话筒唱，录音机失去了用武之地。民间艺人识字看报不多，抬出有名的刘大教授，虽然当地要员、书生会肃然起敬，而芸芸百姓谁在乎姓刘的"半"个"农"民？于是，就需要沈仲章这样的人，见机行事，展其身手。

父亲有时托人先行打听，掐着钟点去茶馆等处"赶场子"；有时抽空闲步街头，遇见有聚众献艺的，便挤进人群观察记录[51]。那年头当场拿出纸笔记谱，会显得很奇怪，不太现实，大多数情况是父亲用心听，基本不出声地跟着哼，待到哼会了，走到旁边或回到住处，"反刍"短期记忆中的曲调，用简谱或五线谱记录[52]。父亲还不时用接近的方言[53]，轻声向周边观众讨教，以便用文字加音标记下唱词，诠释演唱者的方言俚语，以及本地的掌故传说。

再说考查队离开绥远后，下一个大站是山西大同。起初还是老一套，住在旅馆，到中学去调查方言；刘半农被拉去各处演讲，参观一些景点，例如大同九龙壁。方言调查早有固定的表格步骤，只需按部就班逐字填音，参与者各司其职，其时已轻车熟路，整个项目接近尾声。而沈仲章尝试的另一课题民歌采集，白手起家，约半月来收获可观，已初步建立记录整理的模式样板，可以考虑转为全队重点。

父亲与刘半农都对大同期望颇高，出发前就听说那儿有个"大同府谣"，还有各种民间小调。起初，考查队沿用记录方言的办法，以学校为基点，找中学生们来唱，但录了几次都不理想。大概上了洋学堂的学生们不够土，不太会哼地道的民谣了。

采集民歌往往得靠广开门路，灵活行事。他们后来找到了一位土娼叫白玉英，擅长哼小曲儿，才录下了不少民歌[54]，有的是民间男女的纯朴情歌，有的则是市俗化的所谓"淫辞"。

六、提前回北平

考查队本来预计在大同逗留三天三夜，可是，没想到出了意外情况。第三天晚上，全队匆促离开，乘坐夜班火车，径直去了张家口。

大约凌晨三点，一行人到了张家口，休息了几小时就投入工作。同前几站一样，记录方言之外，刘半农又被请去演讲。才工作了一天多，第二天刘半农就发高烧了。一开始说让刘半农先回北平，见他不愿意的样子，最后全体决定，一起提前撤离。

于是五个人又搭夜班火车，7月10日抵达北平。之前已发电报或电话通知刘家，火车驶入车站时，刘半农幺弟刘北茂和其他家人已在月台迎候。父亲跟刘氏全家都很熟，以为把刘半农交给他们后，一切就都妥当了。

一两天后，父亲去刘半农寓所探望，请他预览自己拍摄的底片和小样。那是个上午，刘半农病情似有好转，坐起浏览并筛选了沈仲章所摄图像，饶有兴致。刘半农说要选两百张[55]，放大成十二英寸，用来办摄影展览。父亲带去的照片和底片，被刘半农留下了一部分，不料没几天刘半农便去世了，那些图像就此混在刘氏遗物中了。

父亲和刘半农拍摄的许多照片很相似，但父亲的伊卡相机特殊，他说看底片能分清。若根据内容区分，沈仲章单独在外跑得多，拍摄范围也广得多；相对来说，刘半农需要应酬与主管全队，又受体质、年龄限制，就没有沈仲章跑得多[56]。风格也有不同，刘半农摄影颇具艺术性，父亲则偏向纪录性，大多是不加摆布的风土人情真实写照。不过，父亲仍然带回了一半以上的底片，可惜因战乱颠簸，陆续散失。十年动乱时期，父亲的两大间书房被查封，内中物品尽被抄走，那最后一批残留底片也在劫难逃[57]。

父亲最牵挂的是他顶着酷日步行一天、跟随黄河船队拍摄的那批照片，其中有些相当难得，因为当时在中国，能这样实地跟踪摄影的人不多，刘半农很是赞赏。可因刘半农意外病故，原定为光社举办的摄影展览泡了汤。

　　父亲曾从留存底片中，选择一部分交给杨春洲，按刘半农的设想，放大成十二英寸的照片，自办一个小型影展。观展来宾中有位朋友，大概是徐迟，见到黄河纤夫的照片，直道欢喜，硬是"抢"走了两张，大概正是父亲得意之作，所以他记住没忘。交杨春洲放大的照片，底片就留他那儿了，不知是否得以保存。我真希望哪天这些相片底片，能从某家的杂物废纸堆里给发掘出来[58]。倒不是为了父亲名分，只因时过境迁，景象不再重现，史料珍贵，而且不管怎么说，这些也是刘半农殉职之旅的重要成果。

　　话题转到刘半农之死。

　　刘半农去内蒙古之前，已经知道那个地区传染病多，有种虱子会传播回归热。因此他特地携带一张帆布床，放在房间中央，不靠墙壁，四边落空，床脚上还涂点御虫药物，不让虱子爬上来咬人。刘半农口无遮拦，曾自开玩笑，说帆布床的置放像是"停柩中堂"，万万没想到，竟不幸一语成谶。

　　刘半农刚回北平时，医生以为得了伤寒，后来又说是黄疸；隔几天病势加重，才去请德国医生诊断，说得马上送协和医院，结果查出是回归热。那时医药不够发达，打了针，头发都剃光了，仍不见效。父亲以为，刘送医院还算及时，并没有太紧张。令他吃惊的是，考查队从塞北返回北平才几天，1934年7月14日下午，刘半农竟然永离人世，魂归西天！

　　刘半农那么小心，偏偏染上传染病，一是他抵抗力差，二是作为考查队的领头人，工作负担过重。父亲跟随刘半农西行时，未满三十，年轻力壮，不太理解体力不支之苦，到了老年重述这段经历时，才深有体会，对我叙述以上感慨。

　　刘半农的突然逝世，对学术研究是一个极大的损失，所有的照片、记录都扔着没人管，很久以后才慢慢地整理出来一些。父亲曾说起，为了帮助刘半农的家人整理书籍，他有一段时间天天去刘家。刘半农的藏书有法文、有中文，都需要打字登记造册。父亲在西北科学考察团是以做事利索出名的，还曾受到瑞典学者斯文·赫定的嘉奖，可是父亲觉得书多，一个人忙不过来，拉了好友崔明奇相助，两人大概花了一个多星期，才完成了厚厚的一大本清单。

　　祸不单行，刘半农逝世三个月后，考查队的另一位主要成员白涤洲，也得急病去世。白涤洲才三十五岁，正当有所作为前途可期的年龄，他的早逝令人痛惜。白涤洲因伤寒发高烧，临终前阵阵痉挛，语无伦次。父亲沈仲章陪伴白涤洲度过了最后两个钟头。令父亲难忘的是，白涤洲是抓着他的手断气的。

七、《北方民歌集》

　　行文至此，心头怅然，笔下难以为继。

　　恰在此时，读到刘晓路的《刘半农的绥远采风和〈北方民歌集〉》[59]。该文报告，在中国民间文艺家协会的图书室里，重新发现了刘半农1934年考查队的成果之一《北方民歌集》手稿。这消息实在令人欣慰！

　　据刘晓路记载，《北方民歌集》共有326页，或曰652面，收录了各类民歌一千八百七十多首，其中情歌就达一千五百多首。刘晓路写道："整理者是语言学家，在表现语言原貌上很准确。整理者在每首民歌的末尾都标注了采集地……通过标注我们可以清楚地了解这些民歌的流传情况；就作品中涉及方言字词和习俗之处进行的注释，为更多方面和更深入的研究提供详实的资料。"

这些描述，非常符合父亲沈仲章的风格。父亲向来重视准确地"表现语言原貌"，深知工作笔记之重要，也爱关注"方言字词和习俗"，愿意"为更多方面和更深入的研究提供详实的资料"[60]。

刘晓路指出："采录民歌时不仅记录歌词，也能记录乐谱"，因而推测"参与人员有语言学家和音乐家等"。刘晓路的推测很有道理，不过，记录歌词和乐谱的是同一个人，恰巧这个人擅长语言又懂音乐。换句话说，刘半农选人组队有眼光，队中的沈仲章正好具有多学科功底。

刘晓路认为："这种多学科人员共同参加的民间文学调查和使用先进设备进行记录，也应该是中国民歌史上的第一次。它在今天的民间文学调查中仍然是很先进的，何况当时了。"我认为刘晓路思考年代背景，点中了治史的正确方向。

父亲的老友说，父亲沈仲章有个"小赵元任"的外号，原因之一就是他学方言快。像赵元任那样，父亲每到一个地方不久，就能用土语方音跟人扯上话。父亲与赵元任相似之处很多：两人都是学物理出身，接受过扎实的科学训练，具有音乐修养，学过多国外语，还有喜爱戏剧等，但与这次出行无明显关系，略过不提。

反正，刘半农很得意有了个沈仲章，这样他就能做一些别人做不了的研究，否则，即便有经费可以招聘多人，要特意凑起这么个综合多学科的团队，还不一定容易呢。

沈仲章受刘半农器重，刘半农有沈仲章效力，可谓相得益彰。可惜……

庆幸《北方民歌集》有了消息！

我盼望，这本饱含着刘半农期望和沈仲章辛勤劳作的记录，能早日出版。我也盼望，有志者会传承先辈精神，继续深入研究[61]。

【补记一】"伊卡"相机

溯源"伊卡"是什么相机，有个小过程。

原文初稿只写"伊卡"，多位预览者都曾"纠正"，以为"伊卡"是"莱卡"之误。父亲懂照相器材，我家一直有莱卡相机，不至于弄混。

我曾翻阅早年中国进口相机详细目录，根本没有"伊卡"相机，又想起父亲说过，他的伊卡相机不是从商店买的，而是商务印书馆有人从海外带回一架，属于私下转让。于是我四处请教熟悉照相器材者，"伊卡"的外文该怎么写，回复都是没听说过"伊卡"相机，令我失望。

终于有一位敏思者提议：会不会是ICA？德国曾有一家相机制造商 Internationale Camera Actiengesellschaft（暂译：国际相机股份公司），书面缩写常作ICA AG。查得ICA AG公司在1926年并入Zeiss Ikon，眼镜镜片名牌Zeiss，享誉国际。我由此联想到，父亲常赞"伊卡"相机的镜头质量特别高。父亲特地比较刘半农新买的、当时公认的高级相机，认为自己用伊卡拍摄的照片辨析度更高。

投稿时我基本知道"伊卡"即ICA，但为留余地，一开始没有加注。原文付梓之际，编辑又提出疑问。很幸运，此时我已查到父亲在一份笔记上自注"伊卡"为"ICA"。

以上为多年前的周折。最近，又有读者提议，"伊卡"会不会是Eka？据说 Eka 为法国早年木制相机，使用35毫米胶卷。我记得父亲的伊卡相机是德国产品，使用玻璃底片，因此我认为，可以排除Eka说。

听说有人关注老相机，梳理了Eka相机的历史。由此想到一个有点好玩的小题目：根据早年中国进口相机详细目录，"伊卡"相机不曾正式进入中国市场。"伊卡"相机早已停产，估计传入中国的为数不会多，不知关心照相器材或梳理科技史的圈子，是否愿意寻迹，一共有多少架"伊卡"相机曾在中国，各自命运又如何？

我先简述父亲那架"伊卡"的命运。

刘半农去世后，父亲采风兴趣未减，范围更广。大约在1935–1937年间，父亲由周殿福的兄弟介绍，随北平地区一个帮派组织，搭卡车同去参加香山庙会。有个头目允许他假充手下，得以近前观察某些近乎"恐怖"的场面。父亲带了两架相机，另一架是通过郑振铎借的，特别小心不离身；"伊卡"是自己的，返程中随便搁车上，竟然不翼而飞。

据周殿福分析，帮派部分成员忌讳拍照，因而扣押相机。周殿福主张去讨回，沈仲章却说算了。

采风、摄影、相机、香山、刘半农……命运？

【补记二】刘半农与史语所

修改本篇时，收到"中央研究院"历史语言研究所寄来的《古今论衡》第30期，上载汤蔓媛《话说从头——傅斯年图书馆的俗文学资料》（第11–36页；简称"汤蔓媛2017"）一文，其中第四节专述刘半农，标题为"动手动脚找材料"。

该节介绍，刘半农在"中研院"史语所"掌'民间文艺组'"。怪不得父亲提起史语所，总是那么亲切。我过去以为，那是因为抗战期间为了居延汉简种种事宜，父亲曾任"中研院"驻港特派员。现在思忖，或可上溯至父亲协助刘半农采风之时。父亲协助刘半农为北大文科研究所和西北科学考察团做事，也早在正式任职之前。可以想象，刘半农口中怎么说史语所，会影响沈仲章脑中印象。

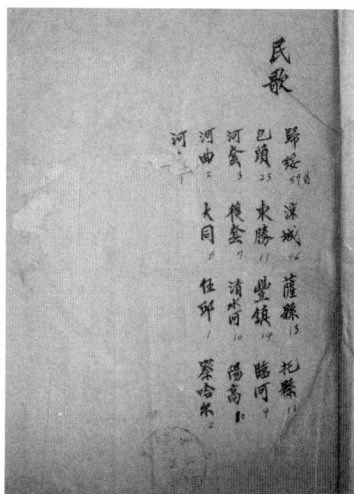

《北方民歌集》目录；刘晓路提供。

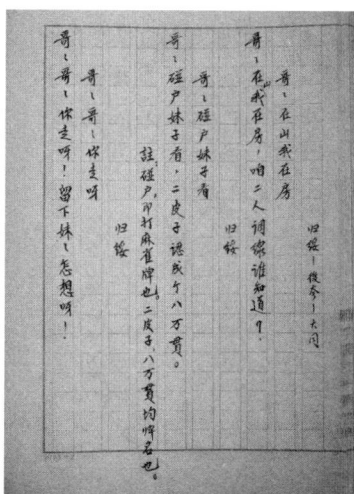

《北方民歌集》选页（农夫苦）；刘晓路
提供。

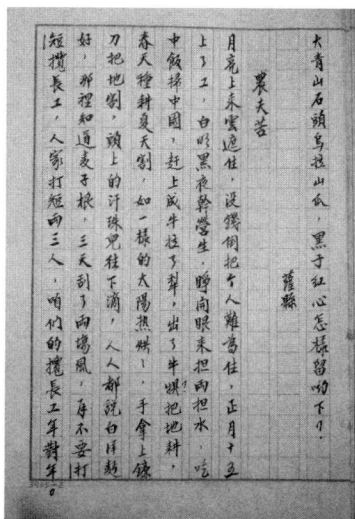

《北方民歌集》选页（情歌）；刘晓路提供。

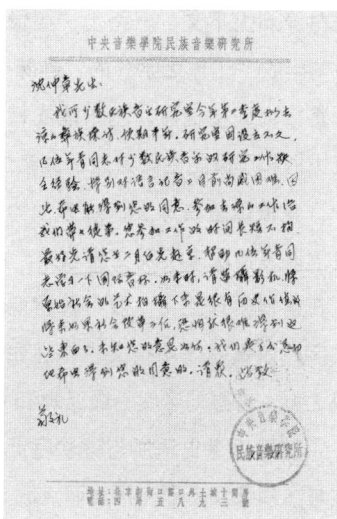

中央音乐学院民族音乐研究所致沈仲章
函，估计1957年。

该节最后一段如此开头："民国二十三年六月刘复前往西北一带考查方言与声调，却不幸染回归热，被迫返京，后竟不治。"无疑，所言正是刘半农殉职的1934年塞北行。顺其文脉，我不免联想：那次塞北行途中，父亲沈仲章助刘半农采风之举，也当是"动手动脚找材料"之实例？

果然，往下读是基于白涤洲"悼记"的描述，刘半农"沿途除进行地方声调实测外，还要照像、游览、访古、调查民俗"，这与父亲的回忆相符。紧接着又言，刘半农"遇到百姓围坐低唱，便请人记下谱子"。我心想，这个"人"，应该就是父亲沈仲章？

通过《古今论衡》责任编辑，联系到了该文作者汤蔓媛。她立刻传来白涤洲原文，我的推测得到证实。相应词语为："他［按：刘半农］听见几个老百姓围坐低唱，他立刻请沈君仲章热情记下谱子。"

过去曾从网络上见到白涤洲悼文的部分摘引，这次才读到全文。据白涤洲上下文，一路上"照像、游览、访古、调查民俗"等，都是刘半农"工作之余"的"趣味"。细读白涤洲的相关叙述，可以辨别直接或间接信息，基本能支持我的推测，即对于摄影、采风、调查民俗和了解民生等课题，父亲沈仲章比其他队员更知情。

我很敬重白涤洲，感激他为导师和同事们留痕。刘半农突然去世，许多情况来不及交流总结，急就悼念之文，有些措辞不及斟酌，也在常情常理之中。我打算得空逐项对比父亲与白涤洲各自的回忆文字，以及魏建功祭文中综述白沈两人之言辞，分辨信息层次，尽我之力，告慰刘半农、白涤洲和考查队诸位先辈在天之灵。

继续思考史语所与该次塞北行的关系，针对本篇第二节相关正文与注释涉及小题，再谈两点联想。

一是出行赞助机构。父亲提到两个：北大和西北科学考察团。注释中已指出，这两处父亲所言有据。但争取资助为领队职责，不排除还有其他经费来源。读了汤蔓媛文后我又想，史语所是否也为支持者之一？是否也曾出资？

二是听取汇报团体。父亲提到三个：北大、西北科学考察团和光社。如今又想，史语所呢？继而猜测，刘半农应该会在史语所刊物上发表文章，但不一定必须专作口头汇报。还有另一可能，当时学者交叉兼职，刘半农可邀请史语所有关人士，参加北大或西北科学考察团的汇报会。

希望史语所能找到存档，佐证或纠正以上粗浅想法。我也希望在父亲遗留资料中，能找到可供史语所进一步追踪的线索。

最后，摘录"汤蔓媛2017"第四节结语，纪念刘半农和他的团队：

> 刘复身具诗人、文学家、语言学家、文字学家、科学家等"全才"特质，在他的规划与带领下，这个阶段是史语所搜集民间文艺最辉煌的时期。

【注释】

[1] 通过北大学生业余社团如摄影研究会等，父亲可能早与刘半农有过接触。

[2] 本篇原文发表早，此处简介父亲与刘天华之谊，现删除。可参见本书《与刘天华》。

[3] 简称"张砚田1963"；载《传记文学》，传记文学出版社，第6期第3卷，1963年，第11—14页。

[4] 参见拙文《沈仲章与居延汉简在北平》（简称"沈亚明2015e"）关于刘半农的部分。该文载《古今论衡》第28期，"中央研究院"历史语言研究所，2015年，第89—102页。

[5] 收入《刘半农文集》第二卷（简称"刘复2001"），内蒙古少年儿童出版社，2001年，第390—391页（电子版PDF）。

[6] 沈仲章任导演，兼扮亚芒之父，父亲习惯说"阿芒的爹"。父亲在北大时间较长，与他配戏的其他演员不断更替。从扮女主角的演员换代推算，《茶花女》是他们那个业余剧团的保留节目。比如，父亲常提的女主角有吴光伟和邵乃偲，父亲二十一岁进北大时，邵乃偲年龄很小，演主角还该等几年。

[7] 原载《半农杂文二集》，1935年7月良友图书公司初版，收入"刘复2001"，第630–633页。

[8] 我认为这也有助于理解，为什么父亲对他热爱之事，不管属于谁名下的项目，都全副身心投入奉献，却坚辞名分、职称、酬劳等，甘愿以业余身份尽义务。父亲常说："我最不要名分地位，一有就麻烦了，就不能做事了。"（基本上是原话，故有把握取直接引语方式。）

[9] 在1934年塞外考查之前，父亲已做过不少小规模采风，关注范围相当广。我脑中此刻冒出的有宗教寺院、民间文艺（包括民乐、民歌、曲艺等）、庙会集市、江湖帮派、妓赌行业等（不依系统分类）。父亲做过笔录，也尽可能拍照，可惜大都散失。以上每项，父亲都对我随口说过些情况，有详有略。

[10] 更正：此处原文为："1934年暑期前，父亲有事外出。回到北平……"云云。我当初这么推测，是根据一张照片反面的标记。现在认为，该照拍摄年份仍需细辨，"外出"与否尚未确定。

[11] 全称当为 Internationale Camera Actiengesellschaft，德国相机制造商（试译为"国际相机股份公司"），较正式的书面缩写为 ICA AG，父亲写 ICA。"伊卡"音译为父亲选字，不一定是通用汉译，因中国不曾正式进口该相机。参见篇后补记。

[12] 下文还将议及较具体的职责分工。有资料言，工友名梅玉。

[13] 父亲提到《大公报》《申报》等，录此供研究者参考，若查得资料告知，不胜感激。

[14] 沈仲章为主要当事人，非常清楚有"三重目的"或"三个目的"，

曾多次言及。父亲所忆这次考查的大小课题，多于有关刘半农的通行著述所言。先在此略述提纲，下文将随相关议题稍稍展开。本篇与下篇补遗所录，尚未涵盖父亲对我所述内容（既限于篇幅，也因记忆模糊零碎难以入文）。

[15] 冠以学术研究总题的多重设想，通行记载皆未详。本文也仅略议，细考容缓。

[16] 我有点好奇，不知当年此类项目是否必须书面申报。若有较早的文字计划，不知刘半农是只写方言调查，还是明言包括民歌民俗调查？本篇仅据当事人口述，提出思考之题，希望有志者留意。不过，申报计划有不同写法，有伸缩余地。比如，可只列"保险"（即预计必有成果的）项目，也可视情"交底"，为日后续接课题张本。但是，不管弹性多大，书写资料都有参考价值，关键在于有机解读。而有机解读，便需对照知情者所忆，包括纸面未载之情况，即当事人实际怎么做。

[17] 沈仲章曾经手西北科学考察团的账本，而塞北考查队全体成员都是北大全职雇员，所携仪器也来自北大文科研究所……对这两个机构，父亲所言当有据。不过经费由领队张罗，并不排除还有其他团体赞助的可能。一般来说，资助机构（不限于本篇提及）当存文件，望有志者搜索，关注合作情况。参见篇后补记，内中言及刘半农也兼职于"中央研究院"，以前采风所获有些可算历史语言研究所的成果。

[18] 比如白涤洲，从他的忆述（容另议）得到个基本印象：他专注方言调查，对其他多项课题不甚知情。不过，我须为白涤洲一辩：团队合作过程中，这种情况可能也常有。下文有些例证，对于尚处于摸索阶段的项目，刘、沈之间先私下商讨，可能尚未向全队仔细解释。

[19] "较劲儿"是父亲原用词，据父亲叙事口气，刘半农傅斯年之间是健康的学术竞争。我听时的印象，这像是公开的秘密，但不知"公开"范围多大，愿闻佐证。

[20] "采风"是宽松用法，包含性相当大。我认为符合当年实情，即采集范围较宽、自由度较大。

[21] 估计对摄影这一目的，除了刘与沈，其他未携相机的队员不见得清楚。刘突然去世而沈不喜张扬，因而外界知者不多。

[22] 父亲学摄影，似乎是进北大后的事，很可能是通过摄影研究会。"摄影研究会"是父亲回忆时用词，不排除可能仅是学生间习惯指称，不一定与校方登记名称一致。

[23] 关于刘半农拟归来办摄影展，目前我还没见到别的资料提及，希望专攻中国摄影史者关注佐证。不过，早年比较随便，也可能仅是口头协定。又据友人传来资料，北京光社在录历史为1923年到1933年。于是我又担心，父亲回忆刘半农在1934年拟向光社汇报，是否有误？已初步想到几种可能解释，包括重振光社或重组社团。我认为，计划办摄影展和向同好汇报皆当有据，团体名称另议。

[24] 即中山公园，"中央公园"是父亲用词。据资料，该公园在1928年已改名中山公园，但估计民间仍有人沿用旧称。

[25] 摄影对调查记录的重要性，现在极易理解，但当时不一定已成共识。父亲在协助刘半农之前，已自行使用摄影作为采风手段。

[26] 回想父亲的言谈，他很清楚这第三个目的。不知为何，其他同行者未多谈这一点。估计刘、沈两人常议该任务，以便默契配合。父亲在不同语境中提及，刘半农打算继续撰写批评时政的文章，因此我认为，对刘半农志向的盖棺定论，应考虑这些信息。

[27] 父亲特地提归绥，说明没有住下。我推测，一行人可能在换车空隙间出过车站，因而在某种意义上，考查队先"到"归绥。

[28] 父亲提了个细节，替刘半农开罐头是工友的职责。

[29] 我估计，父亲也许会跟刘半农悄悄打招呼，但依父亲性格，他对身体不适会轻描淡写，对采风会说得更起劲一些。

[30] 若追踪刘半农行止细节，这又是一条线索，可检索那一带的地方报纸。

[31] 本段基于父亲用词，我认为绝非夸张。以我1980年在黄河摆渡的

亲历为例（虽然具体河段不同），船至黄河中央搁浅，人得步行上岸，淤泥高及大腿根（我成年后个子比父亲高），几乎空手也"步步艰难"。步行"乘客"中有一位略偏出领队指点之路，大半个身子便陷入泥浆。当地人的摆渡船自然会选择水深河段，淤泥厚度如此，可以想象负重纤夫们之艰难。

[32] 凡有别人参与听讲，情形不一样。

[33] 曾有父亲老友对我说：你爸爸写信很有趣，与众不同，是文学作品。有一位说，移居海外时带上了你爸爸的信，保存了几十年，时常拿出来读，懊悔最终还是丢了，要是早知道能碰到沈仲章后代，一定会留下送还。他们所描述的，大都是父亲学生时代的信件。我读过几封父亲早年书信，可惜相对较晚，内容也较偏事务，我觉得谈不上是文学作品。

[34] 多年前我浏览网络，相类误传很普遍。在原文起草过程中，我从转载文内摘录了"令人惊心动魄的民歌"，因此用引号。修改本稿时，欲寻踪注明最初见于何文，但当时参考的文章链接已断。我想，如果原作者不再持原见，不必追究到人，但仍需记录曾存在这种说法。我结稿前再查，见另有一文转述，但出处不详（见下注）。

[35] 引号内词语见郭彦彦《刘半农先生与包头的那些过往》（简称"郭彦彦2012"，载《包头晚报》2012年12月11日），该文写明是"据部分媒体的报道"。这类说法确实曾一度广见于媒体，参见上注。本篇贡献唯一当事人的第一手资料，希望减少误传，无意细究"部分媒体"所指。

[36] 就连父亲冒死救护的居延汉简，他都几十年不声张。父亲多次对我言，人人都想与居延汉简沾边，以求"不朽"，他偏偏不提自己，随别人说。父亲叙说此类情况，多次用到"不朽"一词，估计受鲁迅影响，故而用引号。

[37] 关于刘半农的著述中，尚存其他差误与疑点，有些恐怕已"约定俗成"，非数语可释，拟得空参照父亲的回忆文字，溯源早期文献，浅析若干较易引发误解之题，供有兴趣再探这段历史者深究。在此先就1934年沈仲章跟随黄河纤夫一事，做个简单提要：沈仲章先斩后奏，单独行动，掌握第

一手资料。刘半农用人有方，替沈揽责，代述见闻。非亲历者归总信息，匆促未辨事序，交织直接间接信息。当年转述，已混同所闻第一手和第三手资料。悼念文辞情理可原，痕迹可察。再传过程中，"不重要"（其实非常关键）的细节易被忽略，久而久之，原痕史迹消失湮没。我希望追溯和保存线索。

[38] 另有一位或数位记者相随。

[39] 本篇原文刊发时，百灵庙整节被删。原稿那节内容经扩充修改，已用于后发的文章。这次修改曾试图移回，但不好衔接。依题注，本篇基于已刊原文内容，百灵庙之行留归下篇。

[40] 父亲早已知道那一带有两大特色：鸦片多和土娼多，希望观察实情。王晋综合老同学的两个要求，请一个当地最红的土娼当导游，带他们参观鸦片种植地。因篇幅关系，本篇原文和补遗之文皆未纳细节，容另补。

[41] 父亲曾独自专程步行远足，拍摄古代建筑。父亲说是工作，刘半农知道的。父亲连拍摄所用光圈速度，都记得清清楚楚，但没解释拍摄专题（也许说了而我忘了）。据1933年父亲协助刘半农考查之内容（见下篇），我有个猜想，刘与沈1934年出行的关注范围，可能比方言、民歌、民俗与民情还要宽些，也涉及考古。录此备再思。

[42] 既然父亲对演讲等事没兴趣，我估计他并不清楚具体内容，只因同队日日相处，略闻选题。

[43] 父亲的朋友告诉我，父亲沈仲章是北大（或北平）"十大名士"之一，时段当在1926-1937年间（不一定从1926年开始），范围不清楚。

[44] 父亲提供的这一信息，值得梳理中国现代语言学史以及比较历时方言语料者关注。依几十年后我从事语言调查的标准，他们对发音人的背景控制不够严格。不过，考虑当时各种条件，包括语言学理论的发展程度，1934年刘半农团队所做的工作难能可贵。

[45] 依稀记得父亲提过，周殿福也协助记音。但父亲叙述工作程序时，又说得很明白，记音由刘、白、沈三人分工。综合父亲零星忆述，我分析大概是这么回事：1934年刘半农团队为调查方言的"记音"，至少有两个阶段。

一是把发音人请来，当场边听边记；二是在发音人离开后，重播音档复核。当场记音只有刘、白、沈三人，周在场负责录音器材，不太可能分身顶一个位置记音，但大概重放音档辨音时，父亲曾招呼周参与，多一副耳朵核证，尤其遇到当场所记有差异，更需"旁观者清"。若论正式职责，临时帮忙听一下，按常理是不算的。周当时无学术方面职称，目前所见文献，大都未提周曾非正式地参与辨音。父亲一向平等对待各阶层人士，不分地位职务，既彰显位高支持者之功，也愿为不起眼的相助者留痕，因此，我也在此为周殿福留下淡淡一痕。

[46] 具体程序不太清楚。我过去对三人分工记音的理解是，刘、白、沈三人各自独当一面，分头记录不同的发音人；再想，如果都需要周殿福录音，该是三人同时记一个发音人，以便核证。我觉得有必要思考程序，先记下我此时想法，容另议。

[47] 当年的语言学界与音乐界公认沈仲章耳力敏锐过人。我亲闻多位前辈语言学家，包括实验语音学家吴宗济和周殿福（他后来是研究员），都曾作如是说。

[48] 举"民歌"类为例，父亲还用过"山歌""小调""民谣""地方戏（曲）"（包括具体名称）等词语，也说过"民间戏曲""民间说唱""民间文艺""民间音乐"…… 这也说明刘半农给了沈仲章很大的自由度，凡沾边的都可收集。我认为那不是计划不周，而是对开创性的尝试，首先必须思想开放，不宜从术语概念出发，被分类名目所拘。

[49] 还需指出，调查民俗与观察民生，侧重不同。调查民俗溯历时传统，观察民生测现实社会。本篇以综述父亲口述亲历为主，并非学术研究，不纠结于定义概念。在此抱歉用词宽松，略注以冀谅解。比之原文，本处评议有扩充，意在设路标以供进一步探讨。

[50] "人人"是父亲用词，我估计，刘、白、沈、周四人各占一个固定位置（三人记音，一人录音），那位工友走进走出或在门边，招呼发音人。

[51] 见综述性资料提到，某次考查队一起上街，刘半农见有小群人围

唱，嘱沈仲章当场记录。不难推测，早在此事发生之前，刘半农已知沈仲章试过可行性，有成功先例，否则，刘不该对沈提出如此要求。我做过采集语料的田野工作，明白哪怕无杂音干扰，现场记录对话或独白，也是很不容易的任务。我曾试用20世纪80年代的录音设备在外采录，嘈杂环境所录皆不成功。人耳能分辨语音、乐音与杂音，但当场记录唱词和乐谱绝非易事。

[52] 上文描述父亲在包头南海子记录"二人台"，便是一例。

[53] 父亲不一定用那个市镇特定方言，而是用当地人都能听懂的大区域方言。父亲的经验是，交谈时对方若有接近感，会比较愿意解释，而且，表演者走乡串镇，口音也常是附近一带而非真正本地口音。

[54] 原文遵编辑嘱咐删去大段生动细节，包括下节开头言及"意外事件"，补遗追叙见下篇。顺便一提，父亲也利用这个机会，了解民俗民生。

[55] 我不清楚是从父亲拍摄照片中选择两百张，还是从刘、沈两人所摄照片中共取两百张。

[56] 父亲以爱旅行出名，有"小徐霞客"之称。

[57] 父亲以为"全完了"（他的用词），因此原文我写"彻底完了"。后来我找到一些残存的风情照，似有一线希望，但仍需辨析时间、地点、事件，尚不宜期望过高。

[58] 底片并不是都在杨春洲处，另有些请别人代管或分别送人，以及留在北平和香港住处。假如我家尚有留存，大概是留北平托人保管的幸存物品，或者是抄家发还的残存物品。

[59] 简称"刘晓路2012"，载《民间文化论坛》2012年第6期。

[60] 对本段及下文有关父亲风格、才能和训练等背景的每一点，我都可以举证，但非数言可概述，略过不提。

[61] 据闻几十年后已有相当系统的民歌丛书出版，但若能与1934年采集的资料对比，当是有多重意义的历时比较研究。

第 七 篇

与刘半农（乙）：补遗追思

沈仲章（左）与记者，内蒙古百灵
庙脑包旁，1934年，沈仲章自拍；
李蟾桂惠赠存照。
照片反面题："脑包——蒙古人的
圣地；沈老师跟一位记者爬到白灵
庙最高处"。
按：记者可能是杨令德，求核证。
百灵庙汉名"广福寺"，"百灵"音
译蒙古语"贝勒因"（"白灵"或
"白林"为曾用音译）。"脑包"即
"敖包"，蒙古语音译，意为木、
石或土堆。据蒙古族传统，脑包是
神圣之处，往往设在山头制高点，
用树枝、石头或土块垒成圆锥形祭
坛，上面插有彩布或彩纸。

本篇基于《父亲沈仲章忆刘半农补遗》，原载《中
国现代文学研究丛刊》2015年第5期，中国现代文学馆，
第90−101页。

2014年秋初，得知《新文学史料》刊载了拙文《1934年沈仲章随刘半农去塞北"考查"》[1]；差不多同时获悉，老家一批资料意外流出，被商贾拍卖，追踪时见到一封徐瑞岳致沈仲章函[2]，落款日期为1983年8月25日，内中写道：

> 在京时曾向先生谈及《新文学史料》约请先生撰写一篇回忆刘半农先生的文章问题，还请先生不吝赐稿。字数不限，篇幅越长越好；最好是资料性的，以写实为主吧。望先生于百忙中抽时间完成，以纪念半农先生逝世五十周年。

我将徐函内容传给《新文学史料》，编辑回复"感慨"。

不久，又见父亲遗物中有张便条，留有徐瑞岳的名字和地址，上面写着："请沈老撰写关于刘半农的回忆文章，惠稿时可寄上述地址，将在人民文学出版社《新文学史料》上发表。"

回想拙文起草于2013年秋，2014年春投稿时，我并不知道早在1983年，《新文学史料》曾通过徐瑞岳间接约稿，邀我父亲写回忆，"以纪念半农先生逝世五十周年"。刘半农逝世于1934年夏天，拙文发表于2014年夏天，正赶上纪念半农先生逝世八十周年。

竟像是替父还债，不过整整迟了三十年[3]！

三十年前徐函言"字数不限，篇幅越长越好"；三十年后拙文因篇幅有限，不断删减，割爱若干趣事。今应《中国现代文学研究丛刊》之约，续写此篇，补遗补漏[4]。

一、百灵庙访察

简述相关背景：1934年刘半农率队塞北考查，第一个工作地点是包头。全队离开包头那日，父亲沈仲章因病留下，他傍晚出门，当夜宿南海子；第二日清晨去码头采风，白天跟随黄河纤夫，天黑回包头；第三日一早赶到当年的绥远省省会归绥，即现在的呼和浩特市，与同事们聚齐。

考查队经过归绥的次数最多，逗留的时间最长。第一次路过未住，径往包头。从包头返回为第二次，除沈仲章，其余成员居归绥达七日之久[5]，然后，考查队有个大节目，从归绥出发，访问百灵庙。返回便是第三次入归绥，全队又住数日。

本节补述百灵庙之行。

依现在行政区域，百灵庙属内蒙古包头辖区内的达尔罕茂明安联合旗。父亲特意说明，考查队是在离开包头后，回到归绥，再通过政界安排，专程去百灵庙参观。我觉得父亲意在指出，1934年他们走访塞北时，地理划分不一样，提醒我思考历史背景[6]。

背景另议，先叙当年经历。

考查队仅区区五名成员，当地官员却为这个百灵庙之行，专门拨出两辆大卡车，军界派遣一大队士兵，持枪随行保护，估计是担心土匪骚扰，北平来人若出个三长两短，接待机构唯恐遭受舆论谴责，上司怪罪。

学人军人之外，记者杨令德也随车同行，也许还有其他人。

考查队访问百灵庙，来回全程三天。下面从第一天开始简介父亲回忆，侧重于少见于众说之处。

那时候去百灵庙没有直通的现成公路，汽车就在草原上行驶 [7]。小小考查队离城时，在大队士兵簇拥之下，有"浩浩荡荡"之感，及至驶入茫茫旷野，顿觉车队非常渺小。沿途树木房屋稀少，偶见若干树木从平地突起，便是司机向导的认路标志。

车一过阴山，气候骤然变冷，时有阵雨。据父亲言辞给我留下的印象，卡车可能是敞篷的，至少尾部无遮，往后看去一望无际。

草丛里突然冒出许多狼，一会儿几只，一会儿几十只。狼群追着卡车跑，紧随好长一阵子。有时狼直冲到车下抬头，狼眼狼嘴看得真切，几位城里书生，又寒又栗。有经验的人安慰外来者说，狼并不敢跃上车来咬人，而是巴望着从车上掉下来一点儿吃的东西。父亲早听说包头周围狼多 [8]，但真正见到狼群，就是那一次。路途上狼群出没，众人困于车内。父亲好奇心强，便与随行者聊天，了解当地狼情，以及居民的防狼措施等 [9]。

草原开阔，远远就能望见百灵庙。寺庙所在地并非禁地，百灵庙一带也是蒙汉贸易的重要市集。头一天下午车队驶入百灵庙区域，一大拨子人被放在一个汉人聚集做买卖的地方。刘半农、沈仲章、周殿福和工友，还有随行的记者、士兵，大都为汉族，白涤洲虽系蒙古族血统，可生长在北京，实在是个北京人。他们都被安排住在一家汉人的大商号，因为干净些，生活习惯也比较容易适应。

卡车长途颠簸，一路上忧匪患惧狼袭，更添疲惫。抵达那天

百灵庙远景，1934年；引自维基百科德文版公众区域。

傍晚，同行者大都较早歇息，定神抚惊。大家又知白天繁忙，次日清早也养精蓄锐。唯有沈仲章生性闲不住，爱在这些没事做的空档找事做。别人还没起床，他便独自出去转悠，拍摄照片，观察风土人情[10]。父亲提过一些趣事，比如跑马晨练竞技、男女当众调情，汉蒙交易斗智、花柳秘方土药……[11]

　　第二天日间的集体活动早有安排，不外乎参观寺庙，拜会宗教领袖，走访民居。

　　父亲跟着大伙走进百灵庙，寺院收藏之丰富，令他赞赏不已[12]。单单观看各种佛像经幢，差不多得花一整天，多数游客只是匆匆扫一眼，父亲看得略微仔细些，只叹时间有限，走马观花不过瘾。父亲感慨，当地普遍来说经济文化落后，但由于宗教关系，百灵庙拥有大量艺术品和手工艺品，而且保存得很好。那一带的人民世世代代信佛，为了来世幸福，把一生辛苦所得，都心甘情愿地捐献给庙宇。

前往百灵庙有各色人等，目的不一，除了去朝圣、贸易和参观，国内国外各种政治军事势力也常派人去那里，设法拉拢当地宗教政治头领[13]。随行的新闻记者对这类事很关心，考查队的读书人也常议时政。父亲本人则对佛教有兴趣，对我分析过一些宗教派系内幕，包括宗教首领各自的政治倾向。我听父亲叙述时没有太消化，日久担心误记误传，而且想必行家早有评论，毋庸我再赘言。

当时内蒙古有两个最受注目的首领：德王和云王。刘半农负有盛名，具备资格率随员拜会蒙古族头面人物。云王在自己的蒙古包里接见了他们，云王的下属向每个来宾献了哈达；接着就是招待喝奶茶，奶茶由茶砖和存放多日的奶酪调制而成，再捧上干饼作点心。这些在内蒙古算是好东西，可大城市去的人，却受不了发酵奶酪的味道，诸人目光交接，却不好意思在主人面前显露苦脸。

拜辞了云王，一行人又随着刘半农走访民居。每到一个蒙古包，主人都要请喝奶茶。同去的人最怕喝奶茶，大都是装装样子，趁人不留意，偷偷洒了。父亲一向力主入乡随俗，晚年自豪地回忆："我很勇敢地全喝了下去。"

在预先安排的随刘半农走访结束之后，父亲还自行多串了几个蒙古包，奶茶照喝不误。父亲坦白，奶茶的确喝不习惯，不过他更懊悔的是，没有带些小礼品去答谢蒙古包的主人们。父亲事后了解，那是习俗规矩[14]。父亲多次言及歉意，1985年口述时又提及。我想，忽略这点的客人估计不会少，蒙古包主人也不至于耿耿不忘，但父亲沈仲章却遗憾长留，及至1985年，算来有五十一年之久。

前文已述，1934年塞北行仅就学术方面来说，有调查方言和采风两个大题，采风又以采集民歌为主。但蒙古族语言和民歌，却不属于考查队调查范围。据父亲叙述，去百灵庙考察，是当地官府招待远方来客的旅游节目。父亲特意关照，此处当用"考察"而非"考查"，甚至还提过，去百灵庙带点儿"观光"的性质。

对父亲和刘半农来说，塞北行另有两个目的，即沿途摄影和了解民情。父亲一向对少数民族文化很感兴趣，在百灵庙一带抓拍了不少难得的图像。父亲只是叹息，那时他还没开始拍摄彩色照片 [15]，否则效果更佳。至于父亲早起晚睡观察了解的民生实情，如果刘半农没有突然病逝，当会撰文描述评论。可惜！

父亲起初认为，他们那个小队可能是北平文化圈中较早访问百灵庙的人。大约一年后，父亲与郑振铎成了朋友，他们聊起旅行，得知在刘半农率队去百灵庙后不久，郑振铎和另几位文化界知名人士，如冰心和她丈夫吴文藻等，也走过差不多的路线。

二、大同府"艳遇"

考查队离开归绥，到了山西大同，在那里发生了一段"绝妙的艳遇"（父亲用词）。

父亲在1985年口述时，先警告那是"不发表的"，还说"要夫人退席"。（顺便提一下，因"文革"冲击，我家住房从一套四间大公寓压缩成一间，到我1986年出国时仍是同样状况。家中若一人有朋友来访，其他成员常常无处可躲，被迫当听众。）父亲接着对母亲说，如果实在想知道我和女儿讲些什么，你也可以留下来。其实，以前父亲略去人名和细节，用讲故事的形式，对我说过这段经历。

事情经过大致如下：

考查队到了大同，按常规住旅馆，去中学调查方言。此时，本来由父亲沈仲章试验的另一课题，即民歌采集，已渐具模式，被考虑转为全队重点。起初仿照大家已熟悉的方言调查形式，在校园里找中学生来录音。可能洋学堂的学生大多出身书香门第，从小专读圣贤书，不太会唱下里巴人的民歌，录了几次不满意，有"山穷水尽"之感。

没想到，"柳暗花明"近在眼前。在考查队下榻的旅馆里，有个看起来才十几岁的姑娘，在账房中坐着，手中写写画画，模样斯文，一开始他们以为她是老板的女儿，后来听说她是个半职"破鞋"[16]。那个时代，大同府里男女关系比较随便，娼妓与良家妇女不太能分出来。有些家庭生计困难，男人打工做买卖收入不够维生，便让家里的妇女捞点外快，卖淫成了半公开的副业[17]。

他们听到那姑娘低吟着小调，就邀请她来录音，可是左说右说她都不愿意，好像录音是件丢脸的事儿。晚上考查队五个人在旅馆附近的饭馆吃饭，席间又谈起此事，他们在大同只准备待三天，后天就要走了[18]，大家不免有些着急。

父亲虽然向来喜欢与所谓下层人士交朋友，可是身为北大研究人员，平日身着西装[19]，旅店里当差的见到"西装客"，不免恭敬多于亲近。而随行的工友算是当差的，接触下层人士比学者更容易，当差的跟当差的，自有闲扯的话题。

那位工友提议，我去让店里伙计把那姑娘叫来，也许吃一顿饭，喝点儿酒，混熟了就肯唱了。刘半农说，好哇，试试吧。那姑娘听到陪酒吃饭倒不推辞，一叫就到，坐下后不言不语，也不拘束忸怩，请她喝酒来者不拒，谁敬她就跟谁干杯。姑娘酒量挺大，一般男士喝不过她，反被她灌倒了几个。

父亲能喝一点酒，但从不贪杯，他无意凑热闹，觉得那多少有点像逗妞儿找消遣，尽管明白同事们只是借此跟那姑娘套近乎，为的是"引诱"她来工作。父亲先冷眼旁观，估计那姑娘酒量足以抵挡他们全体，不宜傻拼，只可智胜。眼见几条汉子先后败下阵来，父亲出场了，对姑娘说，该我来敬你一杯了。姑娘热烈响应，撇开旁人，专冲他"对着干"起来了。喝酒助兴玩猜拳，输了罚酒。父亲已经观察了一阵，摸清了姑娘的路数，掌握了她的弱点，于是稳操胜券，他喝一杯，姑娘得喝五六杯，一会儿就醉醺醺了。

趁着气氛好，父亲就请她唱山歌。姑娘酒性已发，连声说回客店去。一到旅馆，架起蜡筒录音机，她就唱起来了，痴痴癫癫，难以自持，唱唱停停，如此唱了一曲又一曲，一直闹到很晚，录民歌总算大功告成。可录完后姑娘不走了，非要留下陪夜不可，还指定要和沈先生睡。这下大家抓瞎了，不知该怎么收场。尴尬了一会儿，刘大教授发了话，好，就照她要求的办，我出钱！

听到决定留她了，姑娘酒醒了。既然算成交了，她便跑开收拾一下，一会儿就抱着被子回来了。父亲认为正是社会调查的好机会，也不体恤人，一夜间不停地问这问那，什么都问。姑娘并不忌讳，一一作答。白涤洲住隔壁屋，后来抱怨说，害得他整夜没睡好。姑娘叫白玉英，父亲自己给了她几块钱，好像是八块。

父亲一整夜几乎没睡，可与往常一样，第二天天亮之前就出门考查去了。这次不是近处随意溜达，而是一个预定的远足计划，父亲徒步几十里，到云冈石窟附近去察看一个古老寺庙[20]。

听起来，父亲去云冈的任务重在考古摄影。我觉得，这也是可为塞北行多项课题补缺的一个实例[21]。父亲拍了不少照片，记录了那座古代建筑在1934年的状况。父亲年过八十时，还能清楚地说出一些具体数据，比如光圈大小、曝光快慢等等。父亲对冲洗后的图像清晰度非常满意，对伊卡相机的镜头质量[22]赞不绝口。

父亲忙碌大半天之后，又步行赶回旅馆，路上还担忧，回去后那个白玉英会不会纠缠他。走到离旅馆不远的一个路口，同队工友拦住他说，白玉英在门口守候着，你去了可能就不好脱身，你的行李已偷偷送到火车站去了，大家劝你别回旅馆了。父亲遵嘱，径直去了火车站，考查队一起坐火车，当晚逃之夭夭。

据查，1934年，刘半农一行7月5日"赴大同"，7月7日"晚十时，出发去张家口"，7月8日"凌晨三时抵张家口"[23]。对照日程，与上文父亲所述合得上，即考查队原定住大同三天三夜，第四日再走[24]，结果第三夜未留，坐夜班车10点钟离开。看起来，确实显得有点儿仓促。

在火车上，父亲听同事们说：白玉英略识几个字，见旅馆水牌上有客人的名字，一整天就反复写"沈仲章"三个字。她吵着要跟沈仲章走，沈先生到哪儿她到哪儿，干什么都行，当奴隶挨打也行。考查队其他成员都为之感动，还真商量过，要不要带那姑娘回北平，最后考虑男方未曾"托媒"，"包办婚姻"不妥，还是三十六计，走为上策。

这儿得点一下历史背景，刘半农是位正经的新派学者，在那个纳妾嫖娼合法也顺旧传统的年代，他与一批同仁参加了蔡元培发起的进德会，恪守"不嫖、不赌、不纳妾"的戒律[25]。考查队"逃"离大同后，刘半农评论道，奇怪，我们五人中就沈仲章一个人没结婚，白玉英偏偏就看上了他。

父亲一生爱交朋友，与很多女性朋友相熟，"众小无猜"，纯洁友爱[26]。父亲谈恋爱交女友，大概是在塞北考查之后，返回北平才发生的事。

1937年日军占领北平前，父亲和女友商量过一些计划，倒不是论婚嫁等俗务，而是以心相托，认定同路。父亲终身怨悔一事：当时他女友不在北平，两人约定在某地会合，从此长相伴随，多项候选之一是绕道同去延安[27]。可是，父亲为了救护居延汉简，从北平、天津、上海，一直颠簸到了香港，身不由己，无法践约；随后又为居延汉简滞留香港近四年。父亲完全顾不上自己的事，连我祖父去世都没能去奔丧。20世纪40年代初太平洋战争爆发，父亲与女友断了音讯，抗战胜利后内战又起，不明生死，局势稳定后仍然信息全无，才各自成家。

两人天各一方数十年，直到20世纪80年代才重续联系。命运弄人，本来已被哈佛大学研究生院录取的沈仲章留在了大陆，而那位女士却移民到了美国。1985年，那位女士在给我的一封信中说："你爸……标榜独身主义，凡是对他有幻想的女孩，当然就没有下文了。"

因为父亲在西北科学考察团工作，与斯文·赫定有过愉快合作，好多人认为他以赫定为榜样，准备单身一辈子。我问父亲是否如此，答言是其实他并不抱什么"主义"，只是生性散漫，不惯羁绊，因此也不想耽误别人罢了。

再说跟随刘半农塞北考查约两年之后，父亲与几个好友曾去小西北旅行。同伴先返回，父亲又一个人去爬五台山和恒山，路经大同时打听过白玉英，没人知晓。父亲并非对白姑娘怀有儿女私情，而是觉得两年前"骗"[28]录了几筒民谣，不告而别不够义气，最好给个明白交代，也看看白玉英是否过得还好。

1934年塞北考查补遗暂且到此。比较父亲第一手资料与外间多有引用的文献，我觉得尚有不少可补充、纠正和分析之处，容另行探讨。

三、河南音乐考古

拙文《1934年沈仲章随刘半农去塞北"考查"》初稿原题为《沈仲章跟随刘半农的两次考查》，后来范围缩小到第二次考查，这节补说第一次考查。

1933年初，我祖父病重，父亲向北大请假去苏州老家。祖父病情缓解后，父亲被唐山大学[29]的同学文蒸蔚拉去建造苏嘉公路，重操土木工程"旧业"。父亲的另两位唐山同学沈学和张竞成也参与该项工程，分管几个难点工程。老同学得以共事，十分高兴。

父亲的主要职责是协助他在唐山大学第一年的室友沈学，为最艰难的宝带桥路段收尾[30]。父亲因携带相机，又自告奋勇兼管摄影记录。父亲对采风感兴趣，沿途顺便拍摄了不少民间生活和民俗活动[31]。父亲拍的照片，有几张后来被《大公报》等报纸采用。《苏嘉公路通车纪念刊》里一些照片，也是父亲所摄。父亲跟随工程队三个月，直到入夏，公路全线通车，方才离开南方北上[32]。

因为已近暑假，父亲不忙着返校，绕道小事旅游。他在南京、徐州等几处略作停留，最后来到开封，拜访好友杨春洲[33]。其

苏嘉公路照片，浙江段内钢筋混凝土运河桥，1933年，沈仲章摄；刘慧英协助取得电子版。

时杨春洲在开封教中学，同时翻译一部教材《今日的化学》[34]。杨春洲正发愁，序言带有议论，比较难翻，恰好我父亲沈仲章来了，就留住不让走，要他翻译序言，并校勘一些把握不大的词语。

一日，父亲得空，独自一人前往河南省博物馆。早年参观博物馆的人不多，里面空荡荡的。他进门便听到"咚、咚、咚——"，有两个人在敲一口古钟。父亲好奇地走近前去，那两个敲钟人回过头来，齐声唤道："沈仲章!"父亲定睛一看，都是熟悉的北大教授，一个是刘半农，另一个是郑颖孙[35]。刘半农见了沈仲章大喜，说你来得正好，我俩正在为几个音争论，你耳朵最灵，快来听!

原来，刘半农在国乐考古领域里也是先驱，著有多篇有关音乐历史的论文[36]。因为父亲原是理学院的，又专门学过音乐理论，刘半农在发表这类文章的前或后，凡是涉及数学、物理和乐理的部分，常常虚心地请他检查有无差错。父亲曾提到一篇《十二等律的发明者朱载堉》，他替刘半农找出了一些问题[37]。

从1930年起，刘半农就开始研究中国古代乐器音律，先后到故宫、天坛、孔庙和其他寺庙测试古代乐器。时有同好或小团队相助，比如在测试北京天坛古乐器时[38]，"一人奏击乐器，使其发音；三人同时用三张小准测定音高，然后记下准面上的刻度数据（弦的长度）。"准"是中国古代传统的一种声学仪器，20世纪30年代刘氏小团队用的小准比较简单，只测音高。刘半农在《天坛所藏编钟编磬音律之鉴定》（简称"刘复1932"）[39]里记载："沈仲章兄听甲准，杨筱莲女士听乙准，曹安和女士听丙准；郑颖荪兄往来各准之间，作最后的辨听；我自己除帮助辨听外，兼任记录。"

扯开稍稍溯源是为了说明，在河南博物馆巧遇之前，父亲与刘半农和郑颖孙已经有过相关合作[40]。回到主线，接着说1933年暑假，刘半农拉着郑颖孙，外出考查古代音乐，首先就是河南省，刚到开封就碰见了沈仲章，叹为缘分。

开封古乐调查完成之后，父亲又被抓差，随刘、郑一起去巩县（今巩义市）。三人来到一个小学校，那儿原有个石窟寺，寺墙的底部有古代石刻佛像和北魏时期的音乐舞蹈雕像，保存得相当完好。

第一次去考古地点时，只能看到露在外面的一小部分刻像，因为经过千百年的风风雨雨，寺墙大部分都被埋在土里了。为了看清全貌，得找人挖掘。在等待其余部分出土期间，三个人去洛阳转了一圈。

刘半农作为北大名教授，每到一处总有达官贵人招待。父亲最不喜欢此类交际宴会，常常借故辞谢，趁机去四周观察。刘半农多少有点理解这种"名士"脾气，就放沈仲章自由。大教授们赴宴应酬也是必需，公关之事古今中外都免不了。有学问有名气的给了当官的面子，掌权的就以实力回报。从洛阳到伊阙龙门的路上不太平，当地政府派了六个军人，护送三位书生，还拨了三匹马，充当坐骑。那马匹原是驮货物的，马背上装有固定的木架子，不太好骑。父亲向来喜欢徒步旅行，就骑一段，走一段。骑马时人身震动，相机难以拿稳，父亲便经常下马，沿途摄影。

一小队人马去白马寺转了转，再到龙门石窟。只见石窟内佛像大多颈上无首，满地却散落着大大小小的石雕头像。有人解释说，冯玉祥的部队来过此地，冯玉祥是"基督将军"，冯将军手下所向披靡，把异教菩萨的头都砍了下来 [41]。

刘、郑、沈三人在龙门石窟，专门留意古代音乐舞蹈雕刻。所幸那些乐舞造像，并不在冯玉祥"基督军队"摧毁之列。刘、沈两人各持相机，拍摄了大量照片。父亲回忆时，忍不住又称赞他那架伊卡相机，因为用玻璃底片，拍摄效果比刘半农的相机更好。

他们离开龙门，再回巩县，就住在那个小学校。石窟寺墙旁正在一段一段开掘，每挖好一处，露出雕像，要爬下去照相，父亲年轻，自然当仁不让。在巩县考查的所有照片，都是父亲用伊卡相机所摄。刘半农很得意，半途拐带了个沈仲章。

爱打趣的刘半农，还为巩县考古作了首打油诗[42]：

> 古物今朝新出土，寥寥四件不为多。苏州空头江阴盗，偃师野蛮徽骆驼。

诗中第一第二句将考古之人，喻为"四件"刚刚"出土"的"古物"。第三第四句以籍贯代称四个人："苏州空头"即沈仲章，"江阴盗"为刘半农自称，"偃师野蛮"是石璋如，而"徽骆驼"指郑颖孙。这么看来，石璋如也在巩县[43]。父亲没说石璋如同往，但言及当地有人相助，河南偃师离巩县不远，相对其他三位来说，石璋如可以算当地人。

进一步思考，父亲回忆在开封和去洛阳时，没有提到石璋如，猜想开封时石尚未加入，而刘、郑、沈三人去龙门时，石在巩县掌管挖掘工程。

巩县考查完毕，回到郑州[44]。刘半农和郑颖孙要去江苏和上海继续研究古乐器。父亲原只答应临时协助，又刚从江南返回，便与二位教授分手，打道回北平。

我找到父亲老友当年写给他的一封信，更确切点儿说，是缺页的半封信，信作者也待考证。函中提到这次考查，摘录于此："你倒有趣，报章杂志上，有着你老兄的芳名呢。管它'人事''天事'，只要兴之所至，就使得，而且音乐与你本来就很有关系。不是与刘复，还有个郑什么孙的同去的吗？不是去发掘什么魏代乐队造像的吗？——你能否讲些我听听？"

我猜测信中的"郑什么孙"，可能是当年"报章杂志"对郑颖孙名字的写法。我还觉得，父亲这位老友挺了解他，如"只要兴之所至，就使得，而且音乐与你本来就很有关系"云云。但愿父亲遵嘱复函，并在函内留下一些具体信息和生动描述，唯盼沈函重新露面。我也希望博览有心之人，搜索当年报刊记载，对照互证。

四、刘半农身后

父亲沈仲章先后是刘天华和刘半农两兄弟的得意门生。刘天华去世后，沈仲章花了很多精力，协助编撰恩师的纪念册，被刘半农夸奖"尤为劳苦"[45]。沈仲章记得，刘天华纪念册很快被排上日程有两大原因：一是天华师生前发表作品不多，需及时收集保存遗作；二是筹集资金，以贴补遗孤的教育费用。刘半农去世后，因其在世时出版著述已多[46]，职位也高，众人都以为几个学术机构会颁发抚恤金[47]，家人经济不是个问题，以致学界无人牵头，组织力量汇编刘半农纪念册。

刘半农留下了很多书籍，急需整理造册，沈仲章承担了这个任务。当时刘半农长女刘小蕙还很年轻，一下子失去了父亲，很是失落，沈仲章就与她聊天，排忧解愁。差不多五十年后，沈仲章与刘小蕙重逢，她一眼认出："你就是那个来我家理书的!"

刘半农、刘天华之弟刘北茂，与沈仲章年龄接近，早年是朋友。可惜刘北茂1981年便去世了，我记得父亲好像说过，在刘北茂生前已重续联系。我自1978年考入复旦大学，平日住校，陪伴父亲的时间大大减少，不清楚父亲与刘北茂有无机会畅聊往事。

浏览父亲笔记、日记，多次出现"刘师母"和二刘子女的联系方式。刘师母当是刘天华先生的夫人殷尚真，记得父亲提到，他曾去北京南礼士路拜望过她老人家。

从父亲遗留资料中见到，刘家第二代在20世纪80年代中期曾有书信问候他。

取刘半农幼女刘育敦1983年7月24日致沈仲章函为例，摘录部分内容：

> 沈老：
>
> 　　您好！家兄育伦最近来沪参加一个会议。……他已和我联系并约定，将于二十六日（星期二）上午九时左右来府上拜望。届时我陪他一同来，特此函告。您如有重要事需出门亦无妨，我们可以改在下午或晚上再来，请留条示知即可。近日气候酷热，请多保重。

我又从父亲老友的来函中，拾得些沾边的史料。

举萧从方来函一例 [48]，先简述背景：1934年塞北考查队返回北平，7月14日刘半农逝世；三个月后，白涤洲追随先师亦奔天国，父亲陪守床边送终。萧从方是沈仲章和白涤洲的共同朋友，当时正在山东聊城，与老舍在同一所中学教书。萧从方记性相当好，1984年4月10日致函沈仲章，有如下回忆：

> 　　白涤洲之死，还是你写信寄聊城告诉我的。小信封，短短一纸，寥寥数语。你说：'天地不仁，以万物为刍狗，白涤洲竟然死了。'两年之间，我们的师友中少了刘天华、刘半农、白涤洲三个人。三个人都是活泼、健壮的中年人。

另外，我还见到一页父亲的笔记，右上角标有刘育伦与刘育和的名字，纸上只写了"碑拓"和"photos"（照片）两个词。恰见故宫博物院的张明善致沈仲章二函，其中有与碑拓相关的记载，下面摘录部分对照。

(1983年) 10月4日张明善致沈仲章函[49]：

> 自从夏天在北京拜别，瞬已又到深秋矣，敬祝您身体健康阖家安吉为颂。……现在北京正是秋高气爽季节，沈老可有兴趣来京一游否？刘育伦同志藏半农先生造像、纪念碑刻拓片四种，我在七月初就给他托裱好，并给他介绍到北京雕塑厂冉同志处去翻刻，后来进行怎样就不知道了。别不多叙，容后面谈。

1984年2月7日张明善致沈仲章函，汇报刻碑修墓之事：

> 您嘱我给刘育伦同志做的事，83年10月份都办完了。北京雕塑厂老冉同志告诉我：刘半农先生墓短缺碑刻都已经补全了，缺浮雕刘先生半身像，老冉按原拓片又重刻一块补上，并说：香山刘复先生墓地，较梅兰芳先生墓好多了。对刘先生墓碑修葺事，我也算尽了一点义务。我给刘育伦同志托裱拓碑片，介绍北京雕塑厂老冉同志刻碑，都是义务。但刘育伦同志到现在还没有露面，我从侧面了解刘先生墓碑刻都修复好了，总算没有辜负沈老对我的嘱托。

读张函得知，1983年秋，受父亲沈仲章嘱托[50]，张明善和老冉两位合作，根据"刘育伦同志藏半农先生造像、纪念碑刻拓片四种"，"修葺"了"刘先生墓碑"。他们"补全"了"刘半农先生墓短缺碑刻"，而所"缺浮雕刘先生半身像，老冉按原拓片又重刻一块补上"。简言之，"刘先生墓碑刻都修复好了"。

刘半农墓现已成为北京市海淀区文物保护单位。几年前查区政府所撰地方志（电子版），获悉"1983年刘育伦先生为其父刘半农墓进行了修复"，"现有墓碑高1.5米，是1989年元月依第二通碑重建的"。读来修墓在父亲生前，树碑时父亲已去世。似乎未用1983年修复旧碑，而于1989年另刻新碑[51]。我尚未与刘氏家人取得联系，不明具体缘由与过程。我想，父亲甘为先师尽力，也会尊重其后代意愿。

既然涉及先人旧物，再摘引"王子初1992"一条注释中提及的线索[52]："1991年5月27日至30日于江阴市召开了'刘半农先生及其文化遗产国际学术讨论会'。会上，笔者有幸遇到中国社会科学院语言研究所82岁的吴宗济研究员。吴老为笔者提供了许多重要的材料和旁证，并从而得知，半农先生的这些故宫所藏乐器的测音资料，至今仍藏该语言研究所。"

回想我在1979年寒假，上北京参观中国社会科学院语言研究所，吴宗济带着我走了一圈，指着许多倚墙堆放、盖着防灰罩的仪器说："那都是你爸爸用过的。"几十年后读到王文所录好消息，即吴宗济所言"……测音资料，至今仍藏该语言研究所"，很是兴奋。我想，若要整理早年采集音档，也许这些仪器还有用武之地。

几年前为写文配图，我托朋友去语言研究所寻找这些仪器，代为拍照。朋友回复说，那些仪器已被锁入冷宫，一时难以拍摄。我感到庆幸的是，东西未遭丢弃，但愿有朝一日，"江阴盗"刘半农、"徽骆驼"郑颖孙和"苏州空头"沈仲章等先人用过之"古物"掸尘复出[53]。

前文提及"刘半农先生及其文化遗产国际学术讨论会"，使我希望，有志有识之士能列出课题，分批整理刘半农、郑颖孙、白涤洲和沈仲章等人留下的各类珍贵资料，继承前辈学人的未竟事业，也为后代留下一部比较完整的学术研究发展史。而我眼下努力的仅仅是分享父亲回忆，并标示可探之题。

【补记】关于百灵庙

父亲好旅行，并留意地理知识。他曾言及百灵庙的相关情况，可惜我没记清。下择数小题，略叙个人近期回想及浅探过程，既是备忘，也盼指点。

1.行政区域

正文已述，依现在行政区域，百灵庙属内蒙古包头辖区内的达尔罕茂明安联合旗。又言1934年父亲他们走访塞北时，划分可能不同。

最近，承复旦大学历史地理研究所李晓杰教授相助，寻得金辂《西蒙政治核心的百灵庙》（简称"金辂1937"；《复旦学报（社会科学版）》1937年第2期，第71-81页）。据文末注，该文写于1935年，又据篇首言，"记者去秋亲经考察"，由此可知，金辂所记为1934年秋，距父亲随刘半农去那一带仅晚数月。

摘录金辂所言地理概况相关部分：

> 百灵庙在绥远省北部西蒙三盟之一，乌兰察尔布盟喀尔喀右翼旗（亦名达尔汗部）西南境……距北平一千六百里，该旂[旗]东临四王子旂[旗]，南界绥省武川固阳两县，西南与毛明安旂[旗]接壤，西北连乌拉特前旂[旗]，面积约五万九千余方里，有蒙人三万余，来往经商之汉人五百余。

查得民国时期行政划分信息供参考：归绥、包头和乌兰察（尔）布盟都在绥远省内。乌兰察（尔）布盟（百灵庙所在地）既不属归绥，也不属包头。

2.行车路线

据父亲回忆，那时去百灵庙没有直通的现成公路，汽车就在草原上行驶。

据金辂所言，归绥和包头皆有车道可达百灵庙。

（一）至绥远　由该庙南口循大道而行，一百廿里至庐家义（蒙名义义），七十里至召河，驻有保商团二队，附近有鸿记大商店，六十里至武川县，沿途平坦，前行九十里至绥远省省会，归绥途经蜿蜒坝道途较险，全程共计三百四十里，汽车一日直达［按：其后言从归绥去其他城市，略。下同］。

（二）至包头　出南口西南有大道，约二百二十里至固阳县，又一百四十里达绥西水陆重镇包头县，汽车一日可达［按：两段相加共三百六十里。又，包头在20世纪30年代是"县"］。

初步推测，金辂所言是前往百灵庙之可能路线，综合各种信息，可导游自行访问。父亲所忆为个人（小队）实例，由官府安排护送，卡车直接驶入草原。

我对口述历史涉及的语词语境颇感兴趣，想起父亲用词的两个细处，似含些许信息。一是坐卡车（通常卡车构造和部件如轮胎等较适合越野驾驶）。父亲在世时，我尚缺此类常识，而且只见过草坪未见过草原。可"卡车"一词留在耳中，现在才知其意。二是没有"现成公路"（而非没有"能开车的路"）。父亲学工程出身，1933年参与验收苏嘉公路，可能对"公路"的定义，下意识中会有标准。

继续思辨语境，从父亲自述日程可知，他没时间遍查所有通往百灵庙之路。因此，坐卡车穿越草原是亲历（若同类记载不多则更可重视，若为常例也有意义），而没有现成公路却不是第一手资料（推测源自派车方或司机等知情者）。塞外筑路不在父亲考察范围之内，也不详金辂是否亲自勘察每条通道，而且，"公路""大道"用词弹性因人而异，就此打住。

补充一点顺带联想：交通有关贸易与战备等大局，记录应不少。想到在1933-1935年，斯文·赫定曾率队勘察中国西北地区道路（参见本书《与斯文·赫定》），并向中国政府汇报；又想到在1936年百灵庙地区曾有战事，当有运输军火兵马之需，估计这些都有书面记载，可能早已梳理成史。若有博识者了解，我愿闻教。

3. 房间总数

本篇所依原文提及："百灵庙是当时内蒙最著名的黄教庙宇，1934年父亲去参观时，号称有几千个房间。"并有相关讨论。现移出正文，稍加扩展。

起草原文时，我曾对"几千间"产生疑虑：考查队不过"三日游"，且含来回车程，恐怕父亲来不及点数？再想，父亲到了实地，可以（依他性格也定会）直接问当地知情者。但我还是有点不放心，希望找到年代接近的参照资料。

阅读广泛的友人告知两例：第一例是1926年，欧文·拉铁摩（Owen Lattimore）到过百灵庙，虽然本人没进去，其仆人曾入内参观（参见 Owen Lattimore：*The Desert Road to Turkestan*, Little, Brown, and Company, Boston, 1929年，第46页）；第二例是1927年，斯文·赫定（Sven Hedin）西北科学考察团中的亨宁·哈斯兰德（Henning Haslund）一行三人，也去过百灵庙，并且作为住持活佛的贵宾，参加了当地最大的弥勒菩萨集会（参见 Henning Haslund-Christense：*Men and Gods in Mongolia (Zayagan)*, Kegan Paul, London, 1935年，第29页和第31页）。拉铁摩和哈斯兰德的著作分别提到，百灵庙集会时，住有1500位喇嘛。

拉铁摩和哈斯兰德言及，百灵庙在1911年曾遭抢劫，并被烧毁。袁世凯为了拉拢当地喇嘛和王公贵族，出资重建。此外，众所周知1936年百灵庙发生过激战。取1911年重建与1936年激战为两端，拉铁摩在1926年、哈斯兰德在1927年和刘半农沈仲章等在1934年走访百灵庙，都属同一个大时段，按说房间数目应该相对稳定。拉铁摩和哈斯兰德所叙僧侣数目，间接说明房间达到千位数是可能的。于是我稍稍放心，因为当年父亲是能够向这两个圈子核证信息的。（父亲为西北科学考察团理事会干事，常与外籍团员接触。另据徐迟说，父亲沈仲章认识拉铁摩。）

本篇原文刊发后，有幸查得1933年《生活画报》曾刊一张照片，题为："内蒙自治问题之会商：百灵庙正殿附近有喇嘛街**房屋千余间**，常驻喇嘛一千二百余人，为内蒙有数之大寺。"［按：粗体为笔者所加。"千余间"似言"正殿"之外的"喇嘛街"住房。］

可是据金辂记载，百灵庙"最盛时有三千余人，住房约六百间，拱卫两旁，连绵若市街……"，不清楚这个"最盛期"指什么时段，但"约六百间"与"几千间"相去甚远，比"千余间"也少得多。再读上下文，金辂所述有痕迹可寻，其言"约六百间"仅指"住房"；金辂另叙有庙宇和其他机构，但未列这些公共建筑群的房间数目。暂且推测，若算上寺庙和办公用房，再加上"拱卫两旁"的"住房约六百间"，总数以千计是可能的。

4.预览反馈

耦园是一位从未谋面的读者，渐成笔友，几年前曾探问有关本篇原文的若干小题。耦园多次走访中国西北，预览本补记上述文字后，提供了在接近区域实地观察的信息。

关于僧房间数：以我现在所观察学习到的一些藏传佛教寺院的僧房住户结构为依据，喇嘛住房的"一间"概念，可能并不绝对或统一。大的"一间"僧侣平房内可能还有几小间，如大喇嘛起居一间、大喇嘛所带的小喇嘛起居又一间，还有小经堂间、厨房杂物间等。虽然我也听说，过去喇嘛的吃住往往都在一间里面，这样的僧房情形我现在也见过，但是我观察到，似乎越是大型、偏远的寺院，庙宇主建筑周围聚集、排列成街、如同村落的僧房，往往颇具规模，并以一家一户为单位，大间与小间并不是那么容易数得清的。寺院的庙宇公共建筑之间数，我想也同理，有时候还得取决于"间"的定义，故而历史记载很可能会有不同的间数出现。

关于车道：我的一位同学2003年去青海牧区黄河源头的扎陵湖，就是沿着草原上的土路而行，他是这样写的："出了玛查理镇。我离开油路，踏上草原里一条起伏的土路。路口没有任何标志指明方向，但是土路上有拖拉机履带的印子，证明有老乡出没。路边的电线杆上是连接县城和扎陵湖乡的电话线。只要行走的方向不偏离电线杆，我就可以准确无误地走到乡政府。电线杆是我无言的向导。"（卢军《藏地孤旅》，新星出版社，2007年第一版，第81页）

［按：以下文字为耦园叙其亲见］这段长六十公里左右的路线，在我2011年去时，已是"油路"，即"现成的公路"了。

耦园评议："金辂所写之'大道'，到底是什么样的？是否也可能不是'现成的公路'，就是草原上的简便之道呢？"

耦园还提出一些问题和猜想，包括想象我父亲对"现成的公路"的定义可能与现在不同。可惜我接到反馈时已结稿，还来不及消化。先分享以上信息，其余待进一步思考。

【注释】

[1] 简称"沈亚明2014a"，参见本书《与刘半农（甲）》。
[2] 徐瑞岳曾多年致力于刘半农研究。

[3] 据《新文学史料》编辑，刊载拙文的2014年第3期于8月23日出刊，徐函写于1983年8月25日，估计便条更早些。1983年夏，我在复旦大学留校编教材约一年，父亲提议我辞职，助他写回忆录。如今再思时序，很可能促因之一是父亲接到纪念刘半农约稿。

[4] 可惜因篇幅限制而有删节，而续篇（即本篇原文）刊发后，又见不少可补可探之处，简言之，还需继续补遗补漏。

[5] "七日"据《刘半农生平年表》(谭晶编《刘半农研究资料》，天津人民出版社，1985年，第109页)。父亲回忆仅述本人直接知识，即他离队单独行动两夜三天（更确切地说是两天多一点，第三天一早归队参与当日工作）。虽然父亲在归绥的天数少于全队，但逗留归绥的总长还是比其他地方要久。另，该年表中关于包头和归绥部分似有可商榷之处。先记此备忘，将来再议。

[6] 依稀记得父亲曾明言，百灵庙现在归包头，那时不是，并说过一些行政地理情况，可惜我没记清。起草与修改本篇过程中略做探讨，参见篇末补记。

[7] 考查队乘坐官府派车，可能较特殊。后见他人叙述，有不那么直通的车道，参见篇末补记。

[8] 有读者提议，将"包头周围"改成"归绥一带"。其实，虽然是从归绥发车，但据父亲叙事脉理推测，狼群追车之时，车队已进入靠近包头的草原。确实，百灵庙离包头更近，参见篇末补记。起草原文时，我只是复述父亲之言，未多加思考。读者的反馈促使我关注地理问题，复核距离远近，发展成篇末补记。

[9] 父亲说了些相关民俗，我虽觉得有趣，但从叙述层次中可辨，他是听当地人介绍，估计知者不少，略过不提。

[10]《与刘半农》两篇原文初稿都试图略做介绍，但都因篇幅有限，或删除或压缩。本篇原文刊发文字不详不简，意义情趣似也无由无倚。这次修改曾欲扩充，但文理已成，接枝突兀，遂仅列提示留痕，日后另叙。

[11] 本篇原文写道："生意经和调情术之类的，又超出了考查队的原定范围，留到别处再讲。"接读者反馈，若持不同学术眼光和意识，不易解读我的含义。现删除原说法，并借此略抒愚见：这些小题虽超出考查队"原定"计划，恐亦非全队皆明，但均属采风勘查大主题，刘半农会尊重沈仲章自选的聚焦目标。

[12] 举一佐证支持父亲之说，哈斯兰德（Henning Haslund-Christense）描述，百灵庙内有整整两长排庞大的收藏室（见Henning Haslund-Christense：*Men and Gods in Mongolia (Zayagan)*, Kegan Paul, London, 1935年，简称"Haslund1935"，第42页）。

[13] 在百灵庙接见访问者的不止蒙古族亲王，也有藏传佛教领袖。比如，1933年11月，德王和西藏第九世班禅喇嘛（1883-1937）各自在百灵庙接见了斯文·赫定一行（Sven Hedin：*The Silk Road*, E.P. Dutton & Company, New York，1938年，第28-30页）。

[14] 没听父亲提起，考查队有无带礼物赠予云王或百灵庙。我向一些学者请教，当年当地有无馈赠习俗，获得一条参照信息：哈斯兰德一行1927年访问该地时，向百灵庙捐赠了重礼（参见Sven Hedin：*Across the Gobi Desert*, E.P. Dutton & co.，1932年，第82页）。

[15] 父亲大约从20世纪50年代初期开始，较大量地拍摄彩色照片，并常在自家暗房冲洗放大（参见拙文《湮没于史海的磨难：傅雷镜中的摄影师》，载《纽约时报（中文版）》2016年9月13日和《傅雷相片里的"镜中摄影师"到底是谁?》，载《澎湃新闻》2017年9月2日《上海书评》）。

[16] 据父亲所言与其他资料，当时当地称妓女大多用"破鞋"一词。

[17] 这种情况在北方有普遍性，不限于山西大同。查得20世纪30年代末刘英在延安发表的《关于破鞋问题》，其中提到："丈夫无力养活妻子，有些穷苦家庭的妇女在生活的鞭笞下，为着求得自己和家中人的一饱，就不得不含垢忍辱的走上'卖身'的道路了。"（原载《中国妇女》1939年第2期，第6页；转引自张志永《华北抗日根据地妇女运动与婚外性关系》，载《抗日

战争研究》2009年第1期,第78页。)但需指出,父亲说的这位姑娘像是单身。

[18]"后天"为父亲用词。据我粗粗推算,这场谈话当发生于考查队到大同的第二晚。思路如下:原定住大同三天三夜,谈话时已过了两天一夜,第二晚担忧,采录民歌尚不顺利,只剩第三天,第四日即"后天"应该离开。凡原话记得较清楚,我尽量留痕,不以推算代替,以备将来逐日核查。

[19]陈寅恪先生的长女次女都对我说,印象中沈先生总穿西装,不像她们父亲的其他朋友,有时会穿长衫。我见父亲在20世纪三四十年代的照片,大都穿西装,唯见一张合影全体穿长衫,但估计时段较早,可能在20世纪20年代。

[20]查地图,现在由省道从大同市到云冈石窟约17.2公里,步行单程需要三个半小时以上。

[21]对1934年塞北考查队的考古摄影课题,少见第一手资料。父亲言及古庙历史,他与刘半农为何感兴趣……可惜我没记清,待查寻笔记。又,刘半农与他曾有类似合作,参见下文1933年河南音乐考古。

[22]关于伊卡(ICA)相机,参见上篇补记。

[23]徐瑞岳《刘半农生平年表(续)》(简称"徐瑞岳1984b"),《徐州师范学院学报(哲学社会科学版)》,1984年第2期,第95页。

[24]参见注[18]有关"后天"的讨论。

[25]徐瑞岳《刘半农生平年表》(简称"徐瑞岳1984a"),《徐州师范学院学报(哲学社会科学版)》,1984年第1期,第39页:"(1918年)七月三十日,加入蔡元培等人在北大发起的'进德会',具名同意恪守'进德会'的三条基本戒律:不嫖,不赌,不纳妾。"

[26]从金克木《难忘的影子》最后一章所描写的男女青年友情中,可窥见一斑。比如:"他们[按:沈仲章和两位挚友]谈话海阔天空,却不谈私事和私人关系。"(金克木:《难忘的影子》,生活·读书·新知三联书店1986年版,第281—282页。)书中的阿尔法就是沈仲章,参见本书《与金克木(丙)》。

[27] 与父亲好友吴光伟延安来信有关。

[28] 因考查队使用蜡筒录音机，故音档量词为"筒"。参见上篇。

[29] 参见拙文《沈仲章与唐山三部曲》小系列三篇，连载于《传记文学》2017年第2—4期。

[30] 据《苏嘉公路通车纪念刊》，在江苏段四十多座桥梁架建中，"以苏州附近之宝带桥工程为最［艰］巨。"（Burear of Public Roads, National Economic Council：苏嘉公路通车纪念刊，1933年，第5页。）

[31] 父亲描绘过撒网打鱼风情与年度集会盛况。同样，除了亲见场面、传统背景等，父亲还记得拍摄采光等技术数据与细节。

[32] 据《苏嘉公路通车纪念刊》第5页，嘉兴段"路面工程则于本年三月初铺竣，六月间乃与江苏苏王段同时举行通车典礼"。

[33] 杨春洲为北京师范大学学生，约在20世纪20年代后期与北大的沈仲章结识。杨春洲后来成了摄影家。他初学摄影时，沈仲章曾为他购买一架相机，杨到晚年还在使用。

[34]《今日的化学》，［美］W.McPherson（马克裴松/麦克弗森）等著，杨春洲译，商务印书馆出版。出版年代与地点有多种说法，一说为1944—1945年（重庆），另一说（谷歌图书）杨译出版于1934年，再一说（基于实物）出版于1938年，还有一说为1935年。

[35]"沈亚明2014a"写"孙"字为"荪"。先承严晓星指出，稍后我见到父亲友人早年信札中写"孙"，去年又见父亲遗留纸条写"郑颖孙"。可是，郑的同事兼好友刘半农发表文章写的是"郑颖荪"，见下文注［39］。

[36] 据刘立新《刘半农的音乐建树》（《音乐艺术》1988年第1期，第37—38页），她收集了刘半农七篇律学文论：《刘复教授致其弟天华先生书》（1924年）、《琵琶及他种弦乐器之"等律"定品法》（1926年）、《音律尺算法》（1928年）、《从五音六律说到三百六十律》（1927年演讲稿，1930年印行）、《天坛所藏编钟编磬音律之鉴定》（1932年）、《十二等律的发明者朱载堉》（1933年），《吕氏春秋古乐篇昔黄节解》（1934年）。

[37] 刘复（半农）《十二等律的发明者朱载堉》（《庆祝蔡元培先生六十五岁论文集》，上册，"中央研究院"历史语言研究所集刊外编1933年版，第279–310页），承沈钟伟见示。查阅刘半农鸣谢部分，未提及沈仲章，因此不清楚父亲替刘半农文章挑刺，是在该文发表之后还是之前。

[38] 摘文引自王子初《刘半农的清宫古乐器测音研究与中国音乐考古学》（简称"王子初1992"或"王文"），《音乐艺术》1992年第1期，第43–44页和第45页。我已核对其来源，即刘半农当年报告（见下注），基本相符。另，浏览"王文"，见有些部分似可商榷或补充，待日后细读再议。

[39] 简称"刘复1932"，载《国立北京大学国学季刊》三卷二号，1932年，第184页。有意思的是，刘半农写的是"郑颖荪"。考虑刘半农为中文系语言学教授，以及他与郑的相熟程度，猜想郑颖孙本人可能接受"荪"的写法。不知刘半农交稿前是否曾让团队主要成员预览，但至少该文刊发后，刘氏赠予郑氏一本抽印本（据"王文"，现藏中国艺术研究院音乐研究所）。关于这次测音，有些小题待另议。

[40] 我有理由认为天坛测音大概在1932年，待复核。另，父亲曾向郑颖孙请教古琴，参见本书《与刘天华》。我不清楚，是郑颖孙还是刘半农先与他相熟，因为，父亲较早遇到刘半农，但先拜师刘天华，二刘皆可能连接他与郑颖孙。

[41] 关于冯玉祥军队捣毁佛像多有记载，仅举一例：钟艳攸《北伐时期冯玉祥对宗教的态度（1926–1928）》提到，冯的军队"在河南毁灭庙寺、驱逐僧尼；继而江浙、两湖也兴起打倒迷信、捣毁佛像之举。"（载《史耘》1995年第一期，第163–180页。）

[42] 原载《论语》，1933–1934年间，期号等出版信息待查。

[43] 石璋如著有回忆录，可能言及相关情形。有兴趣者可检索，并盼赐教。

[44] 曾见其他资料写刘半农离开巩县后"回开封"，然后"去南京"。故"郑州"待考，想到几种可能，容另议。

[45] 引号内文字源自刘半农为《刘天华先生纪念册》所作序言，参见本书《与刘天华》。

[46] 可惜忽略了尚未出版之资料。

[47]"中央研究院"史语所的抚恤金最终未颁发，乃始料所不及。

[48] 关于萧从方，参见本书《与刘天华》，但该篇言及萧，主要是他与刘天华和北大音乐学会。

[49] 该函落款日期为"4/10"。推断为10月4日，而非4月10日。依据如下：(a) 函首说"又到深秋"；(b) 函内又提"秋高气爽季节"；(c) 信封正面寄出邮戳为10月4日；(d) 反面抵达邮戳是10月6日；(e) 虽邮戳年代难辨，但据1984年2月7日张明善致沈仲章函内言："您嘱我给刘育伦同志做的事，83年10月份都办完了"，因此推测该函写于1983年10月4日。

[50] 依父亲性格，得知别人受他之托尽义务，是会设法答谢补偿的。

[51] 原文此处信息评议稍多，修改本篇又有发展，移出另议。刘半农墓原有两块墓碑，皆为文物。那块沈仲章、张明善与老冉等根据刘育伦提供资料、协力修复的"刘先生墓碑"，假如没有置于墓前，我一是希望不被当作现有新碑，二也希望仍被妥善保存。

[52]"王子初1992"，第42页注3。

[53] 参见上文引录刘半农巩县考古打油诗。该诗提及四人：刘、郑、沈和石（璋如）。石璋如不一定使用北大语音乐律研究室的仪器。而与父亲差不多同时用过这些仪器的，至少还有白涤洲和周殿福，可能还有罗常培。

第八篇

与陈珪如和胡曲园：穿裙"男孩"

胡曲园（左）和陈珪如（右），上海，估计是胡陈寓所，20世纪70年代末80年代初，沈仲章或沈亚明摄。

本篇基于《老北大，那个穿裙子的"男孩"》，原载《文汇报》2016年4月5日《笔会》。

父亲沈仲章经常怀念他在北京大学的十一年，我也爱听他说老北大的事儿。有一则"男孩"穿裙子的趣事，给我印象颇深。

父亲到北大第一个学期，因校方发不出工资，教师不乐意教课，学生"放鸭子"，好在图书馆还"营业"，这里成了他的课堂。

第二个学期，恢复正常上课。开学之际，校刊登载了一则招人启事。上面说，有个西北科学考察团，计划去内蒙古、新疆等地考古并考察地理，一去就是两三年；需要招收几名青年工作人员随行，边干边学；无论文科理科甚至高中生都有资格申请，报名地点设在北大法律学系；然后将举行一系列考试，根据成绩和其他条件，决定人选。父亲对野外探险极有兴趣，马上跑去报了名。

不久便是考试，数学、物理、化学等各项科目，一连考了好几天。具体试题父亲完全不记得了，但令他难忘的，是在考场遇见了一个"怪物"。

头一天即将开考之际，众考生步入考场坐定，气氛有些紧张，四下寂静。

门口出现了一个小男孩，身穿蓝布大褂，脚蹬圆口布鞋，

"咚、咚、咚……"走进了教室。

咦，小孩子来做什么？父亲觉得很奇怪，眼光便追随着那小孩，只见小孩走到后面一个角落，选一座位，从容不迫地坐下。这时已经开始发考卷了，小孩接到卷子，就"刷刷"地在纸上写开了。

父亲接到考卷后，也开始专心做题。不知过了多久，周围考生们正在埋头答卷，突然又听得一阵"咚、咚、咚"的脚步声，抬头一看，那小孩向讲台跑去，交卷了！

一连接着几天，那个小孩都一样，到得几乎最晚，穿着相同服饰，坐在差不多的位置，而且，总是第一个交卷！考完就自顾自离开，从不与别人搭话。其余考生呢，一般都早一点儿来，结束后也不急着走，在考试前后互相认识一下，聊聊各自的背景和志向什么的。大家都探问那个小孩的来历，议论纷纷，没人说得出是怎么回事儿。

最后一天考化学，预先通知要做实验。那小孩子也来了，头发还是短短的，像个男孩，可身上却改成女装，穿了条裙子！众人这才恍然大悟，原来是个假小子！有人悄悄低语："怪物！"

这就是父亲最初见到的陈珪如。陈珪如是福建人，长得矮小，女扮男装时，看起来简直是个小男孩。

父亲说，陈珪如与他同年考入北大本科。陈珪如是数学系的，功课拔尖，须眉折服，父亲是物理系的，同属二院即理学院。当时北大招生不多，有些基础教育，理科几个系合班一块上。父亲又嫌物理系的数学教得太简单，便跨系去听数学系的专业课程。很快，两人相识相熟了。

前文已述父亲认识一位北大教授邓高镜，常去他家。闲谈中父亲提及报考西北科学考察团，没想到邓高镜大泼冷水，竭力反对。邓教授甚至擅自做主，跟主管部门打了个招呼，除去了沈仲章的名字。

父亲在邓家讲了那个穿裙子的"男孩"，如此这般。邓教授闻后断言，不管那姑娘考得好与不好，是不会被录取的，因为女的去野外考察太不方便了。这类言行在20世纪20年代并不算出格，陈珪如可能从来不知就里。要不，以我对陈珪如性格的了解，她会身着男装跑去据理力争，抗议"歧视"。

陈珪如早先有个男朋友姓彭，是共产党员，1927年牺牲了。后来，她与同是北大学生的胡曲园结成伉俪。胡曲园也是我父亲在北大就认识的好朋友，我称胡曲园"胡伯伯"，陈珪如"胡伯母"。胡曲园1946年到复旦大学当教授，一直在哲学系；陈珪如也是复旦大学哲学系的教授，专攻自然辩证法。由于她的倡导，复旦大学开设了科学哲学的课程，成立了全国高校中第一个自然辩证法教研室。

1978年我考上复旦大学，念了四年书。1982年毕业留校，教书编书又是四年。八年间我不时去胡伯伯胡伯母家坐坐聊聊，有时还蹭顿饭吃。陈珪如总是亲切地叫我"阿明"，因为福建方言读"亚"为"阿"。说到我父亲，胡伯母总用父亲沈仲章的别号"Argon"。她发音近"A Gang"，听来却像"阿刚"或"阿戆"，不清楚是受闽腔国语影响，还是外文读音影响，甚至口无遮拦，透露心有所思？不过，"戆"不是闽北话，虽然陈珪如在沪年久当明其意，可听出像"阿戆"的，大概还是我闻者有心。

胡伯伯胡伯母说话风格与我父亲很相近，随意间透出种种幽默与情趣。胡伯伯胡伯母总让我觉得，阿Gang和阿明都属"阿"字辈，而他俩既然是阿Gang的平辈朋友，当然也就是阿明我的"平辈"朋友。

胡伯伯和胡伯母的儿子阿龙，与我真的是同辈，可年龄上却长我一大截。阿龙哥回父母家来，对我说话倒有点像大人对小孩的口气。不过，也许又是我闻者有心。我跟他父母信口漫谈，有时会涉及古今中外的凤毛鳞爪，我总觉得阿龙哥嘴角带着微笑（"讪笑"吧？我惶惶然），像是在说："嘿，你年纪小小，倒还知道些东西。"很可能，他确实也曾脱口冒出过类似评论。

记得有一次，胡伯伯和胡伯母夫妇俩在我面前争执不下，焦点就是我父亲在北大到底读什么专业。陈珪如坚持："阿Gang是我们数学系的！"胡曲园却咬定："仲章是我们哲学系的！"

他俩各不相让，互不服气，一齐把头转向我，要我表态"站队"。我摆出一副"判官"架势，先各打他俩五十大板，说："你们都不对！"见他俩瞪大着眼睛"洗耳恭听"，我神气地接着说："我爸爸考进北大物理系，再转到哲学系，最后毕业于经济系！"他俩愣着看了我一会儿，质疑我的"权威"；又回头对看，交换了一下眼光；然后再一齐扭头看我，那眼神分明已经"达成协议"，否定我的判决。

周末回家问了父亲，才知我也不对。父亲笑着说，他其实不能算任何专业的"本科生"，而是北大文、理、法几个系的"旁听生"。他到处客串，哪个系都去，又哪个系都不算。父亲在哲学系确实得过学位，我"冤枉"了胡伯伯。而胡伯母认为阿Gang是数学系的同学，也情有可原，因为他们一同上过数学课。至于父亲画蛇添足，再转经济系的"学历"，只是跟北大制度玩的一场游戏，几乎没有一个朋友当真；而且他在经济系没多久，就直接受聘到北大文科研究所任教。至于父亲如何在北大各系"流窜"，以及赖着不毕业的"理由"，这篇小文就容纳不下了。

最近偶然翻看北大物理系2003年编辑的九十年系史，附录里有份该系早年的学生名录。一查"沈仲章"，竟是1925年录取的一年级新生；而"陈珪如"的大名，也赫然列在物理系同一届。这下，我又糊涂了。父亲总说他1923年考进交通部属下的唐山大学，读了三年整。直到1926年夏天，才报考北大本科。而陈珪如

左起：沈仲章、杨春洲、邵嫣贞、胡曲园、陈珪如、徐怀启。上海，估计在复旦大学；20世纪70年代末期20世纪80年代初，沈亚明摄。

按：杨春洲应不是北大学生，但是父亲北大时期的好友，估计杨伯伯与胡陈二位也结交于20世纪二三十年代的北平。徐怀启是华东师范大学教授，哈佛大学博士。徐伯伯与父亲另一好友谢大祺也是朋友，不太清楚何时结交。徐伯伯也是极有趣的人物，还是我的忘年交。特在此征集有关徐怀启的信息。

曾入物理系的这段"秘"史，我以前也没听父亲或者胡伯母本人提起过。

又查了上海市地方志网络版，只说陈珪如1930年"毕业于北京大学数学系"，没提哪年被哪个系录取。而胡曲园则是1924年"考取北京大学德国文学系"，哲学系的系籍不见记录。

反正，早就听说老北大是出名的"混乱"。

【补记】"关系"

先顺篇末，仍谈系籍。

本篇原文稿件交出，才读到胡业生《在自然科学与哲学的交界处耕耘——陈珪如教授小传》一文。内中说，陈珪如1925年进的是南开大学，1926年才转入北大数学系（科学网胡业生2008年3月19日博客，2016年3月7日浏览）。我觉得有道理，即欲补入，但编辑说已排好版。

又见另一份博客，有位老北大哲学系系友的孙辈，为其祖父寻迹，据其检索的校方档案，我父亲沈仲章像是原属哲学系。该北大校友后代分析哲学系毕业生表格，从排列法或标志来看，我父亲沈仲章跟他爷爷一样，都是1927年新生。

对父亲哪年进北大和先读哪个系，我很清楚（即1926年秋考入物理系）；但对陈珪如和胡曲园的情况，我无把握。

反正，早就听说老北大是出名的"混乱"。

再读篇首，略议父亲沈仲章与西北科学考察团、居延汉简和斯文·赫定（Sven Hedin）之关联。

父亲在北大的第二个学期，当是1927年春，他报考的西北科学考察团，应该就是赫定组建并任外方领队的中瑞西北科学考察团。可惜邓高镜找关系除去了沈仲章之名，否则可能从那年起，父亲便会随着赫定等人踏访中国西北沙漠，也许会直接参与居延汉简的发现。

机会虽错过，缘分终又续。

大概从1933年起，父亲正式受聘为中瑞西北科学考察团理事会干事（参见本书《与金克木（甲）》）。其实在此之前，父亲已参与考察团诸多事务。比如居延汉简运到北平，刘半农等与外国学者曾有主权之争，父亲沈仲章被邀以秘书和翻译身份，协助谈判。居延汉简入藏北大，父亲接受拍摄任务，抗战期间又为其出生入死（参见拙文《沈仲章与居延汉简在北平》以及相关文献）。而本书末篇《与斯文·赫定》，则叙述赫定离开中国前的一件大事，其间沈仲章起过不小的作用。

第 九 篇

与周祖谟：函内剪影

周祖谟（右）与沈仲章（左），20世纪80年代初期，北京
中关园周寓院内，沈亚明摄。

本篇基于《周祖谟致沈仲章六函》，原载《中华读
书报》2018年3月28日《人物》。

父亲沈仲章与周祖谟是挚友，两家也颇亲近。周家在北京，沈家在上海，虽迢迢千里，然情长谊暖。我十六岁独自访京，周伯伯周伯母携幼公子陪我登长城。我在复旦大学读书时，周祖谟是北京大学教授，有些假期我会北上，请周伯伯为我开小课。数年前周伯伯入梦，晨醒记忆清晰，连赠书扉页钤印，都历历在目。

　　我家有不少周祖谟来函，读了数封，感我至深，但因尚未联系上周家哲嗣，暂不发表全函。本文择录几段，主要围绕沈仲章"快照"。而"抓拍"者的"取景"眼光，自然也折射其待友情意、治学思维、行文笔趣……

　　父亲提起周祖谟，总说是北大老同学；周伯伯却对我说："你爸爸是我老师。"综合两人所述，大概是这么回事：周祖谟读本科时，父亲沈仲章在文科研究所语音实验室任助教。父亲先读工程后攻物理再转文科，通音乐，会多种方言外语……在比较语音、分析声学和解释科学原则等方面，能补文科出身者之缺。学生受益，不忘沈老师，但父亲不承认，说他未毕业便已当刘半农助手，也如此为师生服务，故而一口咬定，自己顶多算个学长。

父亲与周祖谟相识，最初起于研究语言，但很快就超出学术范围。我见过一张周、沈早年合影，两青年皆着白色洋装，手握网球拍，既抖擞又潇洒。1937年北平沦陷，父亲救护居延汉简南下，周祖谟留于北方，鸿雁传书不断，友谊延续终生。下摘六函[1]，虽不能展现周、沈交往全貌，但至少可窥视二人友情涟漪。

第一封：12月17日周祖谟致沈仲章函（估计1945年[2]）

周祖谟于此函第一页，叙述他多方打听老朋友沈仲章，很久得不到确切消息的焦虑心情：

> 仲章吾兄：
>
> 　　自春间就不曾得到你的信，感觉到说不出的苦闷。热盼之下，久不见复函，以为你一定单身走入内地了。直到胜利以后，由重庆来的先生大人们的口里，竟也没能探到你的消息，心中就着急起来。我总有两种想法，（a）如依然留沪必有信来，（b）如入内地，不久也必然有信。所以在焦灼不知所以的情绪下，只有少待而已。后来恰巧袁守和先生来了，我问到你，您说你并没有在重庆，内地也正在找你，将任以驻港要员，可是还没有找到，因此我真不安了，回来告诉了内人，饭做好了，竟然吃不下去，一夜不曾安卧。我奇怪，我恐惧，我非有翅膀不可了，我急了，我要立刻找你去，到底要问问你在那里。夜间暗暗落下眼泪来，我深悔我为何以往不去看你。第二天十一月十七日我写了两封信，一寄中兴公司，一寄桃花桥，我只盼望一封可以告诉你的住处的信，可是一直到现在没有，公司和家中竟没有人惠我好音吗？教

我如何是好？

最近问到郑毅生先生，他有了答复，说你在苏州，整齐某人的古书，我放心了一些，他虽不曾告诉我消息的由来，我想在胜利以后，一切是没有恐惧的了，他得来的消息，一定是在他到南京以后的事情，必有一些些可靠，所以现在写一封较长的信，嘱托那与人恩惠最大的邮差，祈祷他能如我所愿的送交到我最怀念的人的面前。是否浮沉不达，全看幸运如何了。

周函行行感人，句句可注，仅简释几处。

落款"十二月十七日"，无年份。然首句中的"自春间就不曾得到你的信"表明，当年"春间"之前，周、沈互通音讯。及至 12 月 17 日周函，虽已越春夏秋三季，联系中断尚未跨年。而第三句"直到胜利以后……"提示，"胜利"为其间重大事件。以 1945 年夏季日本投降为参照点，推测此函写于 1945 年。

"将任以驻港要员"之语，指父亲被任命为战后清点接收文物书籍粤港地区负责人 [3]。

"中兴公司"是父亲与人合伙经营的木材行，在上海。"桃花桥"是苏州的一个地名。据我所知，父亲出生时，祖父母家住桃花桥一带，后几经搬迁，父亲读大学时，祖父母已置屋产于苏州打铁弄。我见父亲友人函大都寄往打铁弄，不清楚"桃花桥"为父亲临时寓所还是转信地址。想到父亲曾被日本人通缉，可能在敌占区会采取防范措施。

摘文中有两个人名，袁守和即袁同礼，郑毅生即郑天挺，他们均享誉文化界，无须我赘言。我正在为居延汉简涉及之题，思索袁与郑对沈仲章究竟知多少。据此函，两位对沈的行止相当了解。至于"整齐某人的古书"，当指清点陈群藏书，大题另文专议。

第二封：2月27日周祖谟致沈仲章函（估计1945年）

这封周函，透露了周、沈二人年轻时的活泼天真。我很高兴能从周伯伯眼中，见到父亲的"面孔""神情""动作""姿势""心境""胸怀"，以及他对友人的感染。

> 仲章：我很久没有给你写信了，有说不出的焦躁。在二月十日我写了一封长信，本当立即寄上，偏偏因为一念之差，以为年终你一定回苏州过年的，随即停下来。结果我想我错了，一定错了，深悔当时不把它寄出。原函现在依旧奉上，虽为明日黄花，亦不无意思。老兄看了也许要笑我的疏懒吧！
>
> 今年的年过的很不高兴，至今尚意兴索然，每天不过睡觉闲坐而已。可是时常想到你——想到我多年不见的朋友——有时拿出从前的信细细的读，有时看看相片，于是随着一副沉毅的面孔现在目前，精敏的神情，天真的动作，两手撒开把的骑车的姿势…都来了！我尤其喜爱你那和乐的心境，好相与为善的胸怀，那都是自然界最美的事物了：我很诚恳的说，自我们彼此认识以后，我的举止心情受你的感召而潜化的不知有多少。

读摘函首段，数条线索可助辨析年份：其一，周祖谟料定沈仲章"一定回苏州过年"。据此，范围可缩小到1942-1949年。当时父亲未婚，常居上海，苏州是老家。其二，那年公历2月10日为农历"年终"。据此，查得两个候选年份：1942年的春节是2

月15日，1945年的春节是2月13日。其三，周云"我很久没有给你写信了"。反溯1941年底父亲的行止与意向，推测他在1942年初，尚未"定居"江南，"过年"难上日程，老友间话题也当不同。

细释多层背景恐费篇幅，简言之，我估计该函写于1945年。回顾前摘12月17日周函首句"自春间就不曾得到你的信……"，若两函同年，则周盼沈复函，可能始于3月初。

第三封：2月10日周祖谟致沈仲章函（假定1945年）

这封周函不算太长，不清楚是否即2月27日周函所附2月10日"长信"。考证容缓，先摘短短数语，言及周、沈两人"久有"合作意愿。

> 如果工商不适，生活略能维持，索性闭户读书倒也是一个办法，同时借此机会我们也不妨合作一点儿什么东西——你是久有此意，我是极端赞成，而苦无实现的机会的。

略述背景：抗战后期父亲流落江南，与原供职的学术机构如北大文科研究所、西北科学考察团和"中央研究院"等，都脱了节。父亲有些特殊才干，仗义客串解难，协友共振民族企业，步入工商界，之后长期羁身，主要有两个原因：一是父亲被热衷民族工商之友倚重，不得轻易撒手；二是父亲手头宽裕就爱接济他人，为继续助人便需维持收入，以致自负"责任"，难以弃之不顾。

父亲常对我"言志"，不喜欢经商，最爱当学生[4]。这封周函显示，父亲早年已向学界至交流露厌商之念。

第四封：4月1日周祖谟致沈仲章函（估计1946年）

下摘周函四段，其中三段明言学术 [5]：第一和第四段围绕沈仲章，第二段记录周祖谟忙于著述，生动风趣；夹于其间的第三段绘景抒情，叙旧叹今，喜其文采，不舍割爱；而且，语言学家从"萝卜赛梨"说起"够有味的"，首先是入耳之"声音"，读来也够有味的。

仲章吾兄：

上次寄到苏州的一封信，一定收到了吧？随后我又寄往上海两包书，一包是厦门音系同方音调查表格，一包是高本汉的分析字典。不知已否收到。唯吴语研究尚未觅得，所以没能寄去。自己的一部，不知那位学生借去了，至今未还。过几天我再到市场找一下，如果有了，一定寄上。

现在我们放春假，一切总闲在一点儿。尤其对书虫子的事，可以细嚼烂咽了。这几天除了弄本行的玩意儿以外，又在作《洛阳伽蓝记校注》，一则可以调剂调剂精神，一则成书较易。所以《大藏经》《北史》等堆满了桌子，其杂乱无章之状，有目共睹（——可是你看不见）。简直是忙个不休了！这同"戏台上"的孙猴儿一样，本领无多，偏好开打，ting tang tang…tang…耍的挺热闹。真有点儿那个…，贻笑大方了！

近来天气已较温和，北海东山的桃花就要开了，绿绿的水，微微的风，衬起来丝丝的弱柳，着实令人心醉，唯有光景如昨，已是物是人非了！你坐在那楼顶儿上的沙发上，你可以想象到旧日的风光吗？我觉得此地并没有特殊的好点，它所给予人们的印象是一种古老的风味，有新有旧，由"萝卜赛梨"的声音说起就够有味的，我想你一定不能忘记往日的情景，而追怀，而赞美。可是不太有生气，现在更是索寞了，大体说起来，只有鬼混，混一天再说一天，一切都不能深想下去。

你的厦门话学得如何了？"瓦是一个冬国郎"，挺够劲儿。你必然学的顶好。将来还可以学一两种更南更新奇的语言，以便互相比较。你现在固然天天弄木头，将来还是弄文学语言方面一套的健将。有时能翻一两本书才好。

周函第一段中所言"吴语研究"，当是赵元任的那本，父亲原定1942年赴美随赵进修。父亲一向钦佩高本汉，20世纪30年代曾翻译其著述，应发表于周祖谟主编之刊物。而父亲关注厦门音系，当与他担任"台湾国语推广委员会"委员有关。

从第四段看，父亲正在学闽南语，想来已准备去台湾，但"天天弄木头"，说明人还在上海。根据诸如此类言辞，可测该函写于1946年。据我大致印象，父亲约在1946年下半年赴台。台湾之旅为另一大题，待得空梳理时，回头复核此函年份。

第五封：7月2日周祖谟致沈仲章函（1945–1948年间）

这封周函年份伸缩余地较大。倘若此函写于1945年，便可与上引2月10日、2月27日和12月17日周函，串联成同年小系列。

仲章吾兄：

过年以后曾有三四信寄上，可是至今没得到复信，忧望之殷，可以说"异常"又"异常"了！这也是我多方面不放心的缘故，前些日子居然收到你的信了，可是还没有容我拆开看，孩子一哭，把我吵醒了，你说多么使人难过。

我现在要求你见信后，即刻回信，事情忙，也要给我写几行，以慰那终日难安午夜彷徨的一颗心。

信中你要告诉我你的生活的一切，还有你的身体康健的情形，事业的发展等等。而且你要答应我以后要常来信。这诚然是不情之请，也正是我难以为怀的一点。因为我深忧惧也许在以往的信里说话过于随便了吗？

父亲常说自己是"懒笔头"，一般是收函多回复少。据本函，"过年之后"，周祖谟寄沈仲章三四封信，至7月初不见复信，"忧望之殷，可以说'异常'又'异常'了"。看来在正常情况下，父亲复函并非"遥遥无期"。周先生似乎有个熟悉惯例，在他发信数封与数月之内，理当听到回音，揣摩周先生心中之"数"，大概不过三？

品函内口气，周祖谟对老友之拖拉不恭，已经到了忍无可忍的地步。他"严令"对方见信即复，"事情忙，也要给我写几行，以慰那终日难安午夜彷徨的一颗心"。而且，周先生还向那曾为其师之沈仲章，布置了一系列"作业规定"。谁让父亲立志永远当学生呢？

那个"一哭"而"吵醒"人的孩子，想来是周家大哥。在此向周氏后代遥寄思念，盼早续联系。

又想起我曾见到有份父亲复周函草稿，也道梦中寄信云云，不知该稿与上摘周函是否相关，先后如何，最终有否誊抄投邮？

第六封：1949年7月7日周祖谟致沈仲章函

此函落款日期"卅八年七月七日"，民国三十八年即1949年。

其时北京和上海已经易帜，全国大势也定，而此时民间书信纪年仍沿旧法。

下面选摘两部分。先摘第二页片段，周祖谟"惦念着"沈仲章的身体状况、事业定向与婚姻大事：

> 关于你的身体，我始终是惦念着，现在是不是很健康？另外我还惦念两件事：
>
> 一、你的事业　目前上海的情形怎样？以后在那一部门服务相宜？我看工业一方面将来可以有更好的发展，其次就是实业界了。你现在是否还想在教育文化一方面工作呢？我很想知道。
>
> 二、你的婚姻　这是一件大事，应当早一点努力。我内人提过好几次，她也说到一两个人，我总以为都不合适。她在昨天还笑着说："那么，没有人配得上你的仲章了！"那么……我说什么呢？只有我们见面详细谈过，我才说的出。

再摘第一页上周祖谟感人之语：

> 你那优厚深美的至性，真纯可爱，令人起一种无穷的景慕，我要学，我要把已有的一点儿天真推广延展，做到你所有的万分之一。

容我套用周函修辞，作为女儿，我不及父亲沈仲章的"万分之一"；我也要向周祖谟先生学习，"要把已有的一点儿天真推广延展"，努力做到两位前辈"所有的万分之一"。

整理我处全部周函是项工程，暂无具体计划。以上所摘，使我对父亲在友人心中位置，对周、沈等上代学人的情谊、情趣、

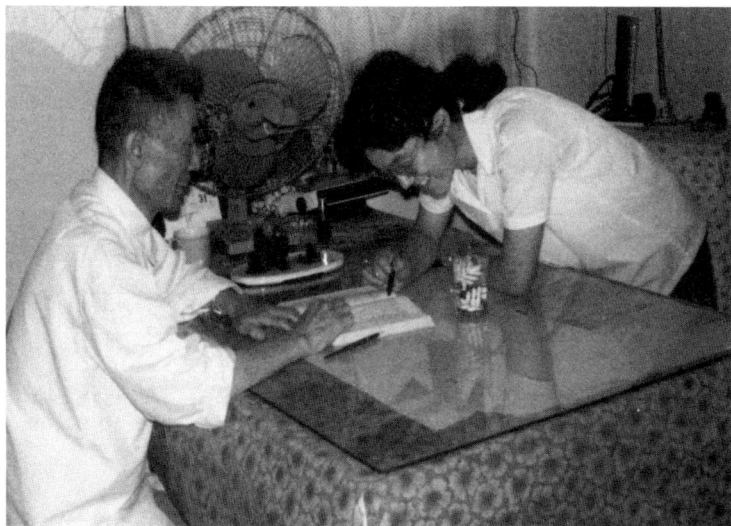

周祖谟（左）给沈亚明（右）上课，20世纪80年代初期，北京周寓，沈仲章摄。

情态、情怀……能有些许感受。我感激周伯伯，也想念周伯伯。

近年来我陆续发文叙述故人往事，免不了会迟疑重点何倚。想来想去，结论是只能不断摸索。我在本阶段如有可能，愿对口述史涉及的一些学术涵义稍做思索，不强求适从现成框架，打算以保真实、留痕迹、顺自然、循有机为主旨，根据材料，探索各种理解途径。

本文是一种尝试，意在避免把友人通信视为线性文字和平面纸片，缩减处理成干巴巴的、可填入表格的履历碎片，而是随周祖谟之立体多维笔触，尽可能为同代和后代，映现出活生生的、可近可友的两位先辈形象。

【补记】语言现象举例

以上周氏六函，在格式、词语和标点符号等方面，保存了若干阶段性语言现象，出自著名语言学家笔下，可供研究。况且，周祖谟曾对文字改革发生兴趣，推测他会思考注意这类问题。我读函时，顺手略做笔记，下择数例以备忘。再者，补记亦为补注，兼释摘文处理方式。然而除了有特殊需要，一般仅注首处，其余沿例。

第一封：12月17日周祖谟致沈仲章函（估计1945年）

这封20世纪40年代中期的周函，仍沿用旧体书信格式，在收信人之前空格示敬，自称则用小字表谦。本函几处"你"字前原留空，摘文均免。小字谦称等也免。

函内有些用字值得注意：比如"那"字通"哪"、"的"可通"地"、第三人称尊称写"您"，摘文皆依原文选字。

第二封：2月27日周祖谟致沈仲章函（估计1945年）

此函以"的"代"得"，前函以"的"代"地"，是"的""地""得"三字通用小史的早年例证。

又，省略号仅三点"…"，不知是否为英文影响。多封周函沿用三点省略号，我目前见到的转折点似在1949年（参见下文）。

第三封：2月10日周祖谟致沈仲章函（假定1945年）

本函摘文中出现破折号。"一点儿"则为以文字反映口语儿化之例。

第四封：4月1日周祖谟致沈仲章函（估计1946年）

这封周函对研究语言发展，尤其书写规范的转型，当有多方面参考意义。

（一）后缀"儿"用了小字写法，似为早年以字体标示儿化非独立音节，留下了痕迹。对比2月10日周函，后缀"儿"字没用小字。

（二）"弄"字重复出现，其功能类schematic verb（借用认知语言学创始人之一Langacker小范围交流用语，确切汉译待议），Schematic verb大意为笼统指代性动词，比如后来用得较多的"搞"字。

（三）以加引号标示语词的特殊用法，早已有之。值得一提的是

"戏台上"这处引号，我觉得似具表示情景转换之作用。

（四）对拟声词，周函原取国际音标，并有标示音高下降的斜线。摘文改用无须特别符号的"tang"，也不用表音高走向之标号。不标声高趋向，除了为减少排版麻烦，也含语言学考虑，我认为，拟声词之音高走向大都不属lexicon（词库）特征，类语调而非声调。周祖谟在20世纪40年代采用的表示下降趋势的标号，不一定等于汉语拼音方案的去声调号。未懂周氏确指而标以现时通用的声调号，恐怕欠妥。

（五）前几函中已见"的"字多用，"那""哪"相通和三点省略号等写法，也见于这封周函。考虑周祖谟的学术背景，我认为他并非随意，也许由此可探当年语言学界对建立规范的尝试，故而再提。

（六）有意思的是，本函未以空格示敬。

第五封：7月2日周祖谟致沈仲章函（1945–1948年间）

摘文内带引号的"异常"重复两次，但引号的具体功用与前函不同。

仅据上下文辨析"异常"这个词本身，周函用法仍不出基本词义。但是，因为两个"异常"各有一对引号衬托，效应大大加强。设想若将该函读出声来，我见到引号，会自然而然地重读"异常"，并在两头稍加停顿——也就是说会"读"出引号，于是"异常"更为突出。

引号醒目，无声阅读也当同理。我相信如用仪器测试，目光逗留于"异常"处，也会稍久，但关键不在线性时长，而是层面递进。

倘若上述解读语感与信作者表述思路接近，那么可以说，周祖谟运用标点符号导读的修辞技巧，令我"佩服"又"佩服"。

第六封：1949年7月7日周祖谟致沈仲章函

函内周祖谟书写规范渐变，也许可为年代递进与时期划分留证。循旧之例："那"通"哪"和"的"代"得"。更新之例：省略号不用三点却改六点，而表敬称的空格也已消失。

【注释】

[1] 摘文均为初步识读，诚邀读者指正，欢迎提示信息，共同探讨。本文重点不在考证，注释从简，亦不解释学界大多知道的书籍、人物和历史大事件。时有信笔所至，略道背景，兼抒感言，皆限寥寥数语以备再思。

[2] 括号内为推测年份："估计"表示较有把握，余则视情标以"可能""假定"或时段范围。

[3] 本书《与徐森玉》略有议及。

[4] 父亲说，一辈子当学生最理想。1978年我上大学，父亲向我传授经验，不断转系，"不要毕业"（原话）！

[5] 本篇不议周氏著述专攻与学术思考等。

第十篇

与金克木（甲）：学语交友

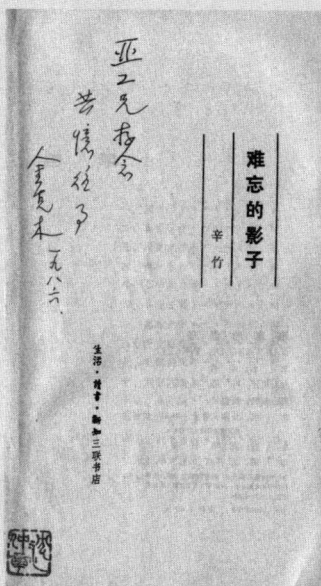

《难忘的影子》扉页题赠："亚工兄存
念，共忆往事。金克木，一九八六。"
按：亚工是沈仲章别号的一种写法。
左下角沈仲章印章为吴振平刻。

本篇基于《金克木与沈仲章：难忘的影子》小系列
首篇，原题《〈忘了的名人〉中的非名人沈仲章》，载
《掌故》第一集，中华书局，2016年，第68-89页。

《金克木与沈仲章：难忘的影子》系列小引

父亲和金克木相识于20世纪30年代初期，到1987年父亲去世，友谊持续了五十多年。我青少年时，曾代表父亲到北京拜访金克木等父辈老伯，大学期间又数次上京，接受熏陶，对老一代学人之重内涵和尚情趣，印象长存，崇敬不已。

金克木晚年写了大量散文，其中不乏以老友为题材的作品。我在海外年久，所读中文书刊有限，没有见到金伯伯写沈仲章专篇。近来得了一套封面标有"金克木散文精选"的《华梵灵妙》[1]，翻了一翻，内中倒有几篇提到我父亲，或直呼本名，或选用别号。前不久又经人指点，得知金克木自传体小说《难忘的影子》[2]最后一章中，主要人物之一就是沈仲章[3]。

在这个《金克木与沈仲章：难忘的影子》小系列内，我试图捕捉金伯伯笔下的一些"影子"，除了父亲，也有他俩的共同师友和相熟相知者，以及相关的事、物、情、景……

金克木的散文《忘了的名人》[4]，是专为纪念大名人傅斯年而作，但在开头部分，作者介绍了如何与沈仲章相识，由此被引

苏州图书馆遗址四友图，沈仲章摄（自拍）；金木婴提供。

按：金克木的女儿金木婴在传来本图之前，先作如此说明："有张你父亲与我父亲及崔明奇、林津秀夫妇四人合影，不知你有没有，此照在三联书店出版的我父亲作品集《孔乙己外传》中发表过。照片是一个有'苏州图书馆'字样的平台，四角四个石墩，一人站一个，显然是你父亲用的自动拍摄时间不够，他本人还没来得及站好。"朋友告诉我："《外传》一书收入了《难忘的影子》。这是《影子》最后一篇《数学难题》的配图。"这配图配得实在恰当，因为在《难忘的影子》的末篇《数学难题》里，这四位友人的影子不断晃动于书页之间。相关的故事，且待本小系列的后面几篇，尤其是最后一篇分解。

入那个学术圈子，结识了罗常培，从而与傅斯年有了一段因缘。

金克木在该文第二段里说，他从小学跳到大学，其后"居然有时也想敲敲学术研究的大门"，转折点就在于拜见了傅斯年。

顺着第二段末句"这话得从头说起"，金克木在第三段倒叙，介绍了他与沈仲章的初次巧遇："三十年代初期，我和杨景梅在北平沙滩北京大学附近一家豆浆铺里用世界语谈话，被沈仲章误认为讲意大利语，从此我认识了沈。"

一、学外语小史

不妨先概述沈仲章学习外语的简史，以及他为什么对意大利语感兴趣。

父亲的第一外语是英语，学习过程可谓三部曲。

父亲少年时在上海的一家洋行当学徒，零零碎碎学得些英语。父亲总跟我说，他的英语最初是下班后，从办公室"字纸篓"里捡出破纸片自学的，年少时不知天高地厚，听说读写都敢试。父亲后来回顾，他在进大学前，英语语法很不正规。可就靠这点英语，父亲"混"得了唐山大学的准考资格，还居然考上了。

唐山大学采用美国理工科大学的教育制度，除了国文课，所有其他课程的课本、参考书、课堂用语、作业报告等等，一律使用英语。三年下来，父亲的英文阅读速度已经很快，口语也相当流利。

三年后父亲转考北京大学。入校第一年，他成天泡在图书馆，一天啃一大本外文书[5]。与大部分知识青年一样，父亲也关心社会问题，探索中国出路，他虽是物理系的学生，读书却以文史哲论著居多，以致后来"见异思迁"，从理科转到文科去了[6]。不少名著原文是其他语种[7]，好在都有英文译本，可以对照阅读。早年用汉语释义的外语词典不多，连查词典也得倚仗英语。此外，父亲还爱看注重分析考证的诠释本，大都不是用英文详细解释就是有英文译本[8]。简言之，英语是父亲沈仲章在北大图书馆的"课堂用语"，越用越熟。

以上仅言英语学习阶段，其后运用提高，自然无止境。"活到老，学到老"，正是父亲口头禅之一。

父亲的第二、第三外语，当为法语和德语。

在英语之外，父亲有意识地花工夫学习的语种，大概数法语在先[9]。父亲进北大的头一年，结识了一些校外朋友，像孙晓村、吴羹梅、沈宝基[10]等，这几人的法语都很好，相聚时常说法语。父亲跟他们混在一起，喜欢上了法语。

父亲也常提到，他进北大不久就跟朋友学德语[11]。父亲另有一批朋友，像李述礼和陆宗达等，都是北大学生，他们在中学时就打下了扎实的德语功底，见面交谈爱用德语。父亲的挚友、北大第一年同公寓的邻居崔明奇也很早开始学德语。父亲跟他们相熟不拘，慢慢也懂一点儿德语了。

北大课堂是开放式的，父亲自学一阵后，又去选修或旁听一些正规的外语课程，这些课程大都由外籍教授主讲。父亲早已开始对语言学感兴趣，便又自己去读语言分析书籍，努力弄清所以然。当时中文这类读物不多，英文的却有不少，父亲的英文阅读能力，帮了他的大忙。

经过如此梳理提高，父亲的法语和德语可以使用了。父亲认为自己的法语更好一些，翻译过学术专著与论文[12]，可是德语为他带来了挣钱的机会，曾先后有几位德国学者请他当助理。

学者们看重沈仲章的不只是他的外语，更是他的基本素质和其他才能。比如，德国学者洪涛生（Vincenz Hundhausen）赏识沈仲章的音乐戏曲修养，邀请他一同去德国传播中国戏剧[13]。

此外，因为父亲具有德文、梵文、佛学等多方面知识，受过理科训练，治学细致严谨，又被其梵文老师钢和泰（Baron Alexander von Staël-Holstein）推荐，参与翻译佛经项目[14]。

学梵文之外，父亲还学过拉丁文和古希腊文。钻研这几种号称难学的古典语言，使他对一般语言的结构有了较为深刻系统的了解。这对父亲梳理已学或正在学的语种、开始学新的语种以及协助刘半农从事语言研究，都有很大的帮助。

不说几乎"死"了的古典语种，就"活"的语种而言，据父亲学生时代老友说，父亲可以"对付"十几种，所以有"小赵元任"的外号。我向父亲核证，他说年轻时好奇好学，多"碰"了几种外语。不料传闻在外，有些年少气盛的学生不服气，会出其不意地拿些较偏僻的语种来考他。他同样年少气盛，也不服输，好在印欧语系中的许多语种相近相通，连蒙带猜，竟"译"个八九不离十，于是名气就更大了。"盛名"之下，父亲不得不"真"的多学一点儿。父亲告诉我，其实真能派些用场的，只不过五六种[15]。

回到《忘了的名人》中的那个笑话，即父亲误把世界语当成意大利语。据金克木，那件趣事发生在"三十年代初期"。

这个故事，我听父亲忆述不下几十遍。彼时，父亲正在学习意大利美声唱法，随之开始学意大利语。有天早上，父亲去豆浆铺子，旁边桌子坐着两个年轻人，起劲地用外语交谈。父亲没听过世界语，以为邻座在说"意大利语"，便主动走过去，用几句初级的意大利语"搭讪"。几个回合谈不拢，才悟出说的不是"共同语言"。感谢老天安排的巧遇，金、沈气息相投，不久成了至交，十分谈得来。

父亲与金克木结交后，又起兴学世界语。我十多岁时，父亲教过我世界语，还哄我说，那是最容易学的语言。可惜我不是那

沈仲章于天津客栈，1937
年秋，沈仲章摄（自拍）；
李蟾桂惠赠存照。

块料子，连"最容易学的语言"也没学成。

至于意大利语，父亲搁置了一阵，但并没有完全放弃。1937
年下半年，为了救护居延汉简，父亲在天津滞留了几个月，大部
分时间住在意租界。父亲与一个意大利人交换学习语言，基本掌
握了意大利语。那人主管一家颇具规模的企业，邀请沈仲章去任
职，职责就是把意大利文件译成其他语种。父亲考虑意大利是日
本盟国，自己身负护简重任，担心那些地方的人会有明暗各种倾
向，谢绝了那份好意。

二、"新疆话"夜班

《忘了的名人》第四段叙述了一段往事，金克木和沈仲章曾

为"同班同学"。

该段起句说:"沈认识一个新疆人正在穷困之中,便为他组织了一个夜班,借北大红楼一间教室,请他教新疆话,邀请我参加凑数。"这里的"新疆话",当指新疆地区某种少数民族语言。看来金克木意识到确定名称不容易,所以借用口语中较随便的泛指——"新疆话"。既有金克木用词先例,本文便照搬[16]。

下面从几个角度,简介父亲的相关回忆。

先说夜班组织者的"资格"。

父亲结束学生生涯后,在北大文科研究所的语音乐律实验室(简称"语音室")担任助教,同时兼任西北科学考察团(简称"考察团")理事会的干事。考察团的理事们个个都是有名的大学者,如胡适、刘半农、徐森玉、马衡、傅斯年、袁复礼、黄仲良、徐炳昶、沈兼士、翁文灏、周肇祥、任鸿隽、常福元、徐协贞、陈受颐、梅贻琦等,共有十几个人。理事们各自都另有职务,无要紧事不太到考察团来。理事会下只设一名干事沈仲章,一应日常事务基本靠他协调处理。若有需要,父亲就到各位理事那里跑一圈,沟通转达,若无异议,便可及时解决,免去召集会议之麻烦。

刘半农在世时,无论在语音室还是考察团,都是他主事。1934年刘半农去世后,徐森玉对考察团关心最多,在事务方面接替了刘半农。父亲对刘、徐二师都执弟子礼,处处倾力相助;而刘、徐二人对他也欣赏信赖,事事言听计从。父亲还招进一个助手,就是后来成为实验语音学家的周殿福。周殿福本来在北大语音室给他当助手,两人合作得非常好。后经父亲向徐森玉举荐,周殿福也到考察团兼职。

再看新疆老师的来历。

父亲回忆,那个新疆人本名叫阿卜杜拉·穆什莱(译音),起了个汉文名字叫穆天民。穆天民是俄罗斯族人,在中国新疆土生土长。他们那一族才几千人，在当地是个小族，常得与其他民族打交道，所以，穆天民除了俄语，还会说维吾尔语、哈萨克语等少数民族语言，他也会些汉语，又学了点儿英语。考察团去西北时，雇他当翻译和向导。考察结束后，穆天民来到北平。父亲申请了些经费，拉周殿福协助，开办一个班，请穆天民教维吾尔语[17]。

然后谈谈教学方式与材料。

金克木写道："这位穆先生不大会讲汉语。他编印讲义，教语法和会话，还给我起了一个阿拉伯名字。"但在父亲沈仲章记忆中，穆天民只是随便教教，没有什么系统。

值得一提的是，父亲主导编印了一本维汉词典，用作夜班教学材料。

为了方便学习，父亲去故宫借了一本《御制五体清文鉴》。该书编于乾隆年间，里面列有满、汉、蒙、藏、维五种语言[18]。父亲特意告诉我，书中录有许多物品名称，那是极有价值的内容，可以用来考证清代器具和礼仪制度。

虽然几十年后出版了《御制五体清文鉴》的影印本，可在三十年代只有手抄本。父亲去借的时候，故宫的人对他说，这是独一无二的本子[19]。父亲印象很深的是，那书原是给皇帝看的，书中的字写得极其端正，他都能"看"出誊抄者极其恭敬的态度。

父亲把《御制五体清文鉴》里的维吾尔文，一条一条摘选出来。然后又设定了个编辑体例，把《御制五体清文鉴》中的维文和汉文，重新编排，整理成一本维汉词典。沈仲章策划编辑，穆天民抄录维文，周殿福誊写汉文，编成的词典有两三寸厚，用以参照学习。父亲弄来经费，油印了若干本。

徐森玉拿了一本给傅斯年看，傅斯年大为高兴，他说，好啊，将来正式印刷出版，史语所就可以用了，算是考察团的项

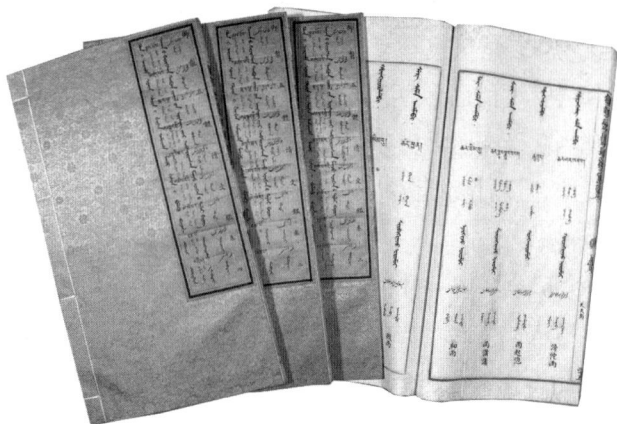

《御制五体清文鉴》故宫藏本（部分）；章宏伟协助取得电子版。

目，沈仲章编的。父亲却说，我不承认这是我编的。

查《御制五体清文鉴》，有六函三十六册，收了近两万个词条。要把其中的维文和汉文逐一抽出，编排整理成一本两三寸厚的维汉对照词典，也是一项不小的工程。傅斯年很有眼光，这本维汉词典如果在二十世纪三四十年代出版，用谁的名义倒不重要，但作为学术工具书和资料集，应有好几个层次的意义[20]。

三、夜班三小题

接下来进一步思考有关夜班的三个小问题。

问题之一：组班是为了什么？

据金克木说，组办夜班是因为那个"新疆人正在穷困之中"。听起来，是为老师而组班。我想不起父亲有否说过，办夜班是为了帮助穆天民解脱经济困境。

父亲倒有明确记忆，聘请老师和编印词典的预算，都出自考察团，好像源于庚子赔款。依我分析，夜班的主要目的还是学习西域语言，因为这对准备去大西北考察的有志人士来说，确实十分重要。

父亲一直向往踏足西域沙漠。早在1927年，他就报名跟随斯文·赫定（Sven Hedin）西行，但因故未成行。1935年考察团理事会议也有约定，沈仲章将参加1939年的远征，可惜战火蔓延，1939年父亲为居延汉简待在香港，所有计划都被打乱。

我不记得父亲提起，金克木对走访西北表示过兴趣。我想，为吸引别人加入这个夜班"凑数"，父亲得找其他理由。再从穆天民那头来看，考察团在新疆需要他翻译，他来到北平，便失去了用武之地，经济来源恐怕会有难处。替人解难救急，恰恰又是父亲沈仲章常做之事，在朋友熟人中享有口碑。倘若父亲对好友金克木私下挑明这一层，资助穆老师大概也是办班目的之一。

如此，父亲与金克木两人提供的信息，正好可以互补。

问题之二："讲义"是怎么回事？

《忘了的名人》发表时，我父亲已去世多年，金克木无法向他核证。金克木说，上课有编印的"讲义"，并认为穆天民是编者。可父亲回忆中，没有提到穆天民编过什么"讲义"。看来对这个问题，父亲与金克木的记忆有所不同。下面稍做比较，分析推测，但不轻易做结论。

金克木提到："穆先生不大会讲汉语。"父亲提到，穆天民会说英语，但未言及穆的英文写作程度。夜班学生并非人人都熟知英语，比如那个时段的周殿福，因此我估计若编讲义，还需用到中文。再综合思考背景，我觉得穆天民在语言教学方面没有受过什么训练，自编讲义会有困难。而正因为老师上课没有系统，随随便便，父亲才起念编辑维汉词典，印制分发。由此，我的第一个猜想是金克木说的"讲义"，很可能就是父亲主持编撰的那本维汉词典，复印分发作教材，也可称作"讲义"。

我的第二个猜想是除了维汉词典，父亲还帮助穆天民编印了另外一份"讲义"。编写语言课程讲义这样的事，对父亲来说，不过是小菜一碟，可能最初不曾当回事儿，其后也忘了再提。那么，为什么父亲会记得编印维汉词典？我推测，一是父亲当年为编撰费了不少心血，二是那本词典帮了他们大忙，三是回想傅斯年的兴奋与嘉许。

那么，如何看待父亲与金克木叙述的差异？

我对金克木的治学功力毫不怀疑，但《忘了的名人》不是学术论文，而是小品短文，从文体类型来说，考证不见得必要，从文章结构来说，参加夜班只是铺垫，无须着墨过多。金克木自谦是一位"凑数"者，不过是简略追述六十年后的尚存印象。父亲是夜班主办人，对前后里外所涉关系，应该说最知情。可是，父亲生性不在乎名分，只求把事情办好。综观父亲的一生，不声不响、尽心尽力地为他人作嫁衣裳的事，不胜枚举。

于是我又产生了第三个猜想，甚至很有可能，正是父亲这位主持人，在分发油印文稿时，自己对听课者说，这是穆老师的"讲义"，从而误导了金克木。把自己辛劳的成果归于他人名下，正是父亲沈仲章的一贯风格。

简言之，我认为父亲与金克木的回忆之不同，源于角色作用不同，知情程度不同……应当不难理解，也不会造成大矛盾。

问题之三：夜班办于哪年？

对"新疆话"夜班的具体年月，父亲和金克木都没有说明。

初读《忘了的名人》，我读这些随笔当消遣，未曾细想。根据段落衔接，粗粗得了个印象：金克木认识我父亲不久，便被拉去"凑数"。现在重读，觉得两段话前后相接，并不说明两件事紧紧相连。

上文讨论问题之二，已略言《忘了的名人》结构，这里再稍稍细察该文前部文脉。小学毕业的金克木得以拜见傅斯年，通过几层"引渡"：先有两个小"引渡"（金克木初遇沈仲章和被沈拉入夜班），引出了罗常培（见下文，即罗常培参与夜班）；再有两个大"引渡"（金克木认识罗常培和由罗介绍见傅斯年），渡到主人公傅斯年。大"引"大"渡"是关键，作者把年代间隔交代得明明白白；而对小"引"小"渡"，孰先孰后也已说清。至于两件小事之间相隔多久，相对文章主题来说，不怎么重要。

父亲叙述了不少具体情形，却没说是哪一年办的夜班。下面我试着根据参照事件和参与人物，逐渐缩小可能时段的范围。

寻找时段上限，我个人经过几小步。

已知学"新疆话"发生于父亲与金克木成为朋友之后，因此先得思考他两何时结交。父亲对我提起金克木时，总把他归为北大学生时代的朋友。又已知在1933年秋或1934年春，父亲的身份正式转为教师，但在此之前，父亲已当刘半农助手，大家不再认为他还是学生。依我估算，父亲与金克木的最初相识，可能在1932年或更早，我猜测是1931年 [21]。据金克木《忘了的名人》所写，他与沈仲章初次见面是在"三十年代初期"。两人所忆可说相合，互为印证。

继续思考其他相关人物和事件，我推测夜班不在20世纪30年代初期，而在20世纪30年代中期，应该晚于1934年秋。

首先考虑除了金克木与沈仲章，参与夜班的另一重要人物周殿福。父亲叙述组班学习维文和编撰维汉词典这两个事件时，都明白无误地多次提到周殿福的贡献。由此想到，夜班应开办于周殿福受聘考察团之后。上文述及，父亲向徐森玉推荐了周殿福。由是推算，周殿福加盟考察团一事，当在徐森玉接管考察团事务之后。前已述及，父亲进考察团时，刘半农是主管，刘半农去世后，徐森玉才接任。刘半农在1934年7月中旬逝世，所以周殿福进考察团，应在1934年下半年或更晚。我猜想，父亲和新主管徐森玉之间，虽然早有交往，但作为上下级，还需要时间互相熟悉。

其次考虑两个"未参与"的人物，即刘半农和白涤洲。无论是金克木还是父亲沈仲章，在描述这个学习班时，都没有提到刘半农或白涤洲。刘、白二位都是语言学家，如果组班时尚健在，应该少不了他俩的影子。不幸的是，1934年刘半农领着白涤洲、沈仲章、周殿福等去塞北采风，7月10日返回不久刘半农即逝世，10月白涤洲也离世了。

接着考虑另两个被提及的相关人物，即罗常培与徐森玉。父亲说，刘半农去世后，罗常培兼管语音实验室，徐森玉负责西北考察团。父亲和金克木都提到罗常培参与夜班，而父亲在回忆编辑维汉词典时提到徐森玉。

至此时段范围已缩小，缺了刘半农和白涤洲，却有周殿福、罗常培和徐森玉，夜班的开办不该早于1934年11月。

最后来看夜班老师穆天民，思考他可能什么时候到北平。已知1935年初，斯文·赫定结束最后一次考察，春天回到北平，估计此前在西北，仍在雇用穆天民，由此假定，穆天民在1935年春或稍后，才来到北平。

于是联想到另一件大事和一批人物。父亲在1935年3月，忙于处理赫定申请外运采集品之事，本书末篇《与斯文·赫定》就是叙述那个过程。假如夜班的开办发生在赫定离华之前，考虑穆天民原是赫定团队的雇员，父亲同时操办二事，又皆为考察团公事，很可能会交叉提及有关人士，可是我想不起来父亲叙述中有此类痕迹。

据此进一步后推上限，我认为这个夜班不该早于1935年4月。

大致有了时段的可能上限，再思考下限。

一个很自然的假定是不晚于1937年春，因为那年夏天日军侵占北平，学人四散。此外，据我对1936年父亲行止的印象，考虑还可把夜班下限也定在1935年，最晚1936年初。本来在核证其他相关事件时序之前，我不敢说出这一猜测，后来金克木长女金木婴读了本文初稿，说她父亲20世纪50年代有份履历，其中言及："1935年与罗常培等同学维吾尔语一个月。"撇开语种和时长待议，这句话提到了确切年份，支持了我的估计[22]。

夜班参与者都已去世，目前只能综合零散信息，"迂回"推测，缩小范围，还难下定论。盼望能从考察团或其他机构的档案中，找到更原始更确切的记录[23]。

四、哪种"新疆话"

我小时候多次听父亲讲述这段经历，印象中关于学习内容，父亲大多说是维吾尔语。上文述及金克木在20世纪50年代填履历，也写"学维吾尔语"。但在《忘了的名人》里，金克木改口了，他写道："可笑我还没弄清学的是什么语。当时以为是维吾尔语，以后才知道也许还是哈萨克语，或竟是另外什么语。"读这段话使我想起父亲晚年也曾提过类似怀疑，于是我便去检索1985年口述笔录，果然父亲关照，语种尚待考证，说法跟金克木差不多。

在那个夜班中，有多位学生具有良好的语言学训练，怪不得金克木自言"可笑"。我继续思忖，这个"可笑"是怎么产生的？想到虽然穆天民会说新疆地区多种语言，却没有什么学术背景，于是猜测，混淆了维吾尔语、哈萨克语"或竟是另外什么语"的，可能不是学生，而是老师穆天民。一个会说几种语言的人，虽能出于自然反应，根据交谈者说的话，几乎不假思索地选择对应用语，但被要求说某指定语种，却不一定明白哪是哪。这种情形并非不可思议，我曾亲遇几例实证 [24]。

撇开"追究"出错的"责任"，转向关注纠误。我想弄清楚的是，这批懂不少种语言的学生们，如罗常培、沈仲章、金克木……是什么时候发现语种问题的？还有，他们在当年有没有纠正过来？

按通常说法，《御制五体清文鉴》里用的是满文、蒙文、汉文、藏文和维文，哈萨克文似乎不在内。假如顺着这个说法思考，那么即便最初穆老师糊里糊涂教错了语种，当父亲借出那本《御制五体清文鉴》、开始编撰维汉对照词典的时候，应该注意到问题并且纠正了错误？也就是说，他们后来用根据《御制五体清文鉴》编写的维汉词典来学习，学的应是维吾尔语，而不该是其他语种了？那是我出于无知的猜测。

稍稍探讨后了解，事情并没有那么简单。《御制五体清文鉴》里的"维文"，是察合台文（Chagatai）。察合台文曾是维吾尔、哈萨克和乌兹别克等少数民族通用的一种书面语。如此看来，不管穆老师教维吾尔口语，还是哈萨克语，或者发现后得以纠正，"沈氏"维汉词典都管用 [25]。原来，罗常培、金克木和沈仲章这些懂不少种语言的学生，弄不清学的是维吾尔语，"还是哈萨克语"，"或竟是另外什么语"，学术上还有些渊源可寻呢 [26]。

上述几位前辈都已作古，我想起一个相关的儿时经历。记得刚认汉字不久，父亲教我用阿拉伯字母签名，他对我解释，那是维吾尔文。书写那种文字，从右往左，一笔连住不断地画弧，最后再加上几个小点小撇，我觉得特别好玩，看起来也挺美观。有那么一阵子，父亲和我常在书的扉页上，用那种文字写上各自的名字。可惜那些书籍早已流散，我也早忘了怎么用那种文字署名。

我在一张1940年父亲在香港的老照片反面，找到了他用阿拉

1940年沈仲章在香港；李蟾桂惠赠存照。　　照片反面，沈仲章签名。按：望博学者辨认。

伯书写符号的签名。

　　这张照片，由父亲好友李蟾桂保存了四十多年，1985年转送给了我。李蟾桂原是印尼华侨，20世纪30年代上半段，父亲认识了她，开始学习马来文。在一些文学家如徐迟的笔下，对沈仲章在香港"木屋"（即戴望舒的"林泉居"）自学马来文，有过简单记载[27]。徐迟在1939年9月后才迁入木屋，算来父亲学习马来文颇为持久[28]。

　　我想起父亲曾说，早先的马来文采用阿拉伯字母书写，这使我意识到另一种可能，照片反面的"签字"用语，还不一定是阿尔泰语系的一支，也可能是马来－波利尼西亚语系的一种。

　　接着又生多个疑虑：父亲赠友照片，不一定正儿八经署名"沈仲章"，会不会用其他别名？据金克木说，穆老师"还给我起了一个阿拉伯名字"，那么，父亲是否也有一个阿拉伯名字？……如此思虑，担心辨认这个签名不容易，暂搁一边[29]。

有意思的是，李蟠桂寄给我这批老照片时，有信相随，信中写道："你爸有各种天赋和才能，所以一生有许多特殊的经历，多彩多姿的生活，值得传留。……我偶然的由一位朋友那里认识他，发现他的语言天才十分惊人。他知道我是印尼侨生后，想向我学习印尼文（马来文）。岂知他尚未拜师，已经能流利地运用马来语了，远比老师强。"

假如这张照片反面的阿拉伯符号，无助于解答父亲和金克木到底学了哪种"新疆话"，至少随照片而来的李函所叙，可以为沈仲章学外语小史，做个颇有趣的补充。

言及"补充"，想起父亲曾说，"夜班"之后很多年，他在上海见过穆天民，并有过往来。可惜，父亲没有说更多的情况。

现在我好奇这是哪种"新疆话"，懊悔以前没有问父亲，他有否"盘问"穆老师，究竟教了他们什么语言？有否把穆老师"拐"到沈寓录音棚，把他会说的几种新疆少数民族语言一一"诱"出，采样存档？

这类事正是父亲喜欢做的。萧伯纳笔下卖花女和语言学家的"鸠舌"纠缠，父亲给我"演"了不止一遍。

记得母亲曾抱怨，他俩婚后，我哥哥姐姐相继出生，只差一岁，母亲手忙脚乱，家里先后请过几位保姆。父亲见保姆来自外地农村，满口乡音土语，大喜过望，一个个敬若上宾，请她们讲故事唱山歌，母亲还得端饮料送小吃给"发音人"润喉充饥。

再说我读了金克木的《忘了的名人》，曾一度怀疑，我学的那种美观签名到底是什么文字？隔些时我想通了，即便父亲始终没有查清20世纪30年代所学口语是不是维吾尔语，但在教女儿签名时，一定有把握教的是哪种文字。

父亲一贯待我如朋友，从来不摆长辈"尊严"，如果吃不准教我的是哪种语言，父亲会如实告诉我。我俩之间常常有此类

"可能是A，也可能是B，甚至是C"的讨论，而向女儿坦白他暂时还没得出结论，也丝毫不会影响我对父亲的信任和尊敬。

金克木也一样，比如在《忘了的名人》中，他对自己和老友们的"可笑"，毫不讳言。这使我在敬重之余，更觉得金伯伯可亲可爱。回想起来，父亲的很多老朋友就像金伯伯，都不曾在我面前摆过什么长辈或学者的"尊严"，都很随便风趣，平易近人，和他们"混"在一起很舒服。

拙文将成之际，我又翻阅手中的《华梵灵妙》中册，见《忘了的名人》篇末，印有一行数字"1996.6"，想来是最初发表于1996年6月。

记得曾见一封金克木致沈仲章函，言及他写了一篇文章，叙述两人初次相见情形，还说文章已经寄出，什么时候刊载不知道。算了一算，父亲在1987年3月已归天，金克木在我父亲生前寄出之文，大概不至于是1996年才发表的《忘了的名人》[30]。

如今父亲、金克木伯伯以及文中提及的他们的老师朋友，大都已离开了这个世界。唯愿前辈之灵在天相聚，他们的"影子"长存于人间。

【补记一】追加说明

本文写得十分匆促，虽请金木婴、金木秀和徐文堪等审阅初稿，核证史实，但因急于出国办事，交稿前未及梳理文字。付梓前接预览者反馈，发现有些部分似易引起误解，补充几条解释。

1."新疆话"夜班学习的语言

父亲组班原本想学维吾尔语，但老师穆天民有可能弄混了。教学采用的书面语，应是基于《御制五体清文鉴》的中古以后的维吾尔文。至于是哪种口语，因缺乏音档等证据，仍存疑。

2.父亲1940年照片反面的阿拉伯文签字

可能是夜班所学的维吾尔文，也可能是父亲自学的马来文。辨认也许涉及其他背景知识，企盼博学者相助。

3.父亲教我的"美观"签名

我相信是维吾尔文。仔细回想，父亲教我那种美观签名时，他已曾或正在自学维吾尔语。

我认为不是马来文。因为若是马来文，父亲会讲明，而且会教我用马来语读这个签名。父亲到晚年还能说些马来语，教过我马来民歌。但除了演示几个"怪怪的"辅音，我不曾听过父亲说维吾尔语。

【补记二】答复读者

本篇原文刊发后，接到一些读者提问，简答数问于下。

1.何时何人发现夜班"新疆话"语种有误？

答：我有理由认为，是父亲在几十年后发现的。父亲一向对少数民族语言感兴趣，有机会便关注。他的另一老友俞敏曾对我说，你爸爸就是喜欢收集方言和少数民族语言资料。我粗粗整理父亲遗物，见有整本整本的笔记，是他晚年自学少数民族语言时所记。有苗语、壮语等西南地区语言，推测记于20世纪50年代，因为那时父亲要去西南地区采风。大约20世纪60年代上半段，父亲又曾自学维吾尔语。记得父亲让我听辨一些特殊发音，一组一组地对比。估计父亲在较系统地了解维吾尔语特征后，开始怀疑早年穆老师所教的是其他语种。可惜不久政局动荡，书籍缺乏，父亲未能继续探究。猜测到了20世纪80年代，语言文字出版物增多，父亲再查资料，很可能在那个时候，才将疑问告诉了金克木。

2. 能否介绍令尊学过的所有语种？

读者先做评议：第一节"学外语小史"所列语种，大都属印欧语系。世界语非自然语言，而是人工语言。夜班所学语种，哪怕不是维吾尔语，大概也属阿尔泰语系。马来语属另一语系，对沈仲章"学外语小史"补充意义不小。

然后提出：能否介绍令尊学过的所有语种，尤其是跨不同语系？问者解释了理由，同一语系接近语种，较易一通皆通；但分析学习跨语系多语种的案例，对解释语言"深层结构"等有特殊意义。

答：所言有理，感谢！

若父亲在世，可作为特殊案例观察，或有助于研究语言习得理论。很可惜，我不知道父亲学过的"所有"语种，然既承相问，挖掘记忆略做补充。

本书末篇《与斯文·赫定》，言及父亲学过瑞典文。

父亲也"碰"过斯拉夫语系若干语种，但我记不清语种名称。

父亲年轻时也"碰"过日语，那是受好友胡曲园影响。早年北平有位进步的日本人，与胡曲园关系密切。北平学人有个日语圈，相聚讨论变更社会的理想。父亲晚年又"碰"过日语，起初我家多人一块儿开始学，我浅尝辄止，父亲比我学得久也学得好。那时父亲学日文促因之一，可能是友人罗传开有不少日文资料，介绍西方音乐的较新发展。

此外，父亲在20世纪30年代，翻译过介绍八思巴文的著述。这里得注一下，父亲翻译的是用某种外文"介绍"八思巴文，而不是翻译八思巴文本身。我不认为父亲掌握八思巴文，但依他性格，会对被介绍的文字有所关注，以助理解翻译。

除了前已叙及的几种少数民族语言，父亲在阅读斯文·赫定旅藏系列报告时，"碰"过藏文。他去台湾推广国语时，收集了不少当地民族语言资料。

以上只是我目前能想起的，日后见到资料再补。

必须申明：以上所列仅言"碰"过，程度深浅不明，切莫传为"会"或"懂"！

而且，父亲自己肯定会说：这些都不算！

【注释】

[1]《华梵灵妙》共有上中下三册，龙协涛选编，属《中国当代散文八大家》丛书，季羡林主编，海天出版社，2001年第1版，2006年第6次印刷。

[2] 金克木寄赠《难忘的影子》时，我已赴美。据我那另一半说，书到那天他在我家，篇首图中"沈仲章"钤印，就是他提议并替父亲盖于扉页的。我想起在出国前，父亲已收到部分小样，不时捧着读，并圈圈点点，"难忘的影子"一语，也常常挂在父亲嘴边。

[3] 参见本书《与金克木（丙）》。

[4]《华梵灵妙》中册，第170–172页。

[5] 参见本书《与陈珪如和胡曲园》。父亲常说，老北大图书馆的工作人员对他帮助很大。

[6] 拙文多篇叙及沈仲章北大转系一事，但皆未及细述缘由。此处所言亦仅为转系原因之一，容日后补充。父亲曾提及，比起在唐山大学读科学类书刊，在北大读文史哲论著对语言的要求高些。

[7] 模糊印象中，父亲常提的书名和作家名，除了英文，以法文和德文居多，意大利文如但丁《神曲》，还有拉丁文和古希腊文的经典著作……

[8] 我认为，对比原文与译文并参照注解本，对父亲后来涉足翻译、考古、语言学等领域，大有帮助。

[9] 父亲自己列法语为第二外语，德语为第三外语，但曾言及，记不清先"碰"哪一种（参见下文与相应注释）。

[10] 本篇原文还提到戴望舒和施蛰存，因为父亲说起法文朋友时，常

把戴望舒、施蛰存和沈宝基三人放在一块儿说。我推测，父亲与戴望舒的最初相识，当在20世纪20年代后期的北平，通过法文圈的好友孙晓村。父亲与施蛰存何时何地相识，仍待考。

[11] 从交友顺序来看，父亲先有机会接触德语，因此也可能先学德语（但非"有意识地"学习）。

[12] 父亲曾翻译英文、法文和德文著述。不过但凡提到德文翻译，父亲都会特意说明，他参考了英译本，并请李述礼当后盾。本书《与金克木（乙）》略议翻译。

[13] 参见本书《与洪涛生》一文。

[14] 原文提及父亲协助 Richard Wilhelm（卫礼贤）或 Erwin Rousselle（鲁雅文）。最近徐文堪提醒，还可考虑钢和泰助手 Walter Liebentha（李华德）。我听父亲提过李华德这个名字，但有无合作经历待考。参见本书《与钢和泰、卫礼贤和鲁雅文》。

[15] 本篇原文草就于2014年，后来起草本书《与钢和泰、卫礼贤和鲁雅文》原文时，我再次回想具体语种的例证，算来至少有六种。

[16] 本文言及"新疆话"，皆加引号以避误解。

[17] 父亲很清楚，他组班原来是要求学维吾尔语。至于老师到底教了什么语种，下文再议。

[18] 据春花《〈御制五体清文鉴〉作者及编纂年代考》（简称"春花2014"，载《满语研究》2014年第1期，第28—33页），《御制五体清文鉴》于乾隆四十二年（1777）开始编译，五十九年（1794）完稿进呈。符合父亲所述。

[19] 不少资料皆云，有三部《御制五体清文鉴》，北京故宫两部，伦敦大英博物馆一部。"春花2014"推测，大英博物馆所收《御制五体清文鉴》，当为原沈阳故宫藏本。据"春花2014"，虽然依记载《御制五体清文鉴》原藏北京故宫两部，沈阳故宫一部，但该文作者搜索北京故宫藏书目录，却只录一部。这个说法与父亲所述相符，即他去借的时候，《御制五体清文鉴》是北京故宫"独一无二的本子"。

[20] 我已询问傅斯年图书馆，有无油印的维汉词典留存，答复没有。但愿还有散落于他处的"残本"，哪日能"出土"。

[21] 不少父辈老友认为沈仲章毕业于1930-1932年间，但父亲总自认是学生，常不承认自己是老师（参见本书《与周祖谟》）。考虑到这个因素，我只能说猜测。本篇原文刊发后，又见金克木他处文字言及初识沈仲章，容另议。与金木婴联系后，得悉经她独立推算，我们的父亲应相识于1931年。

[22] 据我的经验，填写履历力求简练，信息有伸缩度，但就此例而言，我认为年份基本正确，语种仍存疑（见下文），时长也可另议。学员之一金克木参与学习一个月，不等于夜班总长一个月。

[23] 父亲提及申请经费，希望考察团留有书面文字。想到几条线索：其一为香港大学图书馆，父亲在抢救居延汉简时带去的考察团部分文件还在那里。其二为中国社会科学院（大概是考古所），该机构在20世纪50年代接收了西北科学考察团材料。其三为北大或某机构，父亲未带走的考察团材料，包括维汉词典底稿和样本等，应或在原北大文科研究所，或在沙滩考察团仓库，两处屋舍皆属北大。即便后来划归其他部门，公家物资交接当存有记录。

[24] 我曾观察并测试多位自幼会说英语和多种汉语方言、但不太熟悉语言学的人，若用国语要求被测者说国语，一般没问题；用某种汉语方言要求他说同样方言，也无问题；但若用国语要求被测者说某种方言（已确知能说），被测者有时会答以国语、英语或另一种方言。对此类现象，认知学、语言学和心理学等学科，都可提供解释。

[25] 此外，徐文堪跟我聊过一个推测，可能我父亲还学过回鹘语，即古代维吾尔语。"令尊当时参与了中瑞西北科学考察团的一些事务，所以会去注意西域语言，而且上世纪30年代，有一位德国学者葛玛丽（Annemarie von Gabain，1901-1993）正在北京，她是研究古代突厥语的大学者。"徐文勘预览本文初稿后，又告诉我："令尊当年所学的，可以肯定是维吾尔语。哈语与维语接近，但书面文献很少。至于回鹘文，不用阿拉伯字母拼写。"

还说："察合台语就是中古以后的维吾尔语，不但新疆用，中亚和南亚也广泛使用。"我觉得徐文堪说的有道理，就书面语来说，夜班采用的应是中古以后之维吾尔文。但是哪种口语，我觉得仍可再思考。

[26] 至此回头解释为何略花篇幅探讨，因为分析错误常能揭示其他层次的信息。

[27] 参见徐迟《江南小镇》。

[28] 父亲学马来文相当持久，存于记忆也相当久，也许可说至其生命终点。因为，我来美七个月父亲即去世，在我出国前夕，父亲还能唱马来语民歌，时而也会提到某句话马来语怎么说。

[29] 我请维吾尔族的老同学相助，也有热心者转托略知马来文者相助，皆无把握确认。

[30] 希望通过撰写这个小系列，一步步找到金克木所写的关于沈仲章的其他文字。欢迎阅读广泛者指点。

第十一篇

与金克木（乙）：天缘译友

金克木与沈仲章，上海虹口
公园，1946年；金木婴提供。

本篇基于《金"译匠"与沈仲章的人间"天缘"》，
原为《金克木与沈仲章：难忘的影子》小系列第二篇，
载《掌故》第二集，中华书局，2017年，第201–222页。

《译匠天缘》[1]是金克木伯伯晚年写的一篇回忆随笔，顾名思义，重在"译匠"之"天缘"，但读来却处处可见人缘。

穿插于三四个段落之间，沈仲章的影子多次出现：沈仲章陪伴金克木仰望星空，怂恿金克木翻译第一本天文读物，充当金克木物理知识后盾，替金克木传递译稿给权威过目，还继续帮助"设计"——找原料、找销路、找住处，乃至连找人做饭的事，都安排妥当了……

读了金克木伯伯这篇散文，才知道在他与宇宙星辰结缘之时，父亲沈仲章曾与他形影相随，为他左右牵线，共同上下求索。

一、结天缘

金克木在该文中最初引出我父亲，是这么写的："想不到从此我对天文发生了浓厚的兴趣……兴趣越来越大，还传染别人。朋友喻君陪我一夜一夜等着看狮子座流星雨。朋友沈仲章拿来小望远镜陪我到北海公园观星，时间长了，公园关门，我们直到第二天清早才出来，看了一夜星。”

父亲也常津津乐道那个北海公园的星夜，印象中是说跟金克木相伴。但在读《译匠天缘》之前，我还不敢确定，因为有时我听故事，得了情节忘了名字。

父亲说的梗概大致如此：他俩刚进北海公园时，天色尚亮。他们特意等天黑，便于察看星空。夜幕降临以后，两人一边观天一边聊天，完全忘了时间，待想到应该回家了，公园大门已经关闭，出不去了，干脆，待里面得了。

北海公园的湖中，长满荷叶莲蓬。两个年轻人琢磨，在湖面荷海望天间星河当更有趣，便解开一条小舟，轻轻划离岸边，然后收桨荡漾于水面，随波漂流，不知不觉“误入藕花深处”。两人陶醉情境，“不思归路”，索性横卧船内，拨开荷叶，仰视夜空，辨认星座。时间久了肚子饿了，也不起身，把手伸到船外，折下几个莲蓬，剥出莲子充饥。看了一夜的星，聊了一宿的天。

我少年时随父亲去乡村，晚间泛舟水潭，听父亲连讲带“演”上述经历，对一些浪漫情趣，留有多感官“记忆”。每次听父亲描述，我总可以从他的表情和语调中，感染到一种回味无穷的美滋滋。

许多事回过头来看，似乎老天早有暗示。《译匠天缘》有那么一段，追忆金克木对天文学的最初接触，是“偶然在天津《益世报》副刊上看到一篇文”。金克木给报社写信，希望该文作者“继续谈下去”。编辑刊载了这封读者来信，题为《从天上掉下来的信》。后来，那位作者果然“出了书，题为《秋之星》”。我想，莲蓬成熟之时，通常是夏秋季节？金克木和沈仲章，嘴里嚼着新鲜莲子，眼睛盯着初秋之星，也算应了暗中缘分？

回到《译匠天缘》，在北海公园过夜那段的末尾，金克木写道：“他劝我翻译泰斯的书。”一共只有两个人，这个“他”便是沈仲章。这句话为本文文首"怂恿"一词,提供了依据。可是在当时当场,金克木"没有把握,没胆量,没敢答应他"。

接下来的一段说,不久,金克木终于鼓起了勇气,他觉得:"译科学书不需要文采,何况还有学物理的沈君和学英文的曾君帮忙。"

"学物理的沈君"就是沈仲章。父亲最初考入北大物理系,虽然后来两次转系跨院,但许多师友仍先入为主,认定沈仲章是物理专业的。比如张砚田,在《记刘天华先生》[2] 一文中,就说沈仲章"于物理系毕业后,转而从事语音学的研究"。金克木在另一篇随笔《关于"伍记"》[3] 中也提到:"沈〔仲章〕是物理系毕业的。"其实,父亲应算是从哲学系毕业的。

继续听金克木往下说人缘与天缘,紧接着的几句是:"于是我译出了秦斯的《流转的星辰》。沈君看了看,改了几个字,托人带到南京紫金山天文台请陈遵妫先生看。"听起来,父亲还是译稿的第一位读者,至少最初几位之一?

我不清楚父亲在南京或天体研究方面有什么人缘,但通过他,金克木"攀"上了天文学专家陈遵妫。"稿子很快转回来,有陈先生的两条口信。"谁传的口信?按原先递送渠道,很可能也是我父亲沈仲章。

得到陈遵妫对译名和投稿两方面的指点之后,金克木把稿子寄了出去。"第一次卖出译稿得了钱",还不少,"两百元"!于是,他"胆子忽然大了,想以译书为业了"。如此依仗天缘人缘,金"译匠"由业余转向"专职"。

金克木接着写,他尝到了"译书卖稿"的甜头,辞职去了杭州。他又翻译了一本《通俗天文学》,又换得了钱。回北京后,"下决心以译通俗科学书为业"。他还把自以为是的选择理由,说得振振有词。看来金克木的振振有词,说服了好友沈仲章,得到了支持。

首先是"货源"："沈仲章拿来秦斯的另一本书《时空旅行》，说是一个基金会在找人译，他要下来给我试试。接下去还有一本《光的世界》，不愁没原料。"

这位"他"，管得真够宽的。既然金克木想以"译匠"为生，就得安排生活。"他在西山脚下住过，房东是一位孤身老太太，可以介绍我去住，由老人给我做饭。"

父亲在北大期间的几个主要住处，我大概知道。第一处是沙滩的同安公寓，第二处是北大西斋，期间换过寝室。大约在哲学系毕业之后，他被赶出学生宿舍，曾与李述礼等合租过校外的一个小院子。可能"西山脚下"就是这一处？记得父亲说那个院子空气和阳光都很好，李述礼当时患肺病，正适合他康复疗养。但我依稀记得沈李合住之寓在城内，那么"西山脚下"便可能是父亲临时居住的另一处，为时应该不长。后因西北科学考察团北平留守处需要，父亲又搬回沙滩，一直住到1937年8月。

再来关注金"译匠"：他对沈君仲章言听计从，一切顺利进行。"我照他设计的做，交卷了，他代我领来了稿费。"不错，有吃、有住、有订货、有酬劳。金克木认为："有了活下去的条件。"

二、联友缘

金"译匠"的"天缘"，总有"人缘"相伴，《译匠天缘》中提及多位朋友。

读该文可见，陈遵妫与沈仲章逃不脱有直接或间接的"瓜葛"。其他名字中，我特别熟悉两个——曹未风和崔明奇，两人都是父亲的好友。

上文已述，金克木译出了第一部天文学书稿，由沈仲章托人带给陈遵妫先生看。沈仲章传回陈遵妫的指点："一是标星名的希腊字母不要译，二是快送商务印书馆。"说到送出版社，引出了曹未风。

初出茅庐的金克木"没有勇气直接寄去，把稿子寄给了上海的曹未风，请他代办"。可是因为已有人捷足先登，商务印书馆没收这份译稿；曹未风替金克木做主，把版权卖给了中华书局。金克木又译出第二本天文学读物，"再托曹未风去卖给商务，又得一笔钱"。总之，金"译匠"生财有道，曹未风功劳不小。

我不清楚父亲和金克木哪个先认识曹未风，谁给谁搭的桥。下面仅仅说一下我记忆中的曹未风。

常听父亲提到曹未风，可惜我年龄尚小，曹伯伯就去世了。父亲去参加曹未风的追悼会，没有带我去[4]。

我对曹未风这个人，记不住模样，但对他的一些书，却无法忘却。20世纪50年代，发行过一批曹未风翻译的莎士比亚戏剧单行本，每出一本新的，他必送一本给我父亲沈仲章，我家积攒了不少，可以说，我是从小"看"着那些书长大的。

怎么回事呢？这得从头说起。我并不是那种两三岁就十分"了了"的神童，六七岁前"不识字"，快上小学了，父亲才教我学拼音，然后让我自己查词典认字。我以为"识字了"，便什么书都能看了——书上不就是印着字吗？我曾爬上父亲膝头，"抢"他手中的《汉书》《左传》，又踏上凳子、沙发，逛"书架街"看"橱窗"。有一溜薄薄的小册子，比我一二年级的课本还要薄还要小，被我看上了，那正是曹译莎剧单行本。

当我伸手可及、父亲也允许翻阅的书渐渐减少，我的视线常常扫向那排小册子，父亲看出了我的企图，对我说：你太小，看不懂莎士比亚的东西，别碰这些书。平日无论老师、街坊还是亲友，都说我是个听话的乖孩子，可那万恶的书本"诱惑力"太大，父亲不在旁时，我犯了规，一本接着一本，悄悄地翻开了曹未风的书。感谢曹伯伯善解"小人"意，他那一本本小册子很薄、很轻、很好"偷"。

也许是做贼心虚，曹译莎剧我看得很快很粗，果然，一点儿也不好看！父亲所料不差，小孩子哪看得懂莎翁的东西？大凡知识浅薄的，常免不了爱轻易下结论，肚里没藏多少诗、年龄还在个位数的小学童我，居然敢一言以蔽之："外国无好诗！"

就这样，我牢牢记住了曹未风。

再来简单说说崔明奇。我有百分之百的把握，金克木与崔明奇结缘，由沈仲章促成。

金"译匠"说，在他"生意"不错的阶段，"教数学的崔明奇拿来一本厚厚的英文书《大众数学》，说他可以帮助我边学边译"。崔明奇与沈仲章同一年考入北大，崔伯伯学数学，毕业后也一直教数学，生前最后一个职位是复旦大学数学系教授。

父亲和有的朋友常把崔明奇写作"崔明琪"，一开始我以为，大概是金克木错把"琪"字写成"奇"，但是后来看到一封崔明奇写给我父亲的信，落款是"明奇"，看来金克木没写错。

不过父亲是崔明奇的密友，写成"明琪"应该也有一定的道理[5]。崔明奇去世早，没有留下子女，他的遗孀林津秀领养了一个女孩，大我一岁，取名林琪。津秀阿姨告诉我，"林"是她的姓，"琪"是纪念崔明琪。

现在知道崔明奇这个名字的人恐怕很少了，但在关于数量统计学家林少宫的资料中，常提及林少宫选择数学以及留美学成返回祖国，都是受姐夫崔明奇的影响。崔明奇的夫人林津秀是林少宫的二姐，林津秀一家从大姐珠秀到小弟少宫，个个都是沈仲章的好朋友，熟得就像自家兄妹一样。

父亲与崔明奇以及林家姐弟手足情长，说来话也长。我打算

左起：林津秀、崔明奇、
沈仲章，苏州，1946年；
金木婴提供。

在本小系列之三，聊聊金、沈、崔、林四人友谊。这里只说一件事，因为关联到曹未风。

1949年上半年，父亲还是个单身汉。崔明奇和林津秀没有孩子，常把沈仲章招去小住，继续"学生时代"。解放军进驻上海的那天，父亲夜宿复旦大学宿舍崔林之家。他们仨不知道外面已经天翻地覆，改朝换代，第二天起来，觉得四周寂静异常。正是曹未风一大早兴冲冲地打来电话，告知三位朋友：上海解放了！革命成功了！

朋友的兴奋，感染了他们。那时的知识分子大都对当局有所不满，期盼重大变革，听到"革命成功了"，三个书生结队，昂首挺胸，挽手迈步，从复旦大学第二宿舍走到了江湾镇。他们三人不党不派的，也不知道自己已经大大落伍，还兴兴头头的，一路哼着二三十年代学生中流行的革命歌曲，像《国际歌》和《少年先锋队队歌》之类的，算是自发的"庆祝游行"。

对"不党不派"得补一条注。就父亲而言，他一直如此。崔明奇受沈仲章影响，也坚持了许久。他们的共同好友中，胡曲园、李述礼、陈洪进、孙晓村等，学生年代就是地下共产党员。曹未风暗中为易权做准备，父亲也心知肚明。另一些朋友如张砚田等，一直在国民党政府任职。其他多位友人如吴羹梅等，则是民主党派的活动家。

因为父亲明确表态独立不羁，几方人士都曾转向动员崔明奇。据说还有人埋怨，都怪沈仲章，崔明奇学了样。可是，根据复旦大学档案馆替我查的资料，崔明奇在1952年加入了中国民主同盟。而林津秀热情满腔，一向比较"左倾"。我敢肯定，说服林少宫归国为新政府效力，他这位二姐出了大力。

崔与林这一批朋友，表过不提。最后说一下金"译匠"的另一位"天缘"朋友，清华大学的侯硕之。

金克木有篇随笔《人世流星》[6]，专为纪念侯硕之而作，称后者为"只见过两面而终身不忘的朋友"。我知道父亲也有不少清华的朋友，但是否有缘相识侯硕之，不清楚。

《人世流星》从另一个角度谈到秦斯《流转的星辰》中译本："不约而同有三个人翻译。一是南京天文台的人，译出书名是《闲话星空》，商务印书馆先出版。一是侯硕之，清华大学电机工程学生，译出书名是《宇宙之大》，开明书店接着出版。第三个是我，照原书名译作《流转的星辰》。"这段话可与《译匠天缘》所叙互为映照。金克木认为，三个译本中，侯硕之"译得最好"。

正因为金克木与侯硕之都翻译了同一本书，两人才有缘结识。那是另一位沈姓朋友牵的线，那位沈君元骥说："两个译者都是我的朋友，你们也作个谈天文的朋友吧，我来介绍。"读了这段逸事之后，我更相信，金克木的"天缘"，总离不开人世间的朋友缘分。

三、串译缘

金克木说，他不仅自己染上了夜观星空之癖，"还传染别人"，沈仲章就是其中一个。父亲也多次说，他一度迷恋天文学，而引他攀上这份"天缘"的便是金克木；此外，金"译匠"对翻译天文读物的热衷，也"传染"给了他，父亲不仅鼓动协助金克木翻译天文学著作，自己也偶尔客串。

客串之事与胡适有关。抗战前父亲在北大文科研究所任助教，同时也在中瑞西北科学考察团兼职。当时胡适担任北大文学

胡适，美国纽约寓所，1957年；"中央研究院"近代史研究所胡适纪念馆提供。

院院长，也是考察团理事会的常务理事。

有一次，父亲为工作去请示胡适，知道找胡适的人多，可能得等一会儿才能说事，就带了一本书去。父亲当年有个习惯，到哪儿都随身带着书，有空就翻几页。轮到他与胡适说话时，书还在手上，胡适见了，要过去看了一下封面。

那是一本英文科普读物，作者是英国的一位爵士，内容涉及天文学的最新成就，文字雅俗共赏，引人入胜。胡适看了书名和作者，对沈仲章说，虽然他没读过这本书，但知道这位作家专写科普作品，文笔生动活泼；接着说，这种书很好，应该把你手中的这本翻成中文。

胡适是认真的，不久便派关其桐来找沈仲章。关其桐说，胡先生记得你上次看的那本天文学读物，要你译成中文，他已经与我们基金会商量妥了，由我们资助出版。

关其桐即关文运，翻译了很多西方哲学著作。当时他在中华教育文化基金会董事会任职，具体部门是编译委员会，专门组织翻译稿。父亲认为，那个基金会的资金来自庚子赔款。

有意思的是，父亲帮助金克木由业余"译匠"转向全职，他自己其实是半个专职"译匠"。父亲当时职内一大任务就是翻译学术著述，计划发表出版的较大项目有两个：一个是为考察团翻译瑞典考古学家斯文·赫定（Sven Hedin）的《戈壁滩之谜》（Riddles of the Gobi Desert）[7]，主要根据德文本翻译，但参照英文本；另一个是为北大文科研究所翻译法国汉学家马伯乐（Henri Maspero）的《唐代长安方音考》（Le dialect de Tch'ang-ngan sous les T'ang）[8]，直接译自法文。此外，罗常培还让沈仲章翻译各种语言学论述，比如瑞典汉学家高本汉（Klas Bernhard Johannes Karlgren）的研究。又因父亲的特点是能做（而且爱做）别人认为难做的事，一些探讨较冷门语种如八思巴文的文章，也被插入译单，还常常是加急[9]。

至于翻译那本天文学读物，不算本职工作，而是额外的，尽管也是遵照上司胡适的嘱咐，但不在考古和语言学范围内，当属业余客串。父亲从1935年或1936年开始翻译那本书，不少部分是金克木帮他翻的，正文译完交稿，已经是1937年夏天。不久北平沦陷，父亲匆促逃往天津。

本书排印前刚见记录，沈仲章所译书稿由叶企孙校勘，列为该基金会完成项目。父亲在天津与叶企孙及其弟子熊大缜的相知互助，是另一段缘分，表过不提。

再说父亲于1938年到1941年间逗留香港，主要任务是为居延汉简拍照制册。汉简图册预定由商务印书馆出版，父亲作为"中央研究院"特派员，长驻该馆工作。父亲与商务印书馆几位领导——王云五、李伯嘉、王巧生等，在同一个小餐厅吃午饭，有天王云五对他说，你翻译的那本天文读物的书稿，转到了商务印书馆，已经登在出版目录上了，但是我们发现还缺插图解说词，请尽快补译。可是，父亲逃离北平是为了抢运居延汉简，没把英文原著带在身上，商务印书馆只好加急向国外订书。英文原版抵达之后，父亲赶出了完整的翻译稿，交给王云五。不幸的是，日军打进香港，这部译稿失踪于战火[10]。

父亲这个半职"译匠"因金克木而染上的"天缘"，也带着"人缘"。20世纪三四十年代，父亲常常独自一人流连户外，在静默中神游时空；不时也约有缘之友，一起登高夜游，聊天说星。

如此星缘友缘，还连着情缘。父亲与他的女友，就是在银河之下定的情，各自认了一颗特别明亮的恒星，取希腊拉丁文星名为昵称。抗战后期两人失去联系，父亲曾登报寻找她，因日本人知道"沈仲章"与居延汉简有关，写真名不妥；而父亲出入日占区用的那个名字，没有保持联系的朋友不熟悉，于是父亲想了一个办法，把只有"你知我知"的希腊拉丁文星名，用接近的国语发音，改成了中文"姓名"，希望对方能明白其中的特殊含义。

四、涉乐缘

"匠"者能工，各有特技专长，而"译匠"技之所长，当然就是"译"。这里摘引萧伯青（即萧从方）的几句回忆文字，作为对金克木"译"绩的补充。萧伯青在《忆刘天华先生补》中写道[11]："一九三五年六月……刘天华先生遗作演奏会。会的节目说明书还是由沈仲章同学去找金克木先生译成英文的。"

别小瞧这条小小"译绩"，其意义至少有两重。第一是金"译匠"跨越时空，与刘天华谱写的"天籁之音"攀缘。第二是"译成英文"，金克木自己回忆的"译匠"建树，都是从英文翻译到中文；而把中文译成英文，目前我只见到这一条记录。中译英的难度要高得多，跨界也非易事[12]。

我更关注他们两位好友的互相影响，即父亲跟着金克木注目星空，金克木又随着沈仲章涉足乐界。说到金克木因沈仲章而与音乐有缘，还有一事值得一提。2014年秋，金木婴发给我一个电邮：

> 我父亲曾应老友朱锡侯先生的夫人范小梵之请，口述了他与朱先生的交往，后来我整理成文，收入我父亲文集。其中一段提到了你父亲，内容如下：
> 另外还有一回，沈仲章来了。沈仲章正在跟一个从意大利回来的人学唱歌，唱得很好。他们说，那就请他教我们唱。我跟沈仲章一说，沈仲章说，好啊，你们都会音乐，都拉小提琴，我是弹钢琴的，咱们就唱歌。我问，唱什么呢？他说："桑塔露琪亚。"于是要我们几个站在一起。我从

来也没学过唱外国歌，唱"桑塔露琪亚"，他们三个学过音乐的人当然没有问题，很容易唱，先唱调子，接着"桑——塔——露——琪——亚——"就唱起来了，结果我的音阶全都不对，学数学的段遐坡在中学学过唱歌，可是也不行，唱得也不好。只有那个中学生和他们那三个学音乐的人唱得好。结果胡闹了一通，唱了个"桑塔露琪亚"，到现在我还记得这个歌，记得这个曲子，英文歌词，因为唱的是英文。

依木婴姐的指点，我找到上述引文出自《朱颜》[13]。

我印象中，《桑塔露琪亚》原是一首那不勒斯船歌，译成意大利语出版后流传，再转译成其他语种。我猜想，父亲自己唱，会用意大利语，但领朋友们唱，则用英文，因为那是大家都会的外语。

父亲与音乐的缘分，有太多可写[14]，下面就"沈仲章正在跟一个从意大利回来的人学唱歌"这句话，说说我脑子里冒出来的一些事。

我注意到时态语词"正在"，免不了思索相关时段与参照事件。父亲学习声乐持续很多年，大概可上溯到20世纪20年代中期在唐山大学参加合唱团，而父亲热衷于学习意大利美声唱法，当始于20世纪30年代初期。大概在20世纪30年代中期，北平曾举办沈仲章、刘海樵（即刘诗昆之父）等男女声四重唱公演，正式售票，女声演唱者中有位姓黄，父亲在乐界的另一位朋友老志诚主管联络事务。有次几位朋友去看演出，因迟到被挡住，待到幕间休息方许入场。事后他们告诉我父亲，在门外只听见你的男高音，声音盖过了其他三个人[15]。

上述回忆，本来是为了推算金克木说的集体学唱"桑塔露琪亚"到底是在什么时候，可惜整个时段范围宽了些。我纠结不得解，便去问金木婴。《朱颜》是木婴姐根据录音转成文字的，她非常熟悉该文。她说据《朱颜》，1935年她父亲与朱锡侯等同住一个小院，友人们在那里跟沈仲章学唱歌，应该也是1935年。可笑我没有细读全文，也可见了解语境之重要。不过，因"迂回"而想起了几件很可能会被我忘却的事，也不枉这一番"纠结"。

我还注意到，"从意大利回来的人"中有个"回"字，担心这处可能金克木弄混了。我记得很清楚，父亲是跟"从意大利来的"（没有"回"字）外籍老太太进修美声唱法，跟"从意大利回来的"（有"回"字）华人陈德义学习西方音乐理论。

《朱颜》还引出其他联想，但本篇主要谈"天缘""译缘"与"友缘"，"乐缘"是顺带拖出的尾巴，暂且说到此。

回到《译匠天缘》。金克木说，"七七事变"后，他靠当"译匠"谋生的计划成了泡影。为避难谋生，金克木漂流各地，相继停泊于香港、湘西、印度……金克木叹息："从此我告别了天文，再也不能夜观天象了。"

略去与父亲不相干的地点，就谈谈抗战时期的香港。金克木在另一篇散文《保险朋友》[16] 中说，他到香港是去找亚工，也就是沈仲章。《译匠天缘》写香港情形，只短短一句："在香港这样的城市里自然无法观天。"

其实不然。

1938年到1941年父亲居港四年，常在夜晚带着手电筒、望远镜和星象图，爬到附近山顶，远眺星空，念旧思像。其间有一次，父亲为了替"木屋三友"之一徐迟（另一友是戴望舒）解闷，"勾引"徐迟夜游登高望天。徐迟因之认识了许多星座，赞叹"那样工整的，美丽的天体结构"[17]。

《译匠天缘》倒数第二段叹息："80年代起，城市楼房越多越高，天越来越小，星越来越少，眼睛越来越模糊。现在90年代过了一多半了。我离地下更近，离天上更远了。"

我读这一连串"越来越"，感慨金克木伯伯垂垂老矣。而六十年前陪他在北海公园观星的沈仲章，早已于1987年离世，人间天上两茫茫……

> 黄金的青春与希望
> 今在何方？
> 已如吹啸着的风
> 风去茫茫！

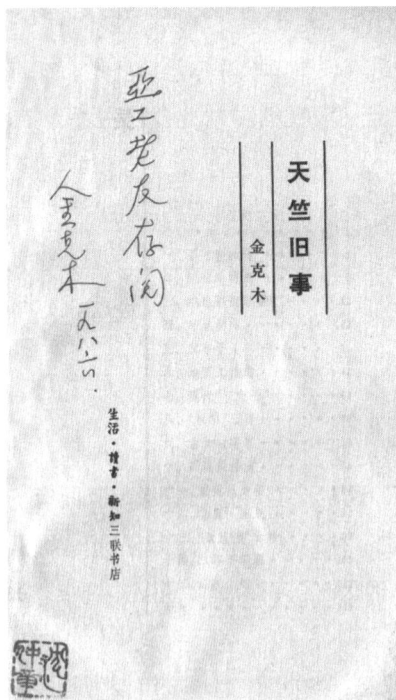

《天竺旧事》扉页，金克木题赠："亚工老友存阅。金克木，一九八六。"

《译匠天缘》文首，金克木摘引了以上四行诗句，并说明："这是我第一次翻译的一首诗中的一节，是从世界语译出的，三十年代初发表在北平一家报纸的副刊上。"

《译匠天缘》篇末，金克木又以这么一个长句子作结："从一九三七年起，做不成译匠，望不见星空，算来已有整整六十年了。"

读罢不免思绪茫茫……

《译匠天缘》最初发表于1997年，算来又有二十年了。我想象父亲和金克木伯伯，如今正在"天"上续"缘"，指点星宿，戏谈"译"趣，笑议"匠""家"，回顾"黄金的青春与希望"。

我许了个心愿，本文发表之后，我当与金伯伯的后代相约一个时间，共望长空，借助星辰，传递我们的思念。

【补记】金沈后代讨论

初稿完成后，我继续思索时间顺序，与金木婴讨论了若干参照点，概述如下：

1.金克木的几本天文译著最早出版于何时？

《通俗天文学》初版是商务印书馆1938年7月。《流转的星辰》则于1941年3月由中华书局发行。这两个版本也许是最初的版本。根据《译匠天缘》，金克木交出译稿时，就"卖"得稿费，而正式出版的日期，显见晚得多。

2.金克木自述对天文学感兴趣，始于《从天上掉下来的信》。该文发表于何时？

多年前金木婴曾查过《益世报》"读书周刊"，未看到该信，但找到一篇《评〈宇宙壮观〉》，刊载日期是1935年12月26日。推测《从天上掉下来的信》应该在此之前。

3. 金克木与曹未风相识于何时？

金克木在《悼子冈》中说，20世纪30年代初期，彭子冈大学一年级，住在他朋友曹未风新开的秋城女子寄宿舍。金木婴查得彭子冈1934年高中毕业，上大学应从1934年秋开始，由此推算金、曹二人相识更早，《译匠天缘》中的两次"卖稿"也支持这个说法。但难以确定沈仲章何时结识曹未风。

4. 金克木"迷"上天文学始于何时？

应在1935年底之前。而沈仲章陪他夜观星空，据《译匠天缘》叙事顺序，早于金克木着手翻译天文学读物。金木婴推算："《译匠天缘》前面先提到1931年江淮水灾，再说到《天上掉下来的信》，时间大概相隔不远，后面说翻译天文书时已在北大图书馆当职员，那应该是1935年，也就是说，他们两人北海公园观星应在1935年之前、1931年夏之后。如果知道他们在北海公园观测到了什么星座，

上海数友合影，1947年，沈仲章摄，反面题"给克木"；金木婴提供。前排左起：邵乃偲、林津秀、沈仲章；后排左一求辨认，左二崔明奇。

就可以知道大致是什么季节。文中提到的狮子座流星雨每年11月14至21日左右出现，不过陪我父亲看流星雨的是另一人。"

我少年时读过一本《少年天文学家》，夏夜曾与父亲识星谈天，如今早忘了。木婴姐说得有道理，照录。

我仍在关注金克木与沈仲章友谊发展的时间顺序，相关的人、事、物、情、景……以及"影子"。

【注释】

[1]《华梵灵妙》上册，第73-76页；龙协涛选编，《中国当代散文八大家》丛书，季羡林主编，海天出版社，2001年第1版，2006年第6次印刷。

[2] 简称"张砚田1963"；载《传记文学》，第6期第3卷，传记文学出版社，1963年，第11-14页。

[3]《金克木集》第六卷，生活·读书·新知三联书店，2011年，第507-508页。

[4] 父亲母亲凡有师友去世，会向我们简单介绍逝者，但不带孩子去参加葬礼，只有伯特利高级护士学校伍英哲校长的追悼会，母亲带我去了。

[5] 接近之人相约专用写法，或另选别名代号等，并不少见。

[6]《华梵灵妙》中册，第162-165页。

[7] 为听写方便，父亲对我说赫定著作书名，用的是英文和中文，说明他翻译时以德文版为主，英文版为辅。父亲还特意提到，德文方面他有李述礼为后盾。李述礼曾从德文翻译了赫定的探险生涯著述《亚洲腹地旅行记》。

[8] 父亲依法文原版翻译马伯乐之书，曾节选部分文字先行刊发，参见书前小相册。

[9] 有时只需翻译部分章节，主要是为了协助罗常培和其他学者研究。不清楚父亲翻译高本汉论述和其他语言学论文所依原文是什么语种，我不认

为是瑞典文，想当然有英法德三种，但能阅读或翻译这三种文字的人不少，推测也含其他语种。

[10] 父亲辛苦编辑的居延汉简图册，传闻全部毁于战火，其实不然。20世纪50年代出版的居延汉简图册，不少部分源自商务印书馆本拟于1942年付梓的那本书稿，因此，这部天文学读物译稿，也可能并未全毁，但找不到了。

[11] 简称"萧伯青1984"，载《音乐研究》1984年第4期，中央音乐学院，第111-113页。较完整摘引见本书《与刘天华》一文。

[12] 我有个猜测，假如演奏会说明书中音乐术语较多，很可能父亲找朋友金克木翻译，同时又助他翻译，因此金克木没列入自己的"译绩"。这类情形无论在当时或是后来，金、沈两人都不会太当回事儿。从我记事起，常常见到父亲替人口译或笔译音乐说明，若涉西方音乐，多是从各种外语到汉语，若谈民族音乐，多是从汉语到英语，偶用法语或其他语种。我也瞥见过几份抗战时期父亲写的音乐介绍底稿，忘了是英语还是法语（甚至可能是英法对照），主题好像是有关马思聪在香港的演奏。

[13]《金克木集》第六卷，第584-596页。有意思的是，《朱颜》含有金克木学外语的部分经历，还提到在北大教德语的卫德明（本书中《与钢和泰、卫礼贤和鲁雅文》一文也言及卫礼贤卫德明父子）。

[14] 本书中《与刘天华》涉及部分。

[15] 父亲平日说话不响亮，但他七十岁左右，唱歌发声还非常洪亮。

[16]《华梵灵妙》中册，第137-158页。

[17] 徐迟《江南小镇》，作家出版社，1993年，第271页。

第 十 二 篇

与金克木（丙）：难题四友

苏州西园桥上四友，1946年10月，沈仲章拍摄；金木婴提供。
左起：沈仲章、金克木、崔明奇、林津秀。

本篇基于《试解〈数学难题〉四友（上）》，原为《金克木与沈仲章：难忘的影子》系列第三篇，载《掌故》第三集，中华书局，2018年，第194—219页。

本小系列引言内附一张老照片 [1]，上有一个方形建筑残留物 [2]，一面刻着"苏州图书馆"，四个角各站一个人。解说词预告："在《难忘的影子》的末篇《数学难题》里，这四位友人的影子不断晃动于书页之间。相关的故事，且待本小系列的后面几篇，尤其是最后一篇分解。"上篇略涉金、沈、崔、林之缘分，本篇聚焦四友交结之"难题"。

一、金沈崔林：四个石墩四位友人

对老照片中的人物，小引内解说词仅引金木婴语：四个人是"你父亲与我父亲及崔明奇、林津秀"。图中人物左起依次为金克木、林津秀、崔明奇、沈仲章，拍摄时间为1946年秋，地点为苏州公园 [3]。恰如金木婴所观察，我父亲沈仲章采用自拍，"本人还没来得及站好"。

2015年初，我将那张摄于1946年的照片传至网络，查询图中景物变迁。苏州当地有个新浪博客网络圈，激起一股追踪小

1946年与2015年二图对比。大图为1946年金林崔沈四友踏访苏州图书馆残留建筑（沈仲章摄，金木婴提供）；右下小图为2015年苏州公园内四根石柱现状（金华森摄）。

浪。相助者实地勘察，拍照对比，得出结论：四个石墩尚在苏州公园内，但其余部分不知所终。细辨所附2015年图中一排直列的四根石柱，正是1946年图中方形残留物四角的四个石墩。

基于苏州新浪博客圈的发现，综述如下[4]：

四个石墩像是"武康石莲花柱"。猜测原为附近一座梁桥的石栏柱，也称"望柱"。从四根石柱两侧榫槽高低不一，可推算安置朝向，甚至想象桥拱形状。继续溯源，石柱也许是明初被毁建筑之残存，疑为宋代或更早遗物。民国时期建造苏州图书馆，挪来利用，那个方形建筑为新旧建材合璧。

图书馆初立，坐落于苏州大公园内，1925年开放使用，1930年改称吴县图书馆。从苏州档案馆保存图片看该建筑外形，颇具欧洲城堡风格。

1937年"八一三"事变，上海军民奋起抗日，苏州各界响应支持，成立抗敌后援会，会址就设在这个图书馆。1937年11月19日苏州沦陷，当天下午四时许，日军连续炮击图书馆，楼房被轰成一片瓦砾。

父亲摄于1946年的"苏州图书馆遗址四友图"，满地荒草，高高的"城堡"荡然无存，光剩一个矮矮的方形残部，幸而"苏州图书馆"字迹清晰。这张四友写真，为图书馆战后遗容留了真，成了历史见证。苏州园林档案局缺乏类似照片，曾传语征集。

探究配图场景今昔，仅涉《数学难题》边缘。本篇正题是金沈崔林四友，因照片背景在苏州，联想到人物背景，略言几点。

金克木生于江西，祖籍安徽。崔明奇和林津秀都是广东人，林氏家族曾长居北京。我家原属"吴兴沈氏"，但父亲老家在苏州。沈崔相交最早，始于20世纪20年代中期，终生为密友。遇到战乱，即便沈仲章本人不在家，崔明奇也可径自去苏州沈宅避难。林津秀及其姐弟与沈仲章情同手足，以她的性格，到沈家不会见外。金克木虽与沈仲章结识稍晚，但很快成为至交，要是去苏州，也会受到同等礼遇。

金克木1946年从印度归国，由吴宓介绍去武汉大学任教。崔林夫妇抗战时随复旦大学内迁重庆，1946年随校搬回上海。父亲自1941年末离开香港，滞留苏沪一带。

1946年合影所录四友同游苏州，想来是父亲沈仲章的邀请。荒野探险、废墟觅古，正为父亲癖好；而尽地主之谊，带领书生朋友，踩踏遗落于杂草丛中之图书馆台基旧石，亦像父亲爱干的事。至于四人分别占据四角四石墩，不知是谁的主意，我意归功于活泼的林津秀。

时间接近的照片里，还有金沈崔林与吴晓铃等在上海虹口公园的合影。那是"题外题"[5]，下面先聚焦本题。

二、出场先后："数学难题"里的代名与真人

提出"难题"者

提出难题者是作者辛竹，我且"抄袭"现成的简介[6]："金克木，字止默，笔名辛竹，1912年生于江西，祖籍安徽寿县。中学一年级失学。1935年到北京大学图书馆做图书管理员，自学多国语言，开始翻译和写作。1948年后任北京大学东语系教授……"

而这些，父亲大都对我讲过，唯"中学"一句，以前孤陋寡闻。金克木以小学学历教大学，算是学界"牛"事。我也从小听父亲说，小学毕业的金克木，在大学当教授。直到起草本篇文章，才发现父亲"漏"了个"中学"。翻看《难忘的影子》第四章可知，青年A确在中学"混"过。

假设有人上过小学但未读完，撇开年级不论，学历一般算"小学辍学"，而不会降到"未上学"。按这条思路，倘若金克木"中学一年级"才"失学"，学历往宽里说，该是"中学辍学"，高一档。

关于金克木的论述很多，我却看得极少，不知对学历有无定论。不过，学历只是外在标签，无关内在学养，不必太在意。我想金克木这么有名，父亲告诉我的大概众所周知，不如摘引现成简历。然见"未料"，忍不住顺带小议。其实，我之所以选择这篇文章，是因为更想推荐这段话：

> 仰望星空，叩问人生真谛与宇宙奥秘，老顽童金先生真的是生命不息，猜谜不止。所谓"猜谜"，不是追求彻底解决，而只是提出问题，最多稍带提示努力方向。这里有顿悟，有个人趣味，也有学术上的考虑——明知一时无法解答，那就留下若干探索的路标，让后人接着做。如此无拘无

束，上下求索，融会贯通文／学、古／今、中／外、雅／俗，本身就其乐无穷。

我借此言打招呼，本篇意欲解题，但说到底不过是"猜谜"。过程中难免提出更多"明知一时无法解答"的问题，企盼"留下若干探索的路标，让后人接着做"。唯愿不拘不束，多向求索而不强求贯通，解决彻底与否不由我，无止境才其乐无穷。

乐无止境，在于步步向前。第一小步，为"已知数"试列替换等式。《难忘的影子》是自传体小说，最后一章即第十五章《数学难题》里，最先出场的主人公青年A，正是金克木本人。

第一位出场者＝主人公青年A＝作者辛竹＝金克木

"难题"前的人物

其次出场的是青年B，从第五章《少年漂泊者》起，他几乎一直陪着青年A，陪到第十五章开头，然后"淡出"。青年B出现在《数学难题》正题之前，不属求解范围：

第二位出场者＝青年B（非本题求解对象）

《难忘的影子》最后一次提到青年B，这么写："青年A觉得青年B对他有友情，杨克对他的也是友情，心园的和张的当然更是友情。"这是描述思维过程，杨、张、（陈）心园三位仅出现于青年A脑中，并非出场人物。

青年A顺延推理："即使有个女的对他好，他想那也不过是这样的友情，没有什么特别。"这便为即将出场的"有个女的"，埋下了伏笔。

对如今大学年龄的青年来说，金克木真是在虚构小说。青春年华的小伙子，怎么可能把"女的对他好"，当作"不过是这样的友情，没有什么特别"呢？

我生于新老接替的夹缝年代，若存在"代沟"，大概正在"沟"中，看得见两边。我可以为金伯伯作证，这种想法不是虚构，也不止他一人。与金克木同被称为"怪人"的沈仲章[7]，也有类似心理，常吐奇谈，多论怪事，对我影响很大。

张和陈心园也是青年A的朋友，同书先前几章，描述了张和陈各自为恋爱而烦恼，正好与最后一章内数友的情趣风格，互为映照。

张和陈是虚构人物还是有其原型？这两位，还有另一个辛竹听说的、因"失恋"而自杀未遂的男生，在第十五章都不算正式出场，超出正题，略过不究。

以下出场的主要人物，个个都能"验明正身"。

第三个真正出场的是杨克。

青年A在上述那段内心独白中，想到杨克，不久便去拜访。他俩一起去豆浆牛奶铺，在那里用世界语"高谈阔论，旁若无人"，没料到"邻座过来一个青年"，即下一位出场者，"很客气地问他们：'对不起，请问先生们讲的是不是意大利语？'"

金克木在《忘了的名人》叙及同一事件，不难对号入座，杨克就是杨景梅。

第三位出场者＝杨克＝杨景梅

辛竹简单带过青年B、杨、张、陈等几位，我也简单表过。而在豆浆铺巧遇的第四位是关键人物，归下一小节。

"难题"中的人物

阿尔法、贝塔和迷娘是《数学难题》中的三位重点人物。因是求解对象，每人名下将专设一大节。这小节先露个底，点穿谁是谁。

上文说到豆浆铺里冒出的第四位，这位新来者虽客客气气，却冒冒失失，一上场便开了个"国际玩笑"，误把世界语当成意大利语。已闻多人评论，金克木写得太明白，这位显然是沈仲章。

沈仲章在《数学难题》里，代号"阿尔法"。

父亲在学生时代，别号不止一个，可我没听说过"阿尔法"。目前有三个猜测：

第一个猜测：父亲忘了告诉我。这不奇怪，许多人记不全自己的所有别号。再说，用希腊字母当代码，在各国大学生中，是有一定传统的。父亲与朋友们各认一个希腊字母指代，不是不可能。但金克木描述的是沈仲章的密友圈，那几位的互称该是常用的。如此的话，我或多或少该听过见过，可我努力搜索记忆和资料，尚未发现。

第二个猜测：辛竹为写小说，另行编创了一个代号系统[8]。

第三个猜测：据父亲别名缩写。父亲用得最多的外号是Argon。Argon是化学元素"氩"，源于希腊文αργόν，第一个字母就是"阿尔法"。

父亲为何获得Argon这个称号，分解容缓，先简单说说，朋友们怎么写。

有人照搬外文，比如林津秀有几封致沈函，抬头直书Argon；也有人改用中文，而汉字写法，则依首字分"亚"与"阿"两大支，还好，从来没见人用过后造的"氩"字。

父亲粤闽朋友多，广东福建方言中"亚""阿"相通，起头都无"y"类半元音，直接发"a"音，与Argon起音相近。于是，起首"亚"或"阿",加上第二个音节的不同字,搭配五花八门。

父亲自选"亚贡";金克木总写"亚工";与父亲同年考入北大的陈珪如,前字"阿""亚"交替使用,后字写过"贡""工"等,特别有趣的是,听她口呼这个别称,很像"阿刚"或"阿戇"[9];曾在人民出版社工作的萧从方,在简体字通行几十年后,还固执地写"亚槓";别人也各依自己喜好"赐"名,包括若干我电脑软件没有的异体字。父亲则来者不拒,有唤皆应。好在吴光伟、邵乃偲等女士,相对善解人意,名从主人,大多写"亚贡"。

父亲到了八十多岁,回顾一生专为他人做嫁衣裳,自己名下空空,曾叹道,被金克木的"亚工"说中了,总是"工"作,却少"贡"献,还说以后自己也改写"亚工",但不知是否当真。

以等式作结:

第四位出场者=阿尔法=Argon/亚贡/亚工/阿贡/阿工/阿戇/阿刚/亚槓……=沈仲章

青年A去拜访这个阿尔法,又遇见"一男一女",进屋时这两人"同时"在场,但细读行文,辛竹先描述"男的",便算"他"排第五位。

这人是谁?崔明奇。

"贝塔"是辛竹杜撰的假绰号,还是崔明奇学生时代的真别号?

找到一封崔明奇给沈仲章的信,以外文署名,恰好信末正文里,有个大写"B"起头的英文词Bridge(桥牌)。两相对比,外文落款的第一个缩写更像希腊字母"β"(贝塔),再看签名后部,即点号后的字母串(像是"Bacc")内,"B"的写法与"Bridge"的"B"相似,像是大写拉丁字母。我初看能想到与"Bacc"较

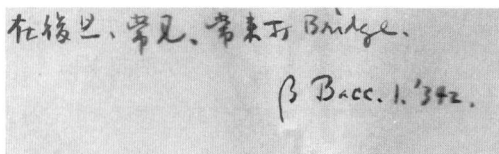

接近的，是与拉丁文"Bacchus"同根的那组词。而"Bacchus"可溯源古希腊文，如此又难分难解了。

再者，"Bacc"后面的数字又代表什么？果然"难题"不离数学，我知识面窄，没敢继续猜。

第五位出场者＝贝塔/β＝崔明奇

返回之前未解纠结：既然崔明奇签名缩写有希腊字母贝塔，会不会沈仲章也曾把希腊字母阿尔法，当作自己别号的缩写？或者，辛竹效崔之例，替沈选的代号？还是解不了，仍然搁一边。

转眼关注已在场相伴贝塔的第六位，那"一男一女"中的另一半——这个"女的"，乃林津秀无疑。

"她"叫"迷娘"，按希腊字母"排行"则是忝列末位的"俄美加"。这两个称呼是林津秀当年的真外号，还是小说人物的两个假名字？

辛竹写道："青年A知道迷娘是歌德那部长篇小说中的一个插话中的人物，是个女穿男装的少年。这个字本是'小'的意思。想必她就是俄美加……"从"歌德那部长篇小说"可知，迷娘就是Mignon。金木婴给我看了一张林津秀送金克木的照片，上面签名是Mignon。林津秀致沈仲章函中，有时署名"弥勇"；也见其他友人致沈函中言及"弥勇"，从内容能猜出是林津秀。

确实，Mignon是歌德笔下的文学人物，法国歌剧Mignon和舒伯特的几首歌曲等，皆源于此。但是，Mignon原是法语词，依法语发音接近"弥勇",德语发音相去也不算远。金克木认识林津秀时,沈仲章等已称林津秀Mignon。她这个别号最初取自德文诗歌,还是法文歌剧? 尚无足够依据以助判断。

Mignon的汉译,起先马君武用"米丽荣",现通常依郭沫若用"迷娘"。目前我上溯到1928年出版的《沫若译诗集》[10]中有"迷娘歌"。父亲与林津秀相识应更早些,当时林津秀还是少年,随着大姐珠秀来看大学生排戏。早年的朋友们是否曾用汉译"迷娘"称呼林津秀,还是辛竹为小说人物选的代名,也是未解小题之一。

第六位出场者=迷娘=俄美加=Mignon=弥勇=林津秀

至此,"难题"四友齐了。再稍稍顾及其他人物。

迷娘接纳青年A为"自己人",想给他依例取圆周率"派"为代号,"争执"之中,带出了不在场的另两位朋友。我一听,就知道是谁。人物没有正式出场,本来可跳过,因也是圈内密友,迟早得求解,我先直截了当用等式"揭底"。

第七位(未出场)=伽玛=亚芒=张砚田
第八位(未出场)=茶花女=吴光伟

"亚芒"与"茶花女",是不是一对儿? 正是。两人曾同台演出《茶花女》,赢得这双雅号。沈仲章是那个学生剧团的核心人物,扮演阿芒(亚芒)[11]的爹。其间也有趣话,怕跑题不提。

另有诸多"群众角色",匆匆一闪旋即不见。按场景归拢列入两个等式,为"演员表"收场:

第九至十二位＝迷娘的室友／邻居＝她的姐妹／朋友们

第十三位之后＝大同中学门房、青年A的其他朋友、卖号外的

回头核查，发现漏了一个。青年A初次去阿尔法寓所，碰到个看门老头，论出场先后在崔与林之前，但一晃而过，没必要重新编号。

三、原型对照：阿尔法与沈仲章

以下三大节，分别针对《数学难题》着力刻画的三个小说人物，比较各自的原型。依出场次序，这节先说阿尔法。顺着辛竹笔到之处，评点虚实，略补具体资料。

正规学历

辛竹笔下的阿尔法，"本来中学也没有读完"。原型沈仲章连小学都没读完，一天中学都没有读过。

父亲幼时，随兄长沈维钧读过私塾，因故休学。及至学龄，插入新式学堂的二年级，而后跳级，彼时初等小学四年制，他读了两年不到，又因病没参加毕业考试，未获文凭，高小三年制，他只读了一年半便退学，折算成六年一贯制，小学五年级还不曾读完。

上文"计较"金克木的学历，有点出于"私心"。试想，要是金克木真的因"中学失学"而只算小学学历，那么父亲沈仲章初小高小都没读完，还剩什么？父亲童年，可没福分上幼儿园。

辛竹写道，阿尔法"仗着英文好，得到主考的外国人特别赏识，进了唐山交通大学学工（那里一切课都用英文）"。

父亲手无文凭，却以为"同等学力"口说有凭，闯入唐山大学驻沪招生处报名。与办事员理论之时，李斐英教授闻声而出。李教授是海归华人，满口英语，也许因沈仲章英语流利，破例准考。那年的唐山大学数学卷别出心裁，只考四则运算，正适合不太懂代数的沈仲章，听说出题与阅卷的主力是位美国教授[12]。

辛竹又说，阿尔法"以后转到北大学物理"，基本属实，更具体一点，是三年以后。所谓"转"，并非办个转校手续，而是另行报考北京大学，与所有报名者一样考试竞争，录取后放弃唐山大学。或许，说"转考"更合适？

"北京大学物理系毕业"，金克木可能真的这么认为，在别的文章中也如是说。前已言及，父亲考入物理系，毕业于哲学系。其实"毕业"存疑，虽然校方通知已出具证书，但父亲一直拒收，并找了个"正当"理由，他不曾上过党义和军训这两门必修课；校方放他过关；父亲又生对策，转考经济系，延续北大学籍[13]。

父亲还上过北平大学的艺术学院，文凭签署待取，但父亲没去领。

以上每段学历都含趣事特例，因涉题外，不扯开说。父亲曾"自豪"地自嘲，什么学校他都未曾正式毕业。

爱好之一：音乐

阿尔法告诉青年A："我喜欢的是音乐和爬山，还喜欢学语言。"不妨逐项核对。

辛竹写道，阿尔法"先从音乐家刘天华学过二胡，后来又学钢琴。"父亲拜师刘天华，先学二胡，再学小提琴；钢琴是自学加上杨仲子等导师点拨，还学过古琴和其他乐器[14]。

辛竹又写道："最近有人从意大利学音乐回来说他应当学唱。"这个"从意大利学音乐回来"的是谁？陈德义。20世纪30

年代初，陈德义在意大利获得音乐学博士（好像是这个学位）。陈德义回国后，父亲与崔明奇上门私下求教，接着推荐他到北大音乐学会当导师，讲授西方音乐理论。

我不记得父亲是否说过，陈德义对声乐有研究，鼓动他"学唱"[15]。不过，父亲曾经协助陈德义用五线谱为程砚秋记谱，少不得要哼两句京戏。上篇摘金克木语，"沈仲章正在跟一个从意大利回来的人学唱歌"。我敢"指正"金伯伯，多了"回"字，因为我清楚，父亲是跟一位意大利"来"的老太太学美声唱法。这篇摘语不一样，从意大利"回来"的陈德义有可能"说"，沈"应当学唱"。

那么，可否从时序上梳理一下？恐怕不容易。据我所知，父亲学歌咏始于唐山大学，加入了合唱团。北大音乐学会请赵丽莲当声乐导师，学生自排轻歌剧，父亲唱男主角，王爱芬（记音）是女主角，马珏也参演了。父亲不满足于业余水平，也想"敲敲"专业的"门"（模仿金克木修辞）。父亲在北平大学艺术学院遇到一位外籍声乐教师，即那位意大利"来"的老太太，她发现沈仲章音域既宽且高，鼓励他专攻男高音。陈德义有否起过作用，又谁先谁后，很难确定。

本书前几篇，似乎略涉同类话题，这处讨论角度不相同。辛竹写小说"猜谜"，我跟着"猜谜不止"[16]。

"他的音乐爱好转移到中国古琴上，以古琴谱娱乐晚年。"父亲自20世纪50年代初起，致力于保护古琴艺术。为此他多次去北京，包括拜访琴友，出席打谱会议。想是父亲去北京与金克木相聚时，聊到古琴。

爱好之二：旅游

阿尔法说："我一有空，就出去爬山；五岳名山以外还去过几处，独往独来。"父亲只身登山是常事，举不胜举。但是攀登西岳华山时，父亲是与杨春洲等数友同往，因逢大雨，别人都半途而退，唯独沈仲章水中拄杖，随山民跳石而行。

据与金木婴讨论，基本已知金克木与沈仲章相识于20世纪30年代初期。到了20世纪30年代中期，父亲爬过的山又多了几座，比如山西五台山、江西庐山和广东罗浮山。五台山礼佛与庐山觅仙是沈仲章单枪匹马，攀登罗浮山是小队人马，其中有徐森玉和竺可桢 [17]。

爬山之外，父亲还曾一个人徒步穿越拉锯战区，拿着军用地图，背着野战露营装备，踏勘华北乡野村镇，观察风土人情民俗，差点儿被当成间谍抓起来。

父亲旅游故事很多，不少可自成小题。

折回继续读《数学难题》，阿尔法两次邀请青年A做伴出游，言及一些想去的地方。

阿尔法说："你知道有个百花山吗？在河北省，还很少人去。我没有伴，你年轻，给我做伴去爬山吧。"我见过一封信，父亲爬过一座"百花山"。

阿尔法谈旅游很来劲："将来有机会一同去西北，去新疆，好不好？"讨论"新疆话夜班"时，提过沈仲章有此志向。

阿尔法还说："借调查方言可以跑许多地方。"对的。

辛竹兴笔一挥几十年，评论道："这位登山爱好者到八十岁还能到处跑，只要能动就不忘游玩。"是的。

青年A判断："这对他比学世界语更重要。"也许吧。

爱好之三：语言

金克木与沈仲章第一次相遇，起因是没分清世界语和意大利语，这事提了又提。

《数学难题》描述了第二次相遇，阿尔法开门欢迎青年A，没几句便问：

"你那位广东朋友走了吧？"
"你怎么知道他是广东人？"青年A记得杨克并没有说籍贯。
"他一口广东音还能听不出来？"

寥寥数笔，善辨方音的沈仲章跃然纸上。

辛竹介绍，阿尔法"会讲几种方言和外国话"。对这点前文已述，本小系列还有个学外语小史。

辛竹又评："不过他的舌头还比不上他的耳朵。"父亲对我说过一个简单的道理：耳朵能辨析声音的细微差异，是学语言的首要条件，其次才是舌头。舌头不一定跟得上耳朵，但学不好的人往往亏在根本听不出自己的错。

"学语言不费脑筋。"小说短短三段里，这话阿尔法对青年A说了两次。想来现实中的沈仲章也常说，因此金克木记得牢。

其他才能

"他的耳朵特灵，是仗了音乐与物理学的训练。"辛竹只用一句话，把阿尔法的学历、爱好和特长串了起来，似乎说得通。也可反过来看，父亲仗着"耳朵特灵"，接受音乐与声学训练容易到位。

接下来的那位语言学教授，是两个原型合二为一。记"钟声"的该是刘半农，"同样是学音乐和物理的"当是赵元任。刘、赵二教授确实都希望沈仲章学语言学，小说作者并非无中生有。

刘半农去世前，父亲是他的得力助手。关于记钟声，至少有两例[18]：一次在北京天坛鉴定编钟编磬，参与者是刘半农、郑颖孙、沈仲章、曹安和、杨筱莲和周殿福；另一次在开封博物馆，父亲协助刘半农和郑颖孙测试古钟。

史语所搬离北京前，父亲去静心斋听过赵元任的课。赵氏全家赴美途经香港，沈仲章曾忙碌效力。若非太平洋战火阻断交通，父亲已约定去美国哈佛大学研究院，师从赵元任[19]。

辛竹说："恰好他又是个摄影爱好者，有技术。"父亲对摄影的"爱好"，始于20世纪20年代末，其后五六十年里，"技术"不断提高。

阿尔法还"认识很多木材"。金克木幼女木秀20世纪70年代来沪，面露"崇拜"地对我说："我爸爸总说，沈伯伯什么木头都认识。"

上文提及因战乱，父亲去不了美国；同一原因，他也回不了香港为居延汉简图册扫尾。流落上海时，父亲协助朋友办铅笔厂，到江南乡间采购木料[20]。单身汉的佣金留着懒得取，便转为股份，后来成分被划为资本家[21]。

工作经历

父亲从小学跳到大学，中间干什么去了？辛竹说："在上海一家外国木行做学徒。"那叫祥泰木行，掌权的都是英国人。父亲识木材，就是少年学徒时的本行。

辛竹又说："语音学家刘半农（复）把他拉进北大的语音乐律实验室当助理。"上司对，机构也没错，职务一字之差，应是"助教"[22]。

辛竹还说，西北科学考察团需要人看守古物，"什么事也没有，但责任重大，还得懂点行，出三十元一个月，找不到人，把他从北大拉来暂时干这个没事做的事。"这也算做事？

我听两位老伯说过，父亲在考察团兼职当干事时，一个人顶几个人，还管几个人，做很多事。徐森玉继刘半农之后，在考察团当管事的常务理事。徐文堪曾对我说，考察团的事"主要是令尊在做"。

小说本来不必事事有据，而且很可能，父亲当年自己"故作轻松"，认为好多事不值一提，"干这个没事做的事"，很像父亲的说笑习惯。

辛竹提到，斯文·赫定要运一批古物去欧洲做研究，与中国人争执。这类事发生过不止一次，父亲曾以不同身份参与谈判协商。尤其在1935年采集品放行瑞典一案中，父亲起过大作用。但阿尔法初遇青年A时所指事件该更早些，也可能小说作者将几件事合起来写了。

辛竹写汉简南下，简洁明了："西北的居延汉简留在北平。'七七'抗战开始后，这位朋友在日本占领军的鼻子底下，用走私办法'盗运'到了天津，又去上海，转往香港。他还在香港大学图书馆给这些汉简一一拍照存底。"

整个护简历险过程是大题目，至少需要一本书。本篇所依据的刊发原文这么写：这里只对有可能引起误解的一小处做个说明，即"给这些汉简一一拍照存底"，实际上分几个地点，最初是在北大文科研究所，1938年后在"香港大学图书馆"，不久再移到商务印书馆。

再一看是我的错，特在此更正：父亲在北平为汉简拍了不少照片，因战争中断（据理事会会议记录，本当由沈仲章"补完"）。1938年到1940年间，父亲先在香港大学图书馆后在香港商务印书馆，重新"给这些汉简一一拍照存底"。

居住场所

青年A按照阿尔法给的地址，步入那个"可以踢球"的"大空院子"，临近房子，"听到有钢琴声音，还唱外国歌曲"。进屋时看到，"除了一台钢琴像个样子以外，无论桌子、床铺、椅子、地上，连那唯一的旧沙发，都是未经整理的"。

我读这些文字，相信不是辛竹凭空渲染，而是金克木在重播脑中"录像"，所述基本上是原型沈仲章的寓所实况。

记得父亲说过，他为西北科学考察团"看仓库"，院子很大，屋里有钢琴，密友圈的崔明奇、林津秀、吴光伟等，时常聚集"沈寓"，聊天、唱歌、排演小品……

父亲迁入那个住处，应在1933年以后。不久前金木婴与我讨论，认为我们的父亲相识于1931年。我俩一致认为，《难忘的影子》是小说，可含虚构，可挪时间。1931年我父亲还住在北大宿舍，不是《数学难题》里的那处房子。

辛竹描写环境的其他笔墨，比如"门口有两间房，院子里边尽头有一排房子"，"别的屋子门上有锁"，以及上文已摘的相关

沈仲章在北平，可能在寓所或办公室户外，估计摄于20世纪30年代中期。

寓所词语，我觉得基于真实记忆。我存有希望，金克木的记录，能有助于辨认这张附图里的房舍。

探溯此图背景，也是意在像金克木那样，"提出问题，最多稍带提示努力方向"。我隐隐感觉，对研究早年学术机构史和北京地方史等，这张历史照片可能有用。

据分析，该图应摄于20世纪30年代中期，按快门者估计是相熟无拘的朋友，场所也是熟悉自在的。有两个地点可能性最大：

其一是《数学难题》中的阿尔法寓所。这一猜想在我脑中盘桓已久，线索是父亲的零星回忆。西北科学考察团在北平需要"大本营"，刘半农请北大拨了个院子。先是沙滩8号，有个大花园，后生物研究所征用该处当实验花园，考察团搬到陟山门大街，在景山西面，有一处（大概后一处）是典型的三合院，正屋一连四五间，父亲住一间，墙上有大玻璃窗，屋前有走廊和柱子。

其二是北京大学文科研究所，即父亲全职工作的地方，也是居延汉简在1937年夏天前的存放处。这一猜测的依据，是父亲背倚那堵墙的构造，与北京松（嵩/崧）公府[23]内现存老建筑有点相似。

2015年夏，我托人找那一带老居民对比两张照片[24]，辨认者回答："推测可能是。"又说那个大院早被改建，老平房大都拆除，到20世纪50年代末，只剩下孑民堂。

有人提出第三个候选地点，即北大学生宿舍西斋。据说西斋还保留着，可惜我不便越洋考察。

当然还有其他可能。

有意思的是，本篇起首为一张苏州照片溯源，结尾又为一张北京照片寻踪。很不好意思的是，我解题无能，反而提出更多问题求解求助。

本人预言

核证实际地点，是治史撰志者的专攻；作为女儿，我对父亲年轻时的个性情调更感兴趣，所以，青年A亲见的"连学生宿舍都不如"的"单身汉的住屋"，亲闻的"我身体是外强中干，活不到三十岁，加入人寿保险最好，可惜还没有老婆孩子领钱"等言辞，我觉得挺有趣，尤其那几句奇谈怪论，相当符合父亲口吻。

阿尔法说自己"活不到三十岁"，有助于推算父亲与金克木最初何时相识。按常理，阿尔法如此预言时，离"三十岁"该有那么几年。父亲出生于1905年，金木婴估测她父亲与我父亲相识于1931年，算起来合得上。

阿尔法的预言不准，原型沈仲章后来有了"老婆孩子"，活到八十岁出头，而且，我不记得父亲买过人寿保险。

诚如辛竹所言，阿尔法"一生好交朋友，却从来不说自己的事。他做的事只有他的好朋友才知道"。因此，我特别感激金克木伯伯写下这些宝贵的记忆。

【补记一】金木婴评注择要

"难题"不好解，交卷前求教过金木婴，纠正了些差错。有的讨论若插入正文，易搅乱原本思绪的自然流向，与木婴姐相约，文后追补几点。

木婴姐认为："我父亲上的那个师范性质中学，可以春季先入学，秋季招生时再考学籍，但未等到招考，学校就因闹学潮而停办，未取得学籍，恐怕只可算试听，不好算学历吧？"先前我误随"中学一年级"之说而发感慨，删除恐怕牵涉别处，但必须在此澄清：父亲是对的，金克木只有小学学历。

木婴姐告诉我："青年B是俄语专家蔡时济先生，虹口公园照片中有他，因此你父亲与他也是相识的。"于是联系到第一节提到的上海虹口公园合影。当时金克木和吴晓铃夫妇由印度返回中国，众人迎接，游园欢庆。金克木的母亲在，沈仲章、崔明奇、林津秀等朋友在，蔡时济一家五口都在。合影里共十一人，蔡家两个男孩在其他照片中。

没想到原以为"题外题"的照片，竟与《数学难题》直接有关。该章六位主要出场人物，除了第三位杨景梅，第一、二、四、五、六位都聚齐了。

沈仲章、崔明奇和林津秀等欢迎金克木和吴晓铃夫妇归国，上海虹口公园，1946年10月，估计沈仲章摄；金木婴提供。
前排左起：崔明奇、吴晓铃、蔡小勤（蔡时济女儿）、周学勤（金克木母亲）、金克木、蔡时济。
后排左起：吴元戍（孙晓村夫人）、林津秀（崔明奇夫人）、沈仲章、石素真（吴晓铃夫人）、胡惠勤（蔡时济夫人）。

【补记二】读者启示举例

1.崔明奇外文署名

一位学者提醒，会否"Bacc"取自拉丁文"baccalaureus" "baccalaureatus"（学士）这组词？并告知按旧时习俗，毕业生头冠 "laurea"（月桂）枝叶，缀有"bacca"（浆果），象征学有成果。我查 署名"Bacc"的崔函年份，当时崔已任复旦大学教授多年。

随"bacca"导向，我们复议了正文所猜拉丁文"Bacchus"（巴 克斯）。那是古希腊罗马神话中"酒神"的罗马名，源自古希腊文 Βάκχος（Bákkhos）也即 Διόνυσος（Dionysos，狄俄倪索斯，一译戴 欧尼修斯）。由是我又被问：崔明奇是否潇洒一饮者？为此，我请教 了世交吴天慈。其父吴剑岚为复旦大学中文系教授，与家父为古琴 界朋友，也教过我几笔国画。崔明奇是数学系教授，常去吴家谈音 乐论绘画。据天慈兄印象，崔伯伯一派艺术家风度，大概会喝酒。

父亲沈仲章学过拉丁文和古希腊文，对崔明奇颇具影响力。父 亲用这些语言为好友取代号，亦另有数例。顺以上两段所言思路， 还有若干疑问和连接，均待日后再探。

2.百花山

针对阿尔法说百花山"在河北省，还很少人去"，有读者提供较 新知识："百花山地处北京西部，位于门头沟区清水镇境内，2008年 经国务院批准晋升为国家级自然保护区。"提供者分享其本人经历， 2006年时从北京去百花山，交通还不太方便。想来到过那里的游人 不多，自然环境保护较好。

我请熟悉历史地理的学者代查，百花山所在区域划归北京市门 头沟，大约发生于1952年。学者认为，辛竹20世纪80年代写阿尔法 20世纪30年代所言有据，当时北平的辖区还没这么宽。综合读者提 供的情况，使我对百花山多了一些了解。

又，原文我写："见过一封信，父亲后来去了那座山。"虽然我相信父亲会爬过北平附近的"百花山"，但不确定是否与那封信里说的是同一座山。因为我想起，写函者是《数学难题》中未出场却提到的吴光伟，吴函发自西安，邀沈同游。也许我记错了，弄混了"翠花山"与"百花山"。

【补记三】续篇部分预告

接下去的几节暂拟标题如下：四、原型对照：贝塔与崔明奇；五、原型对照：迷娘与林津秀；六、"自然的事"：解答谜底多边友情；七、行色匆匆："本人还没来得及站好。"

崔明奇与林津秀去世早，无子女，留存信息少。相比我熟悉的父亲沈仲章，三节原型对照难以平衡。我求助于林氏大家族，传言征集资料。林家本族及姻亲，涉及民国政界大人物，如林父曾为驻外大使，林津秀之叔曾任教育界高职，林津秀之弟岳父主持过西藏喇嘛坐床，干亲包括蒋介石蒋经国，林津秀之姊婆家为美籍华裔，代延脉广……但篇幅局促。而对崔明奇与林津秀两位，却叹仍缺素材，故而迟迟未续，特向读者致歉。

原文刊发前已起草全篇结尾，先附部分初稿于此，略释篇首配图，亦稍抒感想。

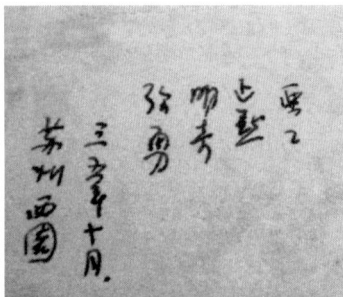

"苏州西园桥上四友图"（即篇首图）反面；金木婴提供。
金克木手书影中人名：亚工、止默、明奇、弥勇。

本篇标题页有张"苏州西园桥上四友图"。观图可见，金克木、崔明奇和林津秀三人都是正面，倚栏直立，等待合影留念，唯有沈仲章侧面移动，几乎像是个匆匆过路之人。猜测父亲在对岸设置自拍，最后赶到桥上，没为自己留足时间。

再看本篇第一节花费笔墨讨论的"苏州图书馆遗址四友图"，金、崔、林三个皆已站稳脚跟，沈仲章则"半上莲台"（读者评语），也是没为自己留足时间，"本人还没来得及站好"（金木婴语）。

我不由联想，父亲生前替人照相无数，自己却极少"亮相"。在这两张照片里，父亲虽然留下了"影子"，但都没完全"到位"，形象比较模糊，不熟悉沈仲章的人，甚至当时不在场的相知，不一定能确认是谁。

多亏金克木伯伯，在两张照片反面，都清楚地标明了"亚工"（Argon）的位置。

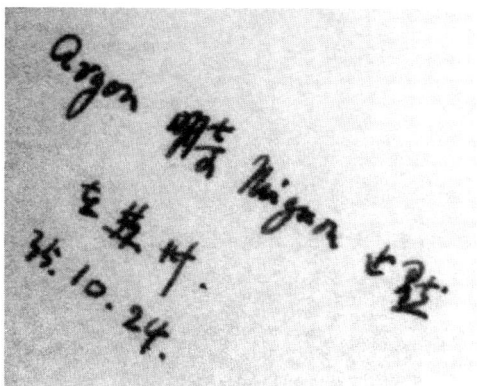

"苏州图书馆遗址四友图"（即第一节配图中大图）反面；金木婴提供。

金克木手书影中人名：Argon、明奇、Mignon、止默。

按：最近细看金木婴传来的照片反面，确定了两张合影的拍摄时间与地点。尤其是"苏州图书馆遗址四友图"，具体日期为1946年10月24日（35指民国三十五年）。而正文讨论的人名代称，比如亚工（Argon）、弥勇（Mignon）和止默，也都录有佐证。

我又生联想，"亚工"的匆匆一生，亦有相似之处。父亲乐于为别人服务，总把自己放在最后，常因此改变原拟路程，以至"留影存照"时，"本人还没来得及站好"。

【注释】

[1] 小系列引言见本书《与金克木（甲）》篇首。这张老照片也见本篇附图"1946年与2015年二图对比"。

[2] 原文以"平台"指代"方形建筑残留物"。读者提醒（经同意精简文字）："从照片上看，不能确定是平台。平面看不见，只见四个柱子和四面横壁，中间有可能是空心的?"其言有理，本篇不取"平台"说法。有几种可能：1.方形建筑原是平台，拍摄时也是；2.原是平台，拍摄时中部已空；3.原非平台，中部原空。

[3] 即"苏州大公园"。原文刊发前，查阅一些资料（如苏州档案馆所藏图片解说词），"苏州大公园"似为原正式名称。向数位当地年龄较长者（皆六十五岁以上），包括一位语言学家核证，大都附议，并言民间习惯一向称"大公园"。后接读者（原籍苏州，五十出头）反馈："不知道有无'苏州大公园'的名称。我认为'大公园'之俗称来自与'小公园'之区分。'小公园'在离'大公园'不远的北面市中心。"录此供参考。

[4] 信息主要提供者是追踪小浪发起者金华森，参与讨论者有徐文高、沈亮、陈林林、耦园等。

[5] 稿成后才知，该合影也与《数学难题》沾边。参见篇后补记。

[6] 陈平原《问世间，"学"是何物——读〈金克木集〉》，《光明日报》2011年10月26日。

[7] "怪人"语出徐迟《江南小镇》第267页："他［指沈仲章］还是金克木的好朋友。难怪呢，两个人都是怪人。"

[8] 见《金克木集》第六卷卷首附图"作者手稿"《难在第一字》，取"阿

尔法"和"贝塔"为代号。

[9] 陈珪如是福建人。本书《与陈珪如和胡曲园》内有关"阿刚"或"阿戆"之评原属本篇，摘此便于参考："不清楚是受闽腔国语影响，还是外文读音影响，甚至口无遮拦，透露心有所思？不过，'戆'不是闽北话，虽然陈珪如在沪年久当明其意，可听出像'阿戆'的，大概还是我闻者有心。"

[10] 创造社出版部，上海。之前郭沫若有否单篇发表"迷娘歌"，或是否有他人采用"迷娘"译名，尚待追溯。

[11] 吴光伟致沈仲章函写"亚芒"，但这不一定说明她口语说"Ya 芒"。回想父亲和他的北平老友，包括一口京腔的邵乃偲，大多书面写"亚芒"，口头却说"阿芒"。

[12] 参见拙文《沈仲章唐山三部曲之一：混进大学》，载《传记文学》2017年第2期，第57—68页。

[13] 曾托人查北大档案，回曰沈仲章毕业于1937年。官方记录"追认"历史并不少见，无以为奇。目前猜测，因沈仲章自己不合作，20世纪30年代初的毕业手续未办齐全。稍后父亲直接任教，1937年因抗战离校。录史者难以理解"怪"例，倒溯至最后在校日期，"追授"毕业。此注仅为举例，提示我所言含多层背景。本节差不多句句皆有故事，比如为何不肯毕业、如何"作梗"不毕业，然限于篇幅与主题，皆暂止于此。亦须核审原始资料，日后另叙。

[14] 参见本书《与刘天华》。假如探索辛竹写作手法，这句基本写实，简化而已。

[15] 参见上篇《与金克木（乙）》有关"从意大利回来的人"中"回"字的讨论。

[16] 本节针对辛竹文字，对比原型，相对系统。其他文章各依专题，侧重相异，覆盖也有参差。同类情况不再注。

[17] 参见本书《与徐森玉》。

[18] 详见本书《与刘半农（乙）》。

[19] 此外，徐文堪告诉我，1981年"元任先生初访大陆时，令尊就见过"。1980年中段，赵氏长女赵如兰来沪采录古琴聚会，父亲拍照记录整个活动，包括赵如兰工作实况，并留有合影（见本书《与陈寅恪（丙）》配图之一）。

[20] 太平洋战争爆发后，海外尤其美国木材进口断档。父亲好友吴羹梅等在上海致力于中国制笔工业，木材是个关键，抓住沈仲章帮忙。除了因为他懂行能鉴别合适用料，还倚仗他代为搜寻木材。当时木材非常紧缺，因为日军扫荡江南，砍伐树林（据说为防范游击队）。父亲走乡串镇，靠能说方言方音，与当地人交朋友，才能得知谁家藏有木料，游说收购。

[21] 父亲叹息，按其性格志趣，助商本为一时权宜，后被划成分定了资本家。亦可参见本书《与周祖谟》中所言的"天天弄木头"。

[22] 父亲常自己"降级"，可能会对金克木说"助理"一词。

[23] "松""嵩"或"崧"字，待考。对用字提出疑问者是邢义田。

[24] 代为调查者为北大图书馆的陈体仁。谨在此感谢已出现于本系列正文、补记和注释中的各位相助者。此外，还需向对本系列提供帮助的蔡冰、石汝杰、李晓杰、夏剑钦、徐维源、周澍民等致谢。

第 十 三 篇

与徐森玉：逸事琐事

徐森玉像，沈亚明试描。

本篇基于《徐森玉和沈仲章交往二逸事》，原载《文汇报》2017年10月31日《笔会》。

父亲沈仲章和徐森玉先生是至交。我幼时经常跟着父亲去徐家，称徐森玉"徐公公"。我父母晚婚晚育，我出生前祖父和外祖父已去世。回想亲见祖辈人物，徐公公的形象首先浮现。我写父辈往事，凡联得上徐森玉必提几句，但不曾专写沈仲章与徐森玉，直到最近。下文两则逸事，原为另一长稿内一小题之二例，后与徐森玉幼公子徐文堪互忆往事，扩展为单篇，兼纳些许琐事。

　　逸事之一涉公职，称呼用"徐森玉"。

　　父亲与徐森玉，自20世纪30年代起，工作上向来配合默契，可是，有次却为一事发生口角，闹得非常不欢，幸而未散。

　　记得父亲每次说起那件事，都提到接收陈群藏书，估计时段相近。那是抗战结束后，父亲随徐森玉接收江南一带的日伪文物图书，其中一大项目是清查陈群所遗藏书，徐沈二人一主一辅，我堂叔沈锡三也曾相助。郑振铎对收书也很起劲，曾提供情报，甚至亲自出场，但帮了倒忙，打草惊蛇。全过程是个大题目，资料尚待整理，恐需几篇长文，表过不提。

　　先说那"不欢未散"之事，起因是上面传来任命，委派沈仲章去粤港地区清点接收文物书籍，名分职位上跟徐森玉平起平坐。可是父亲一向不在乎头衔职称，宁可留在吴地协助徐森玉，谢绝不去。徐森玉劝沈仲章别轻易放弃要职，说：这是我和学界其他领头人费力争取来的名分地位，你为主，可带我儿子徐伯郊。

可沈仲章不但不领情，还露出不屑的神情，顶嘴发怪论："你们看重的名分地位，对我是侮辱！"（大意，原话有笔录待查。但"侮辱"二字我印象深，应当没记错。）父亲的不识抬举，把徐森玉气得好几个月不跟他说话。不过，两人仍然协力工作，待徐森玉气头过了，又和好如初。

徐文堪读后告诉我："关于令尊抗战胜利后的工作，略加补充如下：当时国民政府行政院拟任命清理接收敌伪文物图书特派代表，家父为京沪区代表，沈兼士为平津区代表，粤港区代表一职，家父力荐令尊担任，教育部次长杭立武（1903-1991）完全同意，但令尊坚辞。"（"京沪区"中之"京"当指南京。）他旋即补充："当时的正式名称也可能是'特派员'，但杭立武本人留学英美，对知识分子特尊重，不愿以上级名义委派，故冠以'代表'之称。"

数日后徐文堪又追加说："上次言及'特派员'，再略说几句。……同时任命的，还有一位辛树帜（1894-1977）先生，属武汉区，但他是著名留德农业生物学家，长期任西北农学院院长（现西北农林科技大学校园尚为其立塑像），无法去武汉。沈兼士在1947年去世。各地都形同虚设。只有上海，家父与令尊还做了些事，如接收陈群数十万册图书，分配给国内各图书馆。"

父亲对我讲他们几乎"闹翻"，是当作趣谈来说的，着重的是他把"名分地位"视为"侮辱"，兼带衬托他与徐森玉之间可以直言不拘。父亲随口言及的任命，他本来不曾当回事儿，我过去也没想到问清楚。

近年来整理父辈史料，治史自当努力求证，存念核查该职正式名称等，可尚未得空。因此，非常感激徐文堪提供佐证，而且相当明确（文堪叔总是我可以信赖之倚靠）。不过，我见过相关文书，头衔像是"主任委员"，有"战区文物保存委员会"字样，朱家骅或蒋复璁签署，还待日后查找。

我又想起至少在陈寅恪和周祖谟等致沈函中，曾有相关言辞。周祖谟信函较多，一时找不到具体是哪封。记得周函用词是"要员"，其消息源自袁守和，像是重庆方面抗战刚结束便讨论任命。陈寅恪函发自南京，写于1946年6月12日，其时中央政府已迁回南京。函内提及他没碰到徐森玉，推测其信息另有渠道。读来印象是授职已确定，南京方面认为沈仲章会赴港，寅恪先生开列单子，委托沈仲章到港替他访友办事。

我知道，差不多同时，教育部另授他一职。父亲受何容与魏建功之邀，任台湾推广国语委员会委员，主要在内地采办设备，筹划培训教师等，也曾赴台。此乃另一大题。而数职的委任即赴台、派港、留苏沪助徐之先后，也待考证。

当时我为另一文征求文堪叔同意，表达徐沈后代共同愿望，他建议加一句："如读者能提供新的资料线索，望赐教。"得他允许，借用于此，以示我愿。

下面说逸事之二，涉私谊，称呼多用"徐公公"。

徐公公对我父亲不避隐私，父亲能随意出入徐家。当时沈仲章年轻单身无羁多能肯干，徐森玉书斋文士有家有室，沈仲章耿耿效力无二心，徐森玉对沈仲章信任倚仗无二话。文堪叔婴幼时期，每逢徐森玉不便照应他们母子俩，便托付沈仲章照应，从对外交涉，到送食物送取暖燃料……事无巨细。1949年我父母喜结连理，拟只通知几位近亲挚友，但徐公公不答应，坚持要摆宴，由他主婚。

父亲和徐公公有多项共同爱好，其中一项是探山访庙，讲梵文唬方丈。徐公公教我父亲不少窍门，比如在佛教名山如何与寺院打交道。父亲后来独自上五台山时，这些窍门派上了用场。

抗战前，父亲曾和徐森玉、竺可桢等外出开会。因在白崇禧驻地，那时军界对文界较敬重，白崇禧特意会见致礼。会议结束后，一行人结伴登山，还有与道士打赌等趣事。这里只说一件相对稀罕之事，年长的徐森玉照顾年轻的沈仲章。

小小的远足队由学者组成，并非人人习惯走山路，因此雇了顶登山轿，随行备急。徐公公行动较显费劲，便归他乘坐。半路上父亲突发一种旧病，疼痛难行。父亲有种Stoic气度，一如往常不诉苦痛，独自落在人后。(Stoic源于古希腊文Στωϊκός，音译"斯多亚"，原指哲学流派，兼表人生态度。该词汉译很难贴切，择数例友人的试译：淡定、坚忍、苦乐荣辱置之度外。)

沈仲章以善爬山出名，无形中是领队，前后来回招呼，因此同行者都不在意他掉队，唯独徐公公不放心，也只有他，因与沈仲章极熟而知其体质弱点，便让轿夫抬着往回走。徐公公找到脸色惨白、满头冷汗的沈仲章，下轿让座。父亲虽几乎不能动，仍说歇歇能追上，但轿夫见他个小体轻，将他塞入轿中，抬了就走。

登山队其他人走着走着，不见轿子和徐森玉跟上，便停下等候。轿子来了，轿中的徐森玉却变成了沈仲章。此时父亲病情缓解，故作轻松不道原因。过了好一会儿，徐公公才气喘吁吁地赶到，不知沈仲章未做解释，也什么都没说。

事后竺可桢提起，当时众人纳闷，徐沈两人变什么戏法，父亲仍笑而不答，恐怕竺可桢始终没明白是怎么回事。

二逸事叙毕，顺便略提两家之间零碎琐事。

沈仲章于山间树下，估计摄于20世纪30年代中段，可能是自拍。

上代之情，传给了子女。徐文堪的博学多识，被我认作可靠后盾。凡有事求教，他回邮之速，印象中从未超过二十四小时，其指教也总是令我信服。几年前我发现某网站有份材料，对徐公公不利，我赶紧打越洋长途，依法理论。对方总推托需请示，一挂电话便很难再接通，接通又得从头交涉，后来便不挂电话，一等几个小时。因为时差，花了几个大半夜，才让那头的材料下网。事后，我仅轻描淡写地对文堪叔提了一句，他也很通达。此事虽微不足道，亦可反映前辈友谊之延续。

不久前有人问及徐森玉，使我回想起儿时随父亲去徐家拜年，徐家婆婆在桌案上摆满甜食，招呼我过去吃。偏偏我小时候嘴不馋，肠胃也不适应过年食品，更喜欢赖在高高的椅子上（对小童来说"高"，双脚得悬着），听父亲与徐公公聊天，自以为能听"懂"。文堪叔会出来一下，腼腆地打个招呼，一转身就不见了。我脑中"定影"的徐公公肖像，占据画面下部的是张大大的书桌，黑色的，徐公公坐在书桌那边，露出上半身。

说起那张书桌，原是我家的。徐公公很多事都托沈仲章办，比如战时转移文物书籍，父亲无正式职务也大力协助。日占江南时期木材紧缺，因父亲熟悉木料木器，负责定做装运箱盒。20世纪50年代初，徐公公托沈仲章替他找张大书桌，父亲便把那张大黑书桌寄存在徐家，理由是我家迁居武康大楼后放不下。（父亲常按别人需要"寄存"东西，其实"文革"前我家屋子挺宽敞，50年代装有室内秋千。）

那张书桌更早时是孙晓村伯伯的。父母有我兄姐之前，与孙伯伯孙伯母合住一套公寓，在淮海路另一栋大楼。孙伯伯去北京任职时，把书桌留给了父亲。文堪叔补充说，孙晓村曾任中国农业大学校长，去世前为全国政协副主席。我每次去北京，必定拜访孙伯伯孙伯母，感觉很亲近，可惜从来没问过其职务身份等，因此很感激文堪叔告知。

要是有人见到徐森玉晚年与家中大黑书桌合影，望赐我一览。

【补记】更正补充

堂叔沈锡三：原文误写为"沈锡山"，特此更正。堂叔沈锡三之父为我祖父胞兄。

周祖谟函：本篇原文刊发后，找到了相关周函。初步分析该封周函，讨论任命像在1945年下半年。参见本书《与周祖谟》。

父亲与徐森玉：父亲是最了解徐森玉者之一。对两人交往点滴，本书另有多篇言及，可参见，可惜都嫌简单，几乎每处都应解释扩充，还有不少尚未涉及之题，皆待日后再补。亦请参见吴克敏遗作《回忆徐森玉、沈仲章两先生》，即本篇附文。

附文　吴克敏遗作：回忆徐森玉、沈仲章两先生

　　吴克敏教授于2009年去世，这篇遗作原载《东方早报》2016年5月21日《上海书评》。谨附此文，纪念吴老师和文内提及诸先辈。1988年3月吴克敏撰写此文，以纪念沈仲章逝世一周年，手稿送至我家。母亲去世后，姐姐沈亚馨保存了这六页手稿。手稿和已刊文字略有出入。父亲比吴克敏年长不少，两人是忘年交。吴克敏比我年长很多，与我也是忘年交，我称她"吴老师"。我读吴克敏文，回顾往事，每段皆可注可讲。限于篇幅，仅插少许按语，略补我较清楚之背景。吴克敏文内用"先父""父亲"指称其先君吴公望，为避免混淆，我的按语内以"沈仲章"或"沈"称呼我父亲。

　　我和沈仲章先生相识，是从他乐于助人开始的；而第一次见

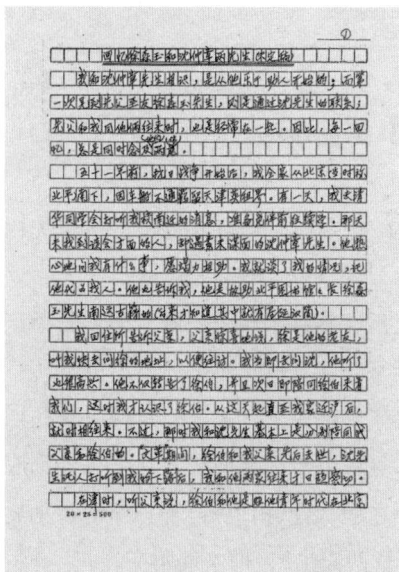

吴克敏手稿第1页。

到先父至友徐森玉先生，则是通过沈先生的联系。先父和我同他俩往来时，也是经常在一起。因此，每一回忆，总是同时念及他们两位。

五十一年前，抗日战争开始后，我全家从北京（当时叫做北平）南下，因车船不通羁留天津英租界。有一天，我去清华同学会打听我校南迁的消息，准备觅伴前往续学。那天未找到该会方面的人，却遇素未谋面的沈仲章先生。他热心地问我有什么事，愿竭力相助。我就谈了我的情况，托他代为找人。他也告诉我，他是协助北平图书馆馆长徐森玉先生南运古籍的（后来才知道，其中就有居延汉简）。[亚明按：当时清华大学在天津设机构帮助校友，北京大学没有设。沈仲章义务提供"中转"服务，不分学校，帮助北方学人寻亲联友、寄运物品、筹措旅资……脱离险区。被助者包括清华师生，为此沈需要与该校驻津负责人叶企孙（景葵）和熊大缜配合。倘若事情忙不完，沈便住在清华办事处，应就是吴克敏说的"清华同学会"。人们大都视沈为"上面"委派的"中转站联络员"，几乎没人知道这完全是沈的个人自发行动。同样，南运古籍也非沈的职责，但他一向倾力协助徐森玉。沈的真正任务是救护居延汉简，可说到底也是自发和义务。因汉简之事"绝密"，沈"秘而不宣"，连相助者也不知真情。又因沈操办西北科学考察团实际事务，汉简"失踪"，日本人会追查沈。所以，沈在津数月，致力于协助古籍南运和各校师生转移，也为其秘密护简起了掩护作用。]

我回住所告诉父亲，父亲惊喜地说，徐是他的老友，叫我快去问他的地址，以便往访。我当即去问沈，他听了也很高兴。他不仅转告了徐伯伯，并且次日即陪同徐伯伯来看我们，这时我才认识了徐伯伯。从这天起直至我家迁沪后，就时相往来。不过，那时我和沈先生基本上是分别陪同我父亲和徐伯伯的。"文革"期间，徐伯伯和我父亲先后去世，沈先生托人打听到我的下落后，我和他两家往来才日趋密切。

在津时，听父亲说，徐伯伯和他是青年时代在北京琉璃厂书店里赏鉴碑帖字画时认识的。父亲一生只是个普通机关工作人员，研究碑帖是业余爱好；徐伯伯则名位日高，担任文物方面的要职，但他们的交谊并不因此而有所改变，徐伯伯待我们晚辈也亲如子侄。

抗战初，沈仲章先生抢救居延汉简及保全宋元名画，现已众所周知。但他尚有一件与此类似的善举，恐怕知者不多，这就是他亲自出资影印原由我父亲发现并珍藏的秦《诅楚文》。[亚明按："沈仲章先生抢救居延汉简及保全宋元名画"二事之全过程，远非"众所周知"。]

秦《诅楚文》刻石与石鼓文年代相去不远，是当时秦国祭告于巫咸、久湫、亚驼三神以诅楚国之文，三文各刻一石。但原石原拓均早已失传，世传汇帖如《绛帖》《汝帖》等都只收一部分，且系三文合并或有删节。抗战前若干年，有一天，我父亲偶在我姑父处看到有待处理的一堆旧书画碑帖，他让我父亲随意选取。我父亲发现有一件元至正中吴周伯琦跋的秦《诅楚文》覆刻拓本，三文分列，文字完整，不禁大喜。蒙我姑父相赠，父亲当即带回，与徐伯伯共同赏鉴。徐伯伯叹为海内孤本，盛赞父亲独具只眼、从故纸堆中抢救稀世珍品之功。解放后，徐伯伯向上海文史馆推荐父亲之时，还特别提及此事。

抗战期间，我家生活困难，全靠变卖我父亲旧藏的一些碑帖字画和我的微薄收入度日，但这件《诅楚文》拓本则始终珍藏不舍。父亲原和徐伯伯商议把它影印传世，但苦于人力财力都不足，又因战乱，迁延多年。沈仲章先生得知此事，慨然愿全力相助。1944年，他不仅出资，并且亲自觅工精印了百本《诅楚文》，分赠同好。由于沈先生摄影、影印技术高超，此影印本面目几与原拓本不相上下。后来郑振铎采入《中国历史参考图谱》第五册，出版后赠郭沫若，郭看到《诅楚文》也叹为前所未见；后郑又将影印本赠郭，郭乃于1947年作《诅楚文考释》。由于影印本不多，郭文又从未单独出版，而解放后我父亲藏的原拓本经徐伯伯介绍给故宫珍藏，故外界知者甚少。直至1982年10月科学出版社出版的郭沫若的《石鼓文研究·诅楚文考释》合刊本，印数也只有四千本，且书后未附原影印本中我父亲和沈先生的两跋识。故除徐伯伯和沈先生生前几位老友外，就很少人知道沈先生影印秦《诅楚文》这一重要文献的传世之功。徐伯伯在世时，是经常向识者称道不置的。[亚明按：沈仲章同类善举不少，但向来"很少人知道"。我很感激吴克敏老师为史留痕。]

解放后，徐伯伯和沈先生工作都更忙了，我父亲因体弱多病，很少出门，彼此见面机会不多。后来徐伯伯病重，行动不便，至少每年春节我都要陪同父亲去看望徐伯伯一次，直至"文革"开始。因为我工作也忙，所以和沈先生也只能间或一遇。

"文革"中，我父亲卧病不能起，于1975年去世；去世前经常惦念徐、沈两位，说不知他们情况怎样了。我自"文革"开始就不断遭受审查、批判乃至进入"牛棚"，为了避免牵连别人，销毁了亲友通讯地址，消息多有隔绝。我"告别"了牛棚以后，虽想恢复联系，却无从寻觅。有一天，在校内走过教材科打字室，一位女同志喊住我，说她叔叔有一位朋友托她打听我的情况；我问她是哪一位在打听，她当时也不知道，回去问了她叔叔之后，才说是沈先生。我向她问到沈先生的住址，当即前往拜访。劫后余生，相见倍感亲切，互诉别后情事，才知各遭迫害不轻。他告诉我，他知道研究古琴的同好张子谦先生的侄女张泰群同志在交大工作，故而托她打听我，果然找到了。我和他都感激张氏叔侄使我们得以重逢。

我问沈老知不知道徐的情况，他告诉我，徐伯伯已遭迫害于1971年5月逝世，徐伯母及其子徐文堪同志（华东师大历史系毕业后任日晖中学教师）已迁居。闻之不胜悲悼。后见报载1979年2月16日已补开过追悼会，我不及参加，只能去徐伯母处吊慰。

由于沈老住处距我校只有无轨电车一站路，我和他还有他的次女亚明都对语言学有兴趣，又都好买书，于是经常互通关于书的信息；有时还互相代买书，有时还代为预订并取书；自我校新华书店开办预订业务后，我们预订的书就更多了。到沈老病重不能出门逛书店之时，我就把我校书店给我的书目每月送他看，聊慰书渴。

此外，我初中一年级的数学老师周俟松先生是著名作家、宗教学家许地山（笔名落花生）先生的夫人，他们一家和沈老也是多年老友，沈老和我曾谈起过。1941年许地山先生在港逝世时，纪念刊还是沈老寄给我的。后来，沈老曾告我，周师在南京任教，但地址不详。"文革"后，我托人打听到她的地址，开始通信，经常代为转达沈老和周师之间的消息，直至沈老逝世。我常想去南京看望周师，却始终未果，沈老却在逝世前一年由长女亚馨陪同去南京和她老人家重聚了一次，并送我一张合影留念的照片。

沈老病了数年，常急诊住院，不欲惊动亲友。我常去他处，得知他病总要去探望。他虽在病中，仍不时有人找他，他总扶病竭力为助。遗憾的是，他逝世前那一次住院，我未能及时得知；收到讣告，至感惊悼，痛惜未能于他生前再见一面，只能在追悼会上向遗体告别。[亚明按：沈仲章晚年常住院，但稍好转便尽力助人。另，沈家有图书寄存于吴家，追悼会后吴老师曾与我相见相商，但我旋即返美。其后二十年我仅回国三次，每次皆因要事急事，不能走亲访友。每次又都打算一两年内即回国，心理上吴

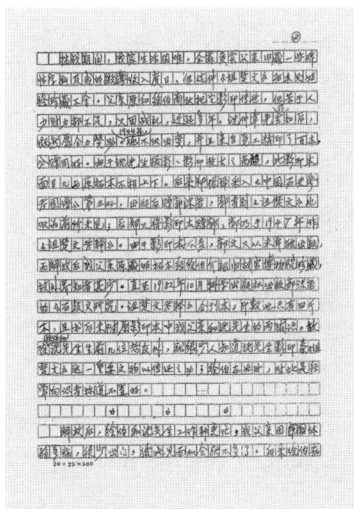

吴克敏手稿第3页。

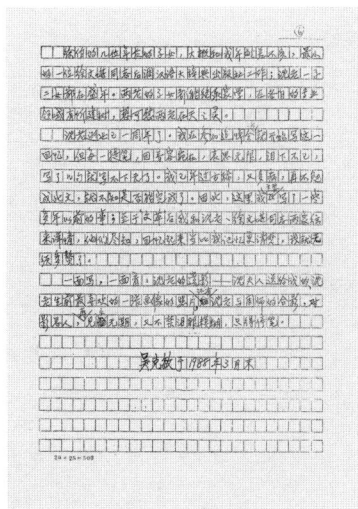

吴克敏手稿第6页。

老师还是"中年",可等下次。没想到"下次"是2014年，痛惜未能于吴老师生前再见一面。]

一面写，一面看，沈老的遗影——沈夫人送给我的、沈老生前最喜欢的一张画像的照片，还有沈老与周师的合影，对影思人，再见永无期，又不禁泪眼模糊，只能停笔。[亚明按："沈老生前最喜欢的一张画像"所依原照收在书前小相册。"沈老与周师的合影"尚未找到，我也没有吴克敏照片，均在此征集。]

【附文补记】周俟松函

吴克敏文中说，她"经常代为转达沈老和周师之间的消息，直至沈老逝世"。确实，父亲生前，吴克敏充任了沈仲章与许地山夫人周俟松之间的信使。周俟松写给吴克敏的信，大都转到我家。下附一封信为例，兼以纪念许地山、周俟松、许燕吉和周苓仲。

克敏：

　　沈老来，我们谈得很好，四十多年的往事也不是一时一刻谈得完的。他年老体衰，我们惟恐他生病，在饮食、行动上，都特别注意。可是还是回去心脏病复发，不知日来如何？甚为惦念，你便中去看看他，代我问候。

　　他在此照相，为小学生收音，很有趣，也表达他的乐观、心情舒畅。他女儿寄来了许多彩照，其中只有一张我和沈老的照片，你如有兴趣可去沈老处要底片加印一张，留作纪念。

　　春节比较忙，惟身体顽健，特以告慰。

　　此致　敬礼并祝年禧。

周俟松
1986.2.18

许地山与周俟松结婚一周年，北平，1929年；周苓仲提供。

小女候问。

杂志也寄了一本给沈老，让他病中消遣。

福建出版的一本许地山选集，已在书店发售，很厚。售价4.00元。

[亚明按："小女"指许燕吉（1933—2014）。周苓仲逝世于去年七月，去世前一两周内答我问候，他用微信语音留言："我病了。"父亲与许地山夫妇在北平已相识，到了香港更熟。这封周函原附于拙文《许地山跟沈仲章征服香港之巅》，载《传记文学》第630期，2014年11月，第49—54页。关于许地山已有拙文数篇，拟另行辑入父亲与文坛师友集。]

第十四篇

与钢和泰、卫礼贤和鲁雅文：佛经翻译

《文汇学人》封面；征得同意引用。

本篇基于《沈仲章"忆"卫礼贤之佛缘——兼及钢和泰和鲁雅文》，原载《文汇报》2018年2月9日《文汇学人》，第1—8版。

标题中的三位都是20世纪二三十年代在北京大学的外籍教授。钢和泰出身于爱沙尼亚贵族，带爵号的全名常写作Baron Alexander von Staël–Holstein [1]，他以对梵文和东方学有专攻而享有国际声誉。卫礼贤即德国汉学家 Richard Wilhelm，中文名希圣，字礼贤，亦作尉礼贤，影响超出中德两国学界。鲁雅文即 Erwin Rousselle，是一位颇有建树的德国汉学家，在佛教方面有著述，可惜知者不多。

父亲沈仲章在北大期间，与钢和泰和鲁雅文都曾相当接近，但本篇重点是探讨卫礼贤的佛缘。

卫礼贤与当时中国文化名流如劳乃宣、辜鸿铭、罗振玉、蔡元培、王国维、胡适和徐志摩等，私交甚笃。他翻译注解了多种中国古代经典，遍及《易经》《礼记》《论语》《孟子》《老子》《庄子》《列子》和《吕氏春秋》等。据中国驻德国法兰克福总领事馆网页，季羡林称卫礼贤为"中国在西方的精神使者"。关于卫礼贤的介绍已有不少，大都述其释道传儒，然对卫氏与佛学，似乎尚欠专题研究。

Richard Wilhelm（卫礼贤）；
经后代核证并授权使用。

Baron Alexander von Staël–
Holstein（钢和泰）；引自
家谱网页。

Erwin Rousselle（鲁雅文）；
鲁雅道提供。

据父亲沈仲章回忆，他在北大期间，曾参与一个"帮"卫礼贤翻译佛经的项目。因未见相应记载，我四处查询。2015年，正在撰写卫礼贤传记的德国学者应我之请求，挖掘原始文献，发现卫氏最初涉及佛学的痕迹。而后我搜索其他资料，综合梳理，大致可证卫礼贤对佛学之兴趣，延续经年。

下文先述父亲沈仲章在20世纪20年代后期，由钢和泰引导进入梵文学界，译注佛经。再叙笔者自2014年以来，经中外多位学者以及先辈学者家属相助，寻找父亲记忆中的卫礼贤，环环相接导出鲁雅文，继而讨论钢、沈、卫、鲁四位可能当事人的各自作用，然后摘引佛教界记载，检索卫氏本人著述，标识卫礼贤从1922年起直至去世前几个月佛缘历程的一串脚印。

一、钢和泰引导沈仲章（上）：开蒙攻读梵文

数位父亲的老友对我说，你爸爸懂十几种外语，父亲则说，有些语种不算的，真正能使用的不过五六种。据我的记忆，父亲能用于对话和阅读的，有英语、法语、德语、意大利语、世界语和马来语[2]。父亲自少年到老年一直能用英文写作，中青年时也能用法语写作。我见过父亲早年的英文和法文信留底，但不清楚

其他语种。

此外，父亲学过三种印欧古典语言：梵文、古希腊文和拉丁文。父亲说，梵文的语法规则最细致，古希腊文也挺复杂，拉丁文相对容易。

钢和泰是父亲沈仲章的梵文老师。

父亲1926年考入北京大学，约在1927年开始学梵文。相关情节见本书《与陈寅恪（甲）》，下面简单概述，并稍加补充 [3]。

钢和泰授课主题并非梵文，而是古印度宗教史，因需参考梵文文献，故得先补习梵文。听课者一般已有文史专业背景，属于研究生和教师这一层次，但大都认为那门课难得出奇。父亲沈仲章和好友谢大祺刚进北大不久，是理科本科生，他俩出于好奇加好胜，去插班旁听。

钢和泰上课自编讲义，用罗马字母注音。梵文是印欧语系最古老的语言之一，变格极为繁复，父亲记得有两百多种。他举例说，第一次跨入钢和泰的教室，整整一堂课，老师只讲解了一个"马"。

沈仲章和谢大祺在课堂上表现突出，受到钢和泰赏识，被邀请去老师寓所继续进修。第二年谢大祺因故退学，沈仲章独自去钢和泰家求教，两人越来越熟。

关于钢和泰在北大教授梵文和古印度宗教史，早有著述论及。知名学者如胡适和陈寅恪等，都曾向钢和泰请教梵文，也是众所周知。本文皆不赘言。

值得一提的是，钢和泰在1921年1月11日，写信给哈佛大学教授、梵语学者 James Houghton Woods（吴兹），函内道明一项志愿 [4]："I am trying to enlighten the Chinese by reintroducing the study of Sanskrit into this country."（"我正通过重新把梵语研究输入这个国家，给中国人做点开蒙启明的工作。"）

大学时代的沈仲章，1930年
左右；李蟾桂惠赠存照。

钢和泰为二十才出头的沈仲章"开蒙"，算来已是写作此信六七年以后。我认为，这事也许可作例证，表明钢和泰持续不懈地努力"启明"。

二、钢和泰引导沈仲章（下）：协助翻译佛经

父亲经钢和泰推荐，协助德国学者，参与翻译佛经。父亲被钢和泰挑选上，是因为既懂梵文，也通德文，还具有佛学知识等。

父亲入北大不久，便选修了熊十力和邓高镜等教授的佛学专题课，还选修了陈寅恪的"佛典翻译研究"（或作"佛经翻译文学"）。慕寅恪先生之名去听课者众，但真能跟上进度的学生为数不多。父亲因有些梵文和其他外语的基础，听得过瘾，每堂课能

记一厚本笔记[5]。

自20世纪60年代中期到80年代中期，父亲向我津津乐道那段助译佛经往事，不下十来次。回想父亲言及项目内容，曾使用泛称"翻译佛经"，也曾使用确指"翻译《六祖坛经》"，偶尔使用"编（佛学）词典"，而提到被助者，多冠以"德国教授"或"德国学者"，有时点明"Wilhelm"，也常说"帮钢和泰"或"跟钢和泰他们一起"译经。

父亲回忆，那位德国教授极其认真，做研究非常严谨。德国教授要求他把《六祖坛经》"一个字一个字抄下来做卡片"（父亲多次这么说）。每个字都加上大量注释，从字音、字形、字义、字源、历史演变等多方面考查。我的理解是，父亲逐个汉字做卡片，用外文详细注解。我忘了问是用德文还是英文，猜测含德文（如果猜对，看来父亲也有些德文写作能力）。记得父亲曾评论，那是极好的训练，对他后来从事语言、考古和采风等研究，都大有帮助。

对父亲变换用词，我如此理解：大项目总题是翻译佛经，小团队阶段性专攻是《六祖坛经》，制作卡片之责，已兼编纂词典之任；父亲直接协助的是一位德国教授，而整个译经项目系列，钢和泰有策划主导作用，因此说帮"钢和泰（他们）"也合理；当然也不排除另一可能，父亲还曾直接助理钢和泰本人；至于Wilhelm，是本文关注重点，容我从下节起，一步步探讨。

父亲去世后，我生出一个疑问：翻译中国土产的《六祖坛经》，为什么需要懂梵文？曾求教几位学者，但大都与我一样存疑。最终有一位解疑，他说：不少汉传佛学词汇，看起来是中文，按字面也能读通，但其实含有梵文渊源。佛教融入中国文化年久，人们乃至佛门人或研究者，难免习焉而不察。若具梵文功底，则较易辨识溯源。他追加说：另一方面，为解析这些梵文借词之汉传演化，中文语言学知识也必不可少。接着，他邀我得空合作，考查《六祖坛经》中梵文借词及其汉化，理由之一就是"你爸爸曾做的事"。这位学者早已准备了《六祖坛经》梵文借词参考物，可惜多年过去，我还没得空。

回头说父亲，他考进北大时选科是物理，涉足偏冷深奥的古典语言，原本是学着玩。没想到，梵文居然给他这个穷学生带来一条生财之路。父亲一星期去德国教授那儿几次，每次工作几小时。老板出手大方，一次给二十几块大洋。父亲成了年轻人中的阔佬，忙毕回宿舍，便得散财款待朋友们（参见篇末补记）。

这份研究助理的工作，持续了半年多。除了治学上的熏陶和经济上的获益，这宗"洋买卖"在很多年后，还带来了个大好处。原来，德国教授付酬用德国银行支票，只能到德华银行去储存或兑现，为此，父亲在德华银行开了账户，因每星期去，成了"熟面孔"，建立了信誉。1937年夏，日军入侵北平，父亲冒险把居延汉简悄悄运出北大，左思右想，北平城内无处可藏，此时想到德国是日本盟友，德商企业相对安全，父亲便把汉简装箱封实，充作私人物品，锁进德华银行保险柜。这段因缘，父亲讲述救护居延汉简经历时几乎总会顺带说起[6]，故在此一提。

三、哪个Wilhelm：父还是子？

2014年或更早，我起念动笔，写写父亲译经之事。

我碰到一个问题，不说钢和泰，父亲协助的那位德国教授是谁？我先前认为就是"Wilhelm"，但是又碰到一个问题：早年在北京大学当过德文教授的，有父子两个Wilhelm。为父者Richard Wilhelm，即卫礼贤；其长子Hellmut Wilhelm，中文名卫德明。我父亲沈仲章是哪个Wilhelm的助手呢？

Hellmut Wilhelm（卫德明）和其子 Crispin，20 世纪 50 年代；Crispin Wilhelm 提供。

扫视卫氏父子各自著述标题，未见明显的佛学词语。浏览若干生平介绍，也没有我需要的信息。为解答疑问，2014 年我踏上征程，寻找与父亲沈仲章有缘的那位 Wilhelm。

出发之前，我就译经一事，从多次亲闻记忆和 1985 年父亲口述笔录中，选辑要点和问题，充作"行装"，然后借助电邮，求教于多位博学广闻者。

第一站是中国的徐文堪。凡父辈学界往事，我常请教他。徐文堪先提议 Hellmut Wilhelm，即卫德明。徐文堪的猜测基于年龄，因卫德明与沈仲章同岁。

卫德明 1948 年到了美国，在华盛顿州西雅图的 University of Washington（华盛顿大学）当教授。我便将视线折回美国，顺藤摸瓜，寻到第二站华盛顿大学。2014 年 8 月 15 日，我发电邮给卫德明的学生、东亚系退休教授 David Knechtges（康达维）。我向他概述父亲回忆，告知我的困扰，寻求指教帮助。

康达维教授正要离家访问北京，但仍拨冗作答。闻我苦于找不到有关卫氏父子佛学著述的记载，康教授说大概就是这个情形，即两位 Wilhelm 都没出版任何论佛之书，至少他肯定恩师卫德明是这样（"I am sure of this in the case of Hullmut, who was my teacher."）[7]。至于卫礼贤，康教授因隔代缺乏直接接触，说不了太多，但许诺旅行归来核查资料。

康教授答言附有卫氏父子简历，卫礼贤部分截止于1925年。估计康教授意在留个口子，以便再探1926年后卫礼贤行止。康教授读到我父亲描述那位德国教授治学严谨，评论道：据卫德明言，其父卫礼贤是位"最细致的学者"（"a most meticulous scholar"）。

康教授确证，卫德明1933-1948年在中国，其间曾在北大教书。我知道父亲1926-1937年在北大，从1933年或1934年起，任北大文科研究所助教，1937年离开北平。算起来，父亲与卫德明有三四年可在北平相遇，可成北大同事。父亲通过其他途径，也可接触当时的中德联谊圈（参见篇末补记）。1934-1937年间，父亲应约翻译 Sven Hedin（斯文·赫定）的著作，需对照德文和英文版本，依父亲性格，他会愿意结识精通德文的学者。

但是，根据我对背景的了解，比如钢和泰的任职变迁，父亲沈仲章的兴趣更替、师友相交等，我觉得父亲说的那个翻译佛经项目，应在他的学生时代，像是发生于卫德明来华之前，不晚于1930年，最可能是1928年。

于是，我又回到父亲1985年的口述笔录，这该算第三站。翻检存稿稍后纸页，父亲又提到翻译佛经之事。很幸运，那页笔记经父亲审读，有他亲笔加注的"卫理贤博士"。

我兴奋地通报康教授，并以"Richard（卫礼贤）for sure"为电邮标题（"for sure"意"肯定"）。康教授回邮表示高兴，"卫理沈仲章口述笔录（局部）。

按：这处笔记写"一年"，但父亲紧接着更正，具体时长记不清。

贤"就是"卫礼贤"。至此，他和我都认为，请沈仲章协助译经的德国教授，"肯定"是卫礼贤。

可是，求索远未成功。

引言已述，卫礼贤向西方译介儒道学说之功，知者甚众。然较通行的卫氏介绍，大都未言涉佛[8]。我曾与人闲聊，说我关注卫氏与佛学是由父亲回忆触发，闻者诚曰："记忆最不可靠。"

我明白那是善意提醒，不针对具体人物。其实，正因为我担心记忆不一定可靠，才走上求证之途。但我也意识到，一概而论"记忆最不可靠"，恐非求可靠之道，应当不随成见，因人视情，思辨解析，合理运用史料。我有多次经验，父亲不同于众的亲历回忆，常含特殊启迪，会导向值得深究之域。我也略具敏感，探讨本题似有余地，因此我没有轻易放弃，而是怀着忐忑之心，调节方向，探视卫礼贤有无佛缘。

康教授一诺千金，替我检索了卫礼贤全部出版物目录，告知没有任何出版物涉及佛教[9]。

知我尚未死心，康教授坦言："but I am not able to determine whether he returned to China during the 1926–1929 period."（"我无法确定他［按：卫礼贤］在1926–1929年期间，是否回过中国。"）

康教授建议我去找卫礼贤孙女Bettina Wilhelm（贝蒂娜·威廉）。他说贝蒂娜·威廉刚拍了一部电影，专讲卫礼贤，应该比较熟悉她祖父的生平。康教授与贝蒂娜无直接联系，指点我求助于Rice University（莱斯大学）的Richard Smith（理查德·史密斯）教授。

这轮再次联系康达维教授，是第四站，可谓中转站，电邮时戳在2014年10月。康教授的开通与热心，使我增强了信心。

因遇他事干扰，也需梳理思绪，我没立刻请教史密斯教授。间歇约九个月，我再次启程，勘察卫礼贤涉佛的蛛丝马迹。

四、卫礼贤涉佛寻迹（上）：茫然无影

第五站是莱斯大学，位于美国得克萨斯州休士顿。2015年7月，我给理查德·史密斯教授连发两封电邮，简述父亲回忆要点以及我和康达维教授的讨论。史密斯教授是研究《易经》的专家。卫礼贤翻译的《易经》，享誉甚高，迄今通行的《易经》英文译本之一，即转译自卫礼贤的德文译本。

史密斯教授回邮说："I am pleased to hear about this exciting development."（"我很高兴听到这个令人兴奋的进展。"）这个"进展"，指的是沈仲章叙及卫礼贤与佛经翻译。史密斯教授的敏锐目光，对我是个鼓舞。

史密斯教授当即发电邮给卫礼贤的孙女，我便得以来到在德国的第六站。

贝蒂娜·威廉很快回邮，说她祖父1924年以后没有再回中国，而对卫礼贤翻译佛经之可能，并无反应。我大概显得有点固执，又调整用词重申关注点，追问能否找到卫礼贤与钢和泰交往的任何记录。贝蒂娜答曰，该问Ursula Ballin（厄休拉·巴林，Ursula一译"乌苏拉"）博士，接着写道，巴林"is working on a

Bettina Wilhelm（贝蒂娜·威廉）；征得同意引自本人网页

big biography on Richard Wilhelm for many years. If anybody knows something, it is her."（"巴林已花费多年时间，在撰写大部头的卫礼贤传记。如果有人能知道任何信息，那就是她了。"）贝蒂娜还告诉我："She says that she's come across the name of Staël-Holstein during Richard's time in Qingdao, but rather marginally."（"她［按：巴林］说她曾见到，卫礼贤在青岛时，记有钢和泰的名字，但似乎仅是沾边。"）

巴林博士中文名叫吴素乐。于是我想起了早些时候岔道台湾之旅，因是旁支，至此才联上主干，且算第七站。大概是这么回事，我初步浏览资料时，读到吴素乐一篇介绍卫礼贤之文 [10]。我欲联系作者，了解到从1986年到2001年，吴素乐在"中央研究院"近代史研究所任副研究员。我托该院历史语言研究所的邢义田帮忙，不久便打听到了吴素乐在德国的电话号码，可我担心，那端第一个拿起话筒者开口只说德语，故迟疑未试。

贝蒂娜征得吴素乐的同意，传来了电邮地址，于是我直达第八站。

吴素乐当天回复说："I am intrigued by your information that

your father assisted RW with a translation."（"我对你父亲协助卫礼贤翻译之事感兴趣。"RW 为 Richard Wilhelm 缩写。）可第一封邮件没言及卫礼贤涉佛，而且她提供的卫氏在华年月，与父亲所述译经项目，时间上不相合。卫礼贤在北大阶段的日记中，确实多次提到一位姓沈的，但那是沈尹默，不是沈仲章。

回顾历程，我从父亲回忆出发，凭借电邮访问中国、美国、德国等国家的相关人士，从专题专家到卫礼贤直系后嗣，多处叩门求教，心存希望，可是，过了一站又一站，没人说卫礼贤与佛教沾边。

我既失望又茫然。

五、卫礼贤涉佛寻迹（下）：日记留痕

吴素乐表示，她愿为我仔细检索卫礼贤的日记、笔记。而父亲沈仲章的独特回忆，也为吴博士提供了新启示，她依此钻探"矿藏"。

2015 年 8 月 9 日，吴素乐来邮报捷。她根据卫礼贤日记（不一定是摘录原文），连续成段，夹叙夹议。下面我改以列单形式，分归三组，各冠小题，择要概括，并选译其评论为"吴按"。

第一组：未察佛缘

1922 年 1 月到 3 月，卫礼贤坐船来中国。旅途中大量阅读（read a great deal），但无一涉佛（but nothing on Buddhism）。[沈按：赞同吴素乐陈述这一背景。三个月的读书单，映射卫氏来华准备范围，佛学未在内。]

第二组：始见涉佛

2 月底，卫礼贤途经柬埔寨，访问佛教寺庙，与僧人聊

冥思（meditation）。［吴按：这至少显示他对佛教的一般兴趣（general interest）。］

5月下旬开始，卫礼贤在一些社交场合与钢和泰接触，聚会时有钢和泰近友如胡适等。［沈按：之前我已与吴素乐讨论，因父亲回忆钢和泰推荐他协助德国教授译经，故假定钢和泰是将卫礼贤引向佛学之关键人物。亦可参见下文吴按。］

8月，卫礼贤与一批外交官去北戴河避暑，其间与钢和泰多次单独会面。有次谈话长达三个半小时。［吴按：虽然内容不详，但这一系列会谈，钢和泰大概已说服卫礼贤相助翻译佛经。］

其后数月，卫礼贤与钢和泰时有相聚，包括共进午餐。［沈按：此为笔者综述吴素乐的摘译。］

第三组：步入佛学

［沈按：下列几则引号内为吴素乐摘译的卫礼贤日记，皆非完整句。］

11月13日，"晚间六点半到八点，去钢和泰处；跟Hinze（？）Hinge（？）一起，翻译佛教笺注（translated Buddhist commentaries）。"［吴按：完全不知道Hinze Hinge的意思。也许是一个人（卫礼贤对中国人名，常任意自创罗马拼音，无固定规律），也许是词典或参考书。沈按：注意"翻译"二字，但估计不是整本佛经。对"Hinze Hinge"，可参见篇末补记中的初步猜测。］

11月17日，"下午在钢和泰处，佛经。"［沈按：此处佛经用单数形式。］

11月21日，"钢和泰处，为佛学著作。"［沈按："著作"原文为work。］

12月12日，"晚间在钢和泰处，佛经。"［吴按：注意佛经用复数形式。］

我当即发电邮给吴素乐，祝贺她的发现。我写道：我很兴奋地得知，卫礼贤早在1922年已对佛学发生兴趣，这将使人们对卫礼贤的了解更为完整。

吴素乐回邮说："Thanks for your mail. I, too, was excited to discover RW's commitment to Buddhism and am grateful to you for having put me onto this trail."（"感谢你的电邮。我也为发现卫礼贤对佛学的投入而感到兴奋，并感激你把我引上这条途径。"）"The fact that until now nothing was known about 'RW & Buddhism' is a little surprising."（"'卫礼贤与佛学'这一迄今鲜为人知的事实，有点令人吃惊。"）

可见，连正在撰写大部头卫礼贤传记、被卫氏后裔贝蒂娜评为"如果有人能知道任何信息，那就是她了"的吴素乐，对发现卫礼贤曾经涉佛也感"兴奋"，并对卫礼贤佛缘长掩也感"吃惊"。

吴素乐还表示，她将凭借"new insight (thanks to you)"（"得益于你的新视角"），重新审视她掌握的卫氏档案，重点关注1924年以后的档案。

父亲的回忆促成这个突破，导向这个新视角，大振我的士气。

尽管我最初联系吴素乐，已讲明正在写文章，请她为我查寻原始资料，但是，出于尊重，我没有急于自行公布这一进展。

我是这么考虑的，吴素乐致力于卫礼贤生平多年，虽因我的要求与提示，使得卫礼贤关注佛学的亲笔记录出土，但挖掘资料毕竟很辛苦。吴素乐告诉我，卫礼贤的这些笔记，显然只是为他自己留作参考，写得匆忙，字体极小（tiny），常用缩写，字迹很难辨认（hardly legible）。

我决定等一段时间，让吴素乐先有机会向外宣布这一新发现。

但是，我写父亲佛经翻译之事，也不可能绕过卫礼贤与佛学，因而本文也随之搁下。两年多过去，时间够长了，我向吴素乐打了招呼，重续本专题。初稿完成后已摘相关数节请她过目。

六、在北平的真身：继任鲁雅文

2015年的事还没说完，当时我虽把卫氏日记中的发现搁置一边，然仍未放弃求索之旅。我继续探讨，父亲与卫礼贤有否可能合作，又如何合作？

除了钢和泰，父亲叙述协助德国教授译经时，提及两个具体人名，Wilhelm和他自己。Wilhelm（卫礼贤）是德国教授，粗听很容易觉得就是父亲说的"德国教授"。这样理解的话，像是两个当事人合作一件事，即沈仲章协助德国教授卫礼贤翻译佛经。父亲沈仲章作为当事人之一，在回忆亲历时说，卫礼贤是另一位当事人。这是我过去的理解，并没向父亲核证。

问题在于，没见到卫礼贤自留记录，不能确认他是另一位当事人。如今虽然找到例证，卫礼贤在1922年有过翻译佛经的意向，甚至尝试"翻译佛教笺注"，但这并不能证明，他真有行动推进具体项目。从起念到列入计划、排上日程、着手落实…… 步骤还不少，距离并不短。我不能一见碎片信息，便凭想象跳跃，草率下结论。

先前我浏览文献并与贝蒂娜和吴素乐等知情者交流，已注意到，根据正式履历，卫礼贤1924年返德后，没有再来中国。而父亲1924年还在唐山大学，1926年始入北大，其后才学梵文。可见两人不曾同时在北平。

吴素乐猜测，会不会沈仲章是卫礼贤在德国的中国助手之一，但我知道，父亲没去过德国。虽然父亲预计1936年随Vincenz Hundhausen（洪涛生）访德，但最终没有成行，而且卫礼贤已于1930年离开人世。

我早就担忧这个时段不合的关键问题。可是，我也读到一些资料，对卫礼贤1928年左右的行踪，用语含糊，包括暗示来华。因此我心存一丝希望，提出几种假设，请吴素乐仔细搜索日记通信等资料，卫礼贤在20世纪20年代末段，有无可能曾短期重访中国。

我的希望并非空穴来风，吴素乐说：1924年后卫礼贤确曾想过再访中国，可仅为"梦想"；另有传闻1927年卫氏又访中国，也只是谣言。

希望破灭，我又落入茫茫之中。

1928年左右，卫礼贤不可能在北平；而父亲翻译佛经，地点肯定在北平，他去那位德国教授处，同室工作。先不议卫礼贤是否远距离发挥作用，我想弄明白，这位身在北平、亲手把酬金支票交给父亲沈仲章的德国教授，到底是谁？

2015年8月12日，吴素乐来邮说："It seems I've already solved the mystery"（"看来我已解开了这个谜"），与沈仲章在北平一起工作之人是Erwin Rousselle（鲁雅文）。她接着介绍：鲁雅文的专攻是亚洲宗教，他与卫礼贤于1921年相识，1924—1929年鲁雅文接任卫礼贤，在北大教授德国哲学。同时，鲁雅文也在清华大学教授比较语言学，还在燕京大学Sino-Indian Reasearch Institute（中印研究院）当主任。20世纪30年代后期，他返回德国，接替卫礼贤，负责卫礼贤创办的法兰克福大学东方研究所。1933年，鲁雅文提交了一篇关于中国佛教的论文，获得了法兰克福大学教授资格[11]。

更重要的是，鲁雅文在中国与钢和泰交往，曾专题研究惠能，并翻译过《六祖坛经》。

情况非常相合。鲁雅文在北大教德国哲学，父亲进北大后学过德文，又从物理系转入哲学系。鲁雅文在清华大学教比较语言

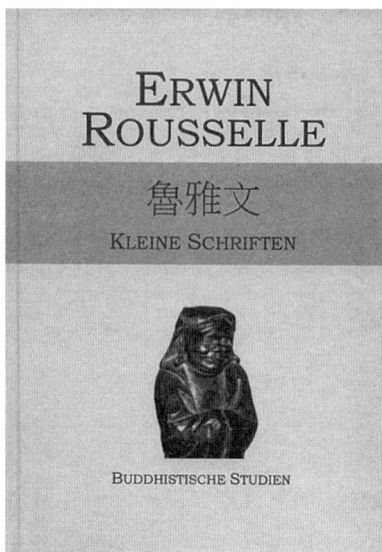

鲁雅文的佛教研究著作封面；Ardo
Schmitt–Rousselle（鲁雅道）提供。

学，父亲毕业前后跟随刘半农致力于语言学，也修过清华大学导师赵元任的语言学课程。鲁雅文在燕京大学当中印研究院主任，我伯父沈维钧曾攻金石学甲骨文，一度与燕京研究院有关联[12]，父亲也与燕京学人有交往。

最重要的也许是，鲁雅文认识钢和泰，并翻译过《六祖坛经》，这些都与父亲的回忆对得上号。

吴素乐指点了寻访鲁雅文孙子的途径，于是我又上路了。

七、鲁雅文评价沈仲章："值得信赖的佛音信使"

我来到第九站，联系上了鲁雅文之孙 Ardo Schmitt–Rousselle（阿道·施密特–鲁索尔）博士，中文名鲁雅道。我简述来龙去脉，并表达请求。他问我父亲的中文名字怎么写，以便依此搜索他祖父所遗资料。

Ardo Schmitt-Rousselle
（鲁雅道）；本人提供。

2015年9月23日，鲁雅道传来喜讯：他去鲁雅文长女（鲁幼兰）家待了四天，翻检了他祖父鲁雅文从北平寄回德国的函件，在一封1928年致兄弟书中，鲁雅文提到我父亲沈仲章，评价他是"trustworthy buddhistic adlatus"（"值得信赖的佛音信使"）。

鲁雅道接着写："And in fact your father was the personal officer of my grandfather. The monthly salary was paid by him."（"而且实际上你父亲是我祖父的私人职员，每月工资由我祖父支付。"）我记得父亲说，报酬不是月薪，而是每次或每周计时支付。不过两种说法无大矛盾，鲁雅文与家庭通气，可按月算账。

鲁雅道9月30日来邮又说，他祖父所译惠能《六祖坛经》，可能是"Sino-Indian Reasearch Institute of Peking"（北平中印研究院）的项目。1931年，鲁雅文发表了该书第一至第三章德文翻译，1936年发表了第四至第六章[13]。

鲁雅道告知，他祖父家信中提到一位当年在北大教梵文的教授邓高镜。父亲与邓高镜亦师亦友，可去邓家随便走动。如此，他们之间又多了一条连接。

10月9日，鲁雅道追加电邮写道："The Platform Sutra（《六祖坛经》）proofs beyond any doubt, that it was your father, who worked with my grandfather. That is a buddhistic key sutra and fits beautiful to a greater project. Richard Wilhelm who had left China a few years ago – as we know now – was not much interested in buddhistic studies."（"《六祖坛经》证明，无疑是你父亲协助了我祖父。那是佛教的关键经典，正适合一个重大项目。卫礼贤几年前已离开中国——如我们现在所知——对佛学兴趣不大。"）

鲁雅道说的"我们"是泛指，好像"大家"的意思，估计"我们"是以对卫礼贤有所了解来划圈，他和我都在其列。这一措辞也可反映，卫礼贤"对佛学兴趣不大"，并非鲁雅道个人意见，而是国际上相当普遍的看法，为大家"现在所知"。

其实，我已见实证，卫礼贤对佛学早有兴趣。不过我没争辩，因为明言挑战这一看法，尚需慎重。

令我特别高兴的是，终于有了与父亲直接相关的实质性收获。在北平与父亲沈仲章同室工作的德国教授之"真身"，应是卫礼贤的继任鲁雅文。而鲁雅文评价沈仲章为"值得信赖的佛音信使"，作为女儿，我闻言自然欣喜。

那么，至此是否为终点？

我提议鲁雅道继续搜索资料，聚焦于他祖父鲁雅文有无提及卫礼贤。鲁雅道认为，他祖父鲁雅文翻译佛经，是个自发而且独立的项目。他的一条理由是卫礼贤不曾涉足佛学，另一条理由是从他家记录看，这个项目由个人出资，并未得到任何机构的经费。

我觉得鲁雅道的说法有道理，但还不足以就此定论。从上文可知，第一条理由不成立；至于第二条理由，虽能提示经济上自费，但并不证明学术上毫无别人影响或参与，也不能排除有种可能，鲁雅文是自费完成卫礼贤想做之事。

问题仍然在于，鲁雅文是独资自主、携资合作、集资奉献，还是别的形式？这是实现卫礼贤的理想，实施卫礼贤的一个计划，还是与卫礼贤完全不相干？

我向鲁雅道预告："a deep digging is underway."（"深究在即。"）我当时这么说，基于有望得到多方相助，协力系统梳理，现在回想用词过重，至今尚欠"深究"。我还向他解释，在写阶段性报告前，需要认真思考几位可能当事人的作用和关系。

八、四位可能当事人：各自作用如何？

这个佛经翻译项目，直接或间接，有四位可能当事人：钢和泰、鲁雅文、沈仲章和卫礼贤。

先说钢和泰。据卫礼贤日记，他与钢和泰多次讨论翻译佛经。据吴素乐说，鲁雅文与钢和泰有交往。据父亲沈仲章说，钢和泰推荐他协助译经，有时干脆说他帮钢和泰。应该可以确定，把翻译佛经作为一个整体大项目来看，钢和泰有策划、参谋的作用，也可能直接参与和指导具体项目。

顺便提一下，据有些资料，钢和泰1928年去了美国哈佛。但我查到1937年3月24日的《中国周刊》（China Weekly）有关钢和泰逝世的报道，所述赴美年份不一样。考证钢和泰行止越出了本文范围，估计钢氏年谱已出，学界早有定论。但若尚可商讨细节，钢和泰在北平教授沈仲章梵文与推荐他译经的年月，也具有补证意义。

再说鲁雅文。他翻译出版佛经，包括《六祖坛经》，记录确凿。鲁雅文留下文字说沈仲章为其"值得信赖的佛音信使"，而父亲沈仲章回忆，他协助德国教授翻译《六祖坛经》。这两人是直接当事人，在北平同室工作，应无太多争议。

有意思的是，鲁雅文身在北平，书面资料中提及了沈仲章。

而父亲沈仲章口述回忆中未提及鲁雅文之名，却言及远在德国的"卫礼贤"。从这个角度说，卫礼贤有名无实，鲁雅文有实无名。

我思忖，这个佛经翻译项目，到底跟卫礼贤有无关系？上述四人，各自担当什么角色？互相影响又如何？

卫礼贤早在1922年，已对钢和泰承诺译经。我的大胆假定是，鲁雅文抵达北平后，继承了卫礼贤的未竟事业；钢和泰为倡导促进这一事业的中坚力量；父亲沈仲章被钢和泰推荐加入，助理钢和泰和"德国教授"译经。

然而，尚无资料可供分析，卫礼贤的"未竟"，处在什么阶段？当鲁雅文在北平开始译经时，卫礼贤是否身在德国心在华，鼓励、支持或影响了这个项目？此外，钢和泰在总体上对翻译佛经的热衷，学术界早有论述，但针对具体项目，是否有人逐一做过考察？

我感觉，卫礼贤在中国与钢和泰多次长谈，回德国后不至于完全忘了译经之诺。而父亲为什么会记得"卫礼贤"，我目前想到几种可能：

一是钢和泰对父亲沈仲章介绍这个项目时，说由卫礼贤主持，或说他与卫礼贤合作，如此，父亲便有一个先入为主的印象，因而自始至终认为他是协助钢和泰和卫礼贤。

二是鲁雅文自己开口常言卫礼贤。这第二种可能，源自吴素乐"解谜"时所猜："Rousselle idolized RW and will have talked about him a lot to your father in whose mind the two then were blended into one."（"鲁雅文把卫礼贤当偶像，会老对你父亲说起他，因此在你父亲的脑子里这两人合二为一。"）

从吴素乐所言，也可引申出第三种可能，即鲁雅文自己对沈仲章说，译经是卫礼贤的项目，于是父亲便会觉得，他俩都是在替卫礼贤工作，并记住了 Wilhelm 这个鲁雅文经常强调的名字。

这也可从另一角度支持我上述假定，即作为卫礼贤继任的鲁雅文，尽力继承其"偶像"的未竟计划。

还有第四种可能，卫礼贤确实远距离参与该项目，哪怕限于道义上的支持、名义上的"主持"，也不排除更具实质意义。

上述几种可能并不互相排斥，却可互相支持，或者可以说，钢和泰、鲁雅文和沈仲章，都在某种程度上，认为卫礼贤对这一项目起了作用。

需要探索的是，卫礼贤起的是什么性质的作用？是否可算项目主持者或倡导人？还是，卫礼贤或钢和泰仅仅告诉鲁雅文，他们在1922年的一些想法？

我又仔细回想父亲措辞，辨析语境，还是有层次差别的。父亲若描述具体工作，被助之人是"德国教授"或"德国学者"；若说明为谁工作，则是"德国教授""德国学者""Wilhelm"或"钢和泰（他们）"。这里我试用"助"和"为"区别关系，其实父亲口语中大都用"帮"。"帮"有很大弹性，可近距可远程，可实指可虚化，"帮"用作动词，与"助"近义；偏于助动类介词的用法，也含"为"的意思。（"助"也具弹性，但小于"帮"，尤其吴语

僧袍；鲁雅道提供。

使用有限制。）吴素乐猜测的"合二为一"，也许并没发生在父亲沈仲章脑中，而是发生在听闻者与笔录者的信息处理过程中[14]。这更使我意识到有机治史很不简单。

我继续思考，为什么父亲作为直接当事人，似已淡忘鲁雅文的名字，却一直记得钢和泰，而Wilhelm也长存脑中？

我盼再有发现，可证实卫礼贤的佛缘，不止于他在1922年与钢和泰的长谈。

九、卫礼贤佛缘之持续（上）：文献记载

我尤其关心卫礼贤在1928年左右，是否仍然未忘翻译佛经。我转了个角度，去佛教界方面查询，果然有记录！这是第十站。

释印顺所著《太虚大师年谱》中1928-1929年部分，记有佛教界内外广受崇敬的太虚大师访欧之行。根据太虚本人回忆及早年文献，他访德时与卫礼贤多有接触。下面选摘相关数则[15]，并加按语，就本文主题，稍议浅见及可思之点，一般不考证人名地名等。

　　　一九二八年十一月

　　　十四日，郑松堂以德国佛郎府大学中国学院卫礼贤院长之函来迓（寰游记）。[沈按："佛郎府"即法兰克福。一九二八年十一月十四日，太虚仍在比利时，卫礼贤已派人持函致意，可显郑重与主动。]

　　　十七日，晤卫礼贤。商定：郑君为大师译华成德，编书交敏兴之雪洛斯书店出版。中国学院学员詹显哲，常来为大师译语（寰游记）。[沈按：太虚十六日抵达法兰克福，第二天即会见卫礼贤。郑君与詹君"为大师译语"，皆卫礼贤安排他人翻译之例。]

二十九日，大师讲《身命观与人生观》于佛郎府大学，卫礼贤译语；听者六七百人，多半为该校员生。大师旧识卜尔熙公使，亦专诚来听。是讲稿，以缘起之"和合""相续"为身命，而以唯识、中观义说之。德人读此稿，多有来函商讨者（寰游记）。[沈按：不知德人所读"此稿"是哪种文字？与演讲现场的"卫礼贤译语"有何关系？如果"此稿"是德文，而且根据或参照"卫礼贤译语"整理，也许可考虑是否算卫礼贤的译作，希望学界关注。即便卫礼贤安排他人翻译太虚原稿文字，也值得关注。在此顺便记下逾越本文范围之题：如果"此稿"乃太虚汉文原稿，或可想象德国当时汉学盛况？而"商讨者"来函又是何文？以及延伸问题，学界亦可探之，当有益于研究文化交流史等。]

一九二八年十二月

十二月一日，大师偕卫礼贤、詹显哲去敏兴（寰游记）。

按：海刊十卷一期"佛教史料"，谓大师于敏兴中国学院讲"佛学大纲"，卫礼贤译语。实为卫君代讲之误。[沈按：摘文"按"当为印顺按，原文"按"另起一行。"卫君代讲"四字值得注意，表明卫礼贤对佛学知识有自信，太虚也能信任卫氏代己演讲。也可参照上则"此稿"是否德文之疑，综合思考。]

五日，大师返佛郎府。寓中国学院，常占一室以诵经（寰游记）。[沈按：太虚"寓"卫礼贤主持的"中国学院"，可为两人会面商谈提供方便。]

十二日，大师着衣诵经次，卜尔熙公使来。卜使约大师及卫礼贤，作莱茵河探胜之游。与卜使谈及：国际间相忌相侵，终无以得人世之和乐（寰游记；与德人谈话鳞爪）。[沈按：虽仅录外事交际，然卫礼贤应约作陪，也涉佛缘。]

十四日，大师讲演"佛学之变迁大势及其新倾向"于中国学院，卫院长译语。听者二三百人，皆热心东方文化及哲学与佛学研究者（寰游记；海十、一"佛学要闻"）。[沈按：至此，卫礼贤为太虚演说"译语"或"代讲"，记录已达三次。]

其间，大师与卫礼贤商决：以中国学院为世院之德国通讯处，招集发起人。于院刊译载中文佛经（寰游记）。[沈按："世院"为世界佛学院之简称；"院刊"指中国学院院刊还是世院院刊，待考。试解"其间"二字：自太虚十一月中旬抵达法兰克福，至少自十二月五日"寓中国学院"起，便与卫礼贤商量相关事宜，至十二月十四日决定。此处简单回顾上文卫礼贤1922年日记信息，供参考：卫礼贤与钢和泰为译经之事，长谈多次，某次达三个半小时。]

一九二九年一月

四日，远东协会总秘书林待，以卫礼贤之介，约大师往晤；见会长叩尔纳等（寰游记）。[沈按：太虚于一九二八年十二月二十日抵柏林。这是卫礼贤协助太虚扩展社交之一例，方便其弘扬佛道。]

二十七日，司泰恩凯来访。司氏于禅定颇多熏习。卫礼贤来访，知征求世院发起人，已得各国六十余人之赞允；大师乃与话别（寰游记；与德人谈话鳞爪）。[沈按：一九二九年一月二十八日太虚离德。二十七日卫礼贤来柏林，专程"话别"，并报喜讯。而佛学院若遍及"各国"，译经自然水到渠成。]

我特别关注1928年12月14日下段，卫礼贤答应太虚，"译载中文佛经"。依印顺括号注，所录源于《太虚大师寰游记》。据查，《太虚大师寰游记》1930年即由大东书局出版，信息应相当

左起：太虚法师、卜尔熙、卫礼贤；Archiv der Bayerischen Akademie der Wissenschaften
（巴伐利亚科学院档案馆）收藏；李雪涛协助取得电子版。

可靠。

1937年，太虚著《三十年来之中国佛教》[16]，进一步回忆：
"与德国福郎福特中国文化学院院长卫礼贤，有大规模译华文佛
典为德英文之约，惜因筹款无着及卫礼贤之病逝，未能有成。"

对卫礼贤和太虚计划"大规模翻译佛经"，洪金莲《太虚大
师佛教现代化之研究》[17]也有提及："民国十八年，太虚在德国
与卫礼贤共同约定翻译华文佛典为德文、英文，但后来因经费拮
据及卫礼贤逝世而告中止。"

李雪涛《太虚法师1928-1929年的德国之行》[18]，介绍时任
世界佛教联合会会长的太虚出访德国，"一共待了74天"。李文设
有专节，讲述太虚与卫礼贤的接触，引用不少文献，也言及译经
计划，还有一张卫礼贤和太虚法师及Botschafter von Borch（卜尔
熙）的珍贵合影。

以上记载显示，在太虚访德期间卫礼贤涉佛之多方面：会

见佛教大师，陪同游览，招待住宿，邀请演讲并翻译，甚至"代讲"，征求世界佛学院发起人，充当通讯处，商量决定译经，承诺出版……可见，卫礼贤1922年起念翻译佛经，到1928-1929年兴趣不减，而且对理解佛学的自信已达相当程度。

我好奇的是，卫礼贤和太虚在德国商决"有计划地翻译佛经"之约，与钢和泰、鲁雅文和沈仲章在北平的译经项目，有无关联？所言"筹款无着"，可否解释鲁雅文为何自筹资金？卫礼贤既肯积极"征求世院发起人"，是否也会大力征求佛经翻译者？而鲁雅文在北平之尝试，有否树立榜样之意图？记忆力很强的沈仲章，为什么偏偏"记住"钢和泰推荐他协助的是卫礼贤？

证是或者证否，都待确实依据，既沾佛泽，暂且归于因缘。

至此先作小结：为求证父亲回忆，我关注卫礼贤涉佛踪迹；通过原始日记，窥见1922年卫氏佛缘初现；通过佛教界文献，又见1928-1929年卫氏佛缘重显。

下一个焦点在于，卫礼贤两度许愿译经，是相隔六七年的两组孤例，还是连续历程之两端呼应？

十、卫礼贤佛缘之持续（下）：本人著述

上摘佛教界资料所载，意在彰扬1928-1929年中国佛教界领袖的外交功绩，卫礼贤是响应太虚号召者之一。前引新发现1922年卫氏日记所录，看来还是钢和泰说服卫礼贤共襄其事。假如卫礼贤只在遇到钢和泰和太虚时，才发愿叩问佛学，并不足以证明，卫氏本人对佛教的兴趣是否持续有恒。而卫礼贤与那两位有约译经，也不足以说明，卫氏本人对佛教的学说是否下过功夫。

1922年到1929年间，卫礼贤佛缘几许？屐齿苔痕何存？

有位学者点拨：那是"well documented"（与我的问题合起来

可译为"佛缘在录")。他继而指出,通过早年文献和当事人回忆等考证卫氏生平,确是一条重要途径;但还有一项必不可少的任务,那便是从卫礼贤的著述中,搜寻有无佛学影响,即便重点在口述史,也不可忽略这一功课。

这位学者给了我三本卫礼贤著作的英译本,领我来到第十一站。

第一本是卫礼贤和卫德明父子俩的《易经》讲座汇编合集:Understanding the I Ching: The Wilhelm Lectures on the Book of Changes(《易经解析:卫氏关于变化之书的演讲》)[19]。

点拨者在书中夹了条子,做了记号,标明我该关注的书页和段落。

粗粗浏览,卫德明论"易"涉"佛"不多,大体符合其弟子康达维的记忆;但卫礼贤讲解的《易经》,Buddha(佛)和Buddhism(佛教)等词语不断冒出。我依照标志,翻阅了第154—325页,援引Buddha(佛)和Buddhism(佛教)之处不胜枚举,聚焦第270—273页,基本是在比较"佛"与"易",尤其第272—273两页,仅"Buddha(佛)"一词便出现不下十次,另有多处用"he(他)"等代称佛。

下摘卫礼贤议论"Buddhism(佛教)"一例(第297页),粗体标出关键词,并加按语:

Buddhism goes still a step further by identifying life with suffering. Our intention here is not to present the views of **Southern Buddhism**, for **Southern Buddhism** has long been known in Europe, but it may well to show the rhythm of events as expressed in **Northern Chinese Buddhism**.〔沈按:本文不议佛学知识,不细辨卫氏对"Southern Buddhism"和"Northern

Chinese Buddhism"的理解使用，暂取"南方/传佛教"与"北方/传佛教"。试译："佛教更进一步，以苦释生。我们此处目的，并非表达南方/传佛教观点，因为欧洲对南方/传佛教早有了解，而在试图显示北方/传中国佛教所体现的事件脉络节奏。"］

在我读来，卫礼贤不仅对佛学传播流派等已具一定知识，而且特别强调"北方/传中国佛教"，以区别于"南方/传佛教"。

卫礼贤也提及"禅"，并注明中文是"Chán"，日文是"Zen"。

根据书内附注，卫礼贤这一系列《易经》讲座，原为四组小系列：一组三讲在1926年（归纳为第二篇），另一组三讲在1927年（归纳为第三篇），再一组两讲在1928年秋（归纳为第四篇），还有一组两讲在1929年秋（归纳为第一篇）。

由此可见，卫礼贤在1926-1929年四年间，年年讲解《易经》，然也心系佛缘，念念不忘，时时引证。

为进一步追寻卫礼贤论佛踪迹，我打开第二本书。

那是 The Secret of the Golden Flower: A Chinese Book of Life（Das Geheimnis der Goldenen Blüte:ein chinesisches Lebensbuch，《金花的秘密：中国的生命之书》），卫礼贤翻译注解，C. G. Jung（卡尔·荣格）评注。可以说，这是卫礼贤最后一本著作。1929秋德文本首版，1930年3月作者去世。1931年，其好友著名心理学家荣格筹划出版英译本[20]。点拨者告诉我，卫礼贤在该书内，以注解讨论方式，思考比较佛教与道教，兼及孔学和易经等等。

我被提醒特别关注，在1962年英译增订本中，附有1957年卫礼贤遗孀 Salome Wilhelm（莎乐美·威廉）的前言[21]，其中摘引了1926年卫礼贤有关佛与道的一段议论。

Richard Wilhelm wrote the following brief introduction to this meditation text in 1926:

"The text combines Buddhist and Taoist directions for meditation. The basic view is that..."［沈按：上摘第一句是莎乐美·威廉导入语。引号内选摘莎乐美引卫礼贤语。其中"meditation"可译为"沉思""冥思""冥想"等，也可译作"禅"。试译："1926年，卫礼贤介绍这本'禅'书时写了如下之语：'本书综合佛家与道家的冥想之法。基本观点是……'"］

这条信息显示，卫礼贤在1926年，不仅关注、译介综合佛道的作品，并已在其著述中比较佛教与道教的"basic view"（"基本观点"）。

略读该书前部，已见卫礼贤花了不少笔墨，试图探讨佛教与道教的基础教义，其用词可见一定深度。以下数例取自该书第7页 [22]，汉译皆大意。为避免分神评议卫氏观点，此处不录完整句段，只摘紧扣本文主题的词语 [23]。

1.a religious trend, which, stimulated by Buddhism ... but in a way clearly different from Buddhism（一种因佛教激发的宗教倾向……但在某种意义上明显与佛教不同）；

2.a thought absolutely foreign to Buddhism（一种与佛教大相径庭的想法）；

3.the influence of Mahayana Buddhism, which at that time dominated thought in China, is not to be underrated（大乘佛教主导那时的中国思潮，其影响不容低估）；

4.Buddhist sutras are cited time and again（佛教经典被反复引用）；

5.a purely Buddhist method which was practiced in the T'ien-t'ai School（一种天台宗实行的纯佛教方法）;

6.there appear purely Buddhist ideas which repudiate the world and emphatically shift the goal towards nirvana（其中体现若干纯佛教意念，否定现世，刻意转向追求涅槃）。

从上述摘语可看出，卫礼贤在1929年以前，对大乘佛教和天台等宗派已有了解，认为大乘佛教在中国思想史上曾起"主导"作用，其影响"不容低估"。他还能从中辨识所引"佛教经典"，并颇具信心地谈论与"纯佛教"有异同之"倾向""想法""方法"和"意念"……

冰冻三尺，非一日之寒，我被引导着往前回溯。

第三本书是 The I Ching, or Book of Changes（《易经：变化之书》），即卫礼贤翻译并注解之《易经》[24]。其中，卫礼贤解释第五十二卦"艮"卦时，比较佛法与《易经》之侧重不同。

While Buddhism strives for rest through an ebbing away of all movement in nirvana, the Book of Changes holds that rest is merely a state of polarity that always posits movement as its complement. Possibly the words of text embody directions for the practice of yoga.

［沈按：我请另一位较有专攻者试译大意，附此供参考："佛教通过运动的消退进入涅槃而求得静寂，而《易经》则认定静寂只是一种极性的状态，是运动的一种补充，或许代表了一种练习瑜伽的方向。"汉译者按：尚未通读上下文，猜测该小段意思或许是佛教追求的是完全的静寂，而《易经》只是动中求静。动是常态，静只是"动"的一种特定的状态。］

三本卫礼贤著作封面。

卫礼贤译注的《易经》，几乎可说是他的代表作，1923年德文初版。由此可推知，1923年该书面世之前，卫礼贤对佛学已有相当知识。

以上只寻觅卫礼贤涉足佛学之轨迹，不评论他讨论佛学的观点。我想，卫氏其他著述中，可能还有迹可循。

本文目的是分享父亲回忆，记录自己的搜寻解疑过程，标示可供学界深入探讨之主题。唯愿引发卫礼贤研究者和佛学研究者的兴趣，继续沿着卫氏与佛学这条主线，串联其步履所至。

为此再作小结，记下本文所议卫礼贤八年佛旅脚印（范围缩小到佛学知识）：

1922年，与钢和泰认真讨论翻译佛经，并试译佛教笺注（根据卫礼贤未发表日记）；

1923年包括更早，比较佛学与《易经》，评议涅槃（根据卫礼贤本人著述）；

1926年包括更早，综合比较佛教与道教基本观点（根据其遗孀摘引的卫礼贤本人著述）；

1926-1929年，反复援引佛学讲解《易经》，试图显示北方/传佛教的特点，并提及禅宗（根据卫礼贤本人著述）；

1928年左右，可能远距离参与翻译佛经的具体项目（根据当事人之一沈仲章回忆）；

1928-1929年，与太虚商定大规模翻译佛经（根据文献记载，基于当时记录和另一当事人太虚回忆）；

1928-1929年，为太虚口译佛学演讲并代讲（根据文献记载，同上）；

1929年包括更早，不断比较佛与道，了解佛教派别如大乘和天台，讨论纯佛教等概念（根据卫礼贤本人著述）。

连续性显见，但细节需充实，思路历程待探讨。

十一、未及结论的尾声：思考线索

我个人特别感兴趣的仍然是，父亲沈仲章在1928年左右参与的佛经翻译项目，与卫礼贤的关系到底如何？我认为，直接当事人之一沈仲章，对卫礼贤的印象比鲁雅文深，应有缘故，是一条可以追踪的线索。从我熟悉的父亲习惯，他回忆此事多用"Wilhelm"而极少用"卫礼贤"，也提示了可供还原当时语境之参考信息。（辨析习惯和语境等，得综合各个层面，将牵涉到有机梳理史料等较大论题，非数语可解释，容另议。）

近年来整理父亲资料，时逢父亲所言不同于定论、众说或已发表的他人所述，我每每彷徨，不知何去何从，可是，一件接着一件，已遇多个例证，父亲的记忆有理有据，可供纠误和补缺。较近一例可参见本书末篇《与斯文·赫定》，该文补充了不少赫定不甚清楚的内情。更有意思的是，文内讨论一个地点，赫定在事后几年内出版的书面报告，与父亲在几十年后的口述回忆不一样。我先取赫定之说，但旋即发现当年即时会议记录中所录地点却符合父亲这位现场经手人所忆。

回望时约四载的本题探究过程，我的注意力半途转向卫礼贤佛缘循迹，庆幸有所获。然而，对我最关心之事，即沈仲章与卫礼贤的佛缘历程如何相交，仍无足够材料可下结论，离终点尚远。

叹息力量有限，人生有涯，我最想弄清楚的这一问题，也许终不可解。好在因父亲回忆而起的探索之旅，也是一种经历。

探索多歧路，除了继续搜寻父亲沈仲章遗存资料，谨在此标注另三条值得追踪之线：

其一，最近听说，鲁雅文长女鲁幼兰怀念在北平的童年，认为那是她一生中最幸福的时段。于是我顿感亲近，父亲天性喜欢跟孩子玩，会不会当年逗过牙牙学语的鲁幼兰？又听说提及鲁雅文的中国缘，会让九十多岁的鲁幼兰感到欣慰，这便成了促我抓紧完成本文的一大动机。此外，我已邀请鲁雅道，合作撰文介绍鲁雅文。但愿通过细察鲁雅文涉佛之前因后果，又能得到新的启迪。

其二，关于由钢和泰策划促进的翻译佛经之举，以及由他引导研习梵文和佛学之人，不知学界是否已作详尽梳理？

其三，我翻阅卫礼贤著作，瞥见卫德明涉佛之痕。可惜目前无暇分身探讨卫公子对佛学的兴趣是否因卫礼贤引导。我想，卫德明本人可自成一题，建议有志者关注。而分析卫氏父子佛缘有无因果传承，或许也将有助于思索卫礼贤与鲁雅文译经有无因缘延续。

借陈寅恪先生《论唐高祖称臣于突厥事》中语，盼"与当世好学深思读史之有心人"，溯源疏流，"共参究之"。

【补记一】相关文字摘引

1.延伸趣事（摘自拙文《父亲说老北大的"吃"》，载《文汇报》2016年7月26日《笔会》）

回到"吃"的话题。父亲在北大当学生时，曾跟钢和泰学过梵文，而后被钢和泰推荐给德国学者当助手，协助翻译佛经。他的真正"老板"到底是卫礼贤还是鲁雅文，目前还在考证之中。这儿且讲一件父亲因为挣钱多而上馆子"挥霍"之事，也算与"吃"沾边。

父亲那一阵子每星期为德国学者工作几次，每次二十几块大洋。这在当时学生阶层里，是一笔很了不起的收入。他的朋友像崔明琪、李述礼等，都要来敲竹杠。常常是父亲才从德国人那里回到自己的住处，朋友们已经候着了，堵在门口说：仲章你做洋买卖了，请客请客！于是一伙子人"挟持"着他，拥到平时吃不起的大馆子去撮一顿，点烤鸭啦、涮羊肉啦什么的，大开"洋荤"。

〔按：崔明琪即崔明奇，"琪"字写法依其至交沈仲章，也有其他根据，参见本集《与金克木（乙）》。又，摘文内提及的李述礼，在20世纪30年代曾与卫德明同掌中德文化协会，见下条摘录。〕

2.卫德明以及他和沈仲章的共同相识李述礼（Li Shouli）（摘自崔文龙《中德学会的成立及相关争论》，载《民国档案》2011年第3期，第89-93页）

中方负责人和往常一样由郑寿麟来担任，但由于他已经长期不在北京，这一职务由李守力（音，Li Shouli）来代替。德方负责人则由法兰克福中国学院（China-Institut）的奠基人，在中国富有影响力的汉学家卫礼贤（Richard Wilhelm）的儿子卫德明博士（Dr. Hellmut Wilhelm）来担任。（崔注信息来源：PA Peking II/3372，Aktz.3308/3271/33，1933年5月15日陶德曼就中德学会的重组致德国外交部电。）

〔按：Li Shouli当为李述礼。李述礼外号"老怪"，经历很有意思。据说活跃于五卅运动，曾为孙中山扶柩，又去根据地当"农民王"……父亲沈仲章与李述礼相识于1926年，友谊持续终生。也见本文集中《与洪涛生》。〕

【补记二】与徐文堪交流摘选

2018年2—3月间，徐文堪先生与我就本篇原文有所交流，择录几条。

1.李华德和吴晓铃

徐文堪提醒，早年不少外籍学人试图翻译佛经，我父亲沈仲章还有可能帮助过钢和泰的助手李华德。徐文堪说："李华德（Walter Liebenthal，1886—1982）在中国二十多年，但与他关系密切的中国学者只有吴晓铃先生一人。解放初他还在北京，那时当然顾不上什么梵文研究，所以他应印度师觉月（P. C. Bagchi，1898—1956）教授邀请去印度了。作为世界公民，这也正常，而且这些人都不看重名利。吴先生生前回忆很简略，此人在国内就基本被遗忘了。"

吴晓铃也是父亲的朋友，我第一次上北京代父访友，名单上就有吴晓铃。本文集中《与金克木（丙）》提到吴先生，极简单。该篇补记有张合影，其中有吴晓铃先生与夫人石素真。

2.Carl Hentze（卡尔·亨兹）

针对吴素乐评议1922年11月13日卫礼贤日记，徐文堪指点：

"尊文引吴素乐摘译，说完全不知Hinze是何人。我初步考证，此人是汉学家Carl Hentze（1883–1975）。此君生于比利时，用法文和德文等写作，研究中国艺术和考古等，主张古代中国和古代美洲有联系。他1930年写过一篇纪念卫礼贤之文。此与主线无关。"［按："主线"指"卫礼贤之佛缘"。］

3.德国学术地位

徐文堪有感而发，说："德国的学术，原来各方面都可在世界领先，但因纳粹上台，许多学人逃亡，实际上至今未能恢复到原有地位。"

为编辑本文集，我与撰写德国学者洪涛生的传记作家取得联系（参见本文集《与洪涛生》篇末补记），交流中深深感到，国际学界在对早年德国汉学家的关注研究方面空缺很多，亟须填补。除了原籍德国的学者，父亲还曾协助其他海外人士，探讨介绍中国文化包括音乐、古文传统诵读…… 有的我连名字国籍都还没弄清楚，尚在查询考证中。

4.作者感慨一例

在与徐文堪的往返讨论中，我抒发了不少感慨。其一是我愿尽绵薄之力，为不看重名利、少见经传的先辈留痕。欢迎知情者对本文集中提到的人物事件，提供、核实或纠正相关信息。

【注释】

[1] Baron一般汉译为"男爵"。有关钢和泰姓名国籍等背景，参见本文集《与陈寅恪（甲）》。

[2] 父亲学英语始于十二岁左右，学法语和德语大约始于二十一岁。所列语种顺序，大致反映最初开始（并非最终结束）学习的先后。本文集《与金克木》数篇略叙相关情形。

[3] 《与陈寅恪（甲）》所依原文刊发于2015年初，所述略详。本篇原文

刊发于三年后，侧重不同。

[4] 转引自高山杉《钢和泰遗札一通》，《南方都市报》2011年6月5日，汉译摘自高文。

[5] 修课顺序大概依次为邓、熊、陈，可有重叠。父亲开始跟钢和泰学梵文，估计早于修陈之课。父亲协助翻译佛经，很可能与修陈之课同时或稍后。皆尚待核证。亦可参见本文集《与陈寅恪（甲）》。

[6] 参见拙文《沈仲章与居延汉简在北平》，载《古今论衡》第28期，台北"中央研究院"历史语言研究所，2015年，第90-102页。

[7] 本文引用交流若原非汉语，篇幅较长的采用中文概述，必要时附原文关键词语；较短的录原文，加注汉译大意。汉译一般取"直译"，尽可能接近字面本义。

[8] 我曾多方求教，有些学者也认为，佛学不属卫礼贤关注范围。但皆未及细论，表过不提。

[9] 康教授检索的是别人根据标题编制的目录。我当时（而且至今）感激康教授的是，他没有因此而轻视沈仲章的亲历记忆，并助我不断探究。顺便一提，我也曾检索一份卫礼贤著述目录，光看标题，确实没有明显涉佛词语。

[10] 该文标题"Richard Wilhelm--Founder of a Friendly China Image in Twentieth Century Germany"（《卫礼贤：二十世纪德国的中国友善形象创始人》），载《"中央研究院"近代史研究所集刊》第20期，台北"中央研究院"近代史研究所，1991年，第153-181页。

[11] 以上是吴素乐凭记忆而写，我并未核对鲁雅文履历，但估计她所言大致不差。

[12] 更正：原文凭模糊印象，写"我伯父沈维钧曾在燕京研究院就读"，刊发后又觉不妥。父亲、前辈学者和年长亲戚曾提及，我伯父沈维钧曾在燕京研究院与顾廷龙等一起，但都语焉不详，记不清是进修、工作还是合作。我印象中伯父基本住在南方，合作可能较易说通。正向亲友核查，也望读者指教。

［13］2018年2月，鲁雅道传来鲁雅文发表佛经翻译的刊物封面照片，未见明显相应文字。因此，首发刊物尚待考。

［14］这些都是治史当思考的问题。

［15］源自一国际佛教协会网络版，注明允许转引。

［16］引自张曼涛主编《中国佛教史论集》，台北大乘文化出版社，1978年。

［17］《中华佛学研究所论丛·三》，Dharma Drum Publishing Corp，1995年。引文据谷歌图书。

［18］简称"李雪涛2017"，载《中华读书报》2017年9月20日《国际文化》。

［19］我查阅的版本是普林斯顿大学出版社（1995年）本。卫德明部分英译者是Cary Baynes（凯瑞·贝恩斯），卫礼贤部分英译者是Irene Eber（霭润·艾伯/伊爱莲）。

［20］本文讨论所依是1962年英译增订版，凯瑞·贝恩斯译，Harcourt Brace & Company，San Diego，New York，London。我手中的纸质本正文由几部分组成：卫礼贤讨论《太乙金华宗旨》，卫译《太乙金华宗旨》，卫译《慧命经》和荣格评注。据出版信息页，美国首次刊印是1931年。

［21］莎乐美·威廉1957年前言原为德文第五版而作。点拨者最初提供的是电子版相关选页，并告知尚未查阅其他版本是否都含此前言，故而强调特定版本，以方便复核。稍后，他特意邮购纸质本馈赠。下文摘自1962年英译增订版第XV-XVI页。

［22］我最初查阅的电子版页码为第6页。

［23］参见篇末补记含上下文的英译原文及汉译。

［24］我持版本为凯瑞·贝恩斯英译，普林斯顿大学出版社，1967年第三版。"艮"卦起于第200页，跨数页，所摘段落在第201页。

第十五篇

与洪涛生：筹演之戏

Vincenz Hundhausen（洪涛生）译著《西厢记》标题页；Hartmut Walravens（魏汉茂）提供。

本篇基于《沈仲章与德国学者洪涛生的"一出戏"》，原载《传记文学》总第644期，2016年第1期，第78–87页。

父亲沈仲章一生各阶段接触过不少外籍人士[1]。1926-1937年，他在北京大学校内校外结交了多位洋人学者[2]，其间，他与一位德国教授之间发生的"一出戏"，结局出人意料。

沈仲章于火车站，1936-1937年；
李蟾桂惠赠存照。

前些年，我想不起如何拼写那位德国学者的原名，但对他的外号"狗窝教授"，倒是记得牢牢的。父亲把那位教授的德文姓拆开解释，说前一半"hund"是狗（这个词我知道），后一半有"居住"之意，合起来不就是"狗窝"嘛。

根据我提供的大半截德文姓（"hund"和后部若干字母）、近似发音以及父亲回忆要点，徐文堪认为，那位德国学者应是 Hundhausen，中文名洪涛生。有了提示，我又核查资料，确定父亲说的正是洪涛生，德文姓名是 Vincenz Hundhausen [3]。

弄清了洪涛生德文姓氏的拼写，父亲关于"狗窝教授"的解释也就对上了号（"hausen"大意为"居住、生活"）。洪涛生是北大教授，"狗窝教授"是一些学生对他的戏称，估计仅用于好友间"拆字"说笑，流传范围不大，教授本人不一定知道。父亲言及这个外号时，我并没觉得他带有贬义 [4]。

洪涛生曾邀沈仲章去他家小住，听父亲描述洪氏之"窝"所在地，堪称奇特。洪教授在北平（今北京）广安门外，租了很大一片地，周围挖了一条沟，就地造出一个人工"岛"[5]。他把"窝"安在岛上，绕岛水沟便成了护"窝"河。洪涛生终身不娶，以中国为家，住了几十年，乐不思归 [6]。这位"洋渊明"在四面环水的"世外桃源"里，养狗养羊，喝自家"庄园"产的羊奶，过着一种返璞归真的生活 [7]。

父亲记忆中，洪涛生主要是位诗人，在北大教授德语和德国文学，同时研究中国古典文学。洪涛生翻译了不少中国古代诗人的作品，父亲特别提到了李白 [8]。可使洪教授更为出名的，是翻译介绍中国传统戏剧如《西厢记》等。父亲并不是北大德文系的学生，但喜欢学习外语，在北大校内校外，活跃于几个语种"相投"的朋友圈，其中李述礼、陆宗达、崔明奇等人，与沈仲章既是北大校友，又是德语圈至交。父亲与洪涛生相识，就是通过李述礼的引荐，大概是李述礼负责什么中德联谊组织，洪涛生也在那里任要职。

据查，1926年北大学术研究会德文研究组成立[9]，洪涛生和另一位德国学者鲁雅文[10]以及几位中国学者，轮流担任导师[11]。1933年中德文化协会成立，洪涛生又担任总务组组员[12]。据德文档案，该协会德方负责人是卫德明（Hellmut Wilhelm），中方代理负责人罗马字母写法是Li Shouli[13]。我认为，这个汉字不详的Li Shouli，百分之九十九点九是李述礼。父亲进北大第一年，便与李述礼结为好友。大概就在1933年，父亲还曾与李述礼以及他妹妹李笑荷合租一个四合院。父亲辅导李笑荷学英语，相熟无拘。往上到教师这层，中德文化协会的图书组组长袁同礼、协会董事如胡适等人，与他也不生分。

洪涛生译著《西厢记》插图，紧连标题页；Hartmut Walravens（魏汉茂）提供。

一、募才加盟筹演

20世纪30年代中期，洪涛生筹划带领一个小型剧团，去欧洲巡回演出，介绍中国传统戏曲。洪涛生先找了几位外国人担任导演和演员，接着想寻觅一位中国人充实班底。洪涛生希望这位骨干成员又懂音乐又通戏剧，既能统揽配器重任，还能为他组建一支精简而多功能的伴奏乐队。

李述礼向洪涛生举荐我父亲沈仲章，说他是刘天华的弟子，会多种中外乐器；又在北平大学艺术学院进修民乐与戏剧，戏剧课业主攻导演编剧，同时选修声乐，专攻西洋歌剧……

关于父亲学习音乐与声乐，已有多篇文章言及 [14]。父亲爱好戏剧起步也很早，持续时间相当长，这里简单说一下。

父亲少年时在上海一家洋行当学徒，业余参加过"文明戏"（即话剧）剧团，在上海和宁波等地演出。父亲与当时也是学徒、后来专门从事电影戏剧业的辛汉文交了朋友，两人常去明星电影厂观摩和义务打杂，还被导演张石川抓差，当过群众演员 [15]。父亲到北平不久，便与友人组织学生话剧团，大多演主角或主要配角。话剧团成员吴光伟等后来报考南京中央戏剧学校，都是父亲花精力辅导备考。1932年后，父亲在北平大学艺术学院编导专业进修，力主让更年轻的人上阵。有个中学生随姐姐来看排演，父亲教他表演，把他推到前台，代替自己演主角，这人就是后来的蓝马。父亲也看着初出茅庐的张瑞芳、白杨等，一步步走上专业之路 [16]……还跟后来成为职业演员的周㟰和林默予，一直保持友谊 [17]。

至于中国传统戏剧，父亲少年时就接触过京戏和一些地方戏曲。到北平后通过各界熟人，也接触了一些戏剧界名角，包括梅兰芳等 [18]。刘天华为梅兰芳唱腔记谱，父亲曾间接协助 [19]；后

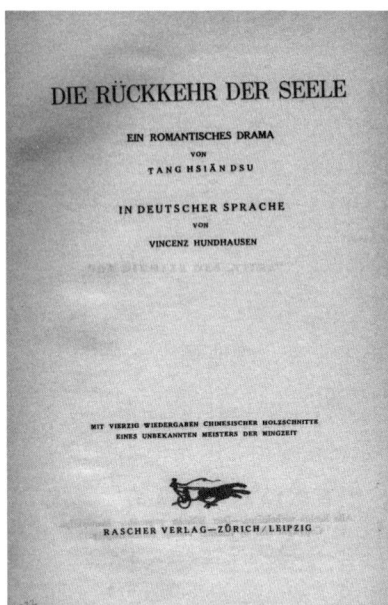

DIE RÜCKKEHR DER SEELE

EIN ROMANTISCHES DRAMA
VON
TANG HSIÄN DSU

IN DEUTSCHER SPRACHE
VON
VINCENZ HUNDHAUSEN

MIT VIERZIG WIEDERGABEN CHINESISCHER HOLZSCHNITTE
EINES UNBEKANNTEN MEISTERS DER MINGZEIT

RASCHER VERLAG—ZÜRICH/LEIPZIG

洪涛生译著《还魂记》(即《牡丹亭》)标题页；Hartmut Walravens（魏汉茂）提供。

又直接协助陈德义，为京剧四大名旦中的另一位名旦程砚秋记谱，一起工作了好久。此外，父亲主持北大音乐学会时，还招拢同好，请笛师辅导，学唱昆曲，学吹昆笛……

总而言之，沈仲章正是洪涛生的理想人选。

有意思的是，1985年有人请父亲系统口述生平，父亲也讲到与洪涛生的故事，却说自己不会京戏。可是父亲回忆更早经历时，明明讲过有关京戏的内容。我也记得很清楚，父亲给我唱过戏，老生、老旦、正旦都能客串。父亲也为我讲解过一些京剧、昆剧和其他剧种的剧情梗概、演艺要诀、培训传统乃至名角逸事等，还教过我一点儿念白、走台步什么的。

同样，1985年父亲叙述这段经历时，还说自己不会德语。而在这之前，父亲多次提及，他的德语虽不如英语和法语，但也可以对付着使用[20]。

为什么父亲否认自己有一些德语和京戏知识呢？我从两方面理解，一是在别人面前，父亲习惯自谦；二是"会"的标准因情形而变，父亲想到要去欧洲登台表演，衡量标准就高多了。父亲唱戏是玩玩，而说德语不如英语那么娴熟，因此都谈不上"会"。

　　可是依上文所述，洪涛生觅才配乐配器，"德语"和"京戏"为什么重要？原来，洪涛生发现沈仲章有多方面"潜力"，给他增派了几个"角色"，具体情况下节分解。

二、签约身兼数任

　　父亲是洪涛生招募的第一个中国团员，被期盼充任骨干。洪涛生率团去欧洲介绍中国戏曲，并无定例模式可循，尤其在音乐方面，希望沈仲章助其摸索。为了相互了解熟悉，商谈如何合作，父亲被洪涛生请到"狗窝"所在的"岛"上，住了三天。

　　父亲了解到，在他之前，洪涛生已经募集了四位外籍团员，其中一位是躲避纳粹对犹太人的迫害、来中国不久的、颇有名气的导演；一位是生长在中国的德籍混血儿Rose Jung，中文名叫雍竹君。父亲没怎么讲过另外两位，只提到其中一位本来是职业女演员。

　　父亲对雍竹君说了不少，我记不全，仅提印象较深的点滴。雍竹君北京话讲得好，京戏也唱得不错，还受过梅兰芳的指点。她先是票友，后下海为伶，曾在东安市场的一个小剧场，大概叫"丹桂戏院"什么的，挂牌演戏。洋女角穿中国古戏装，挺叫座。雍竹君唱红后走出北平，也到外地演出。此外，她好像也拍过电影。

　　洪涛生告诉沈仲章，他们打算短则半年，长则一年，去欧洲各大城市巡回演出，但唯独不去柏林。因为除了洪涛生和雍竹君，别的外籍团员都刚刚逃离纳粹的魔爪，不愿回那里去[21]。

雍竹君戏装照，估计摄于20世纪30年代；
毕攸协助取自旧杂志剪页。

除了舞台公演，洪涛生还将举办一些讲座，介绍中国戏曲。演出演讲的剧目是《西厢记》《琵琶记》《牡丹亭》等中国传统戏曲。演员穿中国传统戏装，唱词和台词却都用德语。

在父亲沈仲章熟悉剧团同仁和了解巡演计划的同时，洪涛生也有机会观察沈仲章，他发现，这个小伙子可以身兼数职。

第一项是负责后台配乐。这当然是主职，招募时已说定，归下一节专讲。

第二项是参加前台演戏。洪涛生的剧团是"穷凑合"（父亲用词），人员越精简越好。洪涛生觉得，沈仲章也许能客串一些小配角。父亲回答，我不会德语，但有语言学基础，可以试试。要不你们教我一句，我学一句，看看行不行。于是他们就试着排练了《西厢记》，让沈仲章扮演一个小和尚什么的，扫扫地，说几句简单的台词。那位导演教他练习了几遍，这个新来的中国青年就能独自演了。同团外籍成员表示惊奇，说沈仲章你发音很好，完全可以上台了。父亲学用外语演戏，这已非第一次，但之前是用法语或英语，父亲较有把握，而用德语则是初试身手。

后两项任务都与演讲有关。

第三项是演讲过程中"托戏"。洪涛生的身份是北大教授，已经发表不少翻译论述，欧洲承认他对中国传统戏剧有专攻。巡回演出途中，洪涛生准备举行各种讲座，介绍中国戏曲，主要是京昆两大剧种，介绍配有示范演唱，主唱便是雍竹君。洪涛生问我父亲，你能不能替雍竹君伴奏？父亲说京胡我会拉，但京戏不会，好在对梅兰芳的几出戏，多少知道一些，可以试试。于是他试了几段，段落都不长，洪涛生一听就说行。父亲却说不行，说我不懂京戏，不会托戏。洪涛生说不要紧，多配几遍就跟上了。父亲还向我解释了他当时的思考过程。他想，像"游园惊梦""贵妃醉酒""宇宙锋"等几个，自己还是熟悉的，而且都只不过选一段两段，不是整套唱本，于是便答应了洪涛生 [22]。

第四项是演讲结束后"答问"。每次讲座完毕，估计总会有听众提问。有的问题洪涛生能够应付，有的恐怕还需要对中国文化有更多的知识 [23]。他希望我父亲能长随左右，当场帮助排难解疑，父亲也同意了 [24]。

洪涛生显得有点喜出望外，马上请他签订合同。

父亲答复说，自己在北大文科研究所任语音室助教，同时在西北科学考察团兼任理事会干事，离开职位半年到一年，不能不打招呼，一走了之。洪涛生自恃也是北大的人，就陪着他一起去请示胡适。胡适是北大文学院院长，又是考察团常务理事。洪涛生申请借用沈仲章，一同去欧洲传扬中国文化，要求北大工资照发。胡适听了非常支持，批准了。

我推测，胡适爽快答应，是因为我父亲沈仲章协助洪涛生演讲，带有国际学术交流的性质。再说，胡适一向乐于扶植青年，也一直器重沈仲章，曾一再鼓励他到国外去开阔视野[25]。胡适作为院长，从为北大培养后继师资的角度看，年轻人有这种经历也不无益处。也许，胡适想得更多[26]。

于是，父亲就与洪涛生签下了合同。洪涛生认为北平西装制作不够好，又陪他专程去天津，量尺寸定做西装[27]。

那份合同一叠好几页纸，在当时中国不多见，在父亲印象中，显得煞有介事。我一查，原来洪涛生出身律师。父亲记得一个细处，合同约定，出国后对中国团员，一律每人每月发一百块钱，支付给国内家属作为补贴。戏班子成员在国外采取分红制，有盈利大家瓜分，亏了本由洪涛生承担。

言及书面文件，联想到德国人习惯复制多份拷贝，我因此滋生一线希望，要是洪涛生也有此习惯，也许哪天能发现当年的合同。当然，在父亲沈仲章的那份合同里，不一定罗列他的所有职务。几乎是常例，纸上"名分"对他无用，父亲只要有用武之处，分外分内都会竭尽所能。

三、负责组建乐队

上文已言，李述礼推荐我父亲沈仲章，是应洪涛生要求，找内行负责配乐配器。

洪涛生研究过不少中国诗词戏曲，但原先的"胃口"似乎并不包括中国音乐。或许是根据沈仲章的特长，或许是听取沈仲章的建议，洪涛生的计划扩充了，他的欧洲巡演剧团除了传播中国传统戏剧，还试图介绍中国民族音乐。

父亲受洪涛生委托，要招募四五个人，组成一个小型民乐队，主要为戏曲演唱伴奏，但也能专门演奏民族乐曲[28]。队员中最好还有一两个懂些西方乐理知识，在没有演奏伴奏任务时，可以在台下协助记音。

"记音"是父亲原话，有歧义。父亲兼跨语言和音乐两界，他语汇中的"记音"，可以是记录语音，也可以是记录音乐。但根据上下文，我认为此处"记音"，不是记录语音而是记录音乐，也就是记谱[29]。

顺便一提，记乐谱和记语音都是父亲的"拿手活"。以1934年父亲随刘半农采风为例，也正是因为有了音乐和语音皆通的沈仲章一起去，刘半农才扩大了原定计划[30]。我推测，有很大可能，介绍民乐和记录乐谱等，都是父亲的主意。这也可支持前文所述，即因为有了沈仲章，洪涛生扩大了原定计划，增加了一个重点。

可是，父亲本人台前台后身兼数职，所以需要找助手分担。

父亲首先想到曹安和，认为她是个理想人选。曹安和也是刘天华的高足，琵琶弹得很好，还会弹钢琴唱昆曲，也能记谱[31]。父亲还希望通过曹安和，从北平大学女子文理学院音乐系里，物色一两个同学一块儿去。

然而，那里的女学生全是大家闺秀，平日穿戴都相当雍容华贵，在她们眼里，洪涛生组织的巡演班子，有点像是个走江湖的"马戏团"，谁肯去？父亲坦言，其实他对洪涛生的剧团也曾有同感。他邀请具有学术背景的同道协力，正是为了改善该团素质。父亲碰了钉子，自己反倒不好意思了，感觉简直像是羞辱这些才女了。

父亲本人一向不抱阶级等级观念，三教九流都能相处。他一方面高兴能去欧洲巡游增长见识，另一方面也乐意为传扬中国艺术助一臂之力，所以并没有多顾忌其他因素。洪涛生把负责乐队的重任交付给他，父亲一心想筹组一支既精简又不辱民族音乐的队伍。曹安和是个多面手，样样拿得起，又是老朋友，要是有这样的知音联手搭档，去了海外，才不至于被人看作"马戏团"，以致给外国观众留下不良印象。无奈，曹安和等其他人不那么想。

父亲出师不利，马上与洪涛生通了气。这时有人介绍了一位在上海弹琵琶的，叫李廷松。李廷松在上海江南丝竹圈子里已经出名，是霄霓国乐学会[32]的主力。父亲听说过李廷松，认为可以考虑。洪涛生便把李廷松请到北平，住在旅馆里。外国团员都不懂中国器乐技艺，就让主管配乐的沈仲章与李廷松面谈，测试他琵琶弹得怎么样。李廷松当时连刘天华都不太知道，更甭说刘的徒弟沈仲章了，这次来北平，是北大外籍教授闻名请他[33]，与沈仲章会面时，不免显得有点骄傲。

父亲虚心地请李廷松演奏琵琶，然后自己也拉二胡给对方听。两人切磋琴艺后，李廷松也比较客气了，有意合作。会面后父亲评议，李廷松的琵琶弹得很好，江南丝竹也在行，二胡也应该不错[34]，如果李廷松参加巡回演出，音乐演奏方面就不弱了；记谱等事，可以另想办法。因此，父亲赞同请李廷松加入乐队。

可惜，还有一个经济问题，父亲解决不了。李廷松在上海搪瓷厂工作，职位不低，好像还投入了些股份，算是资方人员，属于高薪阶层。去欧洲传播中国音乐文化，跟搪瓷工业风马牛不相及。厂方对李廷松，不可能像北大对沈仲章那样，照发工资。李廷松说，他在厂里的工资每月二百八，言下之意剧团至少得付他月薪三百。可洪涛生已有规定，中国团员一律每人每月一百元津贴。虽然寄希望于巡演结束有盈余可分，但分利并无保障。如此，对报酬这一点，双方距离相差太大，洪涛生不肯破例，李廷松也不肯让步[35]，回上海去了。

父亲还在北平找过一位王姓乐师[36]，可是那位也不愿意参加巡演团。结果是父亲看中的人不想去，而拼命巴结想去的人，他又看不上。

四、毁约不欢而散

由于剧团的性质特殊，高不成低不就，筹组乐队进展不顺。父亲说明情况后，洪涛生自己找来一个弹古筝的。那是一个老道士，留了一大把胡子，穿着一身道服，飘飘忽忽，奇模怪样。外籍团员见状大喜，纷纷评论：这个人就是不会乐器，也准能卖钱！

面试乐队候选人是父亲沈仲章的任务。父亲与那道士一聊，觉得来者俗气熏人；再听外国同事之语，更觉生气。父亲对在形象上以"怪"取宠，极为反感。外籍团员只顾"卖钱"，不惜丑化中国人，也使他很不舒服。父亲觉察，那些人的本意恐怕不是传扬中国艺术，而是给海外好奇的观众带些"异国情调"去换换口味。父亲看来，那是不严肃的态度，是看轻中国人和中国文化，追究得更深，就是一种变相的种族歧视[37]。父亲觉得是可忍孰不可忍，便与同事们争执了起来。

几位外籍团员明白沈仲章对巡演剧团的重要，一齐说情，要他收留这位道士。这位道士本人也来求情，说尽好话，请沈仲章高抬贵手。但是他们越说，父亲越失望，益发觉得双方对于中国文化艺术的认识、感情和态度大相径庭。志不同道不合，父亲不但没有迁就随流，反而耻与为伍，竟然撕毁合同，不干了！

父亲一向温良恭俭让，从不争权争利，出了名的"好说话"，这个愤然辞职的行动，大大出乎众人意料。大家都不理解沈仲章，怎么会仅仅因为对一个道士看不顺眼，就放弃出国的机会？这事也惊动了胡适，连他也认为不值得这么较真。胡适深谙人情世故，也爱护后学，劝道：为那么一个人，你又何必呢？你应为自己考虑，去欧洲走一圈，可以 establish social relationship（父亲原话用英语，推测是引胡适原话，汉译大意为"建立社交关

Hu Tsu-Wang   Hu Shih   Hu Ssu-Du
            Mrs. Hu Shih   (Named after Du-Wei
                            —Dewey)

To Dr. John Dewey
With greetings of the Hu family.

胡适家庭照，赠杜威，1936年；"中央研究院"近代史研究所胡适纪
念馆提供。
左起：胡祖望、胡适、江冬秀（坐）、胡思杜。
按：此照与本篇事件发生时间接近。而且，1936年时父亲与胡适已
相当熟悉，估计可去胡府走动。特附其全家合影，以表纪念。20世
纪40年代末段胡适先生由美返国，也曾去上海沈家看望病中的我祖
母，并与几乎不识字的我祖母聊了很久。父亲每每言及，便赞叹胡
适先生之为人。

系"），将来对你有用。但是父亲主意已定，不愿回头。

就这样，父亲与洪涛生等几位闹翻了，分道扬镳。洪涛生
率队去欧洲巡演，父亲留在北平。父亲当时参加的活动很多，没

精力特意关注洪涛生和他的剧团。但过去在北平的洋学者圈子不大，父亲或多或少听到一些消息。传闻那位道士在国外果真出了不少洋相，弄得同去的人很是尴尬。好像洪涛生从欧洲回来之后，自己并不怎么张扬巡演的情况。父亲也没有听说洪氏有再组织类似演出的计划。

1937年夏天，父亲为了救护居延汉简，离开北平南下[38]。洪涛生留守广安门外杨树岛，两人再无机会接触。

我想象，光就洪涛生的"隐居"生活方式来说，性情偏出世的沈仲章，如果长期在北平，是可能跟洪氏恢复往来，重访杨树岛的。1938-1941年父亲在香港，曾与一个在山顶上自筑山庄、不用电灯不用自来水的洋"隐士"弗朗士，结成莫逆之交[39]。

父亲一生中，在绝大多数的情况下，都是与人为善，与世无争的。父亲晚年自省，他习惯性地会把别人利益放在自己之前。曾有人把郑板桥"吃亏是福"的拓片，送给我家，说这正是沈仲章的写照。可是，在父亲给我讲的往事中，也有过少数那么几回，他的"犟脾气"突然"发作"，无论如何也不肯妥协[40]。父亲与洪涛生的断然分手，就是给我印象很深的一个例子。

我认为，父亲在意的绝非个人喜恶这一层次。父亲对那位道士，除了批评"俗气"和穿着等，我不记得说过什么损人词语。父亲公道地评论，那位道士古筝弹得还可以。父亲对洪涛生等几位外籍同事，也没说过什么贬低或"谴责"之辞。父亲也理解，洪涛生出资组团巡演，尽量省钱和力求赚钱，都是既为自身也为全团"谋福利"的行为。父亲自己置牟利于度外，但也不会不近人情。父亲言辞间，没有否认洪涛生是出于好心，想把中国文化传向海外，要不然父亲起初也不会乐意相助，并承诺身兼数职，对人均一律的区区津贴，也没有讨价还价。

父亲在我面前，从来没有下判断，这件事谁对谁错。他讲述时，口吻是嘲笑自己的"犟脾气"，但也从未表示悔意。我能感到，父亲对自己的毅然决然流露出一丝自豪。记得很清楚，父亲明言他最反对以庸俗趣味来曲解中国艺术，他认为这不仅是对中国文化的不尊重，也是对外国观众的不尊重，而且还是对参与者自己的不尊重，所以，他"坚持原则"，离开了那个剧团。在我记忆中，父亲很少提及"原则"一词，但对这次"毁约"行为，"坚持原则"却是他本人用语。

　　洪涛生等人大概始终也没有意识到，沈仲章最伤心的，是感

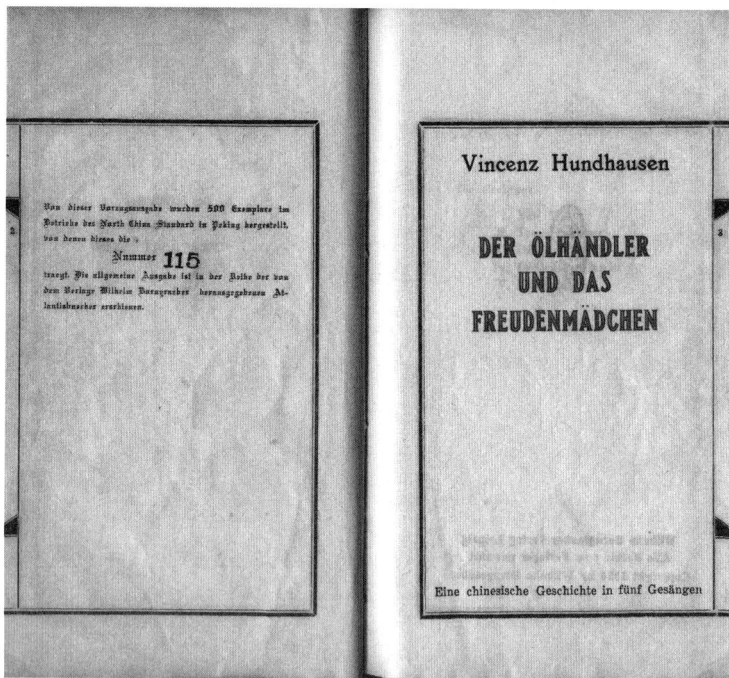

洪涛生译著《今古奇观》选篇《卖油郎独占花魁》标题页；Hartmut Walravens（魏汉茂）提供。
按：魏先生特意多提供两张图片，以显示洪涛生的广泛兴趣（show Hundhausen's wider interests）。另一图见篇末。

到这几位外国同事对中国音乐戏剧的"爱好",还没有超越骨子里以西方文化为"优越"的心理,也没有摆脱对Oriental（东方）"落后"文化的"猎奇"心态。

至于为什么父亲会有此感受,本应仔细分析当时争论的语词、语调及语境,可惜当事人都早已不在世,而且,基于不同的观点、志趣和立场,引发的理解联想也会很不一样。

再看父亲与洪涛生的这出"戏"的发生年代,大概应在1935-1936年间。父亲提及一个参照事件,"那年"的奥林匹克运动会在德国举行。父亲不曾解释,"那年"是指在欧洲的巡演时期还是在中国的筹演阶段[41]。不管如何,这出演前之"戏",距今已逾八十年。

我思忖,不知八十年前,对下意识甚至出于"好心"的种族不平等,到底有多少人会像沈仲章那样敏感,乃至不能容忍?何况,这类问题如今社会还存在,人们的看法也很不同。我听父亲回顾此事,脑子里曾冒出几句《诗经》[42]:"知我者谓我心忧,不知我者谓我何求。悠悠苍天,此何人哉?"

【补记一】与传记作者问答讨论四例

原文刊发后,我才与洪涛生传记作者Hartmut Walravens（魏汉茂）取得联系。下择数例简介我们的初步交流,希望引发知情者和博学者提供更多信息。例一和例二有关姓名生平（选自第一组问答）,例三和例四有关欧洲巡演（选自第二组问答）。

1.德文全名与本人用名

据不少资料,洪涛生的德文全名是 Vincenz Maria Hermann Hundhausen。我向魏汉茂核查,他回答:"Hundhausen only used 'Vincenz' as his first name, the other names are probably from the birth certificate."（大意："洪涛生本人只以'Vincenz'为名，其他部分可能源自出生证。"）这属常见惯例，表过不议。

2.返德未满一年逝世

查得在1955年5月18日，洪涛生去世于家乡Grevenbroich（格雷文布罗赫）。我向魏汉茂核证日期地点，无异议。

又查得，1954年洪涛生被中国政府遣返德国。我询问洪氏具体离华和抵德日期，Walravens告知一条信息："He arrived on the steamer 'Pakhoi' at Hong Kong on May 18, 1954."（大意："他于1954年5月18日随汽轮'Pakhoi'抵达香港。"）

据此，洪涛生在1954年5月18日已出国境（香港当时属境外），1955年5月18日在德国家乡去世，虽然何时抵德尚不清楚，但不难计算，洪涛生在德国居住未满一年。

至于遣返通知何时下达、以何理由、限期多久以及洪涛生何时离开北京之"窝"等问题，仍待查。

3.参与人员名单

我希望与魏汉茂对比父亲所忆筹演阶段的成员与最后随洪涛生出国的团员。他还没有找到全体团员名单，但提供了下列人名。

Rosa Jung（her parents were German and Chinese. 汉译大意：父母是德国人和中国人）

Hans Riediger（art director. 汉译大意：艺术指导）

Erwin von den Steinen（scholar in German studies. 汉译大意：德国研究学者）

Susanne Wang（daughter of Wang Yintai and his German wife. 汉译大意：王荫泰和德国妻子之女）

Helene May（parents were German and Chinese. 汉译大意：父母是德国人和中国人）

Felix and R. Skoff（residents in China. 汉译大意：中国居民）

H. Louise Götschke［按：最后三行原无括号注。］

Otto Hagemann

E. Lange

以上人名部分，照录魏汉茂的原写法。括号注原为英文，附汉译大意。

对照正文中父亲回忆，他加盟该团前已有四位外籍团员。名单上第一位 Rosa Jung 即雍竹君，也叫雍柔丝（可能源自 Rosa 音译），巡演后留在德国。好像父亲提过，雍父是德国人，母亲是中国人。第二位"艺术指导"Hans Riediger，我猜可能是父亲说的那位"导演"。还有"职业女演员"和另一位，不知是否在这个名单内。

4. 演出日期地点

目前尚缺海报、节目单等资料，魏汉茂收集了该剧团的若干演出地点及大致时段。承他传来几条记录：1936年2—3月在 Austria（奥地利），那年也到过 Switzerland（瑞士），1937年1月12日在 Germany Berlin（德国柏林）。

从上述日期可知，洪氏剧团在欧洲逗留约一年，符合洪涛生在筹演之初对沈仲章说的计划，即半年到一年。

我见洪氏剧团在1936年初已抵达欧洲，想到父亲参与的筹演阶段，恐怕得上推至1935年。看来，1935年是沈仲章大忙之年。思考这一参照时点，也有助于弄清父亲参与的其他历史事件之日程。

魏汉茂告诉我，洪涛生本人因反对纳粹，被禁止进入德国，柏林演出由几位团员自行安排（其间还有些周折，容日后再叙）。

我也与魏汉茂分享了父亲的回忆，即在筹演阶段，洪涛生的剧团已预定不进柏林，原因是除了洪涛生与雍竹君，另几位外籍团员都刚逃脱纳粹控制（参见正文第二节）。但是，父亲离团后，该团成员还可能有变动，巡演计划也可能改变。考虑到特殊的政治局势，这些都是值得进一步对比分析之处。

又，洪氏剧团直至1937年初还在欧洲演出，其后中国北方战局日趋紧张，学人陆续离开。这些背景也有助于解释，为何洪涛生返回中国后，北平学界包括沈仲章，无暇问及其巡演详情。

【补记二】应读者要求浅释词语二例

本篇原文急就，比较粗糙，答应几位读者，有机会略加注解，可惜本书编辑时间匆促，未及一一处理，这里仅补两例词语浅释。我于音乐和戏剧都是外行，仅言个人初步理解，盼内行指正解疑。

1.读者问：为什么演出时需要"记谱"？

我猜测，传统戏曲唱腔，大都是师徒传授，主要靠口耳模仿。早年演员虽然能唱，但不一定都依照标准化的乐谱。本篇语境中的"记谱"，指用国际通用的五线谱记录曲调。不讨论其他意义，仅说出国表演，若有海外音乐家和爱好者都能读的五线谱，会大大方便传扬中国音乐。刘天华的《梅兰芳歌曲集》使梅氏访美大获成功，便是显例。我拟另文续写父亲的音乐活动，届时再作具体解释，本文暂从简。若有兴趣了解同类工作，建议先参考刘天华为梅兰芳记谱一事。亦可参见本书内《与刘天华》一文，言及父亲间接协助刘天华校对曲谱和直接帮助陈德义为程砚秋记谱。

2.读者提议：能否对"托戏"再多说一点？

父亲讲述参与洪氏剧团筹演，用了"托戏"这个词，但没有解释。我听时感觉，"托戏"属于戏曲演艺圈的"行话"。望文生义，大概指用伴奏来烘"托"唱"戏"。父亲多次在其他场合对我讲过一些戏曲伴奏要领。拟仔细回想后再谈，先在此致歉。

LAU-DSE

DAS EINE

ALS WELTGESETZ UND VORBILD

IN DEUTSCHER SPRACHE VON
VINCENZ HUNDHAUSEN

VERLAG DER PEKINGER PAPPELINSEL
1942

洪涛生译著《道德经》标题页；Hartmut Walravens（魏汉茂）提供。

【注释】

[1] 大致可分几个阶段：少年沈仲章在上海六年半，接触不少外籍商人职员。成年之初在唐山大学三年，受教于一批外籍理工教授。青年时在北大十一年，与诸多洋学者往来合作，文理科皆有。抗战前期在香港近四年，与几位"洋怪人"成了至交。珍珠港事件后羁留上海，十来年中与不少外国人交际。"文革"后海外人士接踵访华，旧友新朋涉及各界。

[2] 经友人提议，本打算写一组短文，总题"沈仲章与北平的洋学者"，以贺乙未羊年。动笔后才知，背景层次多，均需考证。本书收有数篇（最后三篇），仅为初步汇报，其他待续。

[3] 据资料，洪涛生全名为Vincenz Maria Hermann Hundhausen。本篇依

洪氏本人写法，参见篇后补记。

[4] 我尚未见到称洪涛生为"狗窝教授"的其他佐证。我有点好奇，就德国文化背景（尤其20世纪上半叶）而言，"狗窝"的褒贬色彩如何。曾为此二题询问德国学者，尚未回复。

[5] 我听父亲说造"岛"，以为是他自创用词，后见洪氏出版社名中含"Pappelinsel"（杨树岛），原来造"岛"乃其本意。依稀记得，父亲也提及"岛"上有杨树。参见吴晓樵《洪涛生与中国古典戏曲的德译与搬演》（简称"吴晓樵2013"，《德国研究》2013年第1期第28卷总第105期，第84−95页和第128页）："洪涛生在北平主持自己的私人出版社，被称作北平杨树岛出版社（Verlag der Pekinger Pappelinsel）或北平杨树岛工作坊（Pekinger Pappelinsel−Werkstatt）。"

[6] 1954年，洪涛生被遣返德国，不到一年便去世。参见篇后补记。

[7] "吴晓樵2013"转引印度驻北平大使一段文字，可与沈仲章之忆互补互证："他［洪涛生］遗世独立，悠闲地住在他自己所建立的孤岛上。他穿的是中国的长棉袍，喝的是中国茶和他自己家酿的米酒，吃的是中国菜。他还用中国宣纸来印刷他自己的译作，作精美的线装。在他的眼里，这样惊天动地的大转变，好似对于他并没多大的影响，他还是'采菊东篱下，悠然见南山'的。"

[8] 父亲对洪涛生曾翻译李白印象较深，可能因为他的自身经历。20世纪30年代，父亲曾协助另一位欧洲学者研究古典诗文的传统诵读。他俩决定从苏州私塾传授开始，第一篇就是李白的《春夜宴桃李园序》。估计两人因此会特别关心其他外籍学者（比如洪涛生）对李白的兴趣。那位学者的国籍与姓名皆待考，可能是瑞典或瑞士，盼博识者点拨。

[9] 父亲1926年进北大，李述礼是先进校的学兄。李述礼活动能力很强，估计那时已参与中德联谊活动。

[10] 父亲曾替鲁雅文（Erwin Rousselle）工作，参见本书《与钢和泰、卫礼贤和鲁雅文》一文。该文也提到卫德明。

[11] 担任导师的还有朱家骅和杨震文。参见"吴晓樵2013"。

[12] 参见崔文龙《中德学会的成立及相关争论》(简称"崔文龙2011"),载《民国档案》,2011年第3期,第89—93页。也见"吴晓樵2013"。

[13] "Li Shouli"的写法见"崔文龙2011":"中方负责人……这一职务由李守力(音,Li Shouli)来代替。德方负责人则由……卫德明博士(Dr. Hellmut Wilhelm)来担任。"(崔注信息来源是 PA Peking II/3372 Aktz.3308/3271/33,1933年5月15日陶德曼就中德学会的重组致德国外交部电。)卫德明为卫礼贤长子,参见本书《与钢和泰、卫礼贤和鲁雅文》一文。

[14] 参见本书《与刘天华》以及《与金克木》数篇,也可参见《与刘半农》两篇,提及音乐和地方戏剧等。

[15] 一般无台词,但有时父亲根据剧情,即兴加些表情或动作。预览样片时,常得张石川夸奖。父亲提及,有个片名是《张欣生》。顺便一提,张石川遗孀的住处离我家不远,20世纪80年代父亲还与她偶有联系。

[16] 父亲与张瑞芳第一个男友相识,往来至少延续到抗战中期。父亲提过,曾在香港帮助过他们的巡演。父亲未曾与张瑞芳或白杨同团参演,两位初出茅庐时,父亲大概正在学导演,应同行邀请,观摩指点、评价前途等等。父亲记得,他对张瑞芳主演的话剧《伽玛》,提过不少具体意见。

[17] 父亲涉足戏剧界的故事不少,我曾起草父亲传记,话剧电影占一章。此处一整段无论正文和注释,皆为信手拈来之例。

[18] 梅兰芳与徐森玉家族相识,父亲描述过见面情形。

[19] 父亲协助曹安和等校勘五线谱,参见本书《与刘天华》。以下数事,《与刘天华》等亦有提及,可参照互补,但皆不够详细,日后当另述。

[20] 可参见本书《与金克木(甲)》和《与斯文·赫定》等篇。

[21] 洪涛生本人政治倾向也与纳粹不合。洪的北大教职本为德国政府委派,属于一种文化交流项目。据说因政治原因,1937年纳粹政府解除了洪涛生的北大任职。其时父亲大概已经离开北平,而且父亲与洪涛生相识略早,可能没有直接观察到洪涛生对时局的态度。

[22] 我觉得，父亲答应这项任务，也说明他对传统戏剧并非"白丁"一个。

[23] 季羡林在《中国文学在德国》中，对洪涛生有如此评论："严格地说起来，他并不是一个汉学家。我虽然不十分清楚，他的汉学造诣究竟怎样，但据说是不十分高明的。"（转引自"吴晓樵2013"。）

[24] 我觉得父亲同意当场答观众问，对用德语交流当有点把握。

[25] 胡适与沈仲章关于出国有无益处，曾作有趣争论。数年之后，胡适任驻美大使，又主动安排沈仲章赴美留学。抗战胜利后胡适回北大当校长，也多次邀请沈仲章回北大工作。参见拙文《沈仲章回忆胡适点点滴滴》，载《东方早报》2016年1月3日《上海书评》。

[26] 受读者评议启发，联想到抗战时的西南联大，说明当时中国学界政界眼光不短，重视人才培育。胡适兼跨学界政界，对高层决策人物有相当影响力。

[27] 父亲平日也常穿西装，参见本书《与陈寅恪（丙）》和《与刘半农（乙）》，但属于比较随便的西装，类似现在所谓 business casual（公务便装）。出国演出演讲，穿着上要求更正规讲究。

[28] 有读者希望解释乐队性质，是限于伴奏还是可独立演奏？据我理解的父亲回忆，洪涛生原计划只需伴奏，但支持沈仲章的想法，乐队也兼独立演奏。至于沈离团后（见下文）又如何，我不知道。

[29] 虽然我了解这处语境中父亲的意思是"记谱"，但因对原词印象清晰（也有笔录），原文保留了"记音"。应一位读者要求，略释推断依据：较早已交代去欧洲演唱使用德语（德译有文本），又提"懂些西方乐理知识"……另外，读者问为什么要"记谱"，我做了简单答复，参见篇后补记。

[30] 参见本书《与刘半农》两篇。

[31] 可参见本书《与刘天华》和《与刘半农（乙）》。

[32] 父亲早年对我述时，我常没在意或来不及记下专名用字（甚至自恃记性好，没想几十年后忘了）。1985年口述笔录用的是"霄韶国乐学会"，

但那段笔录没有父亲审阅的痕迹。后查资料，写法不统一，现据该学会十周年出版物的封面封内照片，取"霄霓国乐学会"。

[33] 听说李廷松主持的乐团，曾多次为外国驻沪机构表演，这也许能解释洪涛生的消息来源。

[34] 分析父亲的叙述，李廷松并没有当场试拉二胡。"二胡也应该不错"是父亲原话，口气含推测。根据上文所言需要组建一支精简乐队，想来沈仲章大概会问李廷松，必要时能否兼奏其他乐器。我已向乐界查询，据李氏后代说，李廷松学过二胡。

[35] 有资料说在1937年抗战全面爆发后，李廷松曾到内地巡回义演。我想，那年头为了抗日，国人同仇敌忾，可以不在乎经济回报，但去欧洲巡演，则不是一回事。沈仲章在学界，认为是出国传扬中华文化；而在李廷松和其他候选人看来，巡演主要为牟利，商讨酬金也合理。

[36] 托人寻查20世纪30年代在北平的王姓乐师信息，尚无回音，盼知情者提示。

[37] 以上基本是父亲原话，包括"变相的种族歧视"。

[38] 参见拙文《沈仲章与居延汉简在北平》，《古今论衡》第28期，2015年，第90—102页。

[39] 即本篇第一条中香港"洋怪人"之一，容日后介绍。可先参看徐迟《江南小镇》。

[40] 有意思的是，父亲顶撞的大都是"顶头"上司，吃亏的是自己。

[41] 据查，1936年奥林匹克夏季运动会在德国柏林举行。又据新获信息资料，洪涛生率团巡演欧洲各地，现存较早记录是1936年2月，较晚记录是1937年1月（参见篇后补记）。由此推测，父亲回忆的该团在中国准备阶段，当在1936年之前，顶多涉及年初。

[42] 《国风·王风·黍离》。

第 十 六 篇

与斯文·赫定：标本放行

斯文·赫定（Sven Hedin）和贝格曼（Folke Bergman），约1934
年；©Sven Hedin Foundation/RSAS/Museum of Ethnography.

　　本篇基于《沈仲章回忆斯文·赫定片断：采集品
放行瑞典案》（"Segments from C. C. Shen's Recollections
about Sven Hedin：Lending Archaeological Collections to
Sweden"），原载《古今论衡》（Disquisitions on the Past
and Present）第30期，"中央研究院"历史语言研究所，
2017年，第109–130页。

父亲沈仲章非常钦佩瑞典科学家和探险家 Sven Hedin（斯文・赫定），与赫定本人也有接触。早年还流传过一种猜测，富有探险精神的沈仲章迟迟不婚，是受了大探险家赫定的影响。由于父亲晚婚晚育，我最爱听故事的孩提岁月，白发老父也开始

沈仲章，中国西北地区
考察途中，1935年左右；
李蟠桂惠赠存照。

"唠叨"往事，因而我从小就听熟了"斯文·赫定"这个名字。

自19世纪末开始，赫定多次踏上中国疆土，最后一次离开是1935年[1]。赫定临行前，申请将在中国西北地区采集的一批标本[2]运往瑞典进行研究。这个过程从起初拒运、继而放行、核查待运物品、制作详细清单……到抗战时转移部分留华宗卷，沈仲章都知情，并在多个环节中起了重要作用，或在幕后促成其事，或在现场直接经手——在有些关节点沈仲章是主要甚至唯一的当事人。本文拾取父亲这位亲历者的口述"碎片"，分项对比赫定著述选节，兼及他人论文转引资料，为梳理这一案例试作缀补和铺垫。

一、申请外运周折

1933年末或1934年初，父亲在北京大学的理、文、法三科都转了一圈后，终于结束了他的学生生涯。刘半农点名要沈仲章到北大文科研究所当助教，不久又招聘他去西北科学考察团（简称考察团）兼职。这个考察团最早是赫定组建的，后来改组为中国和瑞典合作的学术团体。合组过程发生在父亲参与之前，多有著述论及，不再赘述。

父亲的职务是考察团理事会（简称"理事会"）干事，而且，理事会只有沈仲章这一个干事。理事会成员都是中国当时各门学科的领袖人物，如刘半农、胡适、傅斯年、徐森玉、袁复礼等[3]。由于十几位理事个个繁忙有加，考察团的许多事务就靠这位干事打点。父亲除了与理事们常需沟通，与考察团外籍人员也时有联络，不少文书往来，都交给他处理，尤其是起草外文信札。负责人对他都相当器重，愿意听取他的意见。其实父亲在正式任职前，就曾协助理事会办事，参与一些对外谈判，对考察团不少内幕是知情者之一。父亲对考察团的其他回忆尚待钩沉，下面着重说本文主题。

1935年春，赫定带领的绥新公路[4]查勘队（简称"查勘队"）完成了筑路勘探任务，从大西北返回。查勘队受中国政府资助派遣，在解散大队后，赫定等几位主要成员先去南京叙职，然后再回北平，那是考察团在中国的基地。赫定离开中国前，申请将外籍成员采集的部分物品运往瑞典进行研究。诸多著述提及此案，可惜对细节都有欠缺。

比如，林世田写道[5]："赫定在北平期间，还要求将查勘队所获文物交贝格曼带回瑞典研究。南京政府鉴于赫定为中国所作出的卓越贡献，**当即表示同意**，但要求赫定保证必须在一定时期内归还中国。"[按：粗体为笔者所加。]

据知情者沈仲章回忆，赫定获准携带采集标本出国的过程，并不如此一帆风顺。

遭受拒绝

先看赫定的叙述[6]。赫定说，原查勘队一行人回到北平后，对于如何在专业研究人员之间分配采集品等事宜，曾有过长长的讨论。讨论结束后，赫定又申请将划归他们的采集品运回瑞典，交给Folke Bergman（贝格曼）研究[7]。为此，在丁文江、胡适、傅斯年和袁复礼的协助下，他与理事会进行了费时而啰唆（long-winded）的谈判。后来理事会认为，采集品可否"出口"，超出其职权范围，须提交在南京的中央委员会（the central committee in Nanking）[8]决断[9]。

其实，赫定并不清楚内幕。父亲回忆，一开始阻挠采集品出国的并不是理事会，而是某个（或某些）掌权部门。父亲说，赫定的要求，最初"被那些衙门的小官僚断然拒绝"[10]。父亲继而评议道，美国人法国人找到东西，常常不打招呼就拿走。他们与古董商走私贩合作，顶多在地方官僚那里请请客送送礼，便私下完事。对明目张胆的违法行为，"那些人"不管；而瑞典人尊重我们的权利，提出正式申请，"那些人"反倒摆架子拿官腔了。我一时想不起父亲有否提过"衙门"的具体名称，还待以后从各种笔记中查找。

父亲作为理事会干事，受命起草了那封拒绝函。我估计，落款很可能用的是"西北科学考察团理事会"或类似名义，因而赫定觉得是理事会"作梗"。其实，即便理事会内部有人持反对意见，也不至于闹到南京去。父亲曾多次提到，考察团章法不严，刘半农去世后，接管日常事务的徐森玉较随便，胡适和傅斯年说话分量很重。想来几位知情者都不便向外籍人士透露政界"机密"，结果让理事会背了黑锅。

那份拒绝函不仅是父亲起草打字的，而且还是他本人送去的。送到时，父亲目睹赫定十分失望的表情，产生了同情。接着一连几天，据父亲观察，赫定不多言语，似乎闷闷不乐，更显得垂垂老矣。又听赫定的助手说，老人两夜没睡好。

于是，父亲给胡适写了封信，为赫定陈情。父亲记得，陈情函并非言情而是说理，大概不外乎分析研究实力，援引考察团早期协定[11]等内容。当时，虽然文学作品提倡白话文，此类公函却沿用浅近文言。父亲给胡适写信讨论公事，却全用白话文，连"等因奉此"之类习惯套语也不用文言。胡适回信也全用白话，事后还夸奖沈仲章对公文文体的创新。据闻胡适早就有意提倡白话公文，想来这只是对后学自发尝试的鼓励。

我读赫定报告，产生了一个疑问：如果标本是查勘队采集的，为什么赫定要向理事会申请放行？目前有三个初步猜测。

第一个猜测：查勘队是个临时组织，中国政府聘请外籍专家

驻美大使胡适（中）与 United China Relief（全美助华联合总会）James G. Blaine（詹姆士·布莱恩，右）向美国总统 Franklin D. Roosevelt（富兰克林·罗斯福）说明中美友好万人签名书，1941年10月10日；"中央研究院"近代史研究所胡适纪念馆提供。〔按：1941年10月，胡适先生正在安排沈仲章去美国（据10月7日王重民致沈仲章函）。11月到12月初，美驻沪领馆曾数次催促沈仲章速速离华赴美。可父亲想，待居延汉简图册面世后，再上船启程也不迟。不久，珍珠港事件爆发。父亲方始悟出，美领馆言辞含暗示，太平洋恐怕太平难保。顺提一个趣闻：在一次国宴前，罗斯福预览贵宾名单，见有"Hedin"，便问办事人员："That Hedin?"（"就是那个赫定?"）〕

合作，赫定当领队只是一次性委任。查勘任务结束后，这个临时组成的查勘队也就不复存在。考察团不是一个临时机构[12]，在派遣团队长途跋涉考察的间歇期，也留下观察员驻守大西北[13]。而在北平有理事会，也有大本营，包括办公室、仓库和宿舍，还有沈仲章等工作人员[14]。赫定是考察团瑞方团长，考察团是他在中国的"单位"，理事会是考察团的领导，所以，凡事先提交理事会，通过理事会跟中国其他方面交涉，走的是正常渠道。

第二个猜测：父亲言及，关于允许外籍团员携带采集品出国进行研究之事，考察团中瑞双方早年进行过谈判。我粗粗看了考察团1927年合组时签订的十九条 [15]，好像没有明确支持赫定要求的条例。我进一步推测，父亲正式受聘于考察团前，已作为临时秘书兼翻译，参与一些商谈，包括居延汉简出土后的主权争执。担任理事会干事后，父亲也曾经查阅以往卷宗。父亲所言协约，指的不一定仅仅是1927年的成文条款，而是某些谈判过程中达成的共识。总之，赫定认为与理事会有约在先，希望依过去的协议放行 [16]。

第三个猜测：其实这只是进一步的疑问。据罗桂环说，"查勘队请瑞典地理学家斯文·赫定（Sven Hedin）任队长，由当时的铁道部领导和提供经费。从隶属的机构和经费来源，以及承担的任务都不难看出，它与此前的西北科学考察团完全不同。"（"罗桂环2008"，第228页）依此，倘若赫定带着查勘队成员顺道考古采集标本，便是"犯规"兼做"私活" [17]。我很好奇，不知赫定等是否动用了考察团的招牌采集标本。如果用了，采集品当然就归考察团所有，放行与否就得由理事会决定。要解答这桩公案，需要翻检有关查勘队的案卷，目前非我力所能及。

获得批准

父亲记得，对于赫定申请外运采集品一案，他向胡适等作了几条提议，大致如下：物品主权属于中国，不是无条件交给瑞典；依照理事会早年协约，作为瑞典方面研究借用；事先约定年限，期满归还中国；一应研究成果，也都递交理事会一份报告。

胡适觉得沈仲章说得有道理，就凭着他的口才和关系去游说南京各方面。父亲不太清楚南京的情况，据说蔡元培等也被牵涉进来了，最终瑞典方面获得了带有条件的准许。

赫定相应行文显得有点儿喜出望外，说比他们敢于希望的还要好得多（much more favourable to us than we had dared to hope）。父亲一向乐于暗中助人，不喜表功，没向考察团外籍成员说起此事，赫定无从得知无名小卒沈仲章起的作用。

父亲告诉我，最初的拒绝公函和最后的批准公函都是他起草的。但是，赫定说答复来自南京，引起了我的疑惑。如果有份文件从南京某"中央委员会"传到赫定手中，我不敢想象也是父亲起草的。不过，赫定转述的主要条件，即保证在一定时限内归还（on condition that I guaranteed its return to China within a certain specified time），正是父亲沈仲章的提议。

读得再仔细一点儿，赫定说接到来自南京的答复，并没说一定是书面文件，也没说是最后批准公函。看来，父亲所言应该是以理事会名义，最后出具的正式批准公函。对考察团这一头的文档，父亲沈仲章掌握第一手资料，清楚谁是真正的起草者。

下面摘录一份当年会议记录[18]：

西北科学考察团理事会第五次常务理事会议议事录

日期：二十四年（按：1935年）三月二十三日

时间：下午六时

地点：沙滩二十一号

出席：陈受颐（胡适代） 胡适 袁希渊 徐鸿宝

列席：古物保管委员会代表傅斯年 董作宾

主席：袁复礼

记录：沈仲章

讨论事件

瑞典团员采集品放行案

傅孟真、胡适之两先生提议并起草关于赫定正式向本会请求放行该项采集品之公函内容要点：

（a）声明在不违背中国政府关于古物出境条例之下，并根据先前理事会方面之成约，作为借出研究性质。

（b）负责应许于一定年期内送回中国保存。

（c）该函须由赫定和那林联名签字。

这份会议记录写道："傅孟真、胡适之两先生提议并起草关于赫定正式向本会请求放行该项采集品之公函。"我有相当把握认为，父亲为傅斯年（孟真）和胡适（适之）起草了这份公函，而且估计就是父亲所说的最后批准公函。"公函内容要点"（a）和（b），与父亲之回忆吻合。

这份记录还有多处文字值得注意。比如，"讨论事件"下一行对议题作了定义，写明是讨论"瑞典团员"的"采集品"。因

Erik Norin（那林）与同事们整理采集品，北平，1933年4月；左起：贝格曼、鲍林（Bohlin）、那林、Lessing（莱辛）小姐、赫定；瑞典斯德哥尔摩斯文·赫定基金会授权发表（Published with the permission of the Sven Hedin Foundation, Stockholm）。

此放行与否，当属理事会的职权范围。如果继续思考上一小节（"遭受拒绝"）末尾提出的疑问与猜测，这"团员"二字也许有些帮助。

该文件还可继续探讨，略提几例。比如，"公函内容要点（b）"强调"一定年期内送回中国保存"。对于年限，下文会稍加探讨。"要点（a）"明言"先前理事会方面之成约"，支持上文猜测。（a）还提及"中国政府关于古物出境条例"，而列席代表傅斯年和董作宾的身份恰是"古物保管委员会代表"。我觉得，这些都是研究这一案例的线索。

二、清点造册细节

父亲回忆，批准放行后，紧接着的大任务就是逐件核查待运实物，制作详细清单，"否则，谁能保证将来送回来的是什么呢"（基本上是父亲原话）。

本大节下分三小节，讨论参与人员、时间和地点、过程和结果等诸小题。

中外两方人员

据父亲回忆，登记造册由中外双方派人，中国方面以他为代表，另有一人相助，外籍那方出了四个人。

据赫定所言，这项任务由两位可靠的中国人执行，外籍人士 Erik Norin（那林）和 Georg Soderbom（苏德邦）在场（It was to be performed by two reliable Chinese in the presence of Norin and Soderbom）。

细辨中外两方各自承担的角色，父亲与赫定的说法稍有不同[19]。在赫定笔下，清点任务由中国方面派人"执行"（be

Georg Soderbom（苏德邦），1933–1935年；©Sven Hedin Foundation/RSAS/Museum of Ethnography.

performed by），瑞典方面只是有人"在场"(in the presence of)。有一种可能的理解，赫定的措辞提示了主客之分：有权放行的中方是经办者，申请放行的瑞方是目击者。在父亲沈仲章口中，双方没有主次之分，各派数人协同工作，中方以他为代表（"代表"为父亲原用词）[20]。父亲和赫定都没有议及，赫定本人有否出场 [21]。但是，不管取哪种理解，沈仲章都是主要执行者之一，从头到尾在清点现场。

　　我认为，论外籍主要参与人员，赫定提了具体姓名，应以他的记录为准。那林是考察团首席地质学家，1933–1935年为查勘队留北平工作人员。上文摘引的"理事会第五次常务理事会议议事录"中，"公函内容要点"(c)要求"该函须由赫定和那林联名签字"，可见那林地位的重要。苏德邦全程参与1933–1935年查勘，他通蒙语和汉语，担任司机和翻译等职。我推测，在清点过程中，那林充任"文官"，大个子苏德邦承担了体力活。

关于外方人员，赫定只提了两位，可父亲却说一共有四位。对此我有几个猜测，其一是那林和苏德邦可请助手，其二是可有临时观察者。假如非赫定正式委派，他不必提甚至不见得清楚。其他猜测另议，先顺以上思路对比父亲所述。我不记得父亲曾说明，四位外国人是职责同等并始终在场，还是有主有辅且交替出场。

对外籍工作人员，父亲言及除了瑞典人，还有德国人，好像还有一个白俄（早年俗称原俄籍但流亡于苏联之外者）。

首先核对有无瑞典人。那林就是一位，赫定较早的考察报告中，团员名单列有国籍[22]，那林的国籍是瑞典。苏德邦出生在中国，姓氏有瑞典渊源，1949年后定居瑞典，赫定也始终把他列为瑞典团员。

其次核对有无德国人。父亲提过多次，考察团有不少德国人。根据待运瑞典物品清单，其中有"Mr. Boekenkamp"的采集品（据"邢义田2009"摘录，第26页）。Boekenkamp即Manfred Bökenkamp（伯肯干普），据"Hedin with Bergman 1943b"（XI页），他是德国团员。我想，轮到清点伯肯干普采集品[23]时，他倘若在北平，很可能会到场。倘若本人不方便，他的德国同事或朋友也可代劳。

最后核对有无俄国人。考察团1928-1933年出行名单里有位俄国团员，但是不清楚1935年他是否还在中国。上文提及，考察团在北平有"大本营"，有的人不去西北也可留城为考察团服务。再说那时在中国的白俄不少，临时抓差帮忙也是很平常的事。再查1985年父亲口述笔录，对俄国人用了"好像"二字。

我以为，就如赫定对中方人员的详情不怎么明了一样，父亲也不一定清楚外方人员的国籍和"级别"（即由赫定这层委派还是

左起：周殿福、沈仲章、周祖谟；北京周殿福寓所外，20世纪80年代上半段，沈亚明摄。
［按：周祖谟没有参与此事。］

下属再找的帮手），赫定与沈仲章所叙并不相悖，可以互为参照。

至于赫定是否亲自到现场观察，两人都没有一个明确说法。虽然赫定明文记载，负责在场核对的外籍人员是那林和苏德邦，但从描写此事的行文看，他本人对过程的了解似乎很直接，用的是目击者口吻，没有出现"据报告"之类的措辞。不过，这只是一种解读[24]。

关于中方具体工作人员，父亲和赫定都说是两位，一位当然是父亲沈仲章，另一位十有八九是周殿福。周殿福是沈仲章推荐到考察团去兼职的，他俩一向配合默契[25]。

赫定还写道，清点任务由傅斯年监管负责（a detailed examination of the collection was to take place under the supervision and responsibility of Professor Fu Ssu-nien）。傅斯年每隔一阵会来例行公事（at intervals and more as a matter of form, of Fu Ssu-nien）。这能和沈仲章所言对得上号。父亲说，傅斯年和董作宾待在旁边一个屋子，不时跑来察看。

父亲还讲了一个细节，傅斯年每次来到清点现场，会用德语和他交谈几句。两个中国人为什么要选用德语对话？我猜想，大概是对在场说德语的外籍人士表示尊重[26]。清点造册是履行法律手续，也需要显示中方人员谈话内容的透明。

时间和地点

赫定记有确切日期，1935年3月25日，时间是从早上9点到傍晚5点（lasted from 9 to 5 o'clock）。父亲没说某月某日，却说工作了"几天"。我推测，父亲作为办事人员，准备和扫尾工作都得多花些时间。对于这些细节，父亲是直接动手的人，他的第一手资料，可以补充赫定的记录。

赫定叙述中也有相应痕迹，他在接着的一段里说："在这〔按：清点〕之后我们和中方举行了一次会议，会议审阅并通过了我们的担保书，担保书连同清单一起送交财政部部长。在箱子加封和其他各种形式上的手续都履行之后，那些箱子就等着运往斯德哥尔摩了。"从这段话看，封箱等工作并不在当天，而是"之后"。

这条信息还能支持我的一个猜测：可能赫定说的"清点"是狭义，仅指开箱检查登记，着眼点是他着意观察的那"一天"（无论是在场目击还是听取汇报）；而父亲说的"清点"是指全过程，持续了"几天"。

回想上一小节中有关外籍人员之题，父亲和赫定各自叙述的人数不符，也能以此解释。赫定说只有两个人，是针对特定的"一天"；父亲说四个人，则可能是涉及全过程"几天"。

暂且放开日期与长度之题。

对于清点物品的地点，需要花些篇幅讨论，因为父亲和赫定所言的分歧比较大。

父亲说在北海一带的团城，而赫定却说在 Wagons Lits 的一间储藏室。Wagons Lits是一家老字号旅馆，坐落于东交民巷，据说因由英、法、德、美、俄、日六国合资经营，故称"六国饭店"。

我从小常听父亲说，赫定每天工作到深夜，必得做完当天的记录才休息，并且及时整理发表，为各项研究提供了珍贵史料，他很佩服赫定。虽然父亲也有写日记做笔记的习惯，可他一直没有整理发表。早年的笔记多已流失，保存至今的也很难读懂，因为父亲夹杂使用多种文字，另加自创的缩写符号。本文依据的主要是1985年父亲口述生平的笔录稿，辅以我在20世纪六七十年代的多次亲闻，但都毕竟是三十到五十年之后的追忆，因此，对地名等专有名词，我一开始倾向取赫定之说。

可我再思，觉得父亲说的也有道理。北海的静心斋，曾是"中央研究院"历史语言研究所（简称"史语所"）所在地。而父亲回忆其他事件时，多次提到北海团城，比如曾在那里举办过一个居延汉简展览。给我的印象是，学术团体（如北大、史语所和考察团等）在团城借用地盘不太难。如果清点场所设在北海一带，对傅斯年和董作宾极为方便，从静心斋到团城不算远，他俩溜达过去，就能在比较熟悉的环境里忙各自的工作，不时走过来关心一下，作为名义上的"在场"。如果在东交民巷，就要远多了[27]，而且，六国饭店是外商开办的牟利性旅馆，在借用储藏室作为清点场所之外，还借用别的房间从事其他工作，不见得那么方便合理。

上文提及，父亲记得这项任务持续了几天，而赫定只记录了一天。还有一种可能，父亲说的"几天"，大部分时间在北海边的团城；而赫定说的"一天"，是在东交民巷的六国饭店，很可能是赫定下榻的旅馆（这不难查），他的"目击"口吻也可理解。

行文至此，我又查看另一份考察团会议记录（转引自"邢义田2009"，第26页）：

第六次常务理事会议事录

日期：二十四年（按：1935年）三月二十五日

时间：下午五时

地点：团城

出席：胡适（陈受颐代）陈受颐 袁希渊 徐鸿宝

列席：傅斯年 董作宾 沈仲章 赫定 那林

主席：袁复礼

记录：沈仲章

主席报告

赫定、那林正式担保于一定年限内归回古生物及考古采集公函内容（由主席宣读）

徐森玉［按：即徐鸿宝］、陈受颐两理事提议本会正式通过赫定、那林担保函，无异议通过。并决议：该函所附详单俟检验完毕后，由本团在平全体常务理事及本案关系方面代表负责签名。

（沈按："［按：即徐鸿宝］"为"邢义田2009"原有按语。）

细看《第六次常务理事会议事录》中的"日期""时间"和"地点"三项，有发现。

"二十四年"是民国纪年，因此会议日期当是1935年3月25日，正是赫定说的清点物品之日。开会时间是"下午五时"，赫定说清点从早上9时一直到傍晚5时，由此推算，清点工作一结束，会议马上开始，中间没有间隙，于是很自然地会想到，清点场所若与会议房间不在同室，也在近旁，顶多数步之遥。再看会议地点，明明白白写着"团城"。

"团城"二字使我惊讶，难道父亲晚年的记忆比赫定早年的文字更准确？

理事会会议记录属于正式文件，按常规，这类文件是当场或会后即刻记录的，一般需由理事们或至少负责的常务理事审阅通过，才能收入档案备查，应该说，其可信程度非常高。不过，在没有找到更多佐证前，我暂不下结论。

过程和结果

赫定把清点工作定义为一次详尽的检查，概述道：每一件物品都做了登记和摄影，然后重新装箱，对工作人员是"艰辛的一天"（a strenuous day）。

父亲描述，他一包包、一件件地登记化石品种和出土坑号等信息，列单制册。物品名称大多是长长的拉丁文，好在父亲本是理工科出身，又学过多种欧洲语言，包括拉丁文和古希腊文[28]；父亲也有实际工作经验，他小学未毕业就去洋行当学徒，因机敏好学而被调入总部办公室工作过一阵，打字做表格等轻车熟路；而摄影既是父亲的爱好，也是他在北大文科研究所的分内工作。

于是，众人目睹这位年轻人打字飞快，条理清晰，一人独当几面，还统筹协调，让其他人各司其职，顺利合作，最后，编出了一本清单，一式几份备案。傅斯年和董作宾对此十分满意，多有赞誉，为自己这方有此人才而自豪。父亲晚年回顾"当年勇"，虽然免不了流露出小小得意，但马上解释，其实不过就是这么点儿小玩意，那时年轻好胜，正好得了个表现机会。

据邢义田报道，香港大学冯平山图书馆有份清单："清单完全以英文打字，名为 Collection of the Sino−Swedish Expedition to be taken to Sweden for Study。……清单包括各件出土编号、品名、出土地点名称及包装情形。由于内容太多，不及悉数抄录。"（"邢义田2009"，第26页）

邢义田说的清单，应该就是那次清点的结果。顺着线索，我找到了张慕贞的最初报告。张慕贞说，她工作的图书馆内，保存着一批有关居延汉简的资料[29]。

香港大学为什么会有这批资料？这我知道。因为父亲生前挂念这批材料，不断提起。1937年，父亲从北大悄悄运出万余枚居延汉简，同时带上了考察团的一些重要材料[30]。历尽艰险，1938年初，汉简和材料都抵达香港。父亲请许地山陪同去码头领取，拉到香港大学图书馆寄存。1940年夏，汉简全部运往美国，文件等留港。1941年秋，父亲为汉简图册雕版事宜出差上海，因突发战事，无法去香港。父亲自此一直为这些东西担忧，时常念叨。

战后父亲多方打听这批物品的下落，当年持有备用钥匙的马鉴回复，恐怕已于战乱中流失[31]。1986年，父亲带母亲、姐姐和我去香港短期旅游，时任香港中文大学校长的马鉴之子马临，身着长衫在该校门口迎接我们，可惜行程太紧，没能去香港大学。我猜想，父亲得知留在香港的部分东西找到了，可能是通过马临这条途径。继续查访下落，是父亲临终未了的一个心愿[32]。

关于居延汉简和考察团材料在香港的全过程，拟另文探讨，现在来看张慕贞的报告。

张慕贞说，这批档案中有四个公文黄皮纸袋。察看"张慕贞2006"附图，虽然公文袋上的字看不太清，但我基本能认出是父亲的笔迹。从"第一箱"和"第二箱"等记录方式，也看得出是父亲的习惯[33]。

张慕贞写道，其中一个"封面墨书'内赫定、那林书面担保送回古物函（附详细表册）'……内容为24页打印底本'Collections of the Sino–Swedish Expedition to be taken to Sweden for Study'"（"张慕贞2006"，第9页）。张慕贞说的这份24页的详细表册，应该就是父亲沈仲章等人辛辛苦苦整理出来的清单。

张慕贞还说："在清单末页下半栏书有1935年9月27日九位

留存于香港大学图书馆的考察团材料；征得同意引自"张慕贞2006"，Library of Hong Kong. Focus: New Series Vol.5 no.4, June 2006，第9页。

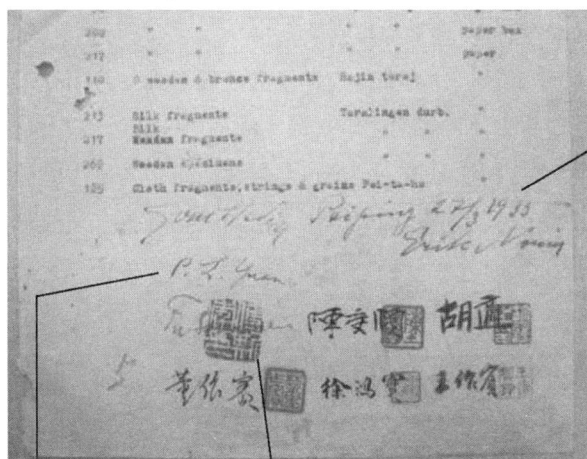

待运瑞典采集品清单末页局部，含日期、签字和印章；原照征得同意引自"张慕贞2006"，Library of Hong Kong. Focus: New Series Vol.5 no.4, June 2006，第9页；图边标注为笔者所加。

当事人的签署真迹，六人附黔[钤]印。"("张慕贞2006"，第9页）此处"9月"恐为笔误，这份文件签署于1935年3月。张慕贞在同页附了签名部分的照片，上有钢笔手书日期"27/3 1935"。

对此，邢义田有更具体的描述[34]："清单最后有一九三五年三月二十七日陈受颐、胡适、董作宾、徐鸿宝、王作宾签名及用印。另有赫定（Sven Hedin）、那林（Erik Norin）、袁同礼（T.L.Yuan）和傅斯年（Fu Ssu-nien）的西文签名。"("邢义田2009"，第26页）

三、数量内容辨析

下分两小节。第一小节对比各人所言待运物品数量，第二小节探讨物品分类。

数量统计：箱数、件数和类别数

赫定提到物品数量，行文使用箱子的复数形式（chests），可译为"多箱"；而查沈仲章口述笔录，数量是"三箱"。这次是赫定的含糊绝对保险，凡多于一箱都可用复数；而父亲口述笔录的具体数字，倒可以被质疑。因为，邢义田和张慕贞各自从清单摘录的箱子数量，都远远不止"三箱"。

先看"邢义田2009"的介绍。他说，这份清单"首先列出瑞典团员采集品待运的箱数"[35]（第26页）：

（1）Collection made by Mr. Boekenkamp   6箱

（2）Collection made by Dr. G. Bexell   6箱

（3）Collection made by Dr. B. Bohlin   17箱

（4）Miscellaneous Material   2箱

用中文简述以上四项为：（1）伯肯干普采集品六箱；（2）贝克塞尔（Gerhard Bexell）[36] 采集品六箱；（3）鲍林（Birger Bohlin）采集品十七箱；（4）其他两箱。

汇总四项，共有三十一箱。

对于父亲说的"三箱"和清单所录"三十一箱"的差异，目前想到两种可能。

第一种可能："三"为失误。父亲想说的是三十箱、三十一箱或三十几（多）箱之类的短语，或许父亲漏了"三"以后的音节，或许父亲说全了，可因发音不够清晰、录音质量不高、笔录者没听确切等因素，书面存档随之缺漏。根据我的田野工作经验，这类差误是可能发生的。在有吴语影响的语境，又通过录音，失误的可能性增大。

就在本书稿发排前，我又亲遇一个实例。我听人转述古典学家 Daniel Mendelsohn（丹尼尔·门德尔松）的著作，当耳闻"八岁的老人"时，颇感惊异。我即以复述形式核证，问道："八岁的老人？"对方笑而答曰："你听错了，八十一岁的老人！"过去我曾遇多个实例，皆为观察旁人，分析倾向"词调"的沪语语料——语言研究框架已提供了解释这类现象的若干手段。这次语境是国语，还是我自己犯错[37]。

第二种可能："三"为特指。这批待运品可分几类，父亲说的"三箱"（假定就是这个数）特某一类。也许是父亲在口述过程中，随语境而加注细节，转成书面记录后，很难分辨说话时的语境层次。

转回邢录清单箱数分项，前三项列采集者之名，首个字母皆为 B，最后一项没有人名。如此可分两大类：三位 B 的采集品和其他物品。那么，未列具体人名的那"两箱"，与这里讨论的"三箱"是否有关？

皆属猜测，搁下不议。从邢录清单所获关键信息：不止三十箱，可分两大类。

再看张慕贞的介绍。她这么写："所录 Box NRC1–C4, C7, box C5–6，合 2460 余项。另加'Collections made by Mr. Bookenkamp, G. Bexell, B. Bohlin total 27 boxes，237 items'，总计不下 4697 项的原件于当年被借送往瑞典研究。"（Bookenkamp 即 Bökenkamp；"张2009"，第9页）读这段话，可获得与本处议题相关的三条信息。

第一是待运物品箱数。邢义田和张慕贞所录小有差异，根据邢义田的摘录，共计三十一箱（三位 B 的采集品二十九箱，其他两箱）；根据张慕贞的摘录，算来有三十四箱（三位 B 的采集品共二十七箱，其他七箱）。

至此不妨小结各人所记"箱数"：赫定"多箱"，沈仲章"三箱"（猜测或脱字或特指）；邢义田"三十一箱"，张慕贞"三十四箱"。到底多少箱？需仔细复核清单。

第二是待运物品件数。据张慕贞所录，"总计不下 4697 项"，数字已经精确到十位数了，其中非三位 B 采集的略多于半数，"合2460 余项"，个位数尚不明确。

第三是待运物品的类别数。与邢义田所录清单一样，也可分两大类：三位 B 的采集品和其他物品。

顺着这第三点，下一小节进一步讨论待运品分类。

内容分类：查勘队还是考察团采集

待运品是什么？应该说，就是沈仲章等人清点的物品。

据赫定报告，他申请运往瑞典的是"汽车远行途中考古采集品"（archaeological collections during the car-journey），也即 1933–1935 年汽车查勘过程中沿途采集之物。按常理思考，赫定应大致清楚待运品何时采集，但他本人不一定亲自看过、碰过具体物品。

　　据查看实物的父亲回忆，箱子里的内容是"赫定他们发掘到的一批古生物化石"，父亲还接着说，当时中国还没有能力研究这批标本。

　　顺便一提，父亲提到的"古生物化石"，大概是"标本"而非"文物"，而"采集品"可兼及二者。三词之差别以及具体物品非本文讨论重点，下面要探究的是待运品性质。而如何定义"性质"，又得根据不同的参照系数。

　　从赫定、沈仲章和其他人叙述的字里行间寻踪，从采集团队和时段来考虑，待运物品至少包含两大部分。取"A类"和"B类"为名，试作定义：采集A类的团队是查勘队，时段为1933－1935年最后一次出行。采集B类的团队是考察团，时段为以前几次远行，往窄里说，是指第二次考察，时段为1928－1933年。

　　扯开提一下，依赫定报告，1927－1935年间多次西行可以总括为"一次"，下分三段，这是根据赫定一生多次外出考察来说。本文关注的是中瑞合组"西北科学考察团"成立后，赫定率领的三次专门考察中国西北地区的远行：1927－1928年是第一次，1928－1933年是第二次，1933－1935年是第三次。也再说明一下，沈仲章这位干事所效力的理事会，领导中瑞合组的考察团。

　　回头再读赫定自言"汽车远行途中考古采集品"（见本小节第二段），似乎可被理解为A类。浏览学术论文与一般介绍，持此假定很普遍。但是，顺着上述第三点分析清单信息，可知A类并不是所有待运品，而只是一部分。

　　怎么知道的呢？查看沈仲章所制清单内采集者名字，核对赫定报告内远行团队名单。

　　邢义田和张慕贞对1935年清单的摘录描述，都提到了伯肯干普、贝克塞尔和鲍林的采集品。核对赫定所录1933－1935年查

Birger Bohlin（鲍林），约1932年；
©Sven Hedin Foundation/RSAS/
Museum of Ethnography.

勘队成员名单，这三位B都不在内（"Hedin with Bergman 1944"，第XI页）。再核对1928-1933年考察团成员名单，三位B都在内（"Hedin with Bergman 1943b"，第XI页）。德国团员伯肯干普的参与时段是1930-1933年，两位瑞典团员贝克塞尔和鲍林的参与时段都是1929-1933年。

把待运品分成两大类的第一步，就是假定三位B的采集品，都算考察团以前所获，不属于查勘队。以鲍林为例，他在1933年2月已经把大量采集品运回北平[38]。从清单上也可看出，在他名下有17箱之多（见"邢义田2009"摘引，第26页；也见本篇第三节转引）。

依采集者划分两个时段的麻烦在于另两位B，即伯肯干普和贝克塞尔。这两位B参加了赫定考察团的第二次考察，但没有随大队返回，一直留在西北地区。1933年10月22日，赫定带领新组

Manfred Bökenkamp（伯肯干普）和 Gerhard Bexell（贝克塞尔），约1933年；
©Sven Hedin Foundation/RSAS/Museum of Ethnography.

的查勘队，抵达了西北第一站。此时伯肯干普和贝克塞尔还在野外，踪迹不明。直到10月31日，查勘队员苏德邦才把他俩找了回来（"Hedin with Bergman 1944"，第2页和第4页；"Hedin1938"，第20-21页）。因此也可以说，1933-1935年查勘队的行期，在某种意义上和考察团第二次的行期（1928-1933），时间上有重叠。

但是即便行期重叠，按身份定义，伯肯干普和贝克塞尔都不是查勘队成员。

伯肯干普去新疆是受汉内肯夫人（Frau Hanneken）的委托，寻找其失踪的儿子（"Hedin with Bergman 1944"，第233页）。可是，据赫定另一本书，到了1934年，伯肯干普还和查勘队员苏德邦在一起，也就是说伯肯干普还在西北，不过，是"从事另一项工作"（on another mission）[39]。

贝克塞尔在1933年10月底被查勘队找到后，大概不久回了北平。1933-1935年成员名单里有贝克塞尔（"Hedin with Bergman

1944",第XI页),但注明贝克塞尔和那林待在北平,整理他们"前一次考察"(the previous expedition)所得地图和采集品。赫定还特意加注"与汽车查勘无关"(having no connection with the motor expedition)。名单里也注明,贝克塞尔的服务时段是1933—1934年。

总的说来,伯肯干普和贝克塞尔的名分不是查勘队野外工作人员,那么,他们名下的采集品,也不应属于查勘队。不过,名义上的事较难说清,如果能证明那些物品采集于查勘队抵达之前,问题会简单得多。

按理,无论考察团还是查勘队,都应严守科学考察规则,在第一时间如实记录标本采集情况。即使没注明采集时间,分析清单上"各件出土编号、品名、出土地点名称及包装情形"("邢义田2009",第26页),对照已出版的考察报告,推算日期也不该太难。比如赫定提到,贝格曼在Archaeological Researches in Sinkiang, especially the Loh-nor Region 一书里,对那一带出土物有详细的描述("Hedin1940",第154页)。

我担心还会有较易混淆之处,倘若伯肯干普和贝克塞尔在遇到查勘队后,继续采集标本,应该怎么算?但目前并不知有无这种情况,假如存在,会牵扯到若干复杂层面,需要仔细调查当年案卷。在发现有必要追究之前,且不必多虑。

相对来说,就眼前的资料,依采集者来划分采集团队与时段,该是比较简单干净的分类标准。那么,根据张慕贞摘录的部分清单,可在不下4697件物品中,分出差不多一半(2237件)不属于查勘队。

以上诸多笔墨,仅言分类第一步。若要进一步分类或验证,就得查阅清单里"各件出土编号、品名、出土地点名称及包装情形",再查看对比物品包装标记等[40]。

不过,本文以介绍当事人沈仲章回忆为主线,之所以对照其他资料略加评议，是为了尽量避免不慎误解口述，以致误传误导。至于在此花精力讨论分类，除了想寻找窗口窥视物品性质，还希望得到些启迪，以助解答上文中令我困惑的一些疑问。

比如，了解整批待运品至少含有两大类，即查勘队采集品（A类）和考察团采集品（B类），将有助于思考下列问题。

为什么对考察团外籍成员的采集品，最初理事会没有根据前约及共识，爽快地放行？我猜测，因为A类超出理事会职权范围。

为什么最终政府同意由理事会出面与赫定谈判并放行？我猜测：因为B类属于理事会职权范围，在无明确条文处理A类的情形下，允许理事会援引与赫定的先前协议。

为什么赫定和沈仲章对清点物品的人员、时间和地点，都有大小不等的差异？上文已有初步猜测，赫定所记清点范围可能较小。现可增添一条理由：赫定可能针对的只是查勘队采集品，只有两位外籍工作人员在场，而且一天内便完工；而父亲所言范围是整批待运物品，包括查勘队采集品（A类）和考察团采集品（B类），所以，父亲回忆有四位外籍工作人员，工作了几天。至于地点，也许清点A类的那一天，是在六国饭店，而清点其余物品在团城[41]。

不过，清点查勘队采集品的确切日期，是否如赫定所说，就在1935年3月25日？仍该对比理事会1935年3月25日会议记录，加以思考。

话再说回来，上述对分类的讨论，虽能帮助理解和猜测，然要依此而下结论则远远不够，仍待专攻者深入研究。特别需要强调的是，不管如何分类，有一条共同的重要性质不容置疑：这批物品主权都属于中国，瑞典只是借用。

既然从主权角度来定义性质，这批物品是瑞典"借用"，因此就该有归还期限，这正是下一大节的议题。

四、归还年限疑问

父亲有明确回忆，当年由几个中国学术团体联合，一起与赫定签订合同，允许这批标本运往瑞典，作为借用研究，年限是四年，期满保证归还中国，研究成果也交给中国一份。赫定没有说明具体年限，措辞是"在一定的时间内"（within a certain specified time）。

赫定在注释中说，封箱之后还有谈判，那批标本直到1937年才抵达瑞典（Only after further negotiations, and thanks to the good offices of our Minister, Baron BECKFRIIS, were the chests released. In 1937 they arrived in Sweden）。不记得父亲提过，还有继续谈判以至运期拖延。我估计，清点封箱后理事会就没事了，他这位干事不见得清楚其他部门之事。

那么，合同期限到底是从1935年清点封箱起算，还是以启程或离华为始，还是1937年物品抵达瑞典才计数？我不免好奇，在原始文件中，尤其是父亲起草的公函中，有没有相关考虑。

令人沮丧的是，张慕贞在介绍考察团宗卷中有"封面墨书'内赫定、那林书面担保送回古物函（附详细表册）'"之后，还有一句："又［图书馆员］原子笔书迹'查原函缺'4字。"（"张慕贞2006"，第9页）回头再看理事会第五和第六次常委会议记录，偏偏也只分别记作"一定年期内"和"一定年限内"，没有写明具体多少年（见"邢义田2009"，第25页；分别摘录于本篇第一节和第二节）。

有意思的是，目前似乎只有我父亲沈仲章一个人明确说了借用的具体期限。

但我相信，应该可以从别处找到有关年限的记录，首先想到的是寻找"赫定、那林书面担保送回古物函"复本，也建议搜寻其他文件。下举数例，提议搜索途径。

中国科学院文件：据张九辰说，该院办公厅档案处藏有《中科院接管西北科学考察团的有关文件》。1949年12月21日西北科学考察团宣告解散，文件物品皆由中国科学院接收[42]。据王新春说，考古所资料室和院办公室保存了"文物的清单"[43]。我存有一线希望，该清单也许与沈仲章1935年所制清单有关。我很想了解，该清单是否含有日期、主题、数量、签名、钤印以及相关物品内容的信息？是否附有照片、函件和其他资料？倘若略多一些介绍，便可比较"邢义田2009"和"张慕贞2006"对1935年清单的描述。

傅斯年档案：作为中央保护古物委员会的代表，傅斯年和董作宾列席了关键的常务理事会议，应该收到文件的复本。可寻查有无保护古物委员会存档或相关通信。

财经部卷宗：上文已引赫定所言，清点造册后，他们和中方人员举行了会议，会上审阅并批准了他们的保证，保证书连同清单一起送交财政部部长（sent to the Minister of Finance）。

瑞典资料库：众所周知，赫定基金会有计划地保存赫定领导的考察团物品材料，陆续研究出版。可向瑞典查询1935年合约留底，以及借用品的研究成果等。

早年私信公函：希望本文提出的问题，能在读者脑子里播下种子，有心者今后研究其他专题时，顺便留意相关资料。

话又得说回来，时隔八十年，不管该从1935年还是从1937年开始算，无论期限是四年还是多少年，其重要性相对似已"过期"。更令人关注的是，这批物品的归还情形如何？接收时有无核对原清单照片？如今归哪个机构保管？瑞典方面有何研究成果？报告是否都交给中国一份？研究所得对中国和世界的科研发展，有无促进与影响？父亲沈仲章等人为制作清单所费之力，到底是派上了用场还是白白浪费？父亲生前惦记着，我心中也牵挂着。

1944年，赫定解释，由于第二次世界大战的爆发，这批标本不可能被送回中国，直到他写书之日，还留在斯德哥尔摩（On account of the outbreak of the second world war it was impossible to send the collections back at the specified time, and they are still in Stockholm）。

1994年，林世田认为："斯文·赫定所借的文物由于二战爆发，至今未能归还中国。"（"林世田1994"，第41页）

2006年，张慕贞谈了感想："在那份赫定、那林担保西人团员采集品运出国外研究的清单中，其中有多少数目原件能在研究后璧归故土呢？相信是大家都有兴趣渴望知道的。"（"张慕贞2006"，第9页）

2006年，张九辰报告："中科院接管后经多方交涉，曾由瑞典运回两批采集品，现藏中国历史博物馆和中国社会科学院考古研究所。"（"张九辰2006"，第242页）可惜没有说明两批采集品何时运回，也未谈及我最关心的问题，即接收时有否核对1935年的放行清单。

2012年，王新春补充："余下的部分，如存放在远东古物博物馆的贝格曼在额济纳地区的史前考古搜集品，及其他的部分考古搜集品至今尚待收回。"（"王新春2012"，第130页）据该文注释，关于归还的信息来源是"张九辰2006"，因此王新春也没有交代接收时有否核对清单。从行文上读起来，"余下的部分"很容易被理解为属于1935年父亲清点的物品，但若细读，仍有歧义可能，尚无机会向作者讨教。

限于本文重点是分享父亲的亲身经历，归还问题容另行探究。

五、赫定临别鼓励

父亲回忆，为"这件事"（顺语境应指标本放行瑞典一事）在团城开过几次会，还常对我津津乐道"结束的那次"。赫定在会上发言，这次清点造册任务取得了圆满的成功，我们所有人的工作，都掌握在一个年轻人的手里，大家都围绕着他转，他是我们的指挥。为了感谢他的劳累和功绩，我提议送他去西山（West Hill）休养！话音一落，大家纷纷赞成。

可父亲沈仲章插嘴了：等等，我本人坚决反对！如果真要酬谢我的话，我提议派我去西部沙漠（western desert）考察！

一开始，大部分与会者都有点吃惊，但傅斯年和另一位代表（大概是董作宾）赞赏沈仲章，附议支持。最后大家当场表决，预定1939年考察团再次出行内蒙古、新疆，届时沈仲章将以秘书身份参加。父亲提过，决议好像写进了会议记录，希望有案可查[44]。

父亲没有说明是什么会议，也没说具体日期。假定是理事会会议，从上文转抄的两份记录看，赫定和沈仲章两人都参加了"第六次常务理事会"，即1935年3月25日在团城举行的那次（见本篇第二节）。又据"张慕贞2006"（第9页）："油印'中国学术团体协会西北科学考察团会议录·第二至第六次全体理事大会记录'10张……其中第六次为民国二十四年（1935）3月25日，是次宣布议决赫定、那林担保西人团员采集品运出国外研究，而赫定、那林亦列席该会议。"

仅据上述介绍，似乎在香港大学保存的考察团卷宗里，只有1935年3月25日那"第六次"，记录了赫定"列席该会议"。赫定也提到采集品放行前的一次会议，"我们和中方人员举行了会议，会上审阅并批准了我们的保证"。赫定说的会议，听来很可能是3月25日的那次，父亲说的那次会议也可能是同一次，但都不能确定。

另一个猜测是合同签订那天，即3月27日也开了会，尚需文献佐证。也可能父亲所言"结束的那次"更往后。希望哪天能在某份会议记录里，找到有关沈仲章将加盟1939年外出考察的决议。

最后，提一下父亲与赫定私人交往一事。

赫定离开中国前，送了父亲沈仲章三本英文和瑞典文对照的书。赫定对这位年轻人说，什么时候你想到瑞典来留学或做研究，请来找我。

父亲觉得，虽然瑞典偏僻了点儿，但他接触过的瑞典人都不歧视中国人，曾认真考虑去那里进修。他买了词典，开始自习瑞典文。但后来因抗日战火弥漫，父亲为了救护居延汉简，颠簸多年顾不了自己，人生轨迹就此改变。

综上所述，1935年采集品放行瑞典一事，赫定和沈仲章都是当事人，各有知与不知。赫定勤于记笔记，很多地方我倾向以他的记录为准。父亲记忆力超常，分析他的回忆和一些原始文件，合乎情理、逻辑，可从多个角度补充赫定不清楚或者未记录的细节和内幕，可供治史者参考。

本文以介绍沈仲章口述资料为主，对比目前笔者可涉及的其他资料，不急于下结论；同时也指出存疑之处，提供线索和初步想法，提出猜想和分析，并略议值得思考之题。

通过一段时间的努力，以及与多位学者的讨论，我感觉，进一步研究这一案例，也许有助于了解早期中外考古合作政策与模式，以及相关方面的历史。盼有志者共同努力，深入探讨。

【补记】与赫定基金会交流

本文初稿完成后，我与斯文·赫定基金会（the Sven Hedin

Foundation）取得了联系。

基金会的 Håkan Wahlquist（魏浩康，一译伍贺庚）先生认为这段历史很重要，应该弄清每一处细节。为此，他与我、史语所以及几位瑞典专家都有反复交流。现征得 Wahlquist 先生同意，摘录和概述他电邮中的一些相关段落。援引采取两种形式：有的摘录整句或整段原文，加括号附中文大意；有的用中文概述，个别关键词加括号附原文词语。

在2016年8月4日给我的电邮中，Wahlquist 写道："As you say the relationship between your father and Sven Hedin constitutes a gap in our knowledge about the Sino−Swedish Expedition, and together we should hopefully fill it with whatever material there is in our archives."（大意："如你所述，令尊与斯文·赫定的关系是我们对中瑞考察团了解的一处空白。希望我们一起用我们档案中拥有的资料来填补这一空白。"）

更早些的2016年7月25日电邮中，Wahlquist 表示，对交流有关沈仲章在中瑞西北考察团的作用，还有考古采集品运往瑞典时的具体情况极感兴趣；并告诉我，那批采集品在20世纪50年代初期已经归还中国，现藏于北京的中国国家博物馆。基金会存有装箱清单，希望能与我父亲保存的史料对比。

在2016年9月16日电邮中，为纠正某些误解误传，Wahlquist 告诉我："I have seen some of the objects myself. They were exhibited in the old exhibitions, before the museum was rebuilt. And I know another scholar who has seen them as well! Some years ago, in addition, the Director of the National Museum visited Stockholm together with a small team. When I met him we discussed this issue – I am always eager to remind my Chinese colleagues that **Sven Hedin and his men actually did abide by the agreement signed**. He was not informed about the details but told me that the museum would show the collections to me if I were to visit Beijing."（大意："在博物馆重修之前，我自己见到一些原有陈列展示了部分归还品。我认识的另一位学者也见到了那些物品！此外，多年以前，[中国]国家博物馆的馆长带领一个小型代表团，访问过斯德哥尔摩。当我与他会见讨论这个问题时——我总是急于提醒我的中国同行，**斯文·赫定及其团队确实遵守了签订的合约**。他并不了解细节，但告诉我如果我去北京，该博物馆会给我看那些物品。"）[按：未能核证这位 director 的具体职称，暂按对应词常例译为"馆长"。]

上摘原文和译文中的粗体都为笔者所加。我特别关注的是"the agreement signed"（签订的合约），因为那是本文正文中关键议题之一。

同一电邮中，Wahlquist 还透露一条极有意思的信息："I know that one consignment was never sent, because the Chinese informed the Ethnographic Museum that they were not interested in its return."（"我知道有一批货物从未发运，因为中国方面通知[瑞典]民族博物馆，他们对归还不感兴趣。"）

稍后，在 2016 年 9 月 22 日电邮中，Wahlquist 提及一些相应信息，比如："Sven Hedin died in 1952. Dr. Gösta Montell was in charge of repatriating the collections, which took place in a number of consignments the years afterwards."（大意："斯文·赫定于 1952 年去世。Gösta Montell 博士接手负责归还采集品，在后来的几年，分成几批货物发运。"）Wahlquist 回忆，在 1992 年，他亲眼见到有些归还品陈列在中国的一个博物馆，即现在的国家博物馆（the National Museum）。

Wahlquist 继续说："I still think that further clarification is very much needed. Let's work together."（大意："我仍然认为进一步澄清是必须的。让我们共同努力。"）他告知，瑞典方面保存了运回中国的物品清单，并表示他计划扫描，等等。

Wahlquist 先生的认真，令我感动。但我明白，他写电邮时正在国外，归国后又一直很忙，这些任务还得一件件排上日程。我也了解，史语所的邢义田先生也在致力于此，并已邀请香港大学协助。简言之，各方的追踪调查正在深入。

回到Wahlquist 2016年9月22日的电邮，他原建议我推迟本文的发表，说："It will be an interesting and important article, thus it should in every detail be correct."（大意："这将是一篇有意义而且重要的文章，因此应该细节处处正确。"）

很惭愧，眼下离"细节处处正确"还差得很远。

我揣测，《古今论衡》编辑部决定先行刊登，是以拙文这块砖，来引博学专攻者之玉。编辑部、Wahlquist和我的目标一致，希望通过合作探讨，尽可能弄清楚这段历史的各方面细节。我相信，除了发掘当年文献和转述早年当事人回忆，记录其后相关的亲见、亲闻、亲历以及各阶段的追踪过程等，也都是朝着这一方向的。

补记之补：以上为2017年原文刊发时的"后记"。各类交流尚在继续，本篇正文有所改进。再次抛砖，以引更多博学专攻者之玉。

【注释】

[1] 赫定生于1865年，二十岁时（1885年）第一次出国旅行，途中踏入中国国境。赫定七十岁时（1935年）离开中国，再也没有重访，十七年后（1952年）去世。粗粗统计，赫定进出中国近十次（正在请瑞典专家核证）。

[2] 父亲原话常用"标本"，估计根据他查看实物的印象。为便于对照赫定著述英译用词"collection"，以下多用其通行汉译"采集品"。

[3] 刘半农为常务理事，主管考察团日常事务，时任北大教授，兼任北大文科研究所语言音律研究室主任等职。胡适为常务理事，时任北大文学院院长等职，下文转引材料有时用其字"适之"。傅斯年为理事，时任"中央研究院"历史语言研究所所长等职，下文转引材料有时用其字"孟真"。徐

森玉为常务理事，时任故宫博物院古物馆馆长等职，下文转引材料有时用其原名"鸿宝"。袁复礼为常务理事，时任清华大学教授、考察团中方代理团长等职，下文转引材料有时用其字"希渊"。这几位兼职都很多，本注仅列理事会职务，并略提当年主要任职。关于沈仲章与上述几位的交往，参见本书《与刘半农》两篇、《与徐森玉》和《与金克木（甲）》等篇，还有未辑入本书的拙作《沈仲章回忆胡适点点滴滴》（简称"沈亚明2016b"，载《东方早报》2016年1月3日《上海书评》）和《沈仲章与居延汉简在北平》（简称"沈亚明2015e"，载《古今论衡》第28期，2015年，第89—101页）等文。

[4]"绥"指当时的绥远省，现属内蒙古自治区；"新"指新疆。

[5] 林世田《斯文·赫定与绥新公路勘察队》（简称"林世田1994"），《北京图书馆馆刊》1994年第3/4期，第41页。"文物"不同于"标本"，参见下文第三节。又，"交贝格曼带回瑞典"的说法可商榷，参见下文注释[7]。

[6] 本篇引赫定对此事之叙述，若不另加注，皆源自Hedin, Sven, in colabration with Folke Bergman, History of the Expedition in Asia 1927—1935: Reports from the Scientific Expedition to the North—Western Provinces of China under the Leadership of Dr. Sven Hedin—The Sino Swedish Expeditio,Part III (1933—1935), Publication 25, Stockholm, Elanders Boktryckeri Aktiebolag Goteborg, 1944（简称"Hedin with Bergman 1944"），第307—308页。下文凡摘引同二页，不再标注书名页码。一般来说，若非逐词翻译，不加引号，但尽可能附英文原文备查。凡摘引同书别处，注简称并标页码。摘引赫定其他著作，则另行标注。

[7] 贝格曼参与了查勘队前期工作（1933—1934），1934年8月携带随身行李先回瑞典。顺便指出，上摘"林世田1994"写道："赫定在北平期间，还要求……交贝格曼带回瑞典。"查两位当事人（赫定与贝格曼）发表的记录，赫定1935年春才抵达北平，贝格曼1934夏已回瑞典（"Hedin with Bergman 1944"，第XI页和第221—222页）。"赫定在北平期间"，需再思时序，或提供佐证。

[8] 罗桂环在《20世纪30年代的绥新公路查勘队》（简称"罗桂环2008"，《中国科技史杂志》2008年第3期，第228-240页）一文中，提到一个"中央古物保管委员会"（第235页）。不知是否就是赫定说的"中央委员会"。另，罗桂环和林世田都有"政府"同意借用的措辞。这使我猜想，也许赫定说的"中央委员会"是指更高的政界决策机构。

[9] 赫定还提到，理事会将此案上交南京时，附有一份详细的备忘录（a detailed memorandum）。这份备忘录有待探究，亦录此备忘。

[10] 引号内措辞摘自1985年父亲口述笔录，未经口述者核审。一般来说，拙文综合多次亲闻，参考笔录，取概述转述形式，慎用引号。本篇分析口述用词，特殊处理，而且，我对"被那些衙门的小官僚断然拒绝"这句话，记忆相当清晰，有把握加引号。句中表复数的"些"是指"衙门"还是"官僚"，有歧义，可参考下文"那些人"，但仍不排除"那些衙门"中的"那些人"。

[11] 这里基本是父亲原话。父亲多次言及考察团早期协定，但并未细说具体条文。可参见下文第二个猜测以及相应注释。

[12] 有些关于考察团的论著，偏重记述短期外出考察，故有考察团非长期学术组织的说法（大意）。考察团"非临时"之议有根据，但超出本文讨论范围。

[13] 比如观察记录气象变化的刘衍淮和马叶谦等。

[14] 父亲的干事职位，性质属于"永久雇员"。关于宿舍，上条注言及的刘衍淮回北平暂无居处，也曾借住于考察团大院，沈仲章还助其整理气象数据。"仓库"亦有助思考待运物品分类（参见下文讨论）。另，"沈亚明2015e"叙及考察团北平大本营，也可参见本书《与金克木》数篇。

[15] 参见李学通《中瑞西北科学考察团组建中的争议》（简称"李学通2004"）附录，《中国科技史料》总第25卷第2期，2004年，第95-105页。

[16] 依我个人经验，有时某些共识或细则不宜写入合同条约，各方仍会遵循文明道德，尊重商谈过程中的口头或笔记性质的协议。当年是否存在

类似通则，尚待研究。

[17] 参见"罗桂环2008"第234页："在罗布泊考察的时候，赫定没有严格遵循教育部的规定，进行了一些考古工作。"

[18] 转引自邢义田《香港大学冯平山图书馆藏居延汉简整理文件调查记》（简称"邢义田2009"），《古今论衡》第20期，2009年，第19—60页。

[19] 辨析双方角色有助解读，此处举例略释，他处讨论不一定点明。

[20] 听父亲口气是双方平等，可能有关父亲心态。其实，父亲与赫定所述并无大矛盾，许多关键任务如制作清单等，确由中方操作（详见下文）。进一步思考现场工作程序，我推测，开箱、解包装、取物以及复原等步骤，当由采集方即请运方动手；而放行方也即清方的责任是逐一查看、核对并登记备案。

[21] 对赫定是否出场，下文还将议及。

[22] 见 Hedin, Sven, in colabration with Folke Bergman, History of the Expedition in Asia 1927—1935: Reports from the Scientific Expedition to the North-Western Provinces of China under the Leadership of Dr. Seven Hedin-The Sino Swedish Expeditio,Part I（1927—1928），Publication 23（Stockholm：Elanders Boktryckeri Aktiebolag Goteborg, 1943；简称"Hedin with Bergman 1943a"），第XXIII页。也见 Hedin, Sven, in colabration with Folke Bergman, History of the Expedition in Asia 1927—1935: Reports from the Scientific Expedition to the North-Western Provinces of China under the Leadership of Dr. Seven Hedin-The Sino Swedish Expeditio,Part II（1928—1933），Publication 24（Stockholm：Elanders Boktryckeri Aktiebolag Goteborg, 1943；简称"Hedin with Bergman 1943b"），第XI页。

[23] 见下文对伯肯干普采集标本时段的讨论。又，Boekenkamp与Bökenkamp的拼法有小差异，估计因打字机功能局限所致。

[24] 原文刊发后继续思考，推测不少情况赫定是根据汇报。他是考察团瑞方团长，代表外方人员撰写报告，不一定处处注明哪条信息据哪人汇报。

[25] 周殿福加盟考察团及配合沈仲章一例，见本书《与金克木（甲）》。知者较广的另一例周助沈，便是1937年夏从北大文科研究所抢救出居延汉简；还有1934年同去塞外考查，参见本书《与刘半农》两篇。

[26] 顺便一提，这个细节可补充其他拙文中有关沈仲章所知外语之题。

[27] 根据地图计算，并请教了北京居民，从静心斋步行到团城约需20分钟，而从北海到东交民巷则需一个多小时。20世纪30年代的北平，人力车是主要交通工具。

[28] 我记事之初，父亲已步入晚年。他有时还会即兴分析一些欧洲语言中的拉丁文词根，对我讲解这些，主要由英文引起。相对来说，引发父亲讲解古希腊文的触因，要比拉丁文少得多（偶然有机会提及梵文，没怎么分析）。

[29] 见张慕贞《居延汉简整理文件》（简称"张慕贞2006"），载 Focus, The University of Hong Kong Libraries, New Series，Vol. 5, No. 4, 2006，第8–9页。

[30] 参见"沈亚明2015e"，也见沈仲章口述、霍伟记录、胡绣枫整理《抢救居延汉简历险记》（简称"沈、霍、胡1986"），载《文物天地》1986年第4期，第33–37页。另可参见张德芳《烽火中的居延汉简》（简称"张德芳2015"），载《人民日报》2015年9月17日24版。顺便一提，"沈、霍、胡1986"基于20世纪80年代初期陈洪进主导的采访，但发表前父亲未及审阅，有些差误。外间大都以为对沈仲章护简过程已刊"详尽"之文，其实不然，未及公布之处尚多。许地山公子周苓仲转回一份许夫人周俟松保存的采访笔录稿，我正在补释。

[31] 香港沦陷前，马鉴是香港大学文学院教授，根据约定，情况紧急时，马鉴有权开启沈仲章储藏物品的柜子，代沈仲章做必要处理；其他人没有钥匙，"碰"不到那些材料。战后据马鉴说，他听闻或瞥见某些物品流入市场。

[32] "张慕贞2006"写道："据附入的便条及馆方登记册所志，此资料乃由馆员容遒昌先生及梁超文先生于1950年3月27日呈报馆长 Mrs. Ring 知悉，

以后一直珍藏至1973年9月才作编目入馆。"20世纪五六十年代，父亲在郑振铎设置的一个宴席上，巧遇原香港大学冯平山图书馆的陈君葆。父亲向陈询问这批材料，陈不清楚。

[33] 拟与香港大学联系，希望能见到图像较清晰的照片，以进一步细辨。

[34] 细看照片，傅斯年也盖了印。而"袁同礼"（T.L.Yuan）应为"袁复礼"（P.L.Yuan）。要证明这一点，比较简单直接的依据，可查赫定考察报告中的人名索引。在"Hedin with Bergman 1944"第322页上，P.L.Yuan/Yuan P.L.和Fu-li Yuan/Yuan Fu-li列为同一人，即袁复礼。

[35] 上文论及，清单上的Boekenkamp（伯肯干普）是德国人。此处"瑞典团员"似取广义，把"中瑞西北科学考察团"中的非中方外籍成员都归为"瑞"方。可以参考的是当年理事会第五次常务理事会议议事录，用词也是"瑞典团员"，见"邢义田2009"第25页，本篇第一大节已摘录。

[36] 贝克塞尔拼法一作Bexel（仅含单个"l"）。此处依"邢义田2009"抄录清单取Bexell。查"Hedin with Bergman 1944"第XI页团员名单，也作Bexell。已向 Sven Hedin Foundation 核证，贝克塞尔本人拼写姓氏也用两个"l"，即Bexell。

[37] 本篇原文仅考虑我过去所遇吴语实例，因而列序如此："从语言学（如连读变调）角度推测，原话可能性程度依次为：三十箱〉三十几（多）箱〉三十一箱。"最近我自己误听"八十一"为"八"，再思而悟：可能性顺序应根据不同语言（方言）的不同规律而排列，切忌一概而论。我不讳言，不太从事采集语料工作之人预览这段，大都认为不可能脱漏两个"字"。我仍保留猜测，然尚待寻找录音复核。

[38] 参见Hedin, Sven. The Silk Road（London & New York: Tauris Parke paperback,2009）；First published in English in 1938 by Macmillan and Co. Ltd.（简称"Hedin1938"），第2页。

[39] 参见Hedin, Seven, The Wondering Lake: into the Heart of Asia（London & New York: Tauris Parke paperback，2009）；First published in English in 1940

by George Routledge & Sons, Ltd. (简称"Hedin1940"),第167页。

[40] 根据瑞典方面认真严谨的传统估计,即便重新包装,也当留有记录。

[41] 还有其他信息,比如第一节言及考察团大本营的"仓库",也许可以支持这条猜测,即A类与B类物品的存放地点不同,清点场所也不同。

[42] 张九辰《中国科学院接收"中国西北科学考查团"的经过》(简称"张九辰2006"),载《中国科技史杂志》2006第3期,第241页。望博识者点拨,如何可以查阅中科院接管西北科学考察团的有关文件。另,考察团于1949年底才"宣告解散",也说明该团不是一个临时性组织(参见本篇前部讨论)。

[43] 王新春《中国西北科学考查团考古学史研究》(简称"王新春2012"),兰州大学硕士论文,2012年,第130页。顺便提一下,本文初稿完成后才借到"王新春2012",未及细看全篇论文。该文作者有途径接触档案,也许能对本文内某些疑问提供线索或答案。但我认为,沈仲章这位直接经手人掌握的"幕后"和现场情况,当可补充文献记载。

[44] 徐森玉幼公子文堪预览初稿,言对此事曾有耳闻。本篇承Håkan Wahlquist(魏浩康)、徐文堪、邢义田、张慕贞、罗桂环、石汝杰、陈体仁、徐维源、房建昌、耦园、Jan Romgard和Göran Malmqvist(马悦然)等通过多种方式鼓励、帮助,在此一并致谢。

附篇　沈仲章生平纪略

林友仁、刘立新撰　沈亚明按

他一生好交朋友，却从来不说自己的事。

——金克木

【按者小引】

《沈仲章生平纪略》原载《音乐艺术》1987年第2期。作者林友仁和刘立新在后记有言："留待知情者和有识之士来补正。"承林、刘之女林晨惠寄可编辑文稿，谨在此怀着对两位作者的感激和钦佩，以加按语的简注方式，分享相关情况，纪念父亲沈仲章和此文作者林友仁、刘立新以及文内言及的诸先辈。

每条按语皆省去"据我所知"或相类词语，特在此总说。林友仁和刘立新于文末解释，成文匆促，恐有错误，并"真诚地希望沈先生的亲属"有相应努力。现遵两位作者之愿，补充信息。林、刘此文写于1987年，资料来源多。当时众多前辈亲历者和知情者健在，录下他们的记忆，很是珍贵。两位作者也与沈仲章多有直接交往，我懂事不久，即见林友仁先生来我家参加古琴活动，用我的小书桌当琴桌。我也可算知情较多之人，年幼时常听父亲忆旧，尤其集中于1966-1973年，几近每天；年长后又请父亲系统口述生平，于1985年3-10月每周半天，留有笔录。现愿从女儿角度，叙我所知，以供参考。

另有两点也在此总说，以下不注。其一，凡疑笔误或排版之误，我先核对知网所存电子版刊发稿。若可依刊发稿订正，不另注。若刊发稿与本稿一致，则不擅改，仅加按备考。其二，林、刘两位特别提到，可能"沈先生某些活动的年代不准确"，故而按语偏重核查时序。文内所记事件，我也大都有所知。顺序名称对应等稍有参差，这是口述史常见的现象，谨加按录我留存的信息供参考。而前修未密以促续探，也是研究必经之途。同理，我的按语也写得匆促，亟盼指正。

我国老一辈民族音乐家，中国音乐家协会会员、中国音协上海分会会员、前中央音乐学院民族音乐研究所通讯研究员、上海音乐学院音乐研究所特约研究员、上海市文物管理委员会通信编纂、今虞琴社顾问（前副社长）、上海中国管弦乐团顾问、中国制笔协会顾问、上海冠龙照相器材商店退休职工沈仲章先生，于1987年3月19日凌晨5时15分，与世长辞了。[亚明按：我在美国听闻父亲病危，即购机票欲返。校内学生旅行社出了个差错，我到了距住地数小时车程的国际机场，却无法登机。彼时中美航班少，重新买票耽搁几日，抵沪已迟。兄嫂告诉我，父亲临终时哀哀叹息："亚明我是看不到了。"]

关于沈仲章先生其人，直至1986年1月25日《团结报》刊载了题为《抢救"居延汉简"历险记》的沈仲章的自述，披露了他保护、抢救举世闻名的国宝——"居延汉简"的详细经过，才引起社会的震动。随后，《人民日报（海外版）》《新民晚报》《文物天地》等八种报刊竞相转载。然而，对这位博学多才的学者无私

沈仲章先生

（1905—1987）

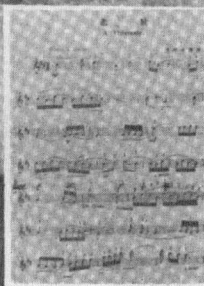

1. 1958年文化部长沈雁冰亲笔签署的褒奖状
2. 《艺苑报英》所载**沈**仲章捐献的米蒂真迹局部
3. 1986年1月《团结报》发表的《抢救"居延汉简"历险记》
4. 沈仲章(右)与查阜西合影
5. 1939年沈仲章在香港(右第二人)
6. 1952年沈仲章(右)与蒋风之合影
7. 《刘天华先生纪念册》刊载的《悲歌》沈仲章译谱
8. 沈仲章为国画家江南萍的古琴演奏录音

音乐艺术1987年第2期《音乐艺术》扉页；林少宫生前保存纸质本，林子美提供。

更正：沈仲章生卒年当为1905–1987；

补充：第5图正面左一许地山，左二弗朗士（宋庆龄友人，据说阵亡于香港保卫战，正在核查），左三幼童周苓仲，左四沈仲章；香港，1939年。

奉献的一生，却鲜为人知。他的业绩，他为我们的民族和人民所作的巨大贡献，实已熔铸于我们宏伟的事业之中。[亚明按:《抢救"居延汉简"历险记》基于某份沈仲章口述待整理笔录，由接手整理者做主投稿，未及请口述者核审。见报后，父亲即嘱我代笔列勘正表，递交有关人员。我出国前，仅读到《团结报》和《人民日报（海外版）》刊载版本，印象是虽有些差误，且尚余不少未叙，但已写情节基本不差。林、刘二作者在篇首引金克木语，沈仲章"不说自己的事"。倘若依父亲一贯性情，很可能他不会对外公布这段独特经历，而这段护简历史便难知其详。因此，当年主持采访沈仲章的陈洪进、笔录整理者霍伟等、最后整理成文并果断投稿者胡绣枫和首发及转载的几家报刊，是为"民族和人民"积了大功德。]

今天，我们怀着崇敬的心情，抱着诚实的态度，根据沈仲章先生家属及在沪生前友好的追忆，参照萧伯青《忆刘天华先生补》、刘复《刘天华先生纪念册》、《北京大学校史》、刘育和《刘天华二胡曲集》等有关资料，极其粗略地呈述沈仲章先生的生平。"留死者之精神，动后人之怀想"，这不仅是我们和所有与沈先生相识的人的共同愿望，也是我们对历史应承担的责任。[亚明按:两位作者通篇表露的意向和见解，如此处"愿望""责任"等语，令我钦佩，让我惭愧。更叹我思歉年久，行动滞后，是以急起追之效之。]

才华横溢的学生时代

沈仲章，曾用名锡馨，笔名亚贡、亚工，1904年7月13日生于苏州，祖籍浙江吴兴。[亚明按:据父亲本人所说和户口簿记载，生年应是1905年。这一年之差，猜测源自有的亲友根据虚岁

沈仲章约八十岁肖像，1985年左右，可能是沈亚宁摄。
按：我兄长沈亚宁从事音像工作，尤爱摄影艺术，本图风格像其作品。父亲很少为自己印放大幅人像，这张遗影尺寸约8x10寸，当为父亲生前喜爱之照。

寿数倒推。父亲笔名之一Argon，友人分别写作亚贡、亚工等。]

　　沈先生因家境贫寒，刚读到小学五年级（13岁）便中途辍学。为谋生活，他即离家来到上海英商开办的祥泰木行所属的小木行当学徒。由于他聪明机灵，被老板选到总行的写字间印刷信件，学习英文打字。沈先生天性好学，他经常从字纸篓里翻出英文信件阅读，久而久之，他的英文大有长进。人们不会想到，沈先生那样精通英文，竟是从字纸篓里练得的基本功。少年时代的沈先生非常喜爱音乐，学徒期间，他利用业余时间自学了二胡和乐理。[亚明按：13岁为虚岁，实足11岁半。父亲少年无师自通会一点儿二胡，初学乐理大概是在唐山大学。]

　　1923年，他抱着实业救国的思想，试着去投考唐山交通大学。唐山交大，在国内向以难考著称，它是各地著名中学的高才生竞争最激烈的一所大学。像沈先生这样一个没念过一天中学的学生，照例连报名的资格都没有。而当他向一位担任招生的外籍教授，谎称读过某所有名的函授学校时，外国教授为他一口流利标准的英语所折服，于是顺利通过报名一关。唐山交大的入学试题，主要偏重于考生智力的测验。沈先生终以过人的聪颖才智，被唐山交大土木工程系录取。入学的第一年，由于沈先生的刻苦学习，成绩从不及格到及格，后又跃至前茅。[亚明按：该校校名历经变更，父亲在校时为（交通部属下）唐山大学。报考时所遇是中国教授，但以英语交谈。]

　　1926年，他因参与、组织该校学潮，要求校方驱逐态度蛮横的外籍教授而被开除。随后，学校当局念他成绩优异将他召回。但同时参加学潮的学友既被除名，他也就不愿单独返校。当年，他考取了北京大学物理系。当时，北大校长蔡元培先生倡导的"思想自由""兼蓄包容"的学风，允许学生自由转系，跨系听课，这与沈先生的天性非常合拍。在这个广阔自由的知识天地里，他如饥似渴地吸吮着各门学科的养料，充分施展了他的天赋才智。1926年至1933年间，他入物理系，转哲学系毕业，又转经济系肄业。1932年，他同时考取北平大学艺术学院音乐系，至1934年肄业。在北大，他的学习广泛涉及数、理、文、史、哲、外语、宗教、音乐、戏剧、语言等学科。他曾从徐志摩学诗，从陈寅恪等学历史。他学了法国文学，就参加法国戏剧的排练。他曾和张瑞芳等在天桥同台演出，还曾和邵乃偲等演出《茶花女》，在剧中饰亚芒。他学过佛学，能熟练地掌握梵文，曾应德国人之邀，将复杂的梵文佛经译成德文。他精通英语、法语，通晓意语、世界语、拉丁文、阿拉伯、印尼、马来西亚等十多种语言文字。沈先生以博学多才、资质聪慧、热情潇洒，成为当时北大十分引人注目的学生。[亚明按：毕业与肄业的实际年份大致不差。但父亲曾通知校方，他尚未修党义、军训等规定课程，不能算毕业，故不详最后如何录档。《茶花女》剧中，父亲的保留角色是亚芒之父。张瑞芳初登台时，沈仲章已转向编导，也许未曾同台演出。但父亲与张的第一个男友相熟，参与排演辅导过张瑞芳。父亲不曾对我说，他熟练地掌握梵文。父亲跟随钢和泰学习梵文，除了课堂还入室授受。钢和泰曾推荐沈仲章协助德国学者翻译佛经。]

在北大学习期间，沈先生并没有放弃对二胡的练习，从他西斋宿舍的窗口，经常传出富有江南风味的琴声。他拉的《梅花三弄》韵味很浓。他根据刘天华的乐谱自己处理的《病中吟》，也别具特色。当刘天华先生得知这样一位自学二胡的青年时，大为惊叹。在当时国乐处于口传心授的情况下，竟有人未经亲授而能拉《病中吟》，实在不可想象。通过刘天华的学生萧伯青的引见，沈先生认识了刘天华先生，他们一见如故，十分融洽，从此，沈先生成为刘天华先生的正式学生。[亚明按：见师前读谱自学《月夜》，拜师后刘天华细讲亲授《病中吟》。]

1927年，北大音乐传习所被迫停办后，虽经师生多次斗争，但传习所终究未能恢复。1930年，由萧伯青、沈仲章等人发起，正式组织了"北大音乐学会"。校方腾出十余间原校医室作为会址，每月拨300元作活动经费（假期除外）。音乐学会聘请刘天华、杨仲子、张友鹤、赵丽莲等名师任教。"北大音乐学会"，虽然是学生业余社团，但实际上它承担了前北大音乐传习所音乐教育的任务。这时，沈先生一面向诸城派琴家张友鹤学习古琴，一面继续向刘天华先生学习二胡。沈先生视奏很快，音乐理解力很强，所以每当刘天华创作了新曲（如《烛影摇红》等），总是首先让沈先生试奏，以检验沈先生的理解是否符合原来创作意图。沈先生成了刘天华最得意的学生之一。当刘天华先生教完了自己的二胡曲后，沈先生的二胡已具相当水平，于是建议随他学习小提琴。1931年，萧伯青毕业离开北大，沈先生便担负起"北大音乐学会"的主要组织工作。[亚明按：父亲曾说，北大音乐学会沿用原音乐传习所旧址。不过，该学会历时近十年，其间可能搬迁。]

1923年，刘天华先生突患重病去世，沈先生因失去一位良师益友而悲痛欲绝："提琴甭提了！二胡拉倒了！"[亚明按：当为1932年，想是排版之误。]

对中国民族音乐有杰出贡献的作曲家、二胡演奏家、音乐教育家刘天华先生的早夭，给当时的文化艺术界震动很大，人们痛惜这位大师过早地离开人世。"为留死者之精神，动后人之怀想"，由刘半农、杨仲子、曹安和等人组成

沈仲章用过的二胡；沈辰元摄。

编委、筹资、编辑、出版《刘天华先生纪念册》，其中陈振铎和沈仲章对整理刘天华遗稿、校对英译稿等出力最多。纪念册中，收录了沈先生记录的《悲歌》演奏谱（注有弓法、指法的五线谱）。这份谱子，便是现存的两种《悲歌》谱本之一。

刘天华先生逝世之后，北平艺术学院音乐系邀请沈先生去顶替刘天华先生的二胡教席，但他留恋自由自在的学生生活，竟出人意外地考取了北平艺术学院音乐系的声乐专业，以此推托了聘教的邀请。沈先生具有良好的男高音的嗓音，音域宽，穿透力强，深得意大利籍女声乐教师的欣赏。他学习美声唱法进步很快，在和刘海皋等人演出的四重唱中担任男高音，并获得好评。沈先生很得意自己的声乐才能，以至在他工作以后，仍不忘练声。[亚明按：父亲在艺专学习声乐，也进修导演、编剧以及音乐学等。不清楚校方档案所录他考的是什么专业，但案卷常不易记录沈仲

悲　歌

A Threnody.

沈仲章譯譜

15

刘天华《悲歌》五线谱首页，标注"沈仲章译谱"；Silvia Winder（文西燕）协助取得电子版。

按：原载《刘天华先生纪念册》，刘复主编，北平图书馆，1933 年；沈仲章为主要编写人员。

章的实际情况。刘海皋为刘诗昆之父，末字我不确定，亦不详此名通行范围。父亲与朋友常另约称呼，不同于外间通用名。]

1935年6月，为纪念刘天华逝世三周年，刘北茂和刘天华的得意弟子陈振铎、沈仲章、蒋风之等人在北京协和礼堂举行《刘天华作品音乐会》。沈先生为这场音乐会精心编写了说明书，并演奏了他最有心得的刘天华的二胡曲。从此，他不再演奏二胡了。[亚明按：刘北茂是刘天华的胞弟，和我父亲沈仲章是朋友。]

沈先生曾经刘天华先生的推荐，向我国著名语言学家刘半农先生（刘天华的胞兄）学习现代语言学。他灵敏的听觉和准确的语言模仿力，深得刘半农先生的赏识，以至当刘先生和沈先生在方言发音不同时，刘先生便会怀疑起自己而重新发音。

1934年，沈仲章先生终于结束了如万花筒般绚丽多彩的学生生活，踏上了人生新的旅途。[亚明按：也许是1933年。我多次替父亲填写履历表等，凡对他先到位做职内事，后被"追任"的职务，父亲一般取偏后、当已"正名"的年份。对这处讨论，我记忆相当清晰：父亲大概在1933年已由学转教，但他说宁可算晚一点，"就写1934年"。]

抛名弃利，创业建功

沈先生自北大毕业后，即担任了北大文科研究所语音乐律实验室助教，作刘半农先生的助手；同时又在世界著名语言学家赵元任先生指导下深造，成为我国早期从事实验语音学研究的学者之一，为我国第一个实验语音研究室的建立和发展做了奠基性的工作。

沈先生对方言、语言的研究，是采用实地调查的方法。他曾到广东汕头等地，和渔民一起出海，共同劳动，在生活中用蜡筒录音把谈话记录下来，然后带回实验室进行分析研究。由于沈先生语言的天赋，在和乡民接触中常被误认为是方圆几十里内的老乡。

沈先生在一次偶然的旅游途中，在河南巩县遇见了正在进行古乐器考察的刘半农先生，因他的听觉特别好，刘先生便邀他一起工作。这样，他就跟随刘先生又学起考古了。后经刘先生的推荐，兼任了由中外学者联合组成的中国西北科学考察团理事会干事，具体担任秘书及译述的工作。当时，有些外国学者想将"居延汉简"带到国外去研究，沈先生和中国的学者一起，根据中国的法律，运用熟练的英语，同外国学者据理力争，维护了"居延汉简"等珍贵文物的主权。[亚明按：父亲在该团任职分两阶段：先以秘书兼翻译身份参与谈判，实际上直接出场辩论；后受聘为理事会干事，操办一应日常事务，亦含秘书、翻译之责，并肩负长期学术项目的任务，如译述斯文·赫定专著等。]

1934年，沈先生随刘半农先生赴蒙绥地区进行考察，考察的重点是语言和民歌，同行的还有白涤洲和周殿福等人。因为沈先生爱好音乐，所以负责民歌、民谣的收集。他出入北国大漠和荒僻的地区，用原始的蜡筒设备，录制了近20筒蒙绥地区的民歌民谣。沈先生对待工作一丝不苟，为了搞清黄河船夫有无号子，他跟随纤夫徒步行走了整整一天。[亚明按："近20筒"这个信息很重要，我也有类似印象，但一直担心记错。]

自蒙绥考察返回北平之后，刘半农先生突然逝世。在两年之中，沈先生竟失去了两位恩师，心情不胜悲痛。为了纪念刘半农先生，他筹组"'光社'刘半农摄影作品展览"，其中也展出了他的摄影作品，以资纪念。[亚明按：刘半农生前与沈仲章商定以"光社"名义举办二人合展，我不清楚刘去世后情形。]

沈先生语言学研究方面所显露出的才华和非常的工作能力，

为胡适之所器重。在一次胡适之主办的周末沙龙的聚会上，胡为沈先生设计了未来前途的两条出路：一是去美国随赵元任从事语言学的研究；一是到美国国会图书馆做胡的助手。当然，胡适之迫切希望有沈先生这样博学多才、精明能干的有为青年协助工作。在这前程似锦的两条路中，沈先生选择了前者。以后，胡适之为他联系好了在美国学习的大学。[亚明按：胡适赴美任大使前，多次鼓励沈仲章出国，但似未作具体策划。此段言及"两条出路"，大概是20世纪40年代初胡适为沈仲章所设计，并办妥了哈佛大学录取手续。除了父亲回忆，我处有王重民1941年函（应代表胡适）议及沈仲章留美事宜，亦助分析时序。]

正当沈先生潜心于学术研究、行将赴美留学之际，日本帝国主义者发动了对中国的侵略战争。战争，给中国人民带来了凌辱和灾难；战争，也改变了沈先生的人生道路。北平沦陷，存于北大的稀世国宝"居延汉简"面临被劫的危险。北大的师生纷纷避难，离开了北平。在这紧急的关头，为了抢救"居延汉简"，他推迟了美国之行的计划，以强烈的爱国热情、非凡的胆略、过人的才智，越过日本兵的层层封锁、道道关卡，编演了一幕出生入死、惊心动魄、具有传奇性的史剧，只身完成了"居延汉简"的安全转移（详见《团结报》）。[亚明按：有关赴美参见上段按语。但父亲在战前，也曾另有出国留学打算。]

1938年，两箱木简抵运香港。沈先生原打算即去美国，以继续他的语言学的学习和研究。正当此时，从事文物考古的同学要求他留在香港，共同完成"居延汉简"的出版工作。出于对汉简的特殊感情，他再次改变计划，接受了北大派驻香港商务印书馆编辑部编辑的任命。他全力投入拍摄及编印《居延汉简》图册的紧张工作。为了清晰地拍摄汉简的图像，他认真地研究了国外有关运用红外线照相的技术资料，经过反复的试验，终于掌握了沈仲章译《汉音源流考（一）》（局部），[法]马伯乐《唐代长安方音考》节选，《益世报》1936年8月13日第12版《读书周刊》第61期；陈体仁协助取得电子版。

这个摄影的新技术，成功地运用于汉简的拍摄，成为我国最早采用红外线技术照相的摄影家。接着，他通过照片剪贴、编号、排比、编写索引等大量工作，终于完成了《居延汉简》图册的全部排版任务，只待刊印出版了。在香港期间，沈先生还热心地帮助过北大师生、学者、爱国志士及新四军干部越过日伪封锁线，从敌占区偷渡到国外或大后方。他曾利用在港的社会关系，帮助音乐家举行爱国募捐的演出。卫仲乐先生等在香港的义演，就曾得到沈先生的支持。[亚明按：事件皆有，时序需核。比如，因公认沈仲章善于徒步跋涉，1938年汉简抵港，北大拟请他即归校带队迁移；然又因多位知名学者主张，汉简事更艰难且无人可替，非得他一手包办到底。父亲无法分身两处，据闻最后迁校是军方派人护航。父亲在港期间，北大（西南联大）为他留位无薪。汉简摄编工作，是以"中研院"特派员身份，有薪水却欠发（一分也没用到）。1935年前，父亲已在北平试用红外线拍摄汉简。1941

董作宾刻沈仲章印。

年12月前，父亲为汉简图册工作扫尾未能赴美。父亲抗战期间助人转移，大致可分1937年夏秋平津阶段、1938-1941年香港阶段和1942年后沪苏阶段，掩护新四军干部发生于沪苏阶段。]

1942年，为联系商务印书馆的刻字工，沈先生只身来到已成为"孤岛"的上海。不久，太平洋战争爆发，沈先生数年心血拍摄编辑《居延汉简》的照相版、书稿全部在香港毁于大轰炸之下。"居延汉简"原物又第二次避难，存放到美国国会图书馆。这时，沈先生赴美的计划已成泡影。就此，他留在上海协助徐森玉先生（原故宫博物院古物馆馆长）从事京沪战区的文物图书的保存工作。他不顾个人安危，保护了北京图书馆转移在上海的数十箱宋版善本等图书。这些书籍，在抗战胜利后，如数归还到北京图书馆。[亚明按：父亲于1941年晚秋到沪出差。1940年春汉简拍摄完毕，夏间运美，父亲留港继续编辑图册。汉简照片与图版并未"全毁"。据中国社会科学院考古所记载，至少有一部分经郭沫若之手转到该所，收于该所出版物。1957年"中研院"史语所出版的《居延汉简·图版之部》，注明所有照片皆为沈仲章在香港所摄。]

抗战胜利时，他担任接收清查工作，任专员。在上海多伦路202弄2号的十几间大房子里，存放了从汉奸手里接收下来的三十多万册书籍，其中许多名版书都价值连城。有些人以重金贿赂，想从他手中捞取珍贵的古书，沈先生不受金钱利诱，痛斥这种卑劣的行径。他严肃地进行登记工作，对于外文书籍，他一一用英文打字编出目录。只要从他手中经过的书，无一遗漏，都

沈家战后合影，估计是1946年。

前排：杨氏（母）；后排左起：沈宝珠（姊）、沈曼芝（妹）、沈维钧（兄）、沈志刚（侄）、沈仲章。

按：拍摄这张全家合影时，我祖父沈慰慈已谢世。抗战期间，我伯父子女多，叔父早逝，两个姑姑皆出嫁，须随夫家逃难，只有父亲单身，本当由他陪伴我祖父母转移。父亲救护居延汉简路经上海时，已知我祖父病倒，但他顾不上家人，先去了香港。到港后脱不了身，我祖父病逝，父亲也未及奔丧。战后，胡适多次邀请沈仲章回北京大学，父亲因老母生病而婉辞。父亲对我说，他很内疚，在我祖父生命的最后时段不曾尽孝道。

沈仲章和邵嫣贞，估计摄于喜宴，1949年夏；金克木存照，金木婴和金木秀提供。

按：1949年夏我祖母辞世，临终遗命我父母尽快成婚。依旧传统，子女或守孝三年，或即刻嫁娶。近亲好友一致主张速行婚礼，于是红白喜事相继举办。父亲与母亲的结婚仪式原定两桌便宴，然因启事登报，闻讯赶来祝贺者众，临时增添多桌，成了大场面。在这张金克木保存的照片上，母亲身着单色旗袍，无绣花镶珠，用料也不像绫罗绸缎，估计她未及定制宴会装。（母亲有婚纱照，可能摄于照相馆，她也不至于穿白色礼服上餐桌。）

父母新婚初期，匆促来不及置房，一度暂寓父亲在上海八仙桥青年会的单人宿舍。父亲告诉我，宿舍内原先只设单人床，临时加一张帆布床，新娘子主动睡帆布床。父亲一向关注各地民俗，特意解释，依母亲家乡与家族风俗，这是大忌。母亲则告诉我，父亲对人慷慨，对己节俭。她觉得枕头有点怪，掀起床单，见是一叠旧报纸。

完整地保存好。这些书，大部分归入复旦大学图书馆。对这样繁重、细致、责任重大的工作，沈先生完全是在没有报酬、自己贴钱的情况下进行的。即使到今天，人们也难以探测这种思想境界。[亚明按：当局委任沈仲章为粤港区负责接收的正职，名分地位皆高，但父亲坚辞不受。在江南接收的书籍分归全国各大图书馆。我不清楚专员任职有无名义上的报酬，但当时父亲助振铅笔工业已获成功，自己经济状况也不错，而他常做自己贴钱之事。比如清点陈群藏书时，有些成套图书被陈氏家人卖出一部分，正巧被父亲从旧书店买到，便无偿补入以配齐全套。读到"难以探测这种思想境界"，感慨良久。]

1946年，沈先生应邀担任"台湾省国语推行委员会"委员，并短期赴台湾从事国语推广工作。1947年至1949年间，他参与了苏（州）嘉（兴）公路一座桥梁的设计，当中国铅笔厂、上海铅笔厂制笔所需的进口材料中断，整个行业面临倒闭的时候，他应聘寻找并采购能够制笔的国产木材代替进口木材，使上海的制笔行业从濒于崩溃的困境中解脱出来。[亚明按：父亲于1932-1933年参与验收苏嘉公路，但不排除1947年后又有相关活动。]

鞠躬尽瘁，他在"无我"中永生

中国人民解放军百万雄师势如破竹，越过长江，直逼上海。一场激战，上海解放了。这天，沈先生的摄影机摄下了解放大军浩浩荡荡开进上海这一具有历史意义的镜头，也开始了沈仲章先生新的生活。[亚明按：估计在最初几日，非史书所载"解放"那天。]

沈先生没有一个确定的单位，但他以史学家高度敏锐的眼光，关注于民族民间音乐、古代文物资料的保存与收集。他的视线投向了当时政府文化机构没有注意到的角落，并自觉地为抢救民族文化做了大量有意义、有价值的工作。

1950年至1954年间，他自费在上海、江苏、四川地区，访录了吴梦飞、谢一尘、樊少云、林石城等各种琵琶流派的传统曲目；到苏锡乡下收录了万和堂的苏南吹打音乐；又去成都录制了四川霸派名琴龙琴舫传统琴曲。他对于因政治历史问题而落魄的人，或是性格怪异难以接近的人，只要他们的演奏有艺术价值，总是冒着风险，以自己的真诚感动对方而达到目的。沈先生尊重保存着祖国民间音乐、身怀技艺的老艺人。他和民间艺人接触，首先不是去索取，而是交朋友。他常请民间艺人吃饭、喝酒，和他们交谈。沈先生不只为他们录了音，而且还建立了深厚的感情。[亚明按：疑"名琴"后该有"人"字。本段所云，皆发生于我出生之前，父亲的回忆不太系统。两位作者有多途知情，尤其对古琴及民族音乐是业内人士。我也见过一些早年书信、照片和笔记，听过父亲零星忆旧，皆可支持作者所言。]

1955年，当沈先生得知上海收藏家龚氏要出让宋代大画家米友仁《云山墨戏图》卷和元代画家黄公望《天池石壁图》轴的真迹后，他几乎倾其积蓄，以2万元的巨款收购下来，并立即无偿地捐赠给北京故宫博物院，而自己仅拍了两张照片留作纪念。为此，沈雁冰亲笔签署颁发了褒奖状。去年，当人们从故宫博物院60周年院庆专刊《艺苑掇英》，欣赏到《云山墨戏图》这幅稀世古画时，大概很少人知道沈先生所付出的代价和倾注的无私的精神罢。[亚明按：1987年记录的捐图耗资与年份，很具参考意义。现经探讨，单《云山墨戏图》一图，花费约2万。购赠商谈跨越多年，具体成交年份待细考，很可能是1955年。黄公望轴另费资金，详情待考。已查得记录，父亲一次捐款8万元，4万给故宫博物院，2万给考古所和民族音乐研究所，2万给苏州文管会。]

1956年，他参加了在北京举行的"全国第一届音乐周"的观摩、座谈活动，并现场为民乐的演奏掌握音响效果。当音乐周结束的前夕，代表们期待着党和国家最高领导人接见留影的时候，他放弃了常人认为的终生莫大的荣幸，随查阜西领导的民研所赴湘西苗族、土家族生活的地区，参加民歌、民间音乐的采访录音、记谱、记音、译注的工作，还拍摄了6盘16毫米彩色电影资料，记录了当地的民俗歌舞、傩舞等。后又在音协的赞助下，自费赴湖北、四川、贵州、云南等地访录了古琴音乐。他所进行的这许多活动，正是现在民族音乐学家所称的"田野工作"，也是他早在1934年去蒙绥考察采访民歌的继续。可以说，他还是我国较早从事民族音乐学实践的学者。[亚明按：1956年音乐周后，父亲赴西南地区访录古琴与宗教音乐。此事郑振铎知晓，并出具介绍信以助通行。父亲邀请吴景略同往，以琴会友。吴先生半途返京，父亲只身续行。刚到昆明不久，被查阜西紧急召回，要求沈仲章带上录音和电影拍摄器械，伴同查阜西与沈从文的视察小队，走访湘西等地。]

人们都以为"历史是公正的"，但沈先生助人为乐、仗义相助的禀性，却遭到了历史的愚弄。

解放后，他受友人之托，解囊维持了即将倒闭的精艺照相器材商店。这样，沈先生摇身竟成了工商资本家。虽然他在北大学过经济学，但经商，这不是他的本愿。因此，1956年公私合营时，他率先将企业纳入国家公私合营的经济轨道。1958年，经同行合并，他成了冠龙照相器材商店的营业员。但他一心想从事的是音乐工作，尽管论当时的经济条件，即使辞职没有工资，也完全可以生活。可一个没有工作单位的人，是很难在现时社会立足的。无奈之下，他请求在单位工作半天，取点车马费，以便腾出较多的时间做他愿意做的工作。1965年，他从冠龙照相器材商店退休。[亚明按：依车马费打折的退休工资为每月36.60元，一度曾为五口之家每月基本收入，后来才有生活费及补助，见下文。]

沈先生对历史悠久、遗产丰富的古琴艺术的价值早有深刻认识。他很重视业余琴人对于保存古琴传统所起的重要作用。从1950年直到"文革"前，他对今虞琴社这个业余琴人组织的活动，给予了有力的支持。琴社没有活动场所，他腾出自家的房间供排练使用。为了录音的需要，他付出很多心血，精心设置了隔音板。张子谦、刘少椿、姚丙炎等不少琴家，都在他的"录音室"，用他的钢丝录音机，留下了演奏的音响。为了使音量微弱的古琴获得较好的演出效果，他自费请人设计了一套为古琴专用的扩音设备，并在演出时亲自控制古琴的音响。他破戒又重新奏起二胡，为樊伯炎、鞠秀芳的琴歌伴奏，参加演出或电台录音。上海琴界的活跃与成绩，不少是得力于沈先生热心的帮助。[亚明按：1987年春我旁听了音乐界座谈沈仲章。出席者众，发言踊跃，樊伯炎和鞠秀芳谈了很多亲身经历。]

沈先生作为老一辈学者，非常关心青年的成长。特别是对于有志、有才华的青年，他总尽力提供各种学习条件，从书籍、乐谱、唱片，直至经济上的资助。现在，这些青年中，有不少已成为某些学科有成就的专家。

"文化大革命"，沈先生是当然的冲击对象。在里弄，他被监督改造了十年。而他对青年的关心培养，竟成了一个"资本家"腐蚀青年的罪状，造反派强迫他交代动机。无情的浩劫，抄走了他的全部存款，发放的生活费，仅供一家五口以青菜度日。更令人痛心的是，积一生心血收集的逾万册关于音乐戏曲的手稿、抄本，一千多张中西音乐唱片及民乐、电影资料被毁失泰半，电影机、钢丝录音机也遭劫难，至今还有不少下落不明。[亚明按：我家被抄走唱片不计其数，其中有一千多张为"自灌"，后被告知"还不出"。父亲为赞助音乐学院好学青年研究海外音乐资料，受

沈仲章八十寿庆全家合影，上海武康大楼沈宅，1984年或1985年，估计自拍或金爱珠摄。
左起：沈亚宁、邵嫣贞、沈仲章、沈亚明、沈亚馨。
按：我家很少拍"全家福"，此为特例。依母亲所传承之习俗，男士生日"做九代十"。
故而，拍摄年份可能是父亲七十九岁时贺寿八十，也可能是父亲八十足寿家内小庆。
（本图家存一式。拷贝曾流出，承多人提供电子版，特此鸣谢。愿授予协助回收流散资
料者一定使用权，分别另行协议。类似情形不另注。）

香港中文大学合影，1986年2月；沈亚馨提供。
左起：沈亚馨、沈仲章、邵嫣贞、沈亚明。

沈仲章与邵嫣贞，上海武康大楼沈寓，1986年12月，估计沈亚宁或周保中摄；沈亚馨提供。

按：我于1986年8月赴美，父亲于1987年3月去世。据父亲卧病期间常去探望者说，这张照片摄下了父母相守最后一程的典型情景。

了不少苦。那年头我去菜场买菜，为换口味的选择范围是五分钱青菜、三分钱冬瓜，或四分钱豆腐。后来在基本生活费外，允许从我家抄走存款中按"需"申请小额补助，大多需以家人生病等为由（我兄长常送急诊，父亲患疾在录，我也有医检资料……）。我虽最年幼，但家中贫困时期由我管账，常代父亲申请并领取补助。每次把钱交给父亲，他会预先"省"出一笔放在一边，专为援助"更需要"的人和事，主要用于古琴事业（引号词语取自父亲原话）。款项虽不大，在人人经济不宽裕的年头，也是维持琴业一息之濡。]

沈先生对于资料，从没有私有观念。这可以从他一生许多表现得到验证。他从三十年代以来拍摄、收集大量的音乐社团、音乐家、演奏家活动的照片，足以整理编辑成一部现代上海照片音乐史，其中一些有价值的照片，无偿地送给了北京音乐研究所。他收购的大量珍贵书籍，没有一本盖上"沈仲章藏书"的印章。他认为"书，不是藏的，而是要用的"。对于研究者，他从不吝啬，但他决不能容忍这些用以学问的书被埋没，不能发挥应有的作用。直到临终前，他还惦记着，当上海处于隆隆炮声中，从书店高价收购来的《东瀛珠光》这本日本正仓院收藏的皇家图册。他托付老友务必找到着落。[亚明按：还没找到。]

"文革"的噩梦过去了。沈先生又恢复了音乐活动。他协助筹复今虞琴社的工作。1980年，他担任了琴社副社长。同时，他又被聘为上海市文物管理委员会通信编纂。

"文革"中，沈先生的房间被占了，他的工作环境和条件被破坏了，他只能用手中的照相机继续工作。他的晚年，对民族音乐的整理发掘，仍有许多设想和计划，但由于种种原因，最终未能实现，这不能不说是一大憾事。

1985年，他被聘为上海音乐学院音乐研究所特约研究员。他真诚地表示："本人愿将所有音乐方面的书谱及唱片，扫数无条件献赠给本所，公诸社会利用。此乃本人多年辛苦收藏之初衷与目的也。"现在，音乐研究所根据沈先生生前的愿望，拟筹建"仲章音乐资料室"，以实现他的遗愿，并作为对他永久的纪念。

沈仲章先生去了。但他的功绩，世人有目共睹，他高尚的品德，世人有口皆碑。

日富日贵弃同敝屣风格诚高人一等

多才多艺珍如拱璧楷模羡佳士千秋

沈仲章先生丰卓的业绩，闪光的精神，已为自己竖立起一座非人工的纪念碑。他在"无我"之中得到永生。

后　记

《沈仲章生平纪略》，在沈先生家属和生前友好的帮助下，自3月29日起，花了12天的时间草成了。我们深知，沈先生漫长充实的一生，非本文所能容纳；沈先生卓著的功绩，非我辈所能评估，沈先生丰富的内心世界，非常人所能探知。因此，这篇文章的缺点是显见的了。但我们抱着不虚述、不妄评、不主观揣测、实事求是的态度，让这些缺点（包括错误，如沈先生某些活动的年代不准确），留待知情者和有识之士来补正。否则，我们的错误将是不可饶恕的。[亚明按：十分感慨作者言及"沈先生丰富的内心世界"，叹我为常人，但仍有愿努力"探知"。]

我们真诚地希望，沈先生的亲属，曾与沈先生同学、共事的前辈，受教得益于沈先生的晚辈能撰写回忆录。这不仅是对已故的沈先生寄托我们的哀思，更重要的是，以这段真实的历史，教育我们和我们的后代。[亚明按：惜我读文太晚，恨我加按太迟，未能在两位作者生前表示回应，辜负了他俩的真诚希望。无以推诶，谨向林友仁和刘立新在天之灵，致以深深歉意。呼应文内请求，我也盼望能听到对父亲沈仲章有接触有了解的人，多谈往事，共缅先辈。]

感谢沈先生的家属和生前友好为本文提供许多宝贵重要的资料。感谢《音乐艺术》的编辑，在刊物已临排版付梓之时，腾出一席之地，敦促我们撰写这篇文章。我们想，这正是沈仲章先生事迹感人至深的见证。

1987年4月9日凌晨2时20分

[亚明按：见写稿至"凌晨"，感动。再看成稿日期，算来正是我即将返美之际，想来未能静心聚力协助二作者，羞愧。这篇成于1987年的文章若存在问题，我理当分担责任。可是这次时间并不宽裕，按语也不宜多于正文，虽句句都关联大段故事，然只能信笔追补少许。种种不足，日后再思改进。同时，我也真诚地希望"知情者和有识之士来补正"。]

【按者补记】

任务压身，自定计划今日完成本篇按语。晨六时起未及旁顾，过午才查电子讯息。接长居美国的世交林子美来讯，他短期返华探母，在其先人林少宫书架上寻得《音乐艺术》1987年第2期纸质本，除了这篇《沈仲章生平纪略》，另有整页多幅纪念沈仲章的图片。子美言，将带回美国寄我保存。难道，这是作者林友仁、刘立新，以及在天先辈们鼓励我的见证？

感我至深。

2018年11月13日下午1时40分

"料""史""笔""随"（代后语）

　　这本文集选辑十六篇拙文修改稿，内容主要是父亲沈仲章与20世纪二三十年代他在北平结识的学界师友。最初自拟了个标签"史料性随笔"。坦白说，何为"史料"，何为"随笔"，我皆未假思索，匆忙间信手拈来，稍后有点懊悔。再思不妨断词取义，依四个单字"料""史""笔""随"，回顾成书过程。"性"乃后缀，用其弱化功能，表过不议。

料：采集

　　采集资料，可以回溯到很早。

　　我家三兄妹，我最小，与父亲岁数相差半个世纪还多一点儿。幼时，白发老父亲带我外出，常有人问他："您孙女儿啊？"据说隔代易相亲，我们这对父女确实蛮像祖孙。我天天缠着父亲讲故事，父亲专为小女儿自编丛林探险连续剧，起兴时也说些亲历趣事。拙集内录有一些脑中"音像"，得自我幼儿园时期。比如，父亲腮上沾满剃须泡沫，展示陈寅恪送他的刀片。又比如，父亲拉二胡模仿鸟鸣，演示刘天华教他的指法。

这样断断续续的记忆，从我刚记事起到辞别父母来美国读研究生，年年月月积累。比如，小学一二年级时我注目曹未风所译莎士比亚戏剧单行本，引发父亲追思他与崔明奇林津秀踏歌游行；大学一二年级时周祖谟、陈珪如和胡曲园等对我谈青年沈仲章，又引发父亲怀念同窗情谊。此类零零星星的存忆刻痕，差不多人人都有珍藏。天伦情长，回味无穷。

相对特殊的是，曾有两个不算短的时段，父亲对我集中讲述他的过去。本集多篇大块素材，就来自那两个阶段：一个约从1966年末到1973年中，另一个是1985年3月到12月。

第一阶段：约1966年末至1973年中

这阶段的两端是大致推算。1966年初秋，"史无前例"的运动扫荡各个角落，小学也在闹革命，需要我到校挨打；父亲日子也不好过，父女间的"每日功课"中断了一阵。大约从1966年11月起，记得父亲未换冬装，我俩又"复课"讲故事，但童话连续剧再也不续，而父亲一有机会，甚至从早到晚，会对女儿讲述他的前半生。及至1973年夏，我被分配进厂，除了工余或病休，不太能成天听父亲忆旧。

现在回头看，那些年我家住的武康大楼，因跳楼自杀者多，楼后天井被呼作"跳水池"。父亲有朝不保夕之感，且年逾花甲，估计很大程度上是想为后人留下些资料，他既叮咛我别说出去，又嘱咐我以后"写下来"。至于我，整个时段未成年，只是爱听故事。

那阶段父亲所述，续联成线的无疑是救护居延汉简始末。讲述此事有个直接触因：1965年底，由美国代为保管了二十五年的汉简去了台湾。当时海峡两岸犹如死对头，因此父亲落下了大罪。父亲对外认罪，在家对我细语详情。汉简波折不归本文集，另举集内两例：二十出头的沈仲章与挚友谢大祺在北大梵文课堂挺胸对答钢和泰、父亲跟洪涛生筹划欧洲巡演始合终离等剧目，都让少年的我听得格外来劲儿。

彼时，虽然屋外形势紧张，但关起门来，父亲在十多岁的女儿面前相当放松。他满屋子移动，重演近距离拍摄黄河拉纤队等景况，活灵活现，至今仍历历在目，话音也犹存耳边。可惜，我对传递立体多感官的"切身体验"，尚缺技巧。

第二阶段：1985年3月至12月

这阶段的起止月份根据笔录。我和父亲预约每个周末半天，由他口述生平，每次也有相助者旁听。整个过程事先有所策划，称得上是一个项目。

父亲起念很早，几次提议我全力相助。我上大学前，他已说要我当秘书。1981年左右我正在读大学，他曾劝我退学。1983年和1984年我已留校任教，他又叫我辞职。我当时热衷于语言学，也难以撒手团队课题。而父亲总把帮助别人放在首位，自己的事却一拖再拖。我俩分别与人聊过这个题目，陆续得友人自告奋勇协助。1985年初，经协助者敦促，此事终于排上了日程。

现在回头看，这个时段父亲年届耄耋，老友逐渐凋零，他有日薄西山之感，向我明确表露为治史保存资料的意图。我虽无意转攻史学，但参与编撰系列教材和方言志，攒了些经验，尤其对田野工作和采集第一手资料，有了些实践。可是，口述史该如何进行，国内能见先例不多。好在是个自家计划，走一步是一步。

第一步，由口述者随自然思绪，事无巨细倒豆子，先有个轮廓、毛坯；听讲者尽量不打断，事后根据录音转为文字。第二步，由口述者审阅、订正、补充笔录稿。第三步，由采录者提问，口述者补叙。其后步骤未定，父亲与我聊过些构思，拟请多方核证，列纲目扩展，择专题深入……"写出来"是提到的，但怎么写不曾议及。

1986年，第二步才起头，主要协助者和我相继渡洋留学。差不多同时，海外也在办理沈仲章出国事宜，请他追忆独特人生，并与散居世界各地的见证者交流。1986年末我被告知，手续已快齐全，任职也有着落，但"令尊本人叫停"，因此要求女儿协力催促。很遗憾，父亲身体状况有变，1987年3月与世长辞。

所幸1985年跨度十个月之收获，相对系统，基本顺时序，存下的笔录堪称功德。我从头到尾在场，目击语境，再参照其他场合的亲闻，汇理成文获益良多。尤其是咬文嚼字般地对比父亲与斯文·赫定、与金克木等人所述之异同，皆有赖于那份书面资料。

其他信息来源举例

此外，我自学步起，常随父亲访友，大人们谈天，我乖小囡坐着静静旁听。父母人缘好，相熟者时来串门，我不懂事，赖着陪客人说话。及至长辈学人靠边的岁月，我"募集"了一拨忘年交。我十六岁那年，还代表父亲上京，接受父亲的老友们的招待。听故事乃我看家本领，老人们大都喜欢对我絮叨旧事。

母亲邵嫣贞当着父亲的面"抱怨"，或者背后与子女说笑，也透露了一些只有至亲才知的琐趣。比如，父母新婚之初，父亲拿旧报纸当枕头；我兄姐出生后，父亲把满口乡音的保姆奉为上宾，请入录音室唱山歌，被母亲戏称"沈伯纳"（意谓沈家萧伯纳）。

还有不少前辈、世交或知情者向我提供信息。比如，朱家姆妈唐子仁亲见陈寅恪口袋着火，徐文勘和金木婴等人耐心为我查证各家史料，寅恪先生的女儿们除了辅导我读陈函，还主动专谈"沈先生",本文集有专篇节选陈小彭与我的长途通话。

种种记忆余沫，溶入拙文墨泽。

本节简介"料"之主要来源，重点落在未发表的口传资料。或命运或机遇所致，我在某种意义上，似乎成了前辈记忆的承载者，而接棒下传转眼成了当务之急。

史：梳理

何以为"史"？题太大不多说。然"史"虽存歧义，多少有关"过去"，而追溯过去，总需梳理资料。本节小标题便这么凑合了。

我梳理父亲遗留信息，程序无固定模式，摸索前行，一路矛盾重重。

矛盾之一：纸上文字与脑中记忆

待我梳理的纸上文字，眼下大致有三类：甲类指1985年父亲口述笔录稿，乙类为前辈信函，丙类是父亲笔记纸片。父亲生前惰于为发表而写文，但勤于为再思而做索引性随记。本文集在刘天华文后，选附了几页父亲20世纪50年代为琵琶、古琴、戏曲、宗教音乐等录音的记录。可惜历经动荡，大量书面文字已散失，即便如此，剩余的仍然可观。

至于脑中记忆，不仅指我脑中保存的父亲传下的"音像"，也指其他知情者脑中留存的信息。

几宗资源，轻重缓急如何？

我曾试图先整理书面资料，后来改变次序，把记录脑中记忆和口头叙述列为加急要务。这并非轻视文字，而是因为纸片量大，工程难以预期，且初碰皆受阻，唯恐耽误过久，还有种种具体难处，非数语可释。下分三段，每类说个两三句。

甲类口述笔录，多维多感官的面对面表述被转成线性字句，多层次被压进单层纸页，且可能含笔录者理解。欲层层剖析，最好仔细对比亲闻记忆、我所知当场语境、父亲性情以及因人而异的对话习惯等，估计一动工，即会卷上一连串考证任务。

乙类前辈信函，需要追溯相关往复"上下文"。经验告诉我，咨询世交和其他接触过信作者的人，对有机解读益处很大。因此若遇时机，常据知情者境况以排先后，我自己并做不得主。

丙类父亲笔记，大多是索引字词，非连贯文句，再加上几种语言夹用，兼以父亲自创速记符号；而且，不少本子和纸页顺序已打乱，另有些流出被"藏"。若把整合喻为拼复文物，既需熟悉沈仲章者悉心勘遗，也需收藏或过目者聚力补漏。

以上三段已言部分理由，为何梳理丙类暂难启动，为何梳理甲类乙类离不开脑中记忆。再者，脑中记忆会淡化消失，而不少知情人士年长于我，时不我待。因此，我取一个暂定方针：以脑中记忆碎片或前辈书信文句为引子，请教世交和可能知情者，核查父亲口述笔录。

顺带提一下我的内心矛盾。我刚识字时，便从父亲手中抢读古籍经典。虽不久家中失去藏书，我所读亦皆滞于不求甚解，但先入为主，自幼厚古薄今，把故纸堆看得十分了不起，以至于被嘲"书呆子"，被唤"女夫子"。假如我现在仍有依我所好而择题倾力的自由，不会选口述史现代史。此外，我也确有多个因家室之累而暂搁的语言学专题，已与人议规划，当趁脑力未衰之际重拾。然而，偏偏同一个脑子，也存储着父辈往事记忆。

我叹余生有限，思想挣扎几近痛苦，不得已，放弃了父亲与我都喜爱的语言学，又因排口传资料于前，缺少书籍文字可搜攀，不免时有悬空失重之惧，心理调节跟不上。多亏听钻研西方古典学的学者讲解Ἡρόδοτος（Herodotus，希罗多德），感悟上至公元前五世纪"历史之父"，下至新兴学科口述史，Three-generation Reachback（三代回溯）都不失为重要途径，于是我心稍安，且依暂定方针走一程。

矛盾之二：众说"定论"与单传"孤证"

陋居地僻，我查阅中文刊物不方便，以前看得少，最近几年应急，每涉一题，设法浏览通行评介，不时吃惊地发现，父亲告诉我的一些事，不仅有类"孤证"，而且有悖众说"定论"。一桩接一桩，令我忐忑。

经过观察比较，我有把握说，父亲的记忆力超常。稍稍扯开，金克木笔下的沈仲章一再说"学语言不费劲"，记忆力强当为原因之一。但是我也自诫，记忆是软材料，常被认为不可靠。然而，回忆对口述史研究极为重要，尤其是当事人对亲身经历的回忆。辨析多个案例后，我注意到父亲不同众议之说，常能导向可窥之窗。

比如依众说，1927年夏，北京大学附设音乐传习所关闭；可是据父亲说，1927年秋甚至稍晚，刘天华收他为弟子，用的是传习所名义，报酬也由校方支付。通过排列事件顺序，参照其他佐证，我估测，刘天华与沈仲章结为师徒之事，或可揭示传习所不再正式对外开放之后，在北大校内仍有一段弥留期。

又如依众说，1934年夏，刘半农亲闻黄河纤夫的高亢民歌，命沈仲章跟踪三天记音；可是据父亲说，尾随船队是他临时自发的行动，全程仅一天，一路上纤夫们根本没有哼号子。通过排列事件地点日程，再溯信息来源，唯一的当事人沈仲章掌握第一手资料。看起来，不在采风现场者急就悼文，或依间接知识假定，又经转传导误，扩散演化，几成"定论"。

如何评估难寻旁证的个案记忆？如何核审众说"定论"有无实证？均尚待思索。对上举二例，我皆未下结论，仅试作初勘，并标志可续探之点。

几经类似徘徊，我取如此态度：既莫怯众不敢言，也勿恃亲而断论。道理似显然，但现实情况常是众说难违，特别是已纳入权威性出版物的说法。

据传，国内学术讨论判"孤证"为"不立"渐趋上风，我既不详案例也无意卷入争议。出于好奇略查汉语网页，见到一条或许会成"众说"的流行"定义"，称"孤证不立"为逻辑学"弱命题"。于是我请教逻辑学家，闻教曰："'孤证不立'不是逻辑命题，在认识论上也很成问题。"

矛盾之三：名人著述与父亲口述

有些事件有多位当事人，因着眼侧重、各任角色、参与时段等差别，所言可能互证，也可能相左，这很正常。对照乃梳理手法，父亲早已打算这么做。

我常面临如此情形：父亲所述与别人所著不一样。有时，写书者是父亲和我都很敬重的知名学者，以严谨闻名，我曾迟疑，假若父亲读到这些书，会不会因出于尊重而附议？

细想后我认为，若论待人处事，父亲谦让不相争，但他晚年为史录痕，当会直述亲身经历；而令人尊敬的先贤若在世，也会尊重信任沈仲章。前辈们会平心静气商讨，我亦理应效之，不轻易排斥异见，也不凭知名度来判断可信度。亲近度虽可助有机解析，但关键仍在思辨。因此，我既不迷信名人不会错，也不断言父亲必定对。

以本文集末篇为例，全文对比赫定已刊行的书面报告与沈仲章未发表的口头追述，对大多数事项，两人所知互补；但对清点场所，父亲与赫定所忆相距甚远。起初我依赫定的说法，没想到又见当时所录文档，支持父亲沈仲章的回忆。我猜测，父亲全程坐镇直接动手，赫定间断出场间接顾盼，两人之忆似相悖仍相倚。此案例曾令我震惊，亦使我更重视不同说法。

再举一例，读者提醒，关于陈寅恪授课风格和板书，季羡林与沈仲章的忆述似显迥异。我寻得季羡林相应文段，季比沈听课晚几年，并非共时当事人；而且虽似同名课程，但对照季沈各自言及参阅书目，清华与北大的教学覆盖不尽相同。我受此例启发，更在意历时比较，借以辨识已刊白纸黑字所谈时段，略探北大梵文课的名与实、先与后乃至教师接续，诸多可议之处，也许值得另立专题。

顺着不同校"似同名课程"之议，想到另一例。父亲沈仲章与劳榦曾同坐北大教室，同听寅恪先生讲课，乃共时当事人。劳榦撰文所用课名无异于清华之"佛经翻译文学"，而沈仲章所忆北大课名却为"佛典翻译研究"。分析教程内涵，父亲所言颇具合理性。而单线直传于我之时，国内不谈陈寅恪，也看不到海外刊物，应可避免"交叉感染"。但我暂不排除数称并行交叠之可能，皆留之待续究，或许能几重得益。

纵观以上例证，有些"矛盾"原非对立不相容，再者，矛盾可能带来难题，但不见得是坏事。遇到信息不相符，无须汲汲于判决谁对谁错，应护痕而非抹平，录下不同信息，以供再勘。借鉴语言研究常从 interface（界面）和 mismatch（不匹配）切入，我隐隐感到，倘若细察错位裂口，很可能会引向更深一层的思考，求得更进一步的知识，意义当远远不止为沈仲章一个人循迹。

"求知"正是父亲沈仲章终生所好，父亲本人常言及，友人们也有类似评语。

矛盾之四：求成果与防罪过

求知须求索，路障乃常例。暂停罗列，换个角度看问题。

父亲一向对考古感兴趣，而北大考古专业是我报考大学时第二志愿。拿考古来打比方，父亲遗留的资料多，假若视作"古墓"，一镐子下去，总该能挖出些成果。然而，考古业内不乏先庆成果、后咎罪过的例子。

典型案例是特洛伊遗址，同一地点有九层古文明重叠。Heinrich Schliemann（海因里希·施利曼）不顾一切，只想找到荷马史诗中那个古城，终获得巨大成功，成果令全世界瞩目。可气的是他在发掘这个古城的同时，破坏了其他层面，造成永久损失，使学术界痛心。

曾见一段文字，大意是有位著名学者，力主请非专家整理一批珍贵史料，理由是专家会择其所需，专找对其专业"有用的"资料，斥其余为"不重要的"，致使搅乱整批材料原有系统，实际上造成"糟蹋"。我记不清整段原话，但"糟蹋"这个词应没记错。

施利曼所处的19世纪，考古业觅宝重于求知，或可怪罪于时代局限。而专攻者依专长取材，亦历来常情，苛求专家面面俱到，不公平也不现实。这些都撇过不议，我引上二例，是想告诫自己要小心。因为，假如留意潮势，从父亲遗留资料中找到若干热点是可能的；但是，也极可能头脑发热，偏向专找"有用的"，无意间搅乱层次，损坏看起来"不重要的"尘土。

恐怕无人能预测，哪些资料永无用处；恐怕也无人能保证，自己头脑始终清醒。

综上所述，大概谁都能得出万无一失的答案——保护资源比急求成果更要紧，但是，对如何保护，如何防止搅乱、污染、破坏和损失，大概谁都难给出万无一失的答案。

然而，求知须求索。

取松散概念，继续打比方。考古对象若为长年静卧地下之物，未具备开挖条件，可让物封存于土，不冒毁于一旦之险。而我要保护的是封存于脑的记忆，谁都能预料，保存期不长，过期将作废，保护需启封抢救，且已迫在眉睫。

脑中资料层层积淀，剥离不见得容易。我时时为难，常常思退，但尚在步步勉力。

笔：写作

代父追叙，我没有当作家的自由，相反，各种犹豫接踵而来，步步不易。

犹豫之一：哪种文体？

父亲明言关照我"写下来""写出来"，但从未跟我讨论文体。

不少人主张取小说形式，因为，父亲沈仲章的品格是独特的，经历是丰富的，情节是精彩的，题材是现成。写小说无须费心虚构，稍做填补缀连抛光即可；而另一方面，记忆是软性的，考证是费劲的，成绩是难料的，我受到警告："你会累垮。"

所言很有道理，但我捉摸，写成小说不合父亲本意。父亲不乏文坛朋友，时有怂恿他试笔者。比如，戴望舒曾鼓动他把亲身经历写成小说，可是父亲没有这么做。

写小说也不适合我，因我明白自己的喜好和思维强弱倾向。我考大学时首选汉语专业，并打定主意，假如被复旦大学派入同属中文系的文学专业，就不去报到，宁可次年重考。

我也忧虑，一旦允许虚构，会不会搅混原有记忆？曾与文学界人士闲聊，被告知不见得，有的人能区分脑中不同 voices（声音）。于是，我试写一篇自娱，体会到辨别声音层次是可能的。

那个实验挺好玩，我脑中似有两个写作组并行工作：一个创作组，重组记忆碎片，编写"影剧"文稿；另一个考证组，拆开"作品"逐句还原，起草诠释腹稿。短篇完成后，考证组不肯休假，只好遣散创作组，免得累垮整个大脑。

我让人预览英译小说版，接着喋喋不休地插注未落纸的诠释版。由是想起，少年沈仲章在学徒期间，曾用笔名刊发过一篇小品文，因讽刺顶头上司，不得不"化妆"一番。父亲晚年忆说此事，也对我讲过两个版本：原型版和改编版。我当时纳闷，父亲怎么会记得？如今据我自己经验倒推，很可能也是双线并行写作，较易记得牢。

犹豫之二：谁的声音？

父亲生前若自己动笔，或嘱我代笔，估计会以回忆录形式。

有人劝我仍用第一人称，作为沈仲章自述。若论写作范畴的"声音"，像是父亲本人在对读者说话。也有人说，直接发表沈仲章1985年口述的笔录，岂不更加省事？

我左思右想，暂缓这么做。一是尊重父亲意愿，当初约定口述第一轮只是做准备，笔录须经本人审阅。二是笔录者不止一位，有的未在场亲闻，时诉录音听不清。三是已发现某些句段可能含笔录者自己的理解，拟得空时全部细核。而即便我重新整理，也难保不含有我的解读。如果写成沈仲章"自述"，便有可能把我的或者别人的话表述成父亲的话。万一出差错，口述者已逝不能辩解，我感到于心不忍，于理不公。

我翻阅过少量代笔回忆录，也辨读过一些"直接引语"，见有 mixed-voice（混合声音），情形不等。大凡口述一经再传，或多或少会夹有转述者的理解，可能合原意，亦可能偏离。其实，倘若能觉出不同声音交融，倒可引起思考。假如天衣无缝，其后年代越久，口述者、代笔者和知情者不在了，便越来越难分清。

我想，既然混合声音在所难免，不如让读者了解这一情况。因而，在找到更佳方法前，拙文皆以我的口气陈述，但既然讲的是父辈往事，所以能从我的声音中听到父亲沈仲章的声音。一位英美文学教授替我概括："My memoirs of my father's memoirs.（我记忆中的父亲记忆／我回忆的父亲回忆录。）"

基于类似考虑，拙文对源于耳闻的引语，也慎用引号，除非记忆中余音确切可辨，比如简短明了、反复道及或者加重语气的词句。

犹豫之三：什么为主？

这个问题本身有诸多分支。小议三点：其一谁为主角？其二以叙事还是考证为主？其三如何安排主干和旁枝？各小题纠结多样，解决办法各异，散见多篇，均为尝试，有待再思。在此先总括内定原则：留痕为重，作文为次。

我受基础教育的大部分时间，可以不交作业，我常不写作文。如今急于把父亲传给我的资料写出来，每篇都是匆匆草就，顾不上补习章法，于是自设一个权宜之计，依顺自然思绪流向。

我这么考虑，脑中储藏信息应有内在联系，假如打乱原先"乱堆"规律，日久反而难找。再拿考古打比方，如果把发现记忆碎片看作"出土"，那么，无论是被挖出或自动冒出，记录初现状况和现场环境，当会有利于复查再探。万一联想出错，也可寻迹是在何处岔道。然而，我只有一个大脑，偏偏还是"乱堆"所在。挖记忆、记笔录、做考证、写报告……难以分头并进或几轮循环。上述权宜之计，仅为尝试多项任务一起进行。

依此思路，综合回答上述三个小问句：我先据记忆叙事，有需要便考证。本文集选题以父亲师友为主，但会从父亲所知所历而谈，尤其偏重鲜有人知的背景。各篇有大致主干，也尽可能不堵塞支流，并尽量砍去目前看不出有何重要的旁枝细节。

再者，父亲故事多，看来我这辈子写不完。我也担忧，放过一些似乎不相干的小桠细权，以后再无触机重提，可能会被遗忘甚至丢失。我也思忖，有些琐碎之处对我的聚焦点无甚补益，也许对他人课题有参考价值。

所以说，还是留痕为重，防止搅乱层次。

然而，权宜之计不一定是最佳方案。本文集各篇大都仍显毛糙，未成方圆，对如何以线性文字表达多向思维，我时常不知所措，犹疑何为多边多维之"规"和"矩"。

同样，以上所言压缩了多层想法。

犹豫之四：末大不掉怎么办？

这个问题是上一题第三小点的一个分支，末大不掉而自成一题。同理，写文遇到末大不掉，或自成一文，或增列补记。

本文集第十四篇乃自成一文之例。为了核查父亲当年协助哪位教授翻译佛经，结果转道循踪卫礼贤的八年佛缘步履。迄今已刊拙文中，数这篇原文最长。

本文集共收十六篇，有十五篇篇末附"补记"，容纳暂未独立成文的分枝散叶。相比正文，补记更欠成熟，其作用是备忘，没有统一格式。

有一类补记初刊时已附，多为增补他人提供信息，如赫定基金会负责人和金克木女儿的评议。因是成稿后再获，插入正文似乎难合，且易混淆直接与间接来源。另一类是这次辑集所做的结构调整，由正文或注释移出某些句段，扩充为补记。比如谈陈寅恪，后附沈仲章学长劳榦有关事情。又如说刘氏兄弟，后附萧从方忆沈仲章同学、伊卡相机溯源和百灵庙地理等。再有一类补记则是新增资料，比如与洪涛生传记作者之问答，对周祖谟信函语言现象之浅析，以及数学难题四友续篇之提要。

上述仅思绪中冒出的几个泡泡，非详尽归类；或者可以说，补记乃篇末附注，而更细小的零散草叶则置于注释。承一学者见示 Wendy Doniger（温蒂·唐尼格）著作，内中既有"footnotes（脚注）"也有"endnotes（尾注）"，想法与我略同。

此外，另提两种情况，也算留痕以备忘。

每逢修改，常忍不住再思，于是复生枝叶，蔓延交织，及至交稿期近，只好草草收场。可惜有些曾属正文的旁枝，改稿时先挪补记，结稿时又割爱。许愿另述，但愿不忘。仅举一例：关于父亲操心修葺刘半农墓碑之事，先因增补多而从原正文移归补记，然后求一位学者预审，触发同感，继而互有启发，最后决定删除这段补记，相约合作调查。

几年来，我处还堆积了若干暂不发表的已成或半成稿。成文的如品评傅雷译著用词，初具梗概的如复议陈寅恪名字读法，皆因题目稍稍偏出父辈往事，被我束之高阁，以自律专注"正业"少分心。

犹豫之五：碎片如何修复？如何陈列？何时可以陈列？

脑中记忆碎片有的清晰，有的黯淡，或断裂序可循，或散乱杂无章，皆不稀罕。概览我所记父辈往事，似有那么点两极分化，一方面，父亲对亲身经历的某些细节刻画生动鲜明，而他爱说的逸事，我也再三"点播"，央他复述，因屡屡听讲，印象随之有声有色，至今记忆犹新；另一方面，父亲对年代、机构、身份和职务等，大多语焉不详，我听时也不上心，故而空缺很多，记忆消退。我尚未启笔写父亲传记或年谱，这是原因之一。

类似的不平衡并非少见，亦不必多怪，问题是如何修复记忆碎片？

可想而知，这是逐案处理的细致活。初涉者如我，先引考古一例为戒：Arthur Evans（阿瑟·埃文斯）在希腊 Κρήτη（Crete，克里特岛）的 Κνωσός（Knossos，克诺索斯）遗址，将小块碎片凭其想象，增修成美观的大幅壁画。可惜，那种旧残新添合璧的"复原"艺术品，虽使观光客大饱眼福，却令考古界摇头扼腕。

如此便回到之前已述原则：留痕为重，保护资源比急求成果更要紧……

所谓原则，只是我的理想、愿望和努力方向。

善待记忆碎片，谈何容易？况且，择主次、划经纬、填充 info-gap（信息空隙）皆为认知途径……面对诸多两难，我仍心中惶惶。

然而，如前所议，碎片一经"出土"，即脱离原来"乱堆"环境，需及时安置，若空等"万全之计"，终将"人去楼空"。刚从脑中释放的记忆，摊放何处以利整理？我尝试一法：以拙文为过渡，探水前行。

继续以考古作比，修复亦可视为梳理的一道工序。但参观者包括不少研究者所见，大都是修整到某一程度的陈列品。可喻写文似修复，发文犹陈列。

我推荐另一种陈列设计，那是多年前在埃及一个小博物馆所见。这会儿想不起馆名，大概不出名，访者寥寥无几。进门不远有一大展板，镶黏零散石质碎片，横不成行竖不入列。走近观看，大片平面以素色线条勾图，示意据考证的整大块建筑，而数小件断残雕石，则嵌于相应的原部位，立体凸出醒目。我很赞赏那个布展，既展示挖掘所获实物，也展现研究所获知识，相得益彰而不混淆层次。

限于能力和时间，我没有自定那么高的目标。然心存类似意识，笔随思流。回眸一例入眼：我十岁跟父亲暑夜游湖，他借景说起曾与金克木观星达旦，荡舟食莲。父亲藉眼耳鼻舌身意传达，色声香味触法似俱全。我复述脑中色泽未褪的碎片，便是据我的记忆留痕。而填充空隙，信息取自多源，勾线也偏素。其实，有关父亲与金克木的最初稿原想给一份研究刊物，因此我"自觉"减淡着墨，少与文学有染，或许毕竟是顺其自然，"抹痕"也没抹干净。

顺自然、分层次、寻有机、重留痕……相从相倚？我仍在摸索，偶作思索，思绪延伸复延伸……希望有精力再编一本文集，届时浅议若干问题。此处记两点备忘：如何对待失误，如何领悟希罗多德之启迪。

希罗多德的"历史"之旅，延绵几千年，无数摸索者前赴后继。渺如尘埃之我，嗟叹人生苦短，转向下个小题：记忆碎片修复到什么程度可以陈列？

拙文每篇皆为试验，虽经多番努力，投稿时似觉我已尽力，刊发后更知探索无尽头，仍当持续努力。辑集乃再次努力之机会，作为阶段性汇报，出版以征求反馈，犹如开放工作室一角，陈列若干仅初作整理的碎片。

随：交流

本节标题借"随"谈"交流"，二词相连似牵强？生发联想，以"随"的动词本义为起点，《说文解字》释"随"为"从"，《现代汉语词典》首条义项是"跟"。跨洋初到美国满耳英语，有次听到发言者问台下："Are you following me?"字面直译是"你（们）在跟着我吗？"我当时感到说法新鲜，故而记住。据我理解，此言意在测试交流能否通达，换个说法就是："我的表达说得通吗？"

拙文的发表与结集，旨在交流，自然需要测试能否通达。

发表与否，是我心中一大纠结之处。虽然父亲叮嘱我"写下来""写出来"，但不记得他提过"发表"二字。发表父亲告诉我的往事，好似将父女私下的交流扩散到公众领域。

我揣测，发表与否也是父亲的纠结。父亲生前只有一篇叙及其所为的文章刊发，那便是被多家报刊转载的《抢救居延汉简历险记》。该文基于父亲口述笔录，系列采访发生于1983年春或更早。我见过一份1984年誊清稿，连贯可读可上报，但父亲迟迟没有发表，只在很小的圈子中传阅文稿，而且似乎偏偏略过他老友中的名作家，比如擅长写报告文学的徐迟，还有住处不远的施蛰存和师陀。直到1986年，父亲去世前一年，继任整理者胡绣枫果断做主，才公诸于世。

细细回想后我确信，父亲有意愿与读者交流。可惜不清楚在他心目中，交流范围多大，交流对象是谁。我最终下决心写文发表，是假设父亲说"写出来"的意思，指读者群可以大于内圈亲友。但是，仍常有这样的情况发生，一时兴起笔落，速成一篇，投稿前又"怯场"，几年来扣压未发的为数不少。

若内部传阅，一般预知会有什么样的读者；而公开发表，则将面向不相识的读者。

拙文会有什么样的读者呢？

曾对多人言，我设想有三代读者。

"上代"是在天的亲历者，包括我见过的和没见过的。我与先辈接触略多，父亲之外也受别的前辈嘱托代述，于是自认有责任留痕。唯愿我所写，上一代读了不觉得被曲解。

"下代"指将来的研究者，并不一定是紧接着的下一辈。我虽无法预测来日学界的视野，但能预想人类的认知当不断进展，权且根据有限的治学意识与敏感，尽量存迹备考。唯愿我所写，下一代读了，觉得更接近我们这一代和我接触过的上一代。

这上下两代读者，存于我心，但已逝者和未来者的反馈，我今世是听不到了，祈盼上代垂顾，或可焚纸；期待下代回溯，亦可埋石。

现在刊发拙文，目的是与"当代"读者沟通。

当代读者中，尚有当事人、见证人和直接或间接知情人士。我急于发表拙文，冀望获得复核增补。

当代读者中，定有专攻者、博识者和颇具卓见人士。我先行发表粗糙之文，冀望获得指正深究。

当代读者中，必有各种各样情趣志向者。我发文才几年，可喜已结交了一些素未谋面的笔友，与许多旧日相识也增进了了解。编辑本文集正是应读者建议，而出版也正是冀望获得更多启示和回应。

本书中读者点拨之迹随处可见，尤其是补记。比如，为答读者有关沈仲章学外语小史之问，我简介了部分父亲所"碰"其他语种。此外，新结识的笔友还助我搜索验证参考文献，如刘北茂回忆录、鲁迅日记、1930—1940年间旧刊，以及不少配图。

可惜，我自知有个大欠缺，对当代读者口味所知甚少，为此我常向报刊编辑致歉，自愧落伍已久，来不及补课；偶尔也耍嘴自辩曰：作者不投人所好，正可保持独立。然而独立不等于孤立，发表是我的表示，诚意邀请交流。而出版社刊行拙集，为作者与读者架桥，乃仗义之举。

这本文集之能面世，受惠于众多鼓励支持，远非数言可尽。出力者都不曾要求感谢，其中有些人还坚辞不受鸣谢，联想到父亲一辈子助人，却一直不求纸上留名，令我感激之余，由衷感慨。这使我相信，父亲沈仲章这样的上代，是能够被后代理解的。我也希望，拙文能汇入代代沟通之长渠。

我原本构想，后记从另一条线回顾成书过程，一例一例感谢沿途所获支持。我本拟实验一种工作笔记方式，折射重在留痕的观念。本书合同签订前，已按此想法起草后记，但彼时集子未编完，仍在求援之中，觉得为时过早而搁下。书成后欲续，却因存档不善而找不到那份已开头之稿；再次起笔，又遇种种两难，比如既想尊重不愿公布姓名者，也想如何才算公正纪实，踌躇不决，复以搁下。

近日自疚套用大词"史料""随笔"，肚里憋了些话，于是干脆重起炉灶，呵成本文。眼见长度已超预计，嫁接大枝似不宜也不易，且容日后回首，谨先在此向所有助我者致以衷心感谢。

全篇至此，皆作者一厢情愿，不知情可通，愿可达，交流意可相与随？

草于2018年9月

"等"内留痕（亦为鸣谢）

拙集正文交稿约半年后，匆匆完成"代后语"。近结尾处总括一句："向所有助我者致以衷心感谢。"此语远不足以表达心中谢意，许愿"日后回首"。其后日继一日，转眼月余，时有牵挂，至本周一连数事，促我提笔。

周一，寻出《沈仲章生平纪略》，作者林友仁和刘立新文内有愿，留待知情者"补正"。去年与两位作者之女商议，我将试以校勘并加按。年初林晨惠寄可编辑的文稿，可我直到最近才腾出工夫，兑现承诺。再读《沈仲章生平纪略》，不免又是一番唏嘘，几重共鸣，不尽思念……尤其感慨该文作者对沈仲章"内心世界""思想境界"的"探测"，颇显林刘志趣视域，令我心生钦佩（本段引号词语均取自该文）。

周二清晨，种种思绪萦绕，我对一个久思未解之题，突然似有所得，欣然报告二笔友：有"新悟"，并写道："我一直在想，父亲为什么总愿隐名让名？现在想起来，父亲说过几次，某某（或他们）是吃这口饭的，名分功劳对他（们）有用；我不靠此吃饭，名分功劳对我无用。"

至午，联想辑集本书所历，又自问：有些相助者要求隐名，会否出于类似想法？旋即自答：情形不同，不可一概而论。继而自策：无须臆测何由隐名，理当尊重各人意愿，但也不弃感激之心，仍该努力留痕。[按：我也不靠此吃饭，倒是不顾吃饭职业，改行终日写文，还时而忘了这顿或那顿。以今日周四为例，晨六时，一杯咖啡一片饼干充饥，打开电脑击键不止，未思早饭与午饭，直到被讥讽："该吃晚饭了吧？"一看已是午后二时，于是草草结稿（稿成后补记，下午三点十分）。]

周二傍晚，接胡适纪念馆电邮，传来一个惊喜：仅仅因我为《胡适全集》中一份文稿曾作举手之劳，编辑人员将寄赠一套书为谢。我答邮首句为："深感沐浴于胡适先生遗风之中。"回望父亲结交的师友中，胡适先生可能是最知名的一位，其影响远远超出学界。胡适生前，为其效力者多，沈仲章并非为首之人；而父亲生前，他为之效力的师友也多，胡适也非为首之人，但胡先生一直留意扶持答谢沈仲章，尤其对其冒险救护居延汉简之举铭记于心，再三策划嘉奖。由是，我从感怀胡适先生之为人，又想到了鸣谢。

插叙稍早一事，有一学者数次相助，大都婉言辞谢，只好列其于别人名后"等"内。日前为一拙文，我又发邮件请示可否鸣谢，并解释道："我写文意在'留痕'，过程中也想为相助者留痕。"

昨日周三，他回复邮件一锤定音："以后就在'等'内留痕。"遂有本篇标题。

可是，有了标题，并不等于解决了后记所述之两难："比如既想尊重不愿公布名姓者，也想如何才算公正纪实。"回想数十年来，我受惠于各种开导支持，惭愧存档未齐，不易逐一注明。再看近几年，虽然设想尽可能致谢留痕，但有人同意提名字，有人不愿意；有的刊物可加鸣谢，有的无处插入。编拙集时，因曾打算以道谢为线写后记，反倒删除了单篇鸣谢；而修改稿回应读者反馈，大多通过转达至我，若追问谁说了啥，恐给善意传语者增负担。理想与现实有差距，我向友人坦言："看来很难做到真正公平。"

叹无计万全，然仍欲勉力，暂试权宜之策：书末鸣谢以回溯我自身历程为引，时段上限设于动笔之始，随自然思流，举例简介促我往远看、助我向前进、给我感受较深、对全文集起了关键作用的人和事。而之所以能够确定上限，是因为有个明显起点，即终于使我下决心的那一把劲儿——五年多前儿子的敦促。

母子早有约，为"阿公"亚贡写传。我先写中文，儿子再写英文。儿子为此排出时间，于本地大学修课，可我却因重重任务堆积，迟迟未有行动。某日，儿子满脸严肃，向我发出"最后通牒"：他已定下何时离家，因此顶多只余半年可以合作阿公的传。"You must start right now！"（"你必须现在马上开始！"）我深知自己性惰，倘若没有儿子这使劲一拽，复述先辈往事之念，极可能至今尚悬于空中。

从写下来到发出去，也有个小过程。传记搁浅，部分章节传阅于小圈子中。第一个力主发表单篇的，是与我大学同届同专业的唯一女同学李小玲。我向来自愧笔滞，羞于踏出"后花园"，多亏小玲为我壮胆。稍后，又经数友鼓动，我才向海峡两岸的两家期刊分别投稿一篇，碰巧都被采用，增强了我的信心。我首先想到《新文学史料》，是记得父亲订阅过，而《传记文学》则是经徐文堪提醒。倘若缺少这几个环节，也许读拙文者，至今不超过十人。

彼时，我已与语言学界一位开创流派者商讨了研究课题。那也是一个拖欠已久的未了心愿，父亲曾有志于语言学，我肩上负有两代人的重担。放下一切写父辈往事之初，显然缺乏远虑。我以为，父亲的故事熟记于心，花上一年左右，落纸便成。哪料动笔方知捉襟见肘，而越探索才越明白所知恨少，投入余生精力恐还不够。我伫立于多岔路口：一是续写单篇，二是再续传记，三是重返本行……且也担忧，生性常易过于投入，以至搅乱作息生计，而四顾满屋满院，百废待整。

游移之间，吹来鼓帆之风。一个偶然的机会，与高一届系友有事相洽。我本科汉语班属中文系，但在校时"女夫子"不社交，隔专业如隔山。那位文学班学兄初次来邮时呼我"兄台"，可知本不相识。新友是位名作家，见面礼以文会友，赐阅数篇大作，我速成短短一文，寄呈答礼，没想他回复："亚明你不写文章可惜了。"当即要我授权，由其推荐发表。此前老友之褒扬，我谓惺惺相惜；这位初交之赏识，对我实属意外。未察自惜何惜，所向何向，小船出了港。

风有风向，果然几方策动齐来导向：专写令尊沈仲章与知名学者。所言正中下怀，因我也意识到：父亲本人的故事储于我脑海中，还能保存一阵；但以文求联世交，共忆前辈，不容再缓。一篇《沈仲章与陈寅恪之缘》使陈沈后代缘分续联，其后接续有三，一组四篇收进本文集。另有三篇待发，似还有聊不完的话题。至今，大方向仍为先写父亲与友人，只是我早有心为不出名者存痕，趁年末再言志，新年起当多多顾及这个极易被忽略的小方向。

回顾风鹏初举之际，我起草记述父亲沈仲章与其恩师刘天华，为该文向人求教国内格式，显露的学究气被中国现代文学馆的研究员戏称"打着灯笼难找"，随即点题约稿。几乎同时，"中研院"历史语言研究所也来为汉简专辑组稿，旋即表示对有关西北科学考察团的内容感兴趣。在这些激励之下，我奋力划拙笔以代桨，渐渐加速，似有一发不可收之势。

不谙潮顺潮逆，航程波折、通畅兼有，沿途出谋划策、搭桥转荐、征稿纳文者，亦持续未断。凡所见略同，皆添破浪之力；而所虑相异，可鉴触礁之险。倘若没有这些关注，大概不会有一篇接一篇的拙文刊发，本文集便无从选辑。我欲道感激，可有人早已拒绝，有人明言不是帮我，而是出于对父亲沈仲章的敬重。我唯有倾力以偿文债，既是出于敬重父亲，也是为了报答对敬重父亲的人们的期望与鞭策。

以上说的是促我写文发文之人，下面说说助我写作之人。

第一篇拙文付梓前不久，我与同编《上海市区方言志》的石汝杰重续联络。蒙汝杰兄垂问近况，呈阅将刊之拙稿。三十多年未通音讯，石兄毫不见外，一如当年同团队的自己人，即刻直言指正多处，令我大喜过望。自此，我写文常求汝杰兄预审，承教良多。本书篇章三分之二或更多，曾请石兄过目初稿，感激于怀。

及至修改辑集，恰逢汝杰兄繁忙，又幸得笔友耦园伸出援手。耦园在网上读到几篇转载拙文，起兴赋诗，经人介绍与我通邮。一连数月，耦园从读者角度逐篇预览，并招集其他笔友翻查资料，指教参谋，使我获益良多。我俩未曾相见，却能沟通相知，更是慰我深深，言辞难表。

间或另邀目锐者，批评斧正这篇那篇或数篇拙稿。每一单篇初刊前，皆恳请我能联系得到的知情者和专攻者，核实信息、审读文字，辑入本文集时又作勘补，并参考编辑、读者或行家意见。总而言之，被我叨扰者甚多，致谢实非数语可尽。然本人愚钝不堪教，拙文经数次修改仍未致密，正可借此机会乞求包涵。

代后语末节坦露，我时时思退，多赖不断有旧识新交打气鼓劲和实力援助，支撑我前行，否则拙集恐半途而废。

本文集前言与后语，小结若干想法，均于成书过程中逐步发展，可谓贯穿全书，占有一定比重。然所思尚浅，亟盼与国际学术圈交流，以促深入探究。我将二文粗粗译成英文，眼下正承Barbara Schultz等人审核译稿，因涉及少量古希腊文，也在请教古典学研究者。我于此类尚在进行的过程中，再加上以前与多位外籍学人之往返切磋，喜见虽跨越语言文化、历史背景和专注领域等不同，海外知识界对我的探讨性议论能理解，有反响，乃至迸击出火花。这一切，对我鼓舞不小，启发我不停思考。

另有对全书帮助很大者，谨尊重本人意愿，留痕于"等"内。

补两个特别值得一提之例。

本篇鸣谢时段为近五六年，缘由是发现早期记忆已有缺失，谢此而失彼，似不恭也不公。举一例为证：1985年3月至12月父亲口述生平，我与主要协助者徐维源都曾假定，笔录都出自他的手，但近年查看留存的稿件，笔迹不止出自一人，经核证，至少还有乔红参与，可能还有其他人，特记之以谢当年功臣。

而在时限之内，上文所列偏重最初阶段，原因是我由静始动，于无到有，从迷茫至定向，步步思想挣扎，记忆相对清晰。现增历时较久之一例：今年二月，《文汇学人》编辑告知，以拙文"压了鸡年大轴"。回思对该专题之摸索，起于马年甚至更早，原拟以"沈仲章与北平的洋学人"组文，庆贺羊年。这次修改稿入集又添新获，而终点尚远。愚意颇具代表性，故以鸣谢经年涉及几大洲的十多位相助者，尤其是执行编辑的定版决策，为一例一例叙鼓励之压轴。

"Last but not least"（"最后但并非最不重要"，美国英语习语，常用于强调重要性），是得感谢中华书局特别是责任编辑。毋庸多言，出版人员对本书之面世，自始至终至关紧要，只因属不同范畴，列于篇末。而该社《掌故》创刊期间，即预约小系列连载，亦促进了拙集之运筹。父亲沈仲章一生以替人作嫁衣为主，而这是第一本以沈仲章为主的文集。编辑以替人作嫁衣为职，责任编辑以及出版社团队为本文集付出之心血，我护痕义不容辞。

将结尾，仍以一句总括：向所有助我者致以衷心感谢！

此语实不足以表达心中谢意，我仍存念日后回首。然而目前，须放眼向前。

草于2018年11月8日